Thomas Spiegler

Home Education in Deutschland

Thomas Spiegler

Home Education in Deutschland

Hintergründe – Praxis –
Entwicklung

VS VERLAG FÜR SOZIALWISSENSCHAFTEN

Bibliografische Information Der Deutschen Nationalbibliothek
Die Deutsche Nationalbibliothek verzeichnet diese Publikation in der
Deutschen Nationalbibliografie; detaillierte bibliografische Daten sind im Internet über
<http://dnb.d-nb.de> abrufbar.

1. Auflage 2008

Alle Rechte vorbehalten
© VS Verlag für Sozialwissenschaften | GWV Fachverlage GmbH, Wiesbaden 2008

Lektorat: Frank Engelhardt

Der VS Verlag für Sozialwissenschaften ist ein Unternehmen von Springer Science+Business Media.
www.vs-verlag.de

Umschlaggestaltung: KünkelLopka Medienentwicklung, Heidelberg
Druck und buchbinderische Verarbeitung: Krips b.v., Meppel
Gedruckt auf säurefreiem und chlorfrei gebleichtem Papier
Printed in the Netherlands

ISBN 978-3-531-15729-0

Inhalt

Tabellen, Abbildungen, Abkürzungen

Tabellen und Abbildungen

Abkürzungen

BVNL	Bundesverband Natürlich Lernen e.V.
DgT	„Die geöffnete Tür", Informationsblatt der Philadelphia-Schule[1]
GG	Grundgesetz
Rb IfsL	Rundbrief der Initiative für selbstbestimmtes Lernen[1]
Schuzh	Schulunterricht zu Hause e.V.

---

[1] Die Quellenangabe bei Zitation folgt dem Schema: („ggf. Autor" „Jahr", „Abkürzung der Quelle" „Nummer der Ausgabe": „Seitenzahl")

Vorwort

Neben den vielen Fragen, die man im Laufe eines derartigen Forschungsprojektes anderen stellt, werden auch immer wieder Fragen an die Person des Forschers gerichtet. Die häufigste im vorliegenden Fall lautete: „Wie sind Sie auf dieses Thema gekommen?" Dabei gibt es Grund zur Annahme, dass diese Frage oft mehr war als nur ein naheliegender Versuch, in ein Gespräch einzusteigen. Mehrfach wurden Vermutungen angestellt, die von persönlichen Kindheitserfahrungen bis hin zu eigenen Ambitionen bezüglich Home Education reichten. Weder das eine noch das andere trifft zu. Die tatsächliche Geschichte dieses Projektes ist weniger spektakulär, aber trotzdem aufschlussreich.

Den Ausgangspunkt bildete das Interesse an dem Phänomen des christlich-religiösen Fundamentalismus in Deutschland. Die Beschäftigung mit diesem Thema weckte das nur ansatzweise vorhandene Wissen um einige sehr religiös geprägte Familien, die „um des Glaubens willen" ihre Kinder lieber selbst unterrichten, anstatt zur Schule zu schicken. Die Erkenntnis, dass es sich dabei um ein nahezu unerforschtes Gebiet in Deutschland handelte, begünstigte die Entscheidung für dieses Thema. Erst die eingehendere Beschäftigung offenbarte, dass die Verknüpfung von Homeschooling mit christlichem Fundamentalismus zwar nicht jeglicher Grundlage entbehrt, letztendlich aber viel zu kurz greift, um ernsthaft aufrechterhalten zu werden. Die Vertiefung in Geschichte und Bandbreite der gegenwärtigen Home Education Bewegung führte dazu, dass der religionssoziologische Ausgangspunkt um viele bildungssoziologische Aspekte erweitert wurde und auch erziehungswissenschaftliche Fragestellungen zunehmend Bedeutung gewannen. Am Ende des mehrjährigen Forschungsprozesses steht das Bild einer diversen Homeschoolbewegung, die für verschiedene Disziplinen Anknüpfungspunkte zur Forschung bietet. Sie lässt sich weder durch den Begriff Fundamentalismus noch irgendein anderes derartiges Schlagwort allein hinreichend charakterisieren.

In einige Richtungen möchte ich im Zusammenhang mit dieser Studie an dieser Stelle meinen Dank aussprechen. Zum einen gilt er all den Frauen und Männern, die mir Einblick gewährten in ihre persönliche Geschichte mit Homeschooling und dabei nicht selten offener und ehrlicher schienen, als ich es erwartet hatte. Trotz meinem ernsthaften Bemühen, das anvertraute Wissen in angemessener Art und Weise in diese Studie einfließen zu lassen, wird das Resultat

vermutlich nicht den Erwartungen aller Homeschooler gerecht werden. Die vorliegende Arbeit ist weder ein Beweis für den Erfolg von Home Education noch
eine Streitschrift für diesen Ansatz. Sie ist eine nüchterne, wissenschaftliche
Studie, die sich aber mit einem spannenden, aufschlussreichen und nachden-
kenswerten Phänomen auseinandersetzt. Sie ist eine soziologische Analyse einer
Bewegung, die allein durch ihre Existenz und ihr Wachstum in der Lage ist, einige in unserer Gesellschaft gern geglaubte Mythen hinsichtlich Bildung und
Lernen zu hinterfragen.

Zum anderen danke ich Prof. Dr. Dirk Kaesler für den sehr großen Vertrau-
ensvorschuss, mit dem er die Begleitung dieses Projektes zusagte und umsetzte.
Das Promotionskolleg für Geistes- und Sozialwissenschaften der Philipps-
Universität Marburg organisierte Veranstaltungen und Netzwerke, die hilfreiche
Unterstützung und Anregung für die Arbeit an diesem Projekt boten. Und nicht
zuletzt profitierte ich von dem intensiven Austausch im International Home Education Research Network. Die den Globus umspannenden Diskussionen mit
Home Education Forscherinnen und Forschern verschiedener Disziplinen erwei-
terten den Blick für die internationale Home Education Bewegung und bildeten
einen willkommenen Ausgleich zu der Einzelstellung, die die Erforschung dieses
Themas in Deutschland gegenwärtig noch mit sich bringt.

1 Einleitung

1.1 Einführung in Thema und Studie

1.1.1 Was ist Home Education?

Home Education oder Homeschooling sind in Deutschland erklärungsbedürftige Begriffe. Und dies nicht in erster Linie, weil sie aus dem Englischen stammen, sondern weil das damit verbundene Konzept hierzulande relativ gering verbreitet, vielen unbekannt und kaum erforscht ist.

Home Education bezeichnet den Bildungsansatz, bei dem Kinder in ihrem eigenen häuslichen Umfeld lernen, anstatt eine Schule zu besuchen. Gestaltet, organisiert oder begleitet wird dieser Lernprozess meist durch die Eltern, seltener durch andere, der jeweiligen Familie zugehörige oder nahestehende Personen. Kurz gefasst ist Homeschooling die „education of children under the supervision of parents" (Reich 2005:111). So einfach diese Definition ist, so unscharf wird sie an den Rändern der Homeschoolbewegung. Ob alle bei Fernlehrinstituten eingeschriebenen Schüler als Homeschooler gelten sollen, ist strittig, ebenso die Frage, bis zu welchem Verhältnis von häuslichem zu schulischem Lernen (in den Ländern, in denen beides kombinierbar ist) man von Home Education sprechen kann. Um exakte und vergleichbare Zahlen zur Größenordnung der Home Education Bewegungen angeben zu können, haben diese Punkte eine gewissen Bedeutung. Für alle anderen Fragen, und damit auch für diese Studie, ist die oben genannte Definition ausreichend klar.

Bei der Beschäftigung mit Home Education stößt man bald auf ein sprachliches Problem. Im Englischen existieren mehrere Begriffe zur Beschreibung dieses Phänomens. Am verbreitetsten ist „Homeschooling", im wissenschaftlichen Kontext hat sich daneben „Home Education" etabliert, da der weiter gefasste Begriff „Education" (Bildung/Erziehung) ein größeres Spektrum abdeckt als der auf die traditionelle Bildungsform orientierte Terminus „Schooling".[2] Die Bezeichnung „Home Education" wird der Bandbreite an Motiven und Lernformen

---

[2] Hinzu kommt eine Vielzahl an Schreibweisen: „Home Schooling", „Home-Schooling" und „Homeschooling" signalisieren einen Verschmelzungsprozess der Wörter (Cooper 2005:xi), von dem „Home Education" allerdings bisher ausgenommen ist.

besser gerecht, auch wenn es sich dabei in aller Regel um eine Alternative zum „Schooling" handelt. Daneben ist mitunter auch von Home Learning die Rede. Im Deutschen hat sich noch keine einheitliche Bezeichnung durchgesetzt. Es existiert eine Vielzahl verschiedener Begriffe, deren Bedeutung teilweise variiert. Dazu gehören: Hausunterricht, Heimschule, Heimunterricht, Familienschule, Bildung zu Hause, häuslicher Unterricht und Schule zu Hause. Diejenigen, die sich noch deutlicher von herkömmlichen Lernstrukturen distanzieren möchten, sprechen von selbstbestimmtem, natürlichem oder freiem Lernen. In dem größten deutschen E-Mail-Forum zu diesem Thema werden diese Begriffe und die unterschiedlichen ihnen zugeschriebenen Bedeutungen hin und wieder diskutiert. Bezeichnenderweise trägt dieses Diskussionsforum jedoch den Titel „homeschooling_D". Bis heute scheint der Begriff Homeschooling auch in Deutschland, trotz der Kritik, dass es keine deutsche Bezeichnung ist und zu stark auf Schule fokussiert, noch am ehesten in der Lage, die Bandbreite der Bewegung anzusprechen.

Es ist nicht das Anliegen dieser Arbeit, in dem Prozess der Wortschöpfung und Namensfindung eine Entscheidung zu forcieren. Daher greift der Titel auf einen der beiden international und weit verbreiteten englischen Begriffe zurück. Wenn im weiteren Verlauf von Homeschooling und Home Education die Rede ist, dann (sofern nicht ausdrücklich gesagt) ohne dem einen Bedeutungsunterschied beizumessen. Daneben werden auch einige der deutschen Bezeichnungen verwendet. Dabei lehne ich mich an die in dem jeweils besprochenen Kontext üblichen Bezeichnungen an. Die Verwendung von Begriffen wie „Hausschule" oder „freies Lernen" entspringt daher nicht einer von außen herangetragenen Bewertung des entsprechenden Handelns, sondern dem Selbstverständnis der jeweiligen Akteure.

In den folgenden Abschnitten dieser Einführung werden die Punkte dargestellt, die helfen sollen, die Ergebnisse dieser Studie einzuordnen. Am Anfang steht ein sehr kurz gefasster Überblick zur internationalen Situation des Homeschooling. Danach werden Ausgangssituation und Anliegen dieser Studie beschrieben, die angewandten Forschungsmethoden skizziert, die einzelnen Kapitel kurz inhaltlich vorgestellt und abschließend die Grenzen dieser Arbeit erläutert.

Überblick zur internationalen Situation des Homeschooling

In zahlreichen Ländern haben nicht alle Kinder die Möglichkeit, eine Schule in dem Ausmaß zu besuchen, wie dies in Deutschland und vielen anderen der wohlhabenderen und „modernen" Staaten der Fall ist. Wenn in den erstgenannten Gebieten Kinder zu Hause lernen, dann nicht in bewusster Abgrenzung zum

Lernort Schule, sondern oft aufgrund mangelnder Alternativen. Die Verwendung des Begriffs Home Education wird in der internationalen Forschung und Diskussion jedoch meist beschränkt auf das häusliche Lernen in den Gesellschaften, in denen ein allgemeines Schulwesen etabliert ist und die Entscheidung gegen den Schulbesuch nicht aufgrund ökonomischer Zwänge oder fehlender Bildungseinrichtungen erforderlich ist. Im Folgenden ein kurzer Überblick zur internationalen Verbreitung und Situation von Home Education.[3]

Zuerst zu den Ländern, in denen dieser Ansatz eine legale Alternative zum Schulbesuch darstellt. Am verbreitetsten ist Homeschooling in den USA. Was dort in den Siebzigerjahren des vergangenen Jahrhunderts gegen den Widerstand von Schulbehörden und Gerichten begann, wurde während der Achtziger nach und nach in allen Bundesstaaten legalisiert und ist inzwischen zu einer Bewegung mit über einer Million Schüler angewachsen. Dies entspricht mehr als zwei Prozent aller Schüler der USA.[4] Die amerikanische Homeschoolbewegung verfügt über professionelle Lobbyorganisationen und stellt inzwischen einen eigenen Markt dar, auf dem zahlreiche Materialien für Homeschooler angeboten werden. Im Verlauf dieser Studie wird noch mehrfach vergleichend auf die Entwicklung und Situation in den USA eingegangen. Einen Überblick dazu bieten: Stevens 2001; Stevens 2003; Belfield 2004, Princiotta/Bielick 2006. Auch in Kanada ist Home Education seit Langem eine legale Bildungsmöglichkeit. Die Bewegung umfasst schätzungsweise mindestens 1 % der Schüler des Landes und verzeichnete in den vergangenen fünfzehn Jahren ein deutliches Wachstum. (Luffman 1997, Davies/Aurini 2003:63; Brabant/Bourdon/Jutras 2003). Dies entspricht der Situation in Neuseeland, wo Homeschooling eine ähnliche Entwicklung und Größenordnung verzeichnet.[5] In Europa ist Home Education am stärksten in Großbritannien verbreitet. Genaue Zahlen zur Größenordnung liegen nicht vor, mittlere Schätzungen sprechen von 50.000 Schülern, was einem Anteil unter 1 % entspricht (Rothermel 2004, Gabb 2005). In Frankreich wird die Zahl der Homeschooler auf ca. 20.000 geschätzt, wobei ein großer Anteil davon in privaten Fernschulen eingeschrieben ist.[6] In Australien ist Home Education eben-

---

[3] Neben den jeweils angegebenen Quellen bieten einen allgemeinen Überblick zu dieser Frage Glenn 2005 und unter Berücksichtigung des Kontextes auch die Website der Homeschooling-Lobbyorganisation HSLDA <http://www.hslda.org/>.

[4] Genaue Zahlen lassen sich nicht ermitteln, die Angaben schwanken zwischen einer Million (Princiotta/ Bielick 2006) und über zwei Millionen (Ray 2005). Zu den Problemen der Zählung siehe auch Lines 1999.

[5] So die Angaben in den Statistiken des neuseeländischen Bildungsministeriums, zum Beispiel: <http://www.minedu.govt.nz/index.cfm?layout=document&documentid=6169&indexid=11537&inde xparentid=1072&goto=00-03#TopOfPage> (29.01.2007).

[6] Agence France-Presse: „Der Schule fernbleiben um mehr zu lernen" <http://de.news.yahoo.com/ 051103/ 2864qz62.html> (03.11.2005).

falls weit verbreitet, allerdings mit etwas niedrigerem Anteil als in den zuvor erwähnten Ländern (Lindsay 2003, Barrat-Peacock 2003, Jackson 2006). Gleiches
gilt für Südafrika (de Waal/Theron 2003). Daneben gibt es noch einige Staaten,
in denen Homeschooling ebenfalls legal, aber nur gering verbreitet ist, wie beispielsweise Irland, Österreich, Belgien und einige Kantone der Schweiz.

In einer zweiten Gruppe können Länder zusammengefasst werden, in denen
Home Education einen ambivalenten Status hat. Es ist nicht grundlegend verbo-
ten, aber auch nicht als Alternative zum Schulbesuch etabliert oder erwünscht.
Oft sind rechtliche Auseinandersetzungen erforderlich, um eine Erlaubnis für
Homeschooling zu erhalten. In diese Kategorie fallen beispielsweise Norwegen
(Beck 2006b), Schweden (Villalba 2003), Niederlande, Israel (Neumann/Aviram
2003) und Japan.

Die dritte Gruppe bilden die Staaten, in denen Schulbesuchspflicht gilt und
Home Education keine zugelassene Bildungsalternative darstellt. Neben
Deutschland trifft dies zum Beispiel auf Bulgarien, Malta, Brasilien und Kuba
zu.

Forschungsstand und Ziel dieser Arbeit

International gibt es inzwischen zahlreichen Studien, die sich dem Phänomen
Home Education widmen. Sie stammen hauptsächlich aus den USA und Großbritannien. Auf einige Studien (auch aus anderen Ländern) wurde bereits im vorigen Abschnitt verwiesen, weitere werden in dem separaten Überblick über die
Forschungen zu den elterlichen Motiven für Home Education erwähnt (Kapitel
2.1.1). Home Education Forschung ist interdisziplinär und umfasst Beträge von
Vertretern der Erziehungswissenschaft, Psychologie, Soziologie, Politikwissen-
schaft und Rechtswissenschaft.

In Deutschland war Homeschooling zum Zeitpunkt der Konzeption dieser
Studie nahezu unerforscht. Es gab einige Studienabschlussarbeiten, die sich diesem Ansatz widmen (Gießer 1994, Preußker 2000, Werle 2001, Krick 2002,
Steur 2002, Bajor 2003), wobei die meisten davon das Hauptaugenmerk auf die
USA richten. Steur befragte einige deutsche Homeschoolfamilien und Bajor untersuchte ausführlicher die „Hupfauer", eine Initiative in Österreich, in der das
Lernen ohne Schule praktiziert wird. Daneben wurden in den vergangenen Jahren einige Artikel zur Frage der Rechtswidrigkeit des Homeschoolings veröffent-
licht, auf die im fünften Kapitel ausführlicher eingegangen wird. Eine erste
fachwissenschaftliche Publikation, die bestrebt ist, das Phänomen Home Education umfassender in den Blick zu nehmen, ist der 2005 erschienene Sammelband
„Homeschooling – Tradition und Perspektive" (Fischer/Ladenthin 2005). Darin

wird Home Education in erster Linie verknüpft mit der Tradition des Hausunterrichts und Hauslehrers der wohlhabenderen Bevölkerungsschichten vergangener Jahrhunderte. Die Autoren verfolgen nicht das Ziel, die gegenwärtige
Verbreitung des Homeschooling in Deutschland empirisch näher zu beschreiben
und haben vorrangig das „christliche Homeschooling" im Blick (Fischer 2005).

Neben diesen wenigen Arbeiten, die sich Home Education aus einer eher
wissenschaftlichen Perspektive widmen, gibt es inzwischen eine ganze Reihe
von Publikationen, die die derzeitige Form der Schulbesuchspflicht hinterfragen
oder sich konkret mit Home Education beschäftigen beziehungsweise für diesen
Ansatz argumentieren. An dieser Stelle ein kurzer Überblick dazu, der keinen
Anspruch auf Vollständigkeit erhebt und sich auf deutsche Veröffentlichungen
der letzten vier Jahrzehnte beschränkt. Anfang der Siebzigerjahre erschien Ivan
Illichs vielbeachtete radikale Institutionenkritik mit der Forderung nach einer
„Entschulung der Gesellschaft" (Illich 1973, Illich 1984, ausführlicher dazu in
Kapitel 4.1). Buckman griff diesen Gedanken auf in dem Buch „Bildung ohne
Schulen", das Beiträge verschiedener Autoren zum deinstitutionalisierten Lernen
vereint (Buckman 1974). Unter ähnlichem Titel erschienen 1992 die Beiträge
zweier in Österreich veranstalteter Tagungen. Das Schwerpunktthema des Sam-
melbandes ist eine Flexibilisierung und Individualisierung des Lernens durch
stärkere Einbeziehung von Fernunterricht (Brünner/Steinbach 1992). Der
Schriftsteller Hans Magnus Enzensberger verfasste ein „Plädoyer für den Hauslehrer" und argumentiert darin gegen die Schulpflicht und für die Möglichkeit
des freieren Lernens im häuslichen Umfeld (Enzensberger 1985). Ähnlich Eibl,
der in der Zeitschrift „Grundschule" die Vorteile des Lernmodells „Hauslehrer
plus Internet" beschreibt. Die Forderung nach einer grundlegenden Umstrukturierung der Lernprozesse wird mit der Diagnose eines Wandels zur Informationsgesellschaft begründet, dem das herkömmliche Bildungssystem nicht mehr
gewachsen sei (Eibl 1998). Der Pädagoge Pousset liefert in seinem Buch
„Schafft die Schulpflicht ab" zehn Thesen zugunsten einer Bildungspflicht, die
auf vielfältigere Art und Weise erfüllt werden kann (Pousset 2000). Unter dem
Titel „Lernen ohne Schule" erschien 2001 ein kleines Buch von Ulrich Klemm
mit Argumenten gegen „Verschulung und Verstaatlichung von Bildung", in dem
mit einem Exkurs auch auf frühe Home Education Fälle in Deutschland eingegangen wird (Klemm 2001).

Im Folgenden nun die Publikationen, die sich konkreter und umfassender
mit Home Education beschäftigen. In dem Buch „Zwangsanstalt Schule" kritisierte der Soziologe Hans-Eckbert Treu, basierend auf Bemühungen um eine
Schulpflichtbefreiung für das eigene Kind, das deutsche Bildungssystem (Treu
1989). In dem Sammelband „Die Entfesselung der Kreativität" wird an weiteren
Beispielen aus der Frühphase der deutschen Home Education Bewegung für ein

selbstbestimmtes Lernen argumentiert (Heimrath 1991a). Eine umfangreiche
Dokumentation eines Home Education Falles, auf den später noch näher eingegangen wird (Kapitel 4.1), bietet Heimrath 1991b. Detaillierte Innenansichten
zum freien Lernen ohne Schule vermittelt Keller in dem Buch „Denn mein Leben ist Lernen" (1999), das ausführliche Falldarstellungen von acht (überwiegend in Frankreich lebenden) Home Education Familien enthält. Pflüger, Direktor der Deutschen Fernschule, beschreibt in seinem Buch „Lernen als Lebensstil"
(2004) die Chancen und Potentiale des Homeschooling. Ebenfalls 2004 wurde
unter dem Titel „Wenn Kinder zu Hause zur Schule gehen" ein Band herausgegeben, der neben einer Dokumentation über eine Nürnberger Homeschoolfamilie
Beiträge verschiedener Autoren zu diesem Thema enthält (Mayer/Schirrmacher
2004). Zeitgleich erschien von Mohsennia das Buch „Schulfrei. Lernen ohne
Grenzen", in dem sich die Autorin vor allem mit den freien, wenig vorstrukturierten Formen von Home Education beschäftigt (Mohsennia 2004). Ein Jahr
später veröffentlichte der Theologe Schirrmacher 41 Thesen, mit denen er mit
Blick auf Homeschooling für eine Bildungspflicht statt Schulzwang argumentiert
(Schirrmacher 2005). Von J. Edel, der selbst in der deutschen Homeschoolbewegung aktiv ist, erschienen zu diesem Thema die Broschüre „Nur Schule? Mut zu
neuen Bildungswegen" (2005) und das Buch „Schulfreie Bildung" (2007).

Der Überblick zum Forschungsstand verdeutlicht das Informationsdefizit
bezüglich Home Education in Deutschland. Die vorliegende Arbeit ist die erste
wissenschaftliche empirische Studie größeren Umfangs, die sich dieser Bewegung widmet, und erhält dadurch einen explorativen Charakter. Den Ausgangspunkt dieser Studie bildeten drei sehr grundlegende Fragen: Warum wählen Eltern Home Education, wie wird Home Education konkret umgesetzt und welche
Konsequenzen ergeben sich daraus? Damit verknüpft galt das Interesse auch der
Größenordnung und Verteilung des Homeschooling in Deutschland. Das Ziel bestand jedoch nicht nur darin, eine Antwort auf die genannten Fragen zu finden,
sondern auch eine Analyse der Ergebnisse vorzulegen, die diese mit den Erkenntnissen und Theorien der entsprechenden soziologischen Felder verknüpft
und in den Rahmen der internationalen Home Education Forschung stellt.

Darstellung der Forschungsmethoden

Um das unbekannte Terrain möglichst in seiner ganzen Bandbreite zu erfassen,
wurden mehrere qualitativ orientierte Methoden miteinander kombiniert: teilnehmende Beobachtung in den Netzwerken und Gruppierungen, leitfadenge-
stützte qualitative Interviews mit Eltern, die Home Education praktizieren, und

die inhaltsanalytische Auswertung schriftlicher Dokumente, vor allem E-Mail-Diskussionen.

Am Anfang stand die Frage nach den Zugangsmöglichkeiten zu einem Feld, über das fast nichts bekannt zu sein schien außer der Tatsache, dass es in Deutschland Familien gibt, die Home Education durchführen, dass dies eine zum Teil stark sanktionierte Ordnungswidrigkeit darstellt und die Betroffenen daher wohl nur ein begrenztes Interesse daran haben werden, ihren Schulpflichtverstoß öffentlich zu machen. Eine ausführliche Recherche in den Zeitungen der letzten 15 Jahre und im Internet sowie der Beitritt zu einem einschlägigen E-Mail-Forum vermittelten erste Orientierungspunkte und Hinweise auf existierende Netzwerke der Bewegung. Ein nächster Schritt war die Kontaktaufnahme zu den Schlüsselpersonen dieser Gruppierungen, denen ich Hintergrund und Ziel meines Interesses darstellte. Die Suche nach Informationen über die deutsche Home-schoolbewegung und der Wunsch, am Leben der Netzwerke beobachtend teilzu-nehmen, fand dabei größere Akzeptanz als erwartet. Es wurde bald deutlich, dass diese Offenheit gegenüber dem am Thema Home Education interessierten For-scher von manchen Mitgliedern der Homeschoolbewegung mit bestimmten Hoffnungen verknüpft wurde. Man erwartete eine möglichst unvoreingenomme-ne, neutrale Analyse, Darstellung und Bewertung und erhoffte sich dadurch Un-terstützung in der Argumentation für diese Bildungsform. Ersteres war auch mein Ziel, letzteres dagegen keine erklärte Absicht. Allerdings blieben Versuche der „Eingemeindung" (Wolff 2005:343) durch die Homeschooler bis auf seltene Ausnahmen unverbindlich genug, so dass sich kein ernsthafter Rollenkonflikt abzeichnete.

Die teilnehmende Beobachtung beschränkte sich auf Veranstaltungen, bei denen mehrere Home Education Familien zusammenkamen. Insgesamt nahm ich, verteilt auf einen Zeitraum von knapp zweieinhalb Jahren, 16-mal für einen oder mehrere Tage an Konferenzen, Seminaren oder Treffen der verschiedensten Art teil. Die Spannweite dieser Veranstaltungen reichte von der um hohe Profes-sionalität bemühten Konferenz im Germanischen Nationalmuseum Nürnbergs bis zum auf schlichte Einfachheit orientierten Camp in ländlicher Lage mit Ko-chen am Feuer und kollektivem Schlafsaal. Ziel dieser Teilnahme war es, Infor-mationen über Situation und Arbeitsweise der einzelnen Netzwerke zu sammeln sowie möglichst viele Home Education Familien und damit die praktische Seite dieses Ansatzes kennen zu lernen. Das Augenmerk der Beobachtung verlagerte sich dabei im Laufe der Zeit von der Frage: „Was geschieht hier?" hin zu dem Aspekt: „Wie geschieht es?" Dadurch rückten neben den Handlungsinhalten zu-nehmend die Strukturen, in denen diese organisiert sind, ins Blickfeld. Die Noti-zen während der Teilnahme erfolgten meist handschriftlich, wenn es der Situati-on angemessen war, elektronisch, bevorzugt direkt und nur in Ausnahmen nachträglich. Bei öffentlichen Konferenzen konnten die Mitschriften teilweise durch Audiomitschnitte nachträglich kontrolliert werden.

Das zweite oben erwähnte Methodeninstrument sind die Interviews mit Eltern. Dazu war es notwendig, Familien zu finden, die zu einem Gespräch bereit sind, und die Zielstellungen hinsichtlich Form und Inhalt der Interviews zu definieren. Ungefähr ein Jahr nach Beginn der teilnehmenden Beobachtung hatte ich in den beiden größten der damals existierenden Netzwerke die Gelegenheit, das Forschungsprojekt vorzustellen und um Teilnahme an Interviews zu bitten. Im Rahmen der Philadelphia-Schule[7] geschah dies durch einen kurzen Vortrag auf der Schulkonferenz in Siegen, zu der Familien aus ganz Deutschland angereist waren. In dem anderen relevanten Netzwerk, der „Initiative für selbstbestimmtes Lernen", konnte ich durch einen ganzseitigen Artikel im regelmäßig erscheinenden Rundbrief dieser Gruppierung auf das Anliegen aufmerksam machen. Die Rückmeldungen auf diese Interviewaufrufe waren so zahlreich, dass die anvisierte Anzahl an Gesprächen (mindestens 20) problemlos realisierbar schien. Die konkrete Fallauswahl erfolgte mit der Zielstellung, die Home Education Bewegung möglichst facettenreich zu erfassen (Merkens 2005:291). Sowohl stark gegensätzliche als auch eher typische Fälle sollten im Sample vertreten sein (Patton 1990:169ff). Die bis dahin durch die teilnehmende Beobachtung gewonnenen Einblicke in das Forschungsfeld ermöglichten eine kriteriengeleitete Fallauswahl (Kelle/Kluge 1999:46), die die für die Homeschoolbewegung relevanten distinktiven Merkmale berücksichtigte. Insbesondere waren dies die weltanschauliche Orientierung der Eltern, die Motive für die Wahl von Home Education, die konkrete Gestaltungsform des Homeschooling und die sozio-kulturelle Verortung der Familie. Hinsichtlich dieser Aspekte sollte die gesamte Bandbreite, die in dem bis dahin erfolgten Forschungsprozess deutlich geworden war, in den ausgewählten Fällen vertreten sein. Um dies zu gewährleisten, wurde nicht nur auf den Pool der Familien zurückgegriffen, die sich freiwillig zu einem Interview bereit erklärt hatten, sondern konkret nach Familien gesucht, die die Lücken dieses Samples auffüllen können (z.B. Familien mit russlanddeutscher Herkunft). Durch die mit der teilnehmenden Beobachtung einhergehende Präsenz im Forschungsfeld hatte ich im gesamten Zeitraum der Studie mehr als 100 Home Education Familien persönlich kennen gelernt. Daher war es möglich, gezielt gesprächsbereite Elternpaare zu finden und ein Sample zu konstruieren, dass das Spektrum in gewünschter Breite abdeckte.

Neben der Fallauswahl mussten die Zielstellungen hinsichtlich Form und Inhalt der Interviews festgelegt werden. Dazu wurde ein Leitfaden entwickelt,

---

[7] Dabei handelt es sich um ein staatlich nicht anerkanntes, aber bisher geduldetes Fernlehrwerk mit Sitz in Siegen, das vor allem christlich orientierten Homeschoolfamilien Begleitung und Unterstützung anbietet. Eine ausführliche Darstellung erfolgt im weiteren Verlauf dieser Arbeit.

um sicherzustellen, dass bestimmte Themenbereiche möglichst in allen Interviews zur Sprache kommen. Die Grundlage dafür bildeten die oben erwähnten Forschungsziele und die bereits vorliegenden Informationen aus der teilnehmenden Beobachtung und der Recherche in den verschiedensten Drucksachen der einzelnen Netzwerke. Die vorgesehenen Themen waren:

- die Gründe für die Wahl von Home Education
- die praktische Gestaltung des Lernprozesses
- die Frage nach den Sanktionen der Schulpflichtverweigerung durch Schulbehörden und Gerichte und der eigenen Beurteilung des rechtswidrigen Handelns
- die Partizipation an den Netzwerken im Bereich Home Education
- die Situation und Auswirkungen des Homeschooling bezüglich der sozialen Integration der Familie und der Kinder

Trotz dieser konkreten Vorstellungen hinsichtlich der einzelnen Themenbereiche sollten die Gespräche nicht mehr als nötig vorstrukturiert werden, sondern offen bleiben für individuelle Schwerpunktsetzungen. Bezugnehmend auf die verschiedenen Interviewformen qualitativer Forschung, ähnelte das gewählte Verfahren am ehesten dem episodischen Interview (Flick 2000:124). Den Ausgangspunkt eines jeden Interviews bildete eine allgemein gehaltene Erzählaufforderung, mit der die Eltern gebeten wurden, ihre Geschichte mit Homeschooling darzustellen.[8] Die darauf folgenden zusammenhängenden Erzählungen der Eltern waren hinsichtlich ihrer Länge sehr verschieden. Im kürzesten Fall wurde die Geschichte in zwei Minuten erzählt, im längsten dauerte es eine Stunde. Meist erstreckte sich die Ersterzählung über 10-20 Minuten. Darin kamen oft viele der oben genannten Themen bereits zu Sprache, so dass der weitere Interviewverlauf auf die Struktur der elterlichen Erzählung aufbauen konnte. Nach den ersten Interviews wurde der Leitfaden, basierend auf den Erfahrungen des Praxistests, geringfügig überarbeitet und angepasst, allerdings waren keine grundlegenden Veränderungen notwendig.

Insgesamt führte ich zwischen Herbst 2004 und dem darauffolgenden Frühjahr 24 Interviews durch, meist in der Wohnung der jeweiligen Familie. Vierzehn dieser Gespräche fanden mit Müttern statt, eins mit einem Vater, die restlichen neun mit dem Elternpaar. Die Interviews dauerten zwischen einer halben

---

[8] Die konkrete Wortwahl wurde der jeweiligen Situation angepasst. Zum Beispiel konnte die Erzählaufforderung lauten: „Sie machen Homeschooling. Und mich interessiert Ihre persönliche Geschichte mit dieser Bildungsform. Erzählen Sie mir doch bitte mal, wie sich das alles so entwickelte. Angefangen bei dem, was Sie bewogen hat, Homeschooling zu wählen, was Sie damit erlebt haben bis dahin, wo Sie heute stehen."

und zwei Stunden, durchschnittlich ungefähr eine Stunde. Die gemeinsame Ge-
sprächszeit war oft deutlich länger, zum Beispiel aufgrund einer gemeinsamen
Mahlzeit vor oder nach dem Interview. Meistens waren die Kinder während des
Interviews nicht mit anwesend, mitunter teilweise, nur in wenigen Fällen die gesamte Zeit.

Die Gespräche wurden als digitale Audiodateien aufgezeichnet und später
vollständig transkribiert. Bezüglich der Transkriptionsregeln existiert in der qualitativen Forschung eine große Bandbreite hinsichtlich der Detailliertheit, mit der
das sprachliche Geschehen niedergeschrieben wird (Kowal/O'Connell 2005).
Dabei gilt generell, dass die erforderliche Genauigkeit durch die Fragestellung
der Untersuchung und die geplante Auswertungsmethode bestimmt wird (Flick
2005:264, Kowal/O'Connell 2005:444). Daneben spielen die zur Verfügung ste-
henden Ressourcen eine wichtige Rolle, da die Anwendung sehr detaillierter
Transkriptionssysteme sehr zeitaufwändig ist (Kuckartz 2005:42). Und nicht zuletzt sind die Auswirkungen auf die Lesbarkeit des Textes zu berücksichtigen
(Steinke 2005:327f). Da im Rahmen dieser Studie mit Blick auf die große Bandbreite des Phänomens eine thematisch orientierte Auswertung und keine tiefen-
analytische Untersuchung von Feinstrukturen erfolgen sollte, beschränkte sich
die Transkription (auch im Interesse von Realisierbarkeit und Lesbarkeit) auf eine Übertragung des Gesprächs in normales Schriftdeutsch (Kuckartz 2005:46ff;
Froschauer/Lueger 2003:224; Brüsemeister 2000:163). Bis auf begründete Ausnahmen wurden Dialekteinfärbungen nicht berücksichtigt. Dort, wo Satzkon-
struktionen oder Wortbildungen von den üblichen Sprachregeln abwichen (in
erster Linie bei Personen, deren Muttersprache nicht Deutsch ist), wurden diese
beibehalten. Auch Interjektionen (äh, mhm) sind Teil des Transkripts. Ereignisse
wie kurze Sprechpausen, Wortdehnungen, Lautstärkeschwankungen u.ä. wurden
im transkribierten Text nicht abgebildet. Nichtsprachliche Handlungen bzw. Be-
gleiterscheinungen des Sprechens seitens des Interviewten stehen in runden
Klammern, eigene erklärende Hinzufügungen zum Text sind in eckige Klammern gesetzt. Wurden im Zitat Textteile ausgelassen, ist dies durch drei Punkte
markiert. Die Zitation aus Interviewtexten erfolgt nach dem Schema „I12,
23:15", wobei I12 für das Interview Nr. 12 steht, gefolgt von der Angabe der
konkreten Anfangsposition des Abschnitts im Interview in Minuten und Sekun-
den.

Die Namen von Personen und Orten wurden anonymisiert. Bei den verwendeten Namen in Zitaten handelt es sich in der Regel um freie Erfindungen. Lediglich bei den Homeschoolfamilien, wo auf Quellen Bezug genommen wird, die
bereits unter richtigem Namen an anderer Stelle öffentlich zugänglich sind, werden, mit Zustimmung der jeweiligen Personen, auch im Text die echten Namen
beibehalten.

Der dritte, oben erwähnte methodische Zugang zum Phänomen Home Education war die inhaltsanalytische Auswertung schriftlicher Quellen. Dies betrifft zum einen die verschiedenen Publikationen der einzelnen Gruppierungen, wie zum Beispiel Rundbriefe oder Informationsblätter für die Mitglieder und Interessenten der Netzwerke und Internetveröffentlichungen. Weiterhin wurden über dreißig Gerichtsurteile aus den vergangenen zwanzig Jahren zum Thema Homeschooling in Deutschland näher untersucht und über 350 Zeitungsartikel zusammengetragen. Eine weitere wichtige Quelle war ein frei zugängliches E-Mail-Diskussionsforum im Internet (homeschooling_D), in dem sich Personen austauschen, die Home Education praktizieren oder sich dafür interessieren. In dieser Ende 2002 ins Leben gerufenen Liste sind inzwischen knapp 200 Mitglieder registriert. Im Zeitraum dieser Studie wurden über 4000 E-Mails geschrieben. In acht Fällen waren die Darstellungen der Homeschooler so ausführlich, dass sie viele der im Interviewleitfaden erwähnten Themenbereiche abdeckten. Diese E-Mails wurden zusammengestellt und (mit Zustimmung der Autoren) zusammen mit den 24 persönlichen Interviews ausgewertet.

Das zentrale Werkzeug dieser Auswertung war eine detaillierte thematische Kodierung des umfangreichen Textmaterials unter Zuhilfenahme des Programms MAXqda (vgl. Kuckartz 2005:85). Dabei wurde sowohl subsumtiv als auch offen und abduktiv kodiert (Kelle/Kluge 1999:58, Reichertz 2005:279ff) beziehungsweise deduktiv und induktiv (Kuckartz 2005:63,185, Strauss 1998:64). Einige der Codes ergaben sich bereits dadurch, dass die oben formulierten Forschungsfragen an die Texte herangetragen wurden. Zum Beispiel stand von Beginn an die Frage nach den Motiven für die Wahl von Home Education. Weitere Kodierungen beruhten auf den Themen des Leitfadens (vgl. Kelle/Kluge 1999:65), die wiederum Resultat der vorausgegangenen Beschäftigung mit dem Phänomen Home Education in Form teilnehmender Beobachtung und der Analyse verschiedenster Dokumente waren. Hierzu gehören beispielsweise die elterlichen Strategien zur Legitimation des ordnungswidrigen Handelns, die in Kapitel 5.5 als Techniken der Neutralisation näher analysiert werden. Eine dritte Gruppe von Codes entstand während der Analyse des Materials aufgrund der vorliegenden Daten. Ein Beispiel dafür ist die in Kapitel 5.4 dargestellte Typologie der Proteststrategien.

Bei zahlreichen Codes fand eine weiter spezifizierende Dimensionalisierung der zugeordneten Passagen statt, um die Bandbreite des Merkmalraumes abzubilden. Auch die im Auswertungsprozess entwickelten oder nachträglich weiter verfeinerten Codes wurden auf alle Texte angewandt, so dass am Ende etwas mehr als 2000 Codings, verteilt auf über 80 Codes, vorlagen.

Eine der zentralen Methoden der Verallgemeinerung qualitativer Daten ist die Typenbildung (Kuckartz 2005:99; Kluge 2000; Kelle/Kluge 1999). Sie stellt

eine mehr oder weniger stark idealisierende Abstraktion der im Datenmaterial
sichtbaren Muster dar und analysiert die Sinnzusammenhänge sich abzeichnen-
der empirischer Regelmäßigkeiten. In Anlehnung an das Konzept Webers sind
Idealtypen weder eine exakte Realitätsbeschreibung noch wird in jedem Fall damit eine vollständige Typologie eines Merkmalraumes aufgespannt. Es sind
zahlreiche Einzelelemente der empirischen Beobachtung, die zu einem einheitlichen Gedankenbild verdichtet werden. Durch diese idealisierende Typisierung
verliert das Bild seine direkte Entsprechung in der Wirklichkeit, stellt aber trotzdem einen Fixpunkt dar, der es ermöglicht, die Nähe oder Distanz einzelner Fälle
zu dem jeweiligen Typus zu verdeutlichen (Weber 1985:191). In der vorliegenden Studie wird mehrfach das Instrument der idealtypischen Beschreibung genutzt. Damit dominiert die fallübergreifende, themenorientierte Analyse.

   Ergänzend dazu bietet der zweite Teil dieser Einleitung vier kompakte Einzelfalldarstellungen. Diese sind zum einen Einführung in die Bandbreite des
Phänomens Homeschooling. Darüber hinaus verdeutlichen sie durch die am
konkreten Fall rekonstruierte Darstellung den Verlauf von „Homeschoolkarrie-
ren" und die interne Logik, mit der die zahlreichen später beschriebenen und
analysierten Handlungen von den Home Education Familien miteinander verknüpft werden.

Inhalt und Grenzen der Studie

In der vorliegenden Studie erfolgt die Beschreibung und Analyse der Home Education Bewegung entlang einer induktiven Struktur, die bei subjektiven Einzelfällen ansetzt und schrittweise über den familiären Kontext hinausgeht bis zur
Frage der gesellschaftlichen Relevanz einer Home Education Bewegung.

   Auf die bereits erwähnten Einzelfalldarstellungen folgen zwei weitere, deutlich fallbezogene Kapitel. In Kapitel 2 werden auf der Grundlage eines entschei-
dungstheoretischen Modells die elterlichen Motive für Home Education näher
untersucht und darauf aufbauend zwei idealtypische Home Education Lebenswelten konstruiert. Anhand des handlungstheoretischen Modells wird aufgezeigt,
wie das jeweils zugrunde liegende Weltbild auf die Entscheidungen der Eltern
Einfluss nimmt. Das dritte Kapitel ist dem oben als zweite Forschungsfrage genannten Bereich gewidmet und bietet eine analysierende Beschreibung der praktischen Gestaltung von Home Education.

   Die drei folgenden Kapitel widmen sich der Frage nach den Konsequenzen,
die die individuellen Entscheidungen für Home Education nach sich ziehen. Kapitel 4 beschreibt ausführlich den Weg, der von einzelnen Home Education Fällen in den Achtzigerjahren hin zur gegenwärtigen Home Education Bewegung

führte. Im fünften Kapitel wird das Handeln in Bezug gesetzt zu den gesellschaftlichen Normen, denen zufolge Home Education einen Verstoß gegen geltendes Recht darstellt. Neben einer Darstellung der gegenwärtigen Situation werden verschiedene Aspekte, die sich aus der Ordnungswidrigkeit des häuslichen Lernens ergeben, einer ausführlicheren Analyse unterzogen. Im abschließenden sechsten Kapitel wird der Rahmen noch einmal erweitert und nach den gesellschaftlichen Chancen und Risiken einer wachsenden Home Education Bewegung gefragt. Die Untersuchung beider Bereiche mündet in die Skizze eines möglichen Weges zur gegenstandsangemessenen Regelung der mit Home Education verbundenen Konfliktfelder.

Dieser kurze Überblick verdeutlicht die thematische Breite der vorliegenden Studie. Nichtsdestotrotz unterliegt diese jedoch auch klaren Grenzen, die im Folgenden näher benannt werden. Die breit gefächerte, explorative Erforschung von Home Education mit Berücksichtigung möglichst vieler Aspekte limitiert die Tiefe, in der den einzelnen Bereichen nachgegangen werden kann. Themen wie beispielsweise die Konstruktion des Lernens, die Institutionalisierung von Bildung oder die rechtliche Beurteilung des Verhältnisses von staatlichem Erziehungsanspruch, elterlicher Entscheidungsfreiheit und Kinderrechten sind bereits so umfangreich, dass sie ausreichend Material für eigene Studien bieten können.

Der Titel dieser Arbeit deutet bereits an, dass sich die Untersuchung auf Home Education in Deutschland beschränkt. Dabei wurde eine Personengruppe nicht berücksichtigt. Dies sind amerikanische Familien auf US-Militärbasen in Deutschland, die Homeschooling durchführen. Der Grund für diese Abgrenzung liegt darin, dass hier Home Education in einem völlig anderen rechtlichen Rahmen stattfindet und die entsprechenden Netzwerke weitgehend separat von allen sonstigen Home Education Gruppierungen in Deutschland stehen.[9]

Weitere Grenzen sind durch die gewählten Forschungsmethoden gesetzt. Das qualitative Design der Studie impliziert die Tatsache, dass keine repräsentativen Daten erhoben werden konnten. Viele Angaben zu Größenordnungen oder Hinweise auf die quantitative Ausprägung bestimmter Phänomene oder Typen basieren daher auf Schätzungen. Die in der mehrjährigen Erforschung der deutschen Homeschoolbewegung mit der beschriebenen Methodenkombination ge-

---

[9] Die Familien von in Deutschland stationierten Mitgliedern des US-amerikanischen Militärs können meist ohne Intervention seitens der deutschen Schulbehörden Homeschooling durchführen. Oft sind diese Familien nur für den Zeitraum von einigen Jahren in Deutschland. Genaue Angaben zur Gesamtzahl der Homeschooler in dieser Gruppe liegen nicht vor, ein Mitglied eines Netzwerkes in diesem Bereich schätzte die Anzahl auf ca. 250 Familien (Persönliche E-Mail vom 11.02.2007). Nähere Informationen zu den Gruppen z.B. unter: <http://www. stuttgarthomeschoolers.com>, <http://www. heidelberghomeschoolgroup.org/index.html> oder <http://www.kmchomeschool.org/> (03.02.2007). Für allgemeine Darstellungen zur rechtlichen Lage des Homeschooling der US-amerikanischen Militärangehörigen siehe <http://www.hslda.org/ docs/nche/Issues/U/USMilitary.asp>.

wonnenen Erkenntnisse stellen jedoch momentan die wohl zuverlässigste Ausgangsbasis für derartige Schätzungen dar. Die Ermittlung genauerer Zahlenverhältnisse bleibt späteren quantitativen Studien vorbehalten.

Bei der Beurteilung der Aussagekraft empirischer Forschung stellt sich die Frage nach der Güte der angewandten Methoden und Instrumente. Inwieweit dabei die etablierten Kriterien der quantitativen Sozialforschung auf die qualitative übertragbar sind, ist umstritten. Eine in dieser Diskussion mehrfach vertretene Position geht davon aus, dass auf Qualitätskriterien nicht verzichtet werden kann, diese jedoch nicht direkt aus den Gütekriterien der quantitativen Forschung ableitbar sind (Steinke 2005; Kelle/Kluge/Prein 1993). In diesem Sinne formulierte Steinke einige Kernkriterien zur Beurteilung qualitativer Forschung. Mehrheitlich sind diese im Rahmen der vorliegenden Studie gewährleistet. Zweifelsfrei stellt das qualitative Vorgehen bei dem gewählten Thema eine *gegenstandsangemessene Methodik* dar. Eine sinnvolle quantitative Erhebung wäre angesichts des geringen verfügbaren Vorwissens nicht möglich gewesen. Die Dokumentation der Forschungsmethoden in Verbindung mit exakten Quellenangaben ermöglicht eine *intersubjektive Nachvollziehbarkeit*.[10] Einschränkend ist an dieser Stelle anzumerken, dass keine Interpretation des Materials in Gruppen stattfand und die Deutung daher auf einer zwar selbstreflektierten, aber individuellen Perspektive basiert.[11] Bei zwei der im Folgenden dargestellten Fallbeispiele, die sich aus mehreren Quellen ergaben, wurde der Text zur Validierung der entsprechenden Familie zur Verfügung gestellt, so dass korrigierende Ergänzungen berücksichtigt werden konnten. Im weiteren Verlauf der Arbeit wird deutlich, dass die Ansätze zur Theoriebildung *empirische Verankerung* aufweisen und auch auf die Grenzen der entwickelten Theorie und entgegenstehende Fälle eingegangen wird (*Limitation und Kohärenz*).

Damit ist über Durchführung und Konzeption dieser Studie das Wichtigste gesagt. Der folgende zweite Teil der Einleitung bietet eine Einführung in das Thema der Arbeit. Anhand von vier kurzen Falldarstellungen wird die Bandbreite des Phänomens dargestellt. Alle im weiteren Verlauf dieser Studie erörterten Fragen und analysierten Zusammenhänge kommen hier bereits ansatzweise zur Sprache.

---

[10] „Nachvollziehbarkeit" an dieser Stelle in bewusster Abgrenzung zu dem, bei qualitativer Forschung nicht realisierbaren, Ideal der intersubjektiven „Überprüfbarkeit" (Steinke 2005:324).
[11] Allerdings sind auch Interpretationsprozesse mit mehreren Personen je nach Gruppenzusammensetzung keine Garantie für eine höhere Objektivität (Kelle/Kluge/Prein 1993:50).

1.2 Vier Fallbeispiele

1.2.1 Familie Kern – selbstbestimmt in Freiheit lernen

> Stellen Sie sich einmal vor, Sie hätten einen Sohn oder eine Tochter. Dieser junge
> Mensch geht in die Schule. In der Schule und auf dem Weg dorthin wird er immer
> wieder geschlagen, getreten, verspottet, lächerlich gemacht, sein Eigentum wird
> weggenommen, beschädigt oder zerstört. Außerdem leidet er unter der Ungerechtig-
> keit und dem Sarkasmus einzelner Lehrer. Darüber hinaus interessiert ihn das, was
> in der Schule gerade „dran" ist, in keiner Weise; er möchte lieber eigene Gedichte
> schreiben, englische Briefe mit seiner israelischen Freundin wechseln, Bücher über
> die Zeit des Nationalsozialismus lesen, einen Schlitten bauen, Schlagzeug spielen
> und vieles anderes mehr. Stellen Sie sich weiter vor, dieser junge Mensch erklärte
> Ihnen eines Tages, er sei nicht bereit, weiterhin zur Schule gehen. Wie reagieren Sie
> als Vater oder Mutter in Deutschland? Sorgen Sie dafür – wie es das Schulgesetz Ih-
> res Bundeslandes von Ihnen als Elternteil fordert –, dass Ihr Kind die Schule be-
> sucht, egal welche Mittel Sie dafür einsetzen müssen? Oder berücksichtigen Sie die
> Entscheidung Ihres Kindes? (Kern, M. 2004:20)

Mit diesen Sätzen beschreibt Matthias Kern die Frage, vor der er und seine Frau
im Herbst 2001 standen. Beide sind Lehrer, er unterrichtet Mathematik und Physik an einer Berufsschule, sie arbeitete an einer Freien Alternativschule. Gemeinsam haben sie fünf Kinder, die älteste Tochter stand kurz vor dem Abitur, der
jüngste Sohn ging in die Grundschule. Bei ihrem mittleren Kind gestaltete sich
der Schulbesuch seit einigen Jahren problematisch. Die Eltern hatten versucht
durch Schulwechsel, Gespräche mit Lehrern, Eltern und Mitschülern und durch
schulpsychologische Beratung eine Lösung zu finden – allerdings ohne den er-
hofften Erfolg. Im Herbst 2001 entschieden sich dieser Sohn und sein jüngerer
Bruder, der damals in die 6. Klasse ging, die Schule nicht länger zu besuchen.
Angesichts der langen Vorgeschichte dauerte es nur noch wenige Monate, bis die
Eltern dies akzeptierten. Sie beschrieben die Situation wie folgt:

> Unsere Kinder weigern sich zur Schule zu gehen, da sie in unterschiedlichem Maße
> die Erfahrungen gemacht haben, dort nicht gesehen zu werden, nicht respektvoll be-
> handelt zu werden, durch die Institution krank zu werden, nicht das lernen oder spie-
> len zu können, was sie wollen, dafür anderes, was sie gerade nicht interessiert, und
> noch vieles mehr. Wir als Eltern sind nicht mehr bereit, Gewalt auszuüben wie bis-
> her und unsere Kinder zur Schule zu zwingen. Denn Gewalt ist es, wenn ich jeden
> Tag zu meinem Kind sage, ich weiß, dass es dir in der Schule nicht gut geht, aber du
> musst dort hingehen. (homeschooling__D 5.1.2004:735)

Ein Jahr später kam die inzwischen achtzehnjährige Tochter von einem Aus-
landsjahr zurück und verlegte ihre Abiturvorbereitung ebenfalls nach Hause. An-

fang 2003 beendete die Mutter ihre Tätigkeit als Schulleiterin, einige Monate
später entschied sich auch der jüngste Sohn, nicht länger zur Schule zu gehen.
Die Eltern waren zu der Überzeugung gekommen, die Entscheidung der Kinder
für eine selbstbestimmte Bildung zu respektieren. Für die Mutter war dies kein
völlig neues Thema. Bereits während ihres Pädagogikstudiums hatte sie sich für
alternative Lernmodelle interessiert. Als Lehrerin arbeitete sie an einer freien
Schule, die sich an der Pädagogik von Rebeca und Mauricio Wild und Maria
Montessori orientierte. Darüber hinaus prägten die Antipädagogik-Bewegung
und die schulkritischen Bücher des US-amerikanischen Lehrers John Holt ihre
Vorstellungen von Lernen und Erziehung. Das Vertrauen in die Selbstentfaltungskräfte des Menschen wurde für Kerns zur Grundlage des Umgangs mit ih-
ren Kindern. Sie sind davon überzeugt, dass Lernen immer stattfindet. Welche
Inhalte zu welchem Zeitpunkt relevant sind, richtet sich nach den Interessen des
Kindes und den Erfordernissen der jeweiligen Lebenssituation.

Damit entsteht eine Lernpraxis, die fernab von lehrplanorientiertem Wissenserwerb liegt. Zumindest am Anfang war dieses „Lernen in Freiheit", so die
Wortwahl der Eltern, eine Herausforderung für das Lehrerpaar. Über Wochen
beschäftigten sich die Kinder mit Dingen, die wenig sinnvoll erschienen. Die
Mutter war unsicher, diesen Weg nach außen zu vertreten, da sie sich entgegen
ihren pädagogischen Idealen selbst fragte, ob die Kinder bei Nichtstun und Langeweile überhaupt etwas lernen. Mit der Zeit änderte sich dies und die Beschreibung des Lernmodells wurde eine breit gefächerte Aufzählung. Ausgehend von
Zimmerpflanzen beschäftigten sich die Kinder mit verschiedenen Themen der
Botanik bis hin zur Veredelung von Obstbäumen. Der älteste Sohn absolvierte
Praktika in Metallbaubetrieben und Schmiedeseminare, begeisterte seine Brüder
für dieses Thema und begann verschiedene Dinge selbst zu schmieden (Kern, K.
2004:21). Sein jüngerer Bruder listete in einem Interview folgende Themen auf,
die ihn beschäftigen: Computer, Musik, Nationalsozialismus, Politik, Edelsteine
und Mineralien, Bildungssysteme, Drogen und ihre Wirkungen, Gedichte und
vor allem die englische Sprache, die er sich über Songtexte intensiv erarbeitete
(Wolf 2004:30). Die Familie ist Stammkunde in der örtlichen Bibliothek, Reisen
und Besuche in Museen und Ausstellungen werden bewusst als Teil des Lernens
gesehen. In der Beschreibung des Vaters sieht dieses selbstbestimmte Lernen im
Alltag so aus,

> ... dass wir miteinander reden, die Haus-, Garten- und Büroarbeiten machen, lesen,
> Ausflüge machen, Leute besuchen. Es ist wohl eher kein „organisierter Lernalltag",
> sondern „Leben" ... Unsere Rolle als Eltern ist die von Menschen, die einerseits mit
> unseren Söhnen zusammenleben (wodurch sich schon sehr viel ergibt) und die ande-
> rerseits unsere Söhne unterstützen, wenn diese den Wunsch dazu äußern. Das kann
> so aussehen, dass wir bei der Suche nach Informationen helfen; es kommt aber auch

vor, dass ich meinem Sohn auf seinen Wunsch hin z.B. irgendwelche mathematischen Verfahren quasi im Hausunterricht erkläre. (homeschooling_D 2.6.2005:2454)

Nach gut zwei Jahren Leben ohne Schule hatte die Mutter keine Befürchtungen mehr, dass die Kinder zu wenig wissen könnten, um durchs Leben zu gehen oder um eine Prüfung zu bestehen. Ihrer Erfahrung nach kann ein Kind, das nicht daran gehindert wird, sich in seine Interessengebiete zu vertiefen, sich jedes beliebige Thema erarbeiten (homeschooling_D 4.2.2004:818). Ab 2004 beteiligte sich Familie Kern an einem alternativen Schulprojekt. Vier Familien mit einem guten Dutzend Kinder und Jugendlicher hatten einen Raum und Rahmen geschaffen, wo nach dem Vorbild der amerikanischen Sudbury Valley School Platz sein sollte für selbstbestimmtes und freies Lernen. Allerdings fehlte die staatliche Anerkennung und nach gut eineinhalb Jahren gab die Initiative dem Druck der Behörden nach und löste sich auf.

Dass die Lernform ihrer Kinder gegen das geltende Schulgesetz verstößt, bekam das Lehrerpaar schon deutlich früher zu spüren. Ihr Antrag auf Befreiung von der Schulbesuchspflicht wurde abgelehnt. Ein Dreivierteljahr nach dem Schulausstieg der Söhne erhielten die Eltern den ersten Bußgeldbescheid, da das Versäumen der Schulpflicht eine Ordnungswidrigkeit darstellt. Sie legten Widerspruch ein und ein mehrjähriger Rechtsstreit begann. Im Sommer 2003 bestätigte ein Gerichtsurteil des zuständigen Amtsgerichts das schuldhafte Handeln der Eltern. Deren Beschwerden beim Oberlandesgericht und Bundesverfassungsgericht wurden abgelehnt. Eine Entscheidung des Europäischen Gerichtshofes für Menschenrechte steht noch aus.

Einer der Söhne fand einen Sonderweg. Er wandte sich 2003 als 13-Jähriger selbst an das Oberschulamt und begründete seine Ablehnung der Schulpflicht. In einem darauf folgenden Gespräch wurde vereinbart, dass seine Verletzung der Schulpflicht geduldet wird, wenn er jährlich eine Prüfung ablegt und besteht. Im Urteil des Amtsgerichts heißt es über die Eltern:

> Das Gericht verkennt nicht, dass die beiden Betroffenen qualifizierte Pädagogen und ansonsten rechtstreue Bürger sind. Ihr Verhalten entspringt nicht einer oft anzutreffenden Interesselosigkeit oder Nachlässigkeit, sondern es ist ihnen abzunehmen, dass sie für ihre Kinder das Beste erreichen wollen. Die beiden Betroffenen sind insofern „Überzeugungstäter". (AG Überlingen 18.07.2003, 3 Owi 45 Js 2093/03)

Als solche setzen sie den eingeschlagenen Weg fort. Der älteste Sohn legte 2003 die Hauptschulprüfung ab und bereitet sich seitdem selbstständig auf das Abitur vor. Seine Schwester studiert inzwischen, nachdem sie 2004 nach zweijähriger Vorbereitungszeit ihr Abitur erworben hatte. Im Sommer 2005 erwarb auch der mittlere Sohn vier Jahre nach seinem Schulausstieg den Hauptschulabschluss.

Im gleichen Jahr wurden die Eltern in einem erneuten Bußgeldverfahren wieder schuldig gesprochen. Um auch dem jüngsten Sohn das freie Lernen zu ermöglichen, zog daraufhin ein Teil der Familie ins Ausland. Aufgrund der eigenen Erfahrungen hatten sie den Glauben aufgegeben, dass man die „Zwangsschulen" in Deutschland „gut" machen kann (homeschooling_D 13.1.2005: 1468). Die Mutter schreibt:

> Ich möchte ... noch sagen, dass ich nichts gegen Schulen und auch nichts gegen Lehrer habe. Ich weiß, dass das ein knochenharter Job sein kann, aber auch, dass viele Lehrer ihn dennoch gerne machen. Außerdem sehe ich, dass viele Kinder und Jugendliche gerne zur Schule gehen, ... aber für mich und für meine Kinder sind diese Schulen, die es zur Zeit hier gibt, nichts. (homeschooling_D 11.1.2005:1458)

Sie träumt von einem Bildungsnetzwerk, in dem sich Familien zusammenschließen, deren Kinder zu Hause lernen. Für Menschen allen Alters sollen Bildungsmöglichkeiten entstehen, bei denen Wissen und Fähigkeiten im Austausch vermittelt werden. Im Frühjahr 2005 besuchte die Familie das Home Educators' Seaside Festival in Großbritannien, eine Veranstaltung, bei der sich Menschen treffen, die diesen Traum teilen. Rückblickend erzählt die Mutter, wie motiviert und inspiriert sie von dort zurückkamen und fügt hinzu: „Unsere Söhne haben sich erstmals ganz ‚normal' gefühlt und wir beiden Eltern auch" (homeschooling_D 30.5.2005:2426).

1.2.2 Familie Heinrich – Bildung statt Therapie

In einer Kleinstadt Niedersachsens bin ich mit Familie Heinrich verabredet. Der Vater führt mich in das geräumige Wohnzimmer des zentral gelegenen dreietagigen Hauses. Auf dem Klavier liegen Streichinstrumentenkästen, an der Wand hängt ein großes Plakat zur musikalischen Harmonielehre. Leise und ruhig beginnt er zu erzählen: wie er 1988 aus Russland nach Deutschland kam, ein Jahr später heiratete und das erste Kind geboren wurde. Mit Tee und Gebäck in der Hand kommt seine schwangere Frau ins Zimmer und setzt sich zu uns. Es ist ihr achtes Kind, das hier heranwächst. Sie schildern, wie die Kinder nach und nach in die Schule kamen. Die Familie zog öfters um und lernte verschiedene Schulen und viele Lehrer kennen. Mit der Zeit bekamen die Eltern den Eindruck, dass die Schule immer weniger zur Bildung der Kinder beiträgt. Sie engagierten sich bei der Gründung einer christlichen Privatschule. Doch auch dort bedurfte es großer Mühe, ein besseres Bildungsniveau zu schaffen. Die Eltern suchten Informationen über Alternativen und stießen dabei auf Home Education. Sie besuchten eine Homeschool-Konferenz und trafen zum ersten Mal auf Familien, die in der

Schule einen starken Gegeneinfluss zu christlicher Erziehung sehen und von Indoktrinierung der Kinder sprachen. Danach, so erzählt der Vater,

> sind wir nach Hause gegangen und haben angefangen, mit den Kindern zu reden. Also dann hat sich herausgestellt, dass das [die sogenannte Indoktrinierung] die Älteren nicht hatten, aber die weiteren Kinder hatten es um so mehr. Zum Beispiel hier ... haben sie alle neue Bücher gekriegt. Und wenn man da reinschaut, bis zu Besessenheitsgeschichten – ist alles drin. Dann haben wir mit unserem vierten Kind gesprochen: „Was läuft denn bei euch so ab?" Und dann gab es da Klasse 2000, das muss man auch sagen. Und dann hat er so ein bisschen erzählt und auch die ganze Geschichte von Traumreisen, ich hätte das einfach nicht für wahr gehalten, wenn er mir das nicht erzählt hätte. Ich stand da und dachte, das ist nicht wahr. Ich fühlte mich irgendwie im schlechten Film. Ich schicke meine Kinder zur Schule, für mich damals Wissensvermittlung, und sag ich mal, in die Gesellschaft so reinwachsen – und dann werden die Kinder da therapiert, ohne mich zu fragen oder ohne mich zu informieren. (I24, 9:50)

Der Versuch des Vaters, über die Direktorin nähere Informationen zu dem damals stattfindenden Gesundheits- und Suchtpräventionsprogramm Klasse 2000 zu erhalten, schlug fehl. Daraufhin nahmen die Eltern ihr viertes Kind aus der zweiten Klasse heraus und meldeten es bei einer staatlich nicht anerkannten Fernschule an, die den Hausunterricht von Familien in Deutschland unterstützt. Allerdings hatten sie zu dem Zeitpunkt bereits erste Erfahrungen mit diesem Ansatz. Als der Sohn eingeschult werden sollte, konnte er krankheitsbedingt erst einige Monate später in die Schule gehen. In dieser Zeit hatte die Mutter begonnen, ihm zu Hause einiges beizubringen, und war überrascht, wie schnell es voranging. In einem halben Jahr hatten sie den Stoff vom ersten Schuljahr bewältigt. Die Eltern fragten die Rektorin um Rat bezüglich des weiteren Vorgehens. Das Kind war vom Wissen her weit voraus, aber noch sehr jung und klein. Die Entscheidung fiel für die erste Klasse. Allerdings stellte sich heraus, dass der Sohn dort nichts mehr lernte, aber, so die Mutter, immer müde nach Hause kam. Und das, betont der Vater, „obwohl die Klasse stark war, obwohl der Lehrer an sich sehr gut war". Die Mutter erzählt, dass sie sich nur getraut haben, den Sohn wieder von der Schule zu nehmen, weil sie gesehen hatten, welche Fortschritte er in den Monaten vor der Schule gemacht hatte. Dass sie seitdem nicht nur Mutter, sondern auch Lehrerin ist, empfindet sie nicht als große Umstellung.

> Wir haben mit den Großen ja auch schon früher nach der Schule immer wieder mal etwas gemacht. Ich neige vielleicht so ein bisschen dazu so von oben herab (sie lacht). Meine Mutter ist Lehrerin, die Oma auch, und deswegen hat sich das vielleicht ein bisschen weitergegeben. (I24, 71:10)

Ihrer Erfahrung nach ist es normal, auch zu Hause zu lernen. Ihre Mutter hatte
mit ihr in Russland in den ersten Jahren nur Deutsch gesprochen. Sie erzählt,
dass sie mit drei Jahren lesen konnte und erst kurz vor Schuleintritt Russisch
lernte. Und auch als sie zur Schule ging, hatte ihre Mutter ihr nachmittags weiter
die deutsche Sprache beigebracht.

Nach einem Jahr Home Education mit dem Sohn nahmen die Eltern auch
seine ältere Schwester aus dem Gymnasium. Die Zehnjährige hatte sich für einen
Frühförderkurs an der Musikhochschule der Landeshauptstadt beworben und be-
reitete sich auf einen internationalen Musikwettbewerb vor. Die Hochbegabung
der Tochter war bereits erwiesen. Die Eltern beantragten eine teilweise Schulbefreiung, um Zeit für die Musik zu bekommen. Die Antwort ließ auf sich warten.
Dann gab es das Halbjahreszeugnis der fünften Klasse, auf dem die Tochter zwei
Vieren hatte. Sie erklärte das Ergebnis mit den Worten: „Ich hasse Bio." Die
Mutter ist sich sicher,

> da ist etwas schiefgelaufen. Das kann nicht sein, dass ein Kind, das sonst sehr klug
> ist und auch wirklich sehr viel begreift, dass es dann auf einer Vier sitzt. Das ist
> nicht in Ordnung. (124, 24:44)

Die Eltern haben den Eindruck, dass die Kinder in der Schule kaum etwas lernen, aber trotzdem ausgepowert, gereizt und müde nach Hause kommen und
nicht in der Lage sind, noch etwas aufzunehmen. Auf einem Elternabend spürte
der Vater erneut, dass sein Bild der Schule nicht der Realität entspricht.

> Da habe ich gesagt: „Die Schule ist dafür da, um den Kindern das Wissen zu vermit-
> teln." Bin ich zum ersten Mal auf Unverständnis getroffen. Da hat man mir zum ers-
> ten Mal gesagt beim Elternsprechtag: „Nein, die Schule ist dazu da, das Kind zu er-
> ziehen." „Stopp! Dafür bin ich zuständig." „Lesen Sie mal die Gesetze." Dann bin
> ich stutzig geworden ... Ich dachte immer die Eltern sind dafür da. „Nein, nein, wir
> sind die Erzieher und wir erziehen eure Kinder." ... Dann bin ich nach Hause gegan-
> gen und habe erst mal die Schulverfassung da durchgelesen ... Wenn ich als Erwach-
> sener wählen darf, wo ich hingehen will oder nicht, meine Kinder müssen. Das ge-
> fiel mir nicht ... Von der Leistung her mangelhaft und bilden sich ein, sie dürften
> mehr, sag ich mal, da, wo ich das gern hätte. Unverständlich. (124, 25:08)

Um Familienleben und Hausunterricht zu bewältigen, gibt es bei Heinrichs einen
geregelten Zeitplan. Viertel vor acht beginnen die beiden „Hausschüler" abwech-
selnd ihre Instrumente zu üben. Wer gerade nicht musiziert, bekommt von der
Mutter die Lernaufgaben. Sie möchte die Kinder anleiten, sich neue Themen
durch aktives Lesen selbst anzueignen. Halb zehn ist große Pause und gegen
Mittag ist das meiste schon geschafft. Die vierjährige Tochter wird inzwischen
mit einbezogen.

> Sie macht jetzt das Programm der ersten Klasse ... Sie hat sich die ganze Zeit ge-
> langweilt, da habe ich gesagt: „Setz dich hin, male die Buchstaben nach." Immer
> zwischendurch. Bisschen was mit den Großen gemacht und dann mit ihr fünf Minu-
> ten hingesetzt. Innerhalb von, weiß ich nicht, zwei, drei Wochen die Buchstaben ge-
> lernt, irgendwann habe ich ihr gezeigt, wie die Buchstaben verbunden werden und
> sie liest jetzt eigentlich wie ein Erstklässler. Jetzt schreiben wir praktisch schon
> Druckbuchstaben. Fast jeden Tag. Ich mache mir da keinen Stress draus, wenn ich
> dazu komme, dann setze ich mich mit ihr zusammen, noch nicht so lange, 10-15
> Minuten am Tag reichen. (I24, 56:53)

Trotz aller Bemühungen, durch gute Organisation den Herausforderungen dieses
Lebensstils gerecht zu werden, sind der Mutter die Schwierigkeiten deutlich bewusst. „Ich empfinde", sagt sie,

> dass die Kleinen eher darunter leiden als die Großen. Weil die sind, die brauchen
> mich auch. Und wenn ich dann immer sage, ich kann jetzt nicht, ich muss das und
> das machen, das ist eben, das macht das Ganze etwas schwieriger. Und trotzdem,
> trotzdem ist es besser so ... Ich nehme das halt in Kauf, dass das dann auch stressig
> ist, weil ich sehe, letztendlich sind wir doch noch auf der Plusseite. (I24, 47:56)

Das Lernmaterial bezieht die Familie größtenteils von dem christlichen Fernlehrwerk Philadelphia-Schule, je nach Gefallen wird es durch andere Bücher ergänzt oder ersetzt.

Als die Eltern den Sohn aus der Grundschule nahmen, bat der Vater die
Rektorin, die Angelegenheit gleich an den Landkreis weiterzugeben. Von dort
ging der Fall zur Bezirksregierung. Die Eltern schrieben, dass sie davon über-
zeugt sind, dass ihr Kind zu Hause besser lernen kann, sie aber trotzdem eine
Zusammenarbeit wünschen. Entweder durch regelmäßige Tests oder in der
Form, dass die Kinder bei einigen Fächern am Schulunterricht teilnehmen. Die
Antwort der Bezirksregierung schildert die Mutter wie folgt:

> Der Beamte hat wörtlich geschrieben, es kommt gar nicht darauf an, ob er so besser
> lernt. Es kommt allein auf die Erfüllung der Schulpflicht an. Nur die Schule ist im-
> stande, das Kind, ja die sozialen Fähigkeiten und das Hineinwachsen in die Gesell-
> schaft – und das dürfen wir ihm als Eltern nicht vorenthalten. (I24, 63:36)

Der Vater hat nicht den Eindruck, die Kinder seien unter einer Käseglocke. Sowohl ihre Freundschaften als auch die außerschulischen Aktivitäten haben sie
nach wie vor. Nachdem das Kultusministerium in die Angelegenheit einbezogen
wurde, soll der Fall nun vom zuständigen Verwaltungsgericht verhandelt werden. Bis zu dem Termin ruht alles Weitere. Die Eltern sind fest entschlossen,
sich von eventuellen Bußgeldern nicht einschüchtern zu lassen. Bei härteren

Konsequenzen sehen sie Auswandern als mögliche Option. Sie fühlen sich im Recht, betrachten ihre Position als verfassungskonform und die gegenwärtig geltende Auslegung der Schulpflicht als Irrweg. Allerdings ist sich der Vater durchaus bewusst, dass diese Form des Zuwiderhandelns erst im Rechtsstaat möglich ist. Unter den Bedingungen im früheren Russland hätte er es nicht gewagt. „Weil da hat man nicht lange gefackelt ... Man hat das einmal gesagt ... und dann ist ein schwarzes Auto vorgefahren und hat dich abgeholt." Doch so lange dies nicht der Fall ist, wollen die Eltern weiterkämpfen. Nicht gegen die Schule generell, die sie an sich für eine gute Sache halten. Aber gegen den „Absolutismus", der sie zum alleinigen Weg erklärt, möchten sie vorgehen. Wie lange, das hängt auch vom Erfolg des Hausunterrichts ab. Falls sie sehen, dass ihre Kinder schlechter vorankommen als die gleichaltrigen Freunde, würden sie die Kinder wieder zur Schule schicken und dann „halt ein bisschen mehr aufpassen", was dort vor sich geht.

Abschließend zeigen die Eltern einige Zimmer ihres großzügig angelegten Altbaus. In einem steht eine Sprossenleiter, in der Mitte hängen Ringe und Kletterseile von der Decke. Es ist der Toberaum, in dem die Kinder die Pause verbringen, denn nach draußen gehen sie vormittags nicht. „Um nicht negativ aufzufallen", sagt der Vater. Seine Frau lacht etwas darüber. Denn im Prinzip weiß es jeder hier, dass ihre Kinder etwas anders lernen.

1.2.3 Familie Stock – den biblischen Weg gehen

„Wiedertäufer machen blau. In Ostwestfalen verweigern sich fundamentalistische Christen zunehmend der Schulpflicht." So titelte *die tageszeitung* einen Artikel über Homeschooler im Januar 2005 (Gärtner 2005a). In verschiedenen Zeitungen waren bereits Berichte über Familien aus Paderborn erschienen, die ihre Kinder nicht mehr in die öffentliche Schule schickten.

Zwei Monate später fand in einem Jugendfreizeitheim am Rand des Rothaargebirges ein Elternlehrseminar des christlich orientierten Philadelphia-Heimschulwerkes statt, bei dem ich Michael Stock kennen lerne. Er ist einer der „Paderborner" und in der Pause treffe ich mich mit ihm und seiner Frau zum Gespräch. Beide kamen vor Jahren aus dem Gebiet der ehemaligen Sowjetunion nach Deutschland. Sie haben drei Kinder zwischen 10 und 13 Jahren, die bis vor kurzem eine reguläre Schule besuchten. Michael Stock war selbst schon in Deutschland eine Zeit lang zur Schule gegangen. Von Anfang an hatten die Eltern Bedenken, dass die Kinder in der Schule nicht das Richtige lernen, dass es zu wenig mit ihren Glaubensvorstellungen übereinstimmt. Sie seien „Fundamentalisten auf der Grundlage der Bibel", sagt der Vater. Sie dachten, in Deutschland in ein christliches Land zu kommen, in dem „alles okay" ist und stellten dann fest, dass es hier

> in die falsche Richtung geht. Und da hatten wir auch noch Befürchtungen, in der Schule gerade, diese ganze Prägung von der Religion und und und. Das hat uns auch noch bewegt, wir wollen doch den biblischen Weg gehen. Und auch ein Grund, wo wir die Kinder dann haben rausgenommen aus der Schule, ja. Da wird vieles verdreht und nicht richtig ihnen das beigebracht. So praktisch auch zwischen zwei Feuern, sag mal so, sind. Zu Hause sagen wir: Dies und dies und dies dürft ihr nicht mitmachen, da passt auf, soviel wie wir konnten ihnen aufklären, das ist schlimm, diese ganze Phantasie und diese ganze Okkultismus, was da in den Schulen wird getrieben. Das war auch ein ganz großer Punkt, wo wir auch damit nicht klarkommen. Und da haben wir gesagt, da müsst ihr aufpassen. Und wenn diese Musik, immer diese Stilleübungen machen, diese Phantasiereisen machen, da müsst ihr aufpassen. (I12, 7:12)

„Ja, und die rhythmische Musik in Sport", ergänzt die Mutter. Dann sagt der Vater, es sei schwer zu entscheiden, wo man aufpassen muss. Sie wollen nicht alles verhexen. Manchmal kamen ihnen die Lehrer auch entgegen und befreiten die Kinder von gewissen Dingen. Doch dies funktioniert nicht aus Sicht der Eltern, da die Inhalte, an denen sie Anstoß nehmen, fächerübergreifend sind. Den Sexualkundeunterricht bezeichnet die Mutter als einen weiteren Punkt, der ihre kritische Haltung zur Schule bestätigte. „Das ist für die Kinder zu früh", sagt sie, „das konnten die nicht verstehen." Den Lehrern wiederum fehlte ab einem gewissen Punkt das Verständnis für derartige Bedenken. In ihrer Gemeinde hörten die Eltern von Home Education und besuchten Homeschool-Konferenzen, auf denen sie ermutigt wurden, diesen Weg zu gehen. Sie haben „darüber gebetet", wollten, dass „Gott es führt". Und dann kam der Punkt, an dem sie sagten:

> Wir machen zu Hause Unterricht, da ist es am besten und am sichersten. Dass wir unseren Pflichten als Eltern nachkommen können und ihnen den richtigen Weg, biblischen Weg, sag mal so, zeigen. (I12, 9:00)

Die zwei Kinder in der vierten Klasse meldeten sie bei der Deutschen Fernschule an, die Tochter in der sechsten Klasse bei dem Philadelphia-Heimschulwerk. Ab diesem Zeitpunkt konnten die Eltern die Prioritäten gemäß ihren eigenen Überzeugungen setzen. Sie betonen, dass es natürlich ihr Bestreben sei, dass die Kinder gut lernen. Aber an erster Stelle steht die Förderung des Geistlichen. Die Mutter zitiert die passende Bibelstelle: „Trachtet zuerst nach dem Reiche Gottes, das andere wird euch zufallen."
Dementsprechend ist der Alltag strukturiert. Er beginnt mit gemeinsamem Gebet, Bibellesen und Gespräch über das Gelesene auf dem Sofa im Kaminzim-

mer. Hier ist der Platz, an dem die aktuelle Tagessituation im Licht der eigenen religiösen Tradition gedeutet werden kann. Alternativ zum „Worte Gottes" lesen sie die Geschichten der „verfolgten Brüder", der „Väter". Die Kinder sollen erfahren, wie in der familiären und kulturellen Vorgeschichte die Christen verfolgt wurden. In der Bibel sehen sie Prophezeiungen für weitere Verfolgungen. Die Eltern wollen die Kinder darauf vorbereiten, dass sie vielleicht auch einmal „weggerissen" werden. In der Zeitung steht schon, dass sie vielleicht in das Gefängnis müssen.

> Christus hat gelitten und hat uns kein so leichtes Leben verheißen und so. Aber das verbinden wir schon mit dem Worte Gottes, wenn auch einmal die Polizei sollte vor der Tür stehen, dass sie [die Kinder] nicht auf einmal einen Schreck kriegen und wissen nichts von. Dass sie schon mehr oder weniger sich darauf einstellen, wenn es sollte soweit kommen. Dass sie halt mit Gottes Hilfe trotzdem vorankommen und, ja, und dann beten wir und dann gehen wir runter zum Frühstück und dann fängt die Schule an. Wir haben extra einen Raum eingerichtet im Keller, einen großen Raum haben wir ... Dann geht zum Beispiel Mathe durch, dann Sachkunde oder Deutsch, das ist unterschiedlich, wie sie anfangen. (I12, 17:48)

Der Vater holt seine Digitalkamera hervor und zeigt einige Fotos. Die elfjährige Tochter beim Violine-Üben, die Kinder an ihren Schreibtischen im großzügig angelegten Schulraum. Den Unterricht zu Hause hatte sich die Mutter aufgrund der Berichte anderer Eltern leichter vorgestellt. Aber nicht alle Kinder arbeiten selbstständig. Der Übergang von der öffentlichen Schule zum Material der Deutschen Fernschule hatte die Viertklässler etwas überfordert.

> Dann mussten sie schon sitzen und pauken, das war schon hart. Und irgendwo waren auch Tränen und: „Oh, das ist schwer, ich schaffe das nicht und in der Schule, da brauche ich nicht so viel lernen." Aber im Allgemeinen: „Wollt ihr zur Schule?" „Nee, wollen wir nicht." Es gefällt ihnen. (I12, 21:18)

Die Mutter hat den Eindruck, dass ihre Hausarbeit, Kochen, Nähen und dergleichen, etwas zu kurz kommt. „Ist schon nicht einfach", sagt sie zusammenfassend. Die Eltern sind der Meinung, dass in der Schule konzentriertes Arbeiten, Ordnung und Disziplin zu wenig gefördert wurden. Sie sind sich einig, dass das in ihrer Kindheit noch anders war. „Das wurde auch benotet – das war doch in Ordnung", sagt die Mutter. In der Schule, so die Eltern, haben die Kinder „ziemlich viel abbekommen". Als Beispiel erwähnt die Mutter, dass sie nicht immer die „Freudigkeit zum Gehorsam-Sein" haben oder zum „Wort-Gottes-Lesen". Man spürt, fügt sie hinzu, dass sie in einer Atmosphäre waren, in der sie anders geprägt wurden. „Antichristlich" nennt es der Vater. Sein Verständnis von Erziehung verdeutlicht er mit dem Bild traditioneller Ziegelherstellung:

> Die Kinder, die sind auch so ein Lehm, solche noch nicht fertige Bausteine, sag mal,
> wo man jetzt kann die einsetzen oder so, dann müssen die erst mal geformt und ge-
> prägt – und dann werden sie erst mal so erwachsen, oder sag mal so. Jetzt kann man
> sie gebrauchen, dann sind sie erst mal richtig zum Benutzen, sag mal so. Einsetzbar-
> fähig, ja. Das wollen wir halt zu Hause dann auch fördern. (I12, 9:37)

Um dies zu erreichen, müssen nach Meinung der Eltern Liebe und Strenge zu-
sammenkommen. „Denn auch wenn die Strenge da ist", sagt der Vater, „wissen
sie immer noch, dass wir es gut mit ihnen meinen." An erster Stelle steht ein
christliches Leben gemäß der Bibel. „Natürlich ist das nicht immer einfach", erklärt die Mutter.

> Man versagt oft selber ... aber trotzdem irgendwie versuchen wir das mit den Kin-
> dern dann, wenn ich Unrecht getan habe, gehe ich zu dem Kind und sage: „So und
> so ist das passiert, verzeih mir." Und dann geht das weiter. Wenn sie etwas gemacht
> haben: „Mama, so und so." Irgendwie versucht man schon, zusammenzuarbeiten.
> Ich hoffe sehr, dass es doch auch weiterhin geht. Mit Gottes Hilfe natürlich. Alleine
> auf keinen Fall. (I12, 40:27)

Nachdem die Kinder von der staatlichen Schule abgemeldet waren, wurde bald
offensichtlich, dass es sich bei der Deutschen Fernschule und dem Philadelphia-
Heimschulwerk nicht um anerkannte Bildungseinrichtungen für Kinder mit
Wohnsitz in Deutschland handelt. Die Eltern bekamen einen Bußgeldbescheid,
den sie allerdings nicht bezahlten. Dies wäre in ihren Augen ein Schuldeinge-
ständnis gewesen – aber schuldig sehen sie sich nicht. Sie erfüllen die Schulpflicht lediglich auf einem anderen Weg und das sei kein Verstoß gegen das
Grundgesetz. Und selbst wenn es einer wäre, dann, so fügt der Vater hinzu,
„würde für uns das Gesetz Christi immer noch vorgezogen. Also Gott mehr gehorchen als den Menschen." Die Mutter ergänzt, dass sie sich schuldig fühlen
würde, wenn sie die Kinder „verkommen lassen" würden.

> Aber weil wir die Kinder mit Mühe lernen und so, ich denke, da sehe ich keinen
> Verstoß. Weil es ist Schule, also Schulbildung müssen die Kinder haben, das be-
> kommen sie auch. Und die Lehrer [der Fernschulen] stehen dahinter, die prüfen das,
> wir machen das nicht alleine, und irgendwo kann man auch auf so einem Weg ge-
> hen. Früher war es ja auch keine öffentliche Schule. (I12, 37:33)

Zur gleichen Zeit meldeten noch sechs weitere Familien aus der Region (zum
Teil Verwandte der Familie) mit ähnlichen Begründungen ihre Kinder in der
Schule ab. Dadurch bekam der Fall schnell öffentliche Aufmerksamkeit. Es gab
Gespräche mit dem Integrationsbeauftragten des Bundeslandes, die am Ende je-
doch nicht zu einer Annäherung führten.

Aus ihrem direkten Umfeld erzählen die Eltern vorrangig die positiven Reaktionen:

> Wir haben einheimische Kinder in der Nachbarschaft und die sagen, ja, ich würde
> auch Heimschule machen und so, die Kinder haben es wahrscheinlich nie erzählt,
> aber die waren bei uns zu Hause und haben da gesehen ... Tafel hängt da und Tische
> stehen da, irgendwo klar, man merkt, wenn die Leute gesprächig darüber sind, wenn
> sie nachfragen, wie läuft das, zeigt mal euer Programm und so, oder Material, dann
> zeigen wir das auch, das ist kein Geheimnis. Und wenn man schon merkt, die Leute
> sind negativ eingestellt, dann spricht man einfach nicht darüber, wenn sie das nicht
> möchten ... Also viele sind schon ein bisschen interessiert und so, gute Sache und so.
> (I12, 31:58)

Die Eltern haben nicht den Eindruck, dass sie sich abkapseln. Sie erzählen, dass
die Kinder draußen mit den Nachbarskindern spielen, dass sie zu einer Gemeinde
mit über einhundert Mitgliedern gehören, da haben sie wöchentlich „Kinderstun-
de" und Kinderchor. Die Eltern betonen, dass sie ihre Kinder keineswegs nur an
„Mamas Rock" großziehen wollen. Das wäre „ein bisschen fanatisch", sagt der
Vater. „Die müssen lernen, eigenständig irgendwo eine Entscheidung zu treffen."
    Ein Jahr später hat die Geschichte der Paderborner Schulverweigerer zahl-
reiche Wendungen hinter sich, allerdings ohne dass es zu einer endgültigen Entscheidung gekommen wäre. Die Eltern bekamen Unterstützung von verschiedenen Vereinen aus dem In- und Ausland, die für die Legalisierung von Home E-
ducation kämpfen. Auf der anderen Seite standen eine Bildungsministerin, die
für das „Verhalten dieser Eltern kein Verständnis" hat, und ein Landrat, der die
Meinung vertrat, entweder die Familien passen sich in Deutschland an oder sie
sollen zurück in ihre Heimat gehen[12]. Letzteres dachten sie getan zu haben. Der
Vater sagt: „Wir sind auch immer deutsch gewesen, irgendwo haben wir auch
eine deutsche Kultur geführt. Nur bisschen anders geprägt." (I12, 1:14)

1.2.4 Familie Uhl – gemeinsam leben lernen

„Wir sind ganz normale, durchschnittliche Menschen, also jetzt irgendwie auch
nicht außergewöhnlich", sagt Klaus-Martin Uhl. Dies sieht er als einen Grund
dafür, dass das Schulamt Verständnis zeigte für ihren weniger durchschnittlichen
Bildungsansatz. Denn die vier Söhne der Familie lernen zu Hause.

---

[12] Die Kultusministerin im Interview mit der *Neuen Westfälischen* „Die Schulpflicht ist kein Selbstzweck". 17.01.2005 S. 1, <http://www.nw-news.de/nw/news/owl_/_nrw/?cnt=345290>. Die Aussage
des Landrats nach Hartmann 2005. In Kapitel 5.2 wird auf den Verlauf des Rechtsstreits noch näher
eingegangen.

Wir sitzen im Wohnzimmer eines ruhig gelegenen Einfamilienhauses. Das große Fenster gibt den Blick frei auf ein Stück süddeutsche Landschaft. Der Maschinenbauingenieur Klaus-Martin Uhl erzählt, wie eine angeblich ganz normale Familie dazu kommt, ihre Kinder selbst zu unterrichten. Ausgangspunkt war eine Familientagung, auf der Uhls eine Schweizer Familie kennen lernten, in der die Kinder von den Eltern unterrichtet wurden. Für ihn war das damals ein befremdlicher Gedanke, da er sich nicht vorstellen konnte, dass es etwas anderes gibt als Kindergarten und öffentliche Schule. Er war kritisch, aber neugierig. Letzteres begründet er damit, dass er und seine Frau sich aufgrund ihres langjährigen Engagements in der christlichen Jugendarbeit mit Fragen wie: „Was prägt das Leben?" oder: „Was ist wichtig, um lebensfähig zu werden?" schon länger beschäftigt hatten. Am Ende überzeugten ihn aber nicht die Argumente der Homeschooler, sondern die Begegnung mit den Kindern dieser Familie.

> Was mich an denen beeindruckt hat, war die Art und Weise, wie sie miteinander und mit anderen umgingen. Mit Jüngeren und Älteren. Die waren also sehr offen, waren in der Lage, Erwachsenen gegenüber angemessen aufzutreten, ja, aber immer in einer gewissen Offenheit. Und gegenüber den Kleineren Verantwortung zu übernehmen, danach zu schauen. Das war so – für mich anders als das, was ich sonst eben aus Jugendarbeit und von Jugendlichen kannte. (I20, 2:50)

Dieses Erlebnis wurde Anstoß für einen drei Jahre währenden Prozess des Nachdenkens und Informationen-Sammelns. Die beiden ältesten Söhne der Familie gingen schon zur Schule, als die Eltern den ersten vorsichtigen Schritt wagten und die jüngeren Kinder aus dem Kindergarten nahmen. Sie wollten testen, wie es ist. Entgegen ihren Erwartungen machten sie die Erfahrung, dass es ruhiger wurde im Alltagsleben. Bald darauf, im Herbst 1999, entschieden sich Uhls, auch die beiden Schulkinder nach Hause zu holen, die, so der Vater, begeistert waren von dem Entschluss. Dabei betont er, dass es nicht darum ging, die Kinder von der Schule zu nehmen weil diese irgendwie schlecht wäre, sondern sie haben das Lernen nach Hause geholt, weil sie große Chancen mit diesem Ansatz verbinden. Die Mutter erwähnte in einer Fernsehreportage diesbezüglich, dass das Lernen freier von Leistungsdruck sei und dass die Kinder zu Hause schneller lernen, wodurch mehr Zeit bleibt für Spielen und Kreativität (Gärtner 2004). „Der wichtigste Punkt", so der Vater,

> ist einfach diese Freude am Lernen vermitteln und dieses Hinführen zum Eigenständig-Lernen-Können. Das ist der größte Vorteil und das ist etwas, was sie in der Schule leider nicht so lernen können. (I20, 27:30)
> Und als Familie so ein einheitliches Werteverständnis zu leben und umzusetzen. Da liegt meiner Meinung nach ein ganz entscheidender Vorteil, weil Familie nicht so auseinandergerissen wird, nicht so früh auseinandergerissen wird. (I20, 10:17)

Es geht den Eltern nicht darum, Schule nach Hause zu holen, sondern um eine „bewusste Entscheidung für einen Lebensstil"[13], der familiären Zusammenhalt kombiniert mit möglichst ganzheitlichem Lernen. Die Mutter beklagt eine „Verinselung der Erziehung". Vieles, was heute andere Institutionen übernehmen, möchte sie wieder stärker an die Familie, oder weiter gefasst, an die „Hausgemeinschaft" anbinden.

> Miteinander schwimmen gehen, statt die Kinder am Schwimmbad abzuliefern. Miteinander musizieren, statt Musikworkshop der Volkshochschule. Miteinander in der Natur unterwegs sein, miteinander Rad fahren, Ausflüge, kochen, backen, basteln, arbeiten (Uhl 2004).

Aus Sicht des Vaters beinhaltet diese Lebensform für die Kinder auch,

> sich selber Bücher ranzunehmen und sich Dinge anzueignen, die einen interessieren. Im Haushalt mitzuhelfen, im Familienalltag mit Verantwortung zu übernehmen, Tiere zu versorgen, was auch so alles ansteht, es ist ein recht umfassendes Bild. Unterwegs sein, viel sehen, regt auch unheimlich an, hilft, unterstützt das Lernen ganz stark, weil die Eindrücke stärker sind, als wenn man das nur aus dem Buch raus übernehmen würde. (I20, 9:50)

Natürlich, so ergänzt Klaus-Martin Uhl, bedarf es unheimlich viel Sachvermittlung. Diese Arbeit leistet in erster Linie seine Frau, eine gelernte Kinderkrankenschwester. Mit einer Andacht beginnt morgens zu festgesetzter Zeit der „Schultag". Im Laufe des Vormittags wird das Lernpensum bewältigt, teils von der Mutter vermittelt oder angeleitet, teils selbst erarbeitet. Die Vorbereitung des gemeinsamen Essens kann gleichzeitig Kochunterricht werden. Beim verwendeten Material setzen die Eltern auf eine große Bandbreite aus Schulbüchern, selbst gestalteten Dingen, Arbeitsblättern aus dem Internet und Kursen der Deutschen Fernschule. Dabei orientieren sie sich am Lehrplan ihres Bundeslandes, um den Übergang zur Schule möglich zu halten. Denn wie lange zu Hause gelernt werden soll, ist nicht festgelegt. „Alles hat seine Zeit", so die Mutter.

> Wenn ein Kind den Wunsch äußern würde, in die Schule zu gehen, dann würden wir das miteinander besprechen und würden versuchen, einen guten Weg zu finden. Und ich möchte mich da auch überhaupt nicht festlegen, wann dieser Übergang dann stattfindet. Weil, da möchte ich auch wieder eine Offenheit haben für die Signale, die das Kind gibt. (Gärtner 2004)

---

[13] So in einer schriftlichen Befragung an anderer Stelle (Steur 2002:88).

Als die Mutter dies sagte, gingen die beiden ältesten Söhne bereits wieder auf eine öffentliche Schule. Sie stiegen in der sechsten und achten Klasse nach vier Jahren Unterricht zu Hause ins Gymnasium ein. Der Vater berichtet, dass sie sich dort gut eingelebt haben, schnell Freunde fanden, sich mit ihren Noten im Mittelfeld bewegen und sowohl von Mitschülern als auch Lehrern positiv eingeschätzt werden. Ihm ist es wichtig, den Hausunterricht nur durchzuführen, solange niemand Schaden nimmt und der Lernstoff nicht die Fähigkeiten der Eltern übersteigt. Die Rückkehr ins öffentliche Bildungssystem soll stets möglich sein. Doch bei aller Nähe zur Schule – im Gespräch kreist Klaus-Martin Uhl immer wieder um ein ganzheitlicheres Bildungskonzept, bei dem Lernen nicht an Uhrzeit und Stundenplan gebunden ist. Gemeinsam einen Weg gehen, den Kindern vermitteln, was wichtig ist, ein bisschen wie früher, als die Söhne das Handwerk vom Vater lernten, gemeinsam Neues entdecken, eine schwierige Arbeit zusammen durchstehen, Begabungen wecken, den Kindern neue Felder eröffnen, also „nicht nur stur lernen" – das sind die Ideen, die ihn bewegen.

Am Anfang war dieser Weg formal eine Verletzung der Schulpflicht. Die Eltern bekamen einen Bußgeldbescheid und legten Widerspruch ein. Daraufhin wurde ein Gerichtsverfahren in Gang gebracht, welches aber bald wieder eingestellt wurde. Für den Vater hängt dies damit zusammen, dass sie bereits, als die Kinder noch zur Schule gingen, den Kontakt zum Oberschulamt suchten. Denn es sollte kein Angriff sein auf die Schulbehörde, sondern das Werben für eine Alternative. Nach anfänglichen Schwierigkeiten trafen sie auf eine Pädagogin, von der Klaus-Martin Uhl glaubt, dass sie

> mit der Zeit mehr und mehr verstanden hat, was dahintersteckt. Wir sind dann dort auch hin, haben unsere Kinder mitgebracht, das war im Schulamt zunächst mal überraschend, die kennen das nicht, dass Kinder da sind. Gut – und die haben dann auch mit den Kindern, mit den Jungs gesprochen und ich glaube, mit der Zeit ein bisschen verstanden, wie das gemeint ist oder auch, dass es für die Kinder auch nicht zu kurz kommt. (I20, 7:18)

Irgendwann wurde das Sozialamt eingeschaltet, es gab einen Hausbesuch und am Ende einen positiven Bericht über die Familie. Mit dem Schulamt kamen sie überein, die jüngeren Söhne einmal für zwei Tage am Unterricht in der Schule teilnehmen zu lassen, damit die Lehrer eine Einschätzung für die Behörde schreiben können. Derartige Zeichen, die verdeutlichen, dass man „nicht völlig losgelöst irgendwas für sich nur macht", sieht der Vater mit verantwortlich dafür, dass ihre Schulpflichtverletzung gegenwärtig offensichtlich geduldet wird. Auch in der Nachbarschaft ist das anfängliche Unverständnis wieder verflogen. Nachmittags spielen die Söhne nach wie vor mit Kindern im Ort, falls nicht Aktivitäten in Musikschule, Sportverein oder Kirchgemeinde für anderweitige Beschäftigung sorgen. Der Vater resümiert:

> Ich denke, wir haben wenigstens darauf geachtet, dass Schule zu Hause nicht Rückzug aus der Gesellschaft heißt. Denn Schule zu Hause ist kein Rückzug aus der Gesellschaft, sondern Schule zu Hause ist Vorbereitung, um auch in der Gesellschaft Verantwortung zu übernehmen. Das ist unsere Haltung dahinter und die finde ich ganz wichtig. Die finde ich nämlich nicht bei allen, die zu Hause unterrichten. Und da, deswegen ist mir das wichtig, das zu betonen. (I20, 25:22)

Die Bandbreite an anderen Familien, die ebenfalls ihre Kinder in Deutschland zu Hause lernen lassen, ist Uhls bekannt. Für den Vater ist es „ein buntes Gemisch. Normale Menschen gibt es ganz wenige, die das machen." Er sagt das mit der Überzeugung, dass seine Familie und er zu diesen Wenigen gehören.

2 Warum wählen Eltern Home Education?

2.1 Ergebnisse und Grenzen der Erforschung der Motive für Home Education

2.1.1 Überblick zum Stand der Forschung

Die ersten wissenschaftlichen Studien über Home Education mit einem nachhaltigen Einfluss auf dieses Forschungsfeld wurden in den Achtzigerjahren des vergangenen Jahrhunderts durchgeführt, vorwiegend in den USA. Dort wurde Homeschooling zu dieser Zeit nach und nach in den einzelnen Bundesstaaten legalisiert. Einer der zentralen Aspekte vieler Studien war die Frage nach den elterlichen Motiven für die Wahl von Home Education. Folgend ein kurz gefasster Überblick über einige Forschungsergebnisse und Typisierungsmodelle aus den vergangenen zwanzig Jahren.

Bis heute einflussreich ist eine Klassifizierung von Jane Van Galen (1988). Die von ihr in einer qualitativen Studie erforschten Homeschoolfamilien im Südosten der USA unterteilte sie in Ideologen (Ideologues) und Pädagogen (Pedagogues). Erstere beanstanden die Inhalte des schulischen Lehrplans und möchten gleichzeitig die Beziehung zu ihren Kindern stärken. Sie haben bestimmte Glaubensinhalte und Wertevorstellungen, die sie ihren Kindern vermitteln möchten, und sind davon überzeugt, dass dies in der Schule nicht angemessen möglich ist. Die Pädagogen wählen Home Education nicht wegen „Häresien" in der Schule, sondern weil ihnen die Art und Weise des Unterrichts unzureichend erscheint. Sie sind davon überzeugt, dass sich der Lernprozess viel stärker an den Interessen und Fähigkeiten des Kindes orientieren muss (S. 55). Beide Lager unterscheiden sich auch hinsichtlich der gewählten Lernmethoden. Die Ideologen wählen schulähnliche Formen mit Unterrichtsraum, Tafel, Lehrbüchern oder Fernlehrprogrammen (S. 57f). Die Pädagogen dagegen bevorzugen weniger strukturierte Formen, nutzen Lehrbücher nur bei Bedarf, haben keinen festgelegten Stundenplan und überlassen die Lerninhalte weitgehend dem Interesse des Kindes (S. 60). Allerdings betont Van Galen, dass es innerhalb beider Gruppen eine große Bandbreite gibt (S. 55).

Maralee Mayberry erforschte 1987/88 Homeschooling in Oregon. Mehr als 500 Fragebögen mit teilweise offenen Fragen wurden ausgewertet und durch qualitative Interviews ergänzt. Basierend auf diesen Daten unterschied Mayberry vier Typen von Homeschoolfamilien: „Religious" - Eltern, die es als ihre Aufgabe sehen, religiöse Glaubensinhalte und Werte an die Kinder weiterzugeben. „Academic" - Eltern, die davon überzeugt sind, dass die Kinder zu Hause besser und mehr lernen können als in der Schule. „Sociorelational" - Eltern, denen Familieneinheit wichtig ist und die in der Schule keine geeigneten Sozialisationsbedingungen sehen. „New Age" - Eltern, die ihre Kinder gemäß einer New-Age-Philosophie aufwachsen lassen möchten mit Betonung auf friedlicher Koexistenz allen Lebens (Mayberry, Knowles 1989:211f). Später fasste Mayberry diese vier Kategorien gemäß der von Van Galen vorgeschlagenen Zweiteilung in ideologische Orientierung (Religious und New Age) und pädagogische Orientierung (Sociorelational und Academic) zusammen (Mayberry 1989).

J. Gary Knowles ergänzte den damaligen Forschungsstand durch langjährige Studien über Home Education im Bundesstaat Utah. Er zeigte auf, welchen Einfluss Erfahrungen in der Kindheit der Eltern auf die Entscheidung für Home Education haben (1991). Negative Erinnerungen an ein zerrüttetes Familienleben oder eine unglückliche Schulzeit können Eltern motivieren, Home Education zu wählen, um ihren Kindern das Ideal von familiärer Geborgenheit zuteil werden zu lassen, das sie selbst vermissten.

June Hetzel befragte 1997 in Kalifornien 332 Familien zu den Motiven für Homeschooling. Dabei unterschied sie in push factors und pull factors. Gemäß ihrer Studie sind die stärksten push factors negative Einflüsse der Peergroup, zu große Klassen, schlechte Sitten und Moral in der Schule und die Überzeugung, dass die Kinder dort zu wenig lernen. Als wichtigste Pullfaktoren sieht sie den Einzelunterricht, die Möglichkeit, Charakterbildung und Wertevermittlung besser zu integrieren, und die Chance, den Kindern die für wichtig erachteten Inhalte zu vermitteln (Hetzel 1988).

Ed Collom befragte 2000 in Südkalifornien Homeschooleltern, die an einer Home Charter School eingeschrieben waren (n=235).[14] Zu 16 aus früheren Forschungsarbeiten abgeleiteten Motiven wurde die Zustimmung erhoben. Eine faktoranalytische Auswertung ergab vier grundlegende Motive für die elterliche Schulwahl: Begeisterung für das Home Charter Modell, Kritik der öffentlichen Schule, ideologische Gründe und spezielle Lernbedürfnisse des Kindes. Die Ergebnisse einer multiplen Regressionsanalyse zeigten, dass nur wenige der ermit-

---

[14] Eine Home Charter School hat das Ziel, das Homeschooling der Familien zu unterstützen durch zusätzliche Ressourcen, Kursangebote, die Möglichkeit, Prüfungen abzulegen, Betreuungslehrer und Netzwerkbildung. In die Kritik gerät dabei besonders die Tatsache, dass diese Schulen öffentliche Zuwendungen, vergleichbar anderen Schulen, erhalten und damit eine staatliche Finanzierung des Homeschooling darstellen (Apple 2005).

telten sozio-demografischen Variablen (am ehesten Religiosität) eine Vorhersage der Motivation für die Wahl von Home Charter zulassen (Collom 2005).

Eine der umfassendsten Arbeiten zur US-amerikanischen Home Education Bewegung ist die langjährige ethnografische Studie des Soziologen Mitchell L. Stevens (2001). Er beschreibt, wie eine Homeschoolmutter ihm von dem grundlegenden Unterschied erzählte, der zwischen ihr und ihrer stark christlich orientierten Schwester hinsichtlich der Herangehensweise an Homeschooling bestand. Zur Verdeutlichung nannte sie ihren eigenen Ansatz „earth-based", den der Schwester „heaven-based" (S. 108). Stevens greift diese metaphorischen Begriffe auf und nutzt sie zu einer Typisierung der fundamentalen Unterschiede innerhalb der Bewegung. Dies betrifft nicht nur die Motive für Home Education sondern auch das zugrunde liegende Menschenbild, die Gestaltung des Lernprozesses, die Kommunikation untereinander und die Art und Weise, sich zu organisieren. Dieser Ansatz hat viele Parallelen zum Modell von Van Galen; aufgrund der metaphorischen Typen gelingt Stevens jedoch eine tief gehende Beschreibung, die Kernbereiche erfasst, ohne zu stark einzuengen.

Kariane M. Nemer griff den dichotomen Ansatz von Van Galen wieder auf und schlug einige Veränderungen an dem Modell vor. In ihren eigenen Studien über Home Education war sie immer wieder auf Eltern gestoßen, die sowohl als Pedagogues als auch Ideologues betrachtet werden könnten (Nemer 2002:8f). Als erstes plädiert sie dafür, die beiden Begriffe umzuformen in „pedagogical motivations" und „ideological motivations". Im ersten Fall gehe es darum, den Lernprozess des Kindes auf eine bestimmte Art und Weise zu gestalten, im zweiten ist es das Ziel, eine bestimmte Weltsicht dem Kind weiterzugeben. In einem nächsten Schritt setzt sie diese beiden Motivationstypen als Achsen eines Koordinatensystems senkrecht zueinander. Durch Aufsplittung beider Motivationen in einen Bereich mit starker und schwacher Ausprägung entsteht eine Vier-Felder-Tafel. Allerdings stehen der empirische Test und eine griffige Bezeichnung der theoretisch konstruierten vier Typen noch aus.

Das National Center for Education Statistics in den USA führt in mehrjährigen Abständen repräsentative Telefonbefragungen durch. Seit 1996 werden dabei auch Daten zu Home Education erhoben. In der Studie von 1999 betrug der Anteil der Homeschooler mit 275 Schülern 1,6 % des Samples. Die Antworten der Eltern auf die offen gestellte Frage nach den Gründen für Home Education wurden in 16 Kategorien codiert (Mehrfachcodierungen möglich). An erster Stelle stand mit 49 % die Überzeugung, dem Kind durch Homeschooling eine bessere Bildung und Erziehung (Education) geben zu können. An zweiter Position sind religiöse Gründe (38 %), gefolgt von dem schlechten Lernumfeld in der Schule (26 %), anderen Gründen (22 %) und familiären Gründen (17 %). Die restlichen 11 Motive lagen überwiegend unter 10 % (Bielick/Chandler/ Broughman 2001). In der Erhebung von 2003 betrug der Anteil der Homeschooler mit 239 Personen 2 % des Samples. Die Grenzen der vorangegangen Studie wurden darin gesehen, dass die Eltern bei der offen gestellten Frage vermutlich nicht alle Gründe angaben und nicht nach dem Hauptgrund gefragt wurden (Princiotta/Bielick 2006:13). Deshalb beinhaltete der überarbeitete Erhebungsbogen mehrere Fragen, in denen die Eltern angeben sollten, ob sie konkret genannten Gründen zustimmen oder nicht. Zusätzlich wurde gefragt, welcher der Punkte den Hauptgrund darstellt. Die folgende Tabelle zeigt die Ergebnisse.

Tabelle 1:   Gründe für Homeschooling nach Princiotta/Bielick 2006

Gründe für Homeschooling	Zutreffend	Hauptgrund
Concern about environment of other schools	85	31
Dissatisfaction with academic instruction at other schools	68	17
To provide religious or moral instruction	72	30
Child has a physical or mental health problem	16	7
Child has other special needs	29	7
Other reasons	20	9

Prozent der Homeschoolschüler, deren Eltern den besagten Grund als zutreffend beziehungsweise als Hauptgrund angaben (Princiotta/Bielick 2006:13).

Christine Brabant untersuchte die Motive für Home Education in Quebec. Auf einer Liste mit 50 Motiven bestimmten die Eltern, wie stark die entsprechende Aussage auf sie zutrifft. Eine Faktorenanalyse der rund 200 Antwortbögen ergab die folgenden sieben Faktoren (sortiert nach Bedeutung):

- Familienprojekt, Stärkung familiärer Beziehungen
- Kritik an sozialen und pädagogischen Bedingungen in der Schule
- Entscheidung des Kindes, stärkere Berücksichtigung der Interessen des Kindes
- Sozialisation (Einfluss der Peergroup, zu lange Zeit von Eltern getrennt)
- Erziehung gemäß einer bestimmten religiösen oder spirituellen Orientierung
- negative Erfahrungen mit Schulbesuch
- spezielle Bedürfnisse des Kindes

In diesem Ergebnis, insbesondere in der untergeordneten Rolle der Religion, sieht Brabant einen deutlichen Hinweis auf grundlegende Unterschiede zwischen der US-amerikanischen und der kanadischen Home Education Bewegung (Brabant/Bourdon/Jutras 2003:126). Zu dieser Schlussfolgerung kam auch Arai 2000.

Jennifer Lois (USA) nahm in ihrer qualitativen Studie Bezug auf phänomenologische Konzepte und konzentrierte sich in der Analyse auf das verwendete „vocabulary of motives" (2005). In der sprachlichen Darstellung der Motive sieht sie weniger die Rekonstruktion historischer Prozesse, sondern primär Hinweise auf die Bedeutung, die Menschen bestimmten Dingen und ihrem Handeln zuschreiben. Als zentralen Begriff in den Erzählungen der Home Education Familien identifiziert sie „good mothering", das Ziel, eine gute Mutter zu sein (S. 9). Dies ist Überschrift für alle fünf Motive, die sie vorfand: Wertschätzung der Individualität, das Kind beschützen, Charakterbildung und Wertevermittlung, enge familiäre Beziehungen aufbauen sowie Aufopferung für die Kinder. Damit hebt sie hervor, dass hier nicht nur eine Entscheidung zwischen bestimmten Schul- oder Lernformen getroffen wird, sondern dass es zu großen Teilen um das Bestreben der Mütter und Väter geht, perfekte Eltern zu sein (S. 36f).

Paula Rothermel führte eine groß angelegte Studie über Home Education in Großbritannien durch (2003). Die Auswertung der 412 Fragebögen hinsichtlich der offen gestellten Frage nach den Motiven der Eltern ergab eine Liste mit 20 verschiedenen Gründen. Am häufigsten wurde Unzufriedenheit mit der Schule erwähnt (31 %), gefolgt von einer Sammelkategorie, die unter dem Begriff „Ideology" Motive von Personen vereint, die aufgrund ihrer Lebensvorstellungen hinsichtlich Freiheit, Flexibilität und Lebensstil diesen Weg wählten. Für Rothermel war keine der bisher erwähnten Typisierungen hilfreich zur Beschreibung der Home Education Familien, da diese zum einen mehrere Motive erwähnten und zum anderen selbst die Eltern, die sich als religiös bezeichneten, nicht in das von Van Galen beschriebene Schema passten (Rothermel 2003:81f). Anstatt einer Typologie schlägt sie die Differenzierung in einem Schichtmodell vor. In der ersten Schicht handelt es sich um eine oberflächlich betrachtet homogene Gruppe von Familien, die alle Home Education wählten. Auf der nächsten Ebene treten jedoch einzelne Gruppierungen hervor, die sich beispielsweise nach weltanschaulicher Orientierung oder präferiertem Lernstil unterscheiden. Die Mitgliedschaft zu einzelnen Gruppen steht dabei nicht in direktem Zusammenhang mit den Gründen für Home Education, sondern ist eher ein Ergebnis eines Gemeinschaftsbedürfnisses der Familien. Auf der dritten Ebene treten die Differenzen zwischen den einzelnen Familien zu Tage, die selbst innerhalb der erwähnten Gruppen sichtbar sind. Als letzte Ebene bezeichnet Rothermel die innerfamiliären Unterschiede, die sowohl zwischen Eltern als auch zwischen den einzelnen Kindern hinsichtlich ihres Verhältnisses zu Home Education sichtbar sind.

2.1.2 Probleme und Begrenzungen der bisherigen Forschung

Der Forschungsüberblick ließ erkennen, dass gegenwärtig verschiedene Typologien der Motive für Home Education in der Diskussion sind. Dies liegt zum einen darin begründet, dass dieser Forschungszweig relativ jung ist und die internationale Vernetzung erst langsam Früchte trägt. Zum anderen fordern die bisherigen Ergebnisse die Einsicht, dass die einfache und naheliegende Frage nach den Gründen für Home Education keineswegs leicht zu beantworten ist. Zahlreiche Faktoren beeinflussen die Entscheidung der Eltern, angefangen von der Situation des Schulwesens in der jeweiligen Region und den rechtlichen Rahmenbedingungen, über den kulturellen und weltanschaulichen Hintergrund bis hin zu persönlichen Erfahrungen in der eigenen Biografie. Selbst wenn sich aus Sicht der Eltern die „wahren Gründe" bestimmen ließen, entsteht die Frage, inwieweit sie gewillt und in der Lage sind, diese rückblickend verlässlich zu rekonstruieren. Lois weist darauf hin, dass Eltern bei der Durchführung von Home Education vorher nicht bekannte Vorteile dieser Bildungsform entdecken können, die nachträglich integriert werden in die Darstellung der Motive (2005:4). Hinzu kommt, dass die Gründe für die Wahl dieser Bildungsform keine stabile Größe sind, sondern im Laufe der Zeit Veränderungen unterliegen. Das heißt, die Motive einer Familie für die Entscheidung zugunsten von Home Education können sich deutlich von denen unterscheiden, die dafür verantwortlich sind, dass dieser Weg nach fünf Jahren beibehalten wird (so auch Rothermel 2003:82).[15]

Neben diesen Schwierigkeiten unterliegt die Erforschung der Motive methodisch begründeten Begrenzungen. Die Studie von Knowles zur Bedeutung vergangener Erfahrungen in Kindheit und Schule verdeutlichte, dass selbst die offene Herangehensweise der vorausgegangenen qualitativen Projekte bestimmte Aspekte unberücksichtigt ließ (1991:204). Des weiteren treten deutliche Unterschiede beim Vergleich der Ergebnisse quantitativer und qualitativer Studien zu Tage. Letztere führen oft zur Beschreibung bestimmter Home Education Typen, die sich über die Frage der Motive hinaus auch in anderen Merkmalen ähneln. Zum Beispiel die Ideologues und Pedagogues bei Van Galen (1988) oder heaven-based und earth-based bei Stevens (2001).

Ein anderes Resultat zeigt Baumans quantitative Auswertung der oben dargestellten Daten des National Center for Education Statistics der USA. Der Ver-

---

[15] Beispiele dafür aus der deutschen Home Education Bewegung in Abschnitt 2.2.6.

such, aus dem Datensatz von 1996 und 1999 ein Zwei-Gruppen-Modell zu be-
rechnen, ergab die größten Unterschiede in der Frage, ob die Lerninhalte der
Schule für die Eltern ausschlaggebend waren (Bauman 2002). Bauman schlussfolgert, dass eine einfach Aufteilung in religiös und pädagogisch motivierte Eltern nicht möglich ist. Ähnliche Resultate fand Brabant in Quebec. Das Motiv
mit der stärksten Zustimmung ist demzufolge die Aussage, dass Einzel- oder
Kleingruppenunterricht effizienter ist und den Lernerfolg verbessert (für 80%
wichtig). An zweiter Stelle steht Homeschooling als Familienprojekt mit Betonung auf gemeinsamem Leben und Lernen (77 %), dicht gefolgt von der Überzeugung, dass Lernen zu Hause anregender und bereichernder eingeschätzt wird
(Brabant/Bourdon/Jutras 2003:117).

Derartige Studien, in denen Eltern aus einer vorliegenden Liste beliebig viele Motive als zutreffend angeben können, führen oft dazu, dass am Ende sehr
allgemeine Aussagen das Ranking anführen. Es handelt sich um Überzeugungen,
die gemäß Rothermels Schichtmodell auf der untersten Ebene liegen, wo alle
Familien als homogene Gruppe erscheinen. Hier sammeln sich Argumente für
Home Education, die entweder so wenig erhellend sind wie: „Wir finden es besser", oder es handelt sich um erfahrene oder erhoffte Vorteile dieser Bildungsform, die unabhängig von weltanschaulicher Orientierung und praktiziertem
Lernstil von allen Eltern geteilt werden. In diesen Fällen sind kontextbegrenzte
Motive, wie zum Beispiel religiöse Gründe, schon methodologisch auf die hinte-
ren Plätze verbannt. Allerdings zeigt die erwähnte Studie von Brabant, dass bereits mit Hilfe multivariater Analyseverfahren diese Begrenzungen aufgebrochen
werden können und ein differenzierterer Blick möglich wird.

Eine weitere Unschärfe in der Beschreibung der elterlichen Motive entsteht,
wenn mit Typisierungen gearbeitet wird, die weder klar abgrenzbar sind noch
sich auf einer gemeinsamen logischen Ebene befinden. Chapman und
O'Donoghue extrahierten aus verschiedenen Studien die folgenden Hauptgründe
für Homeschooling (2000:24):

- Unzufriedenheit mit herkömmlichen Schulen
- religiöse Motive
- die Annahme, dass Kinder zu Hause mehr Aufmerksamkeit und persönliches Interesse erhalten als in der Schule
- Elternrechte und -verantwortung stehen über staatlichen Regularien
- Schutz vor ungewünschten Einflüssen
- negative Schulerfahrungen
- Erhalt der Familieneinheit
- Überzeugungen bezüglich kindlicher Entwicklung und New-Age-Einflüsse

Eine derartige Typisierung ist jedoch äußerst unscharf. Religiöse Überzeugungen an sich führen noch nicht zu Home Education, können aber die Eltern in der Ansicht stärken, dass sie ihre Kinder vor bestimmten Einflüssen schützen müssen, dass sie eine gottgegebene Verantwortung haben, die über der des Staates steht, dass Familie einen hohen Stellenwert hat oder dass eine ganz bestimmte Form kindlicher Entwicklung anzustreben ist. Die Unzufriedenheit mit herkömmlichen Schulen wiederum ist fast immer grundlegend für die Wahl einer Alternative, selbst dort, wo sie nicht als Kritik an der Schule, sondern als Chance des Homeschooling kommuniziert wird (siehe Fallbeispiel Familie Uhl, 1.2.4).

Zusammenfassend kann festgehalten werden, dass es inzwischen eine große Anzahl von Studien gibt, die sich der Frage nach den Motiven für Home Education widmen. Insbesondere verschiedene qualitative Studien lassen bestimmte wiederkehrende Muster zu Tage treten. Gleichzeitig wird deutlich, dass die Frage nach den Motiven sich auf ein sehr komplexes, schwer zu fassendes Phänomen richtet und eine multifaktorielle Bedingtheit angenommen werden muss. Im internationalen Vergleich wird sichtbar, dass die Ausprägung der Motive von Land zu Land verschieden sein kann. Viele der bisher vorliegenden Studien berücksichtigen zu wenig die Konsequenzen der gewählten Methodologie für die Gestalt der Ergebnisse. Insbesondere quantitative Studien sehen daher oft sehr allgemeine „one size fits all"-Gründe in der dominierenden Rolle. Bis heute ist noch kein international anwendbares theoretisches Modell entwickelt worden, das eine vergleichende Beschreibung elterlicher Motive für Home Education ermöglichen würde.

2.2 Die Gründe der Eltern für die Wahl von Home Education

2.2.1 Soziologische Annäherung an die Entscheidungssituation

Im Forschungsüberblick wurde deutlich, dass eine Beschreibung der Motive für Home Education auf verschiedenen Wegen möglich ist. Daher wird im Folgenden die hier gewählte Form dargestellt und begründet. Erkenntnisse aus dem Feld der Soziologie und Ergebnisse der vorliegenden Studie werden verknüpft zu einem theoretischen Modell, das eine Grundlage bildet für eine differenzierte Betrachtung und Analyse der elterlichen Beweggründe.

Ausgangspunkt ist die Annahme, dass es sich bei der Wahl von Home Education um eine bewusste Entscheidung der Eltern handelt, mit der diese einen subjektiven Sinn verbinden. Damit sind zwei große Traditionen soziologischer Theoriebildung angesprochen. Zum einen Max Weber, gemäß dessen bekannter Definition es die Aufgabe der Soziologie ist, derartiges soziales (auf andere bezogenes) Handeln deutend zu verstehen und dadurch in Ablauf und Wirkungen ursächlich zu erklären (Weber 1980:1). Einen ersten Anhaltspunkt bietet seine grobe Unterscheidung von vier Handlungsorientierungen. Weber differenziert in zweckrationales, wertrationales, traditionales und affektuelles Handeln (Weber 1980:12). Bezogen auf den hier gewählten Gegenstand, elterliche Motive für Home Education in Deutschland, sind gegenwärtig primär das zweckrationale und wertrationale Handeln relevant.[16] Ersteres beschreibt Weber als das rationale, erfolgsorientierte Abwägen von Zweck, Mitteln und Nebenfolgen möglicher Handlungsvarianten. Der Begriff wertrational bezeichnet Handlungen, die unabhängig von ihrem Erfolg begründet sind durch den Glauben an ihren Eigenwert, der sich aus ihrer Übereinstimmung mit beispielsweise ethischen oder religiösen Geboten und Forderungen ergibt. Damit lässt sich die Brücke schlagen zur zweiten theoretischen Tradition, die für das folgende Handlungsmodell grundlegend ist: die Annahme einer Entscheidungssituation, in der rational gehandelt wird. An dieser Stelle basiert das Modell auf drei sehr allgemeinen Grundannahmen rationaler Entscheidungstheorien. Die Orientierung am Handeln des Einzelnen (methodologischer Individualismus) wurde bereits durch den Bezug auf Weber deutlich. Des weiteren wird angenommen, dass mehrere Handlungsoptionen zur Auswahl stehen, also eine Entscheidung möglich ist, und drittens wird eine Regel für diesen Entscheidungsprozess formuliert (Diekmann 1996:91). Vorausgesetzt wird an dieser Stelle, wie in vielen Entscheidungstheorien, eine Orientierung der Akteure auf Nutzenmaximierung (Kunz 2004:36). Das heißt, Eltern wählen in einem Prozess rationalen Abwägens die Handlung aus, die am ehesten den von ihnen erwarteten Erfolg verspricht und/oder deren geglaubter Wert am größten erscheint. Im vorliegenden Fall bedeutet dies, Eltern entscheiden sich für Home Education, wenn diese Bildungsform aus ihrer Sicht, nach Abwägung der ihnen bekannten Vor- und Nachteile, am besten geeignet erscheint, die subjektiven Zielstellungen zu erreichen.

Mithilfe dieser Annahmen soll ein theoretisches Modell für die Beschreibung elterlicher Motive in der Wahl von Home Education konstruiert werden. Im Anschluss an Weber wird der Bezug auf Rationalität dabei in erster Linie als methodisches Hilfsmittel gesehen, nicht als dogmatische Setzung (Weber 1980:3).

---

[16] In Ländern, in denen Home Education legal ist und bereits seit mehreren Generationen praktiziert wird, kann die Entscheidung für Home Education auch Züge traditionalen Handelns tragen. Einer Befragung von ca. 5000 ehemaligen Homeschoolschülern in den USA zufolge wollen 82 % der Befragten auch mit ihren eigenen Kindern Homeschooling praktizieren (Ray 2003). Dies kann mit positiven Erfahrungen oder dem Erfolg dieses Ansatzes begründet werden, aber auch damit, dass es offensichtlich kulturelle Kontexte mit einer gewissen Disposition für diesen Weg gibt, die eine große Stabilität im Mehrgenerationenverlauf aufweisen. Dies kann dazu führen, dass sich Milieus bilden, in denen eher der Besuch einer öffentlichen Schule als die Entscheidung für Homeschooling erklärungsbedürftig erscheinen.

Die empirischen Daten der vorliegenden Studie zeigen, dass dieses Modell nicht nur ein von außen herangetragenes wissenschaftliches Analyseinstrument darstellt, sondern dass dieses Schema bereits in der Beschreibung der Eltern auftaucht.

> Und dann habe ich erst mal gesagt: „Pass auf, dann bleib mal ruhig, atme tief durch, setz dich hin, nimmst 'nen Zettel und Stift. So. Vorteile, Nachteile der Schule. Und das schreibst du mal auf." Und hab dann verschiedene Themen eben angesprochen, wie ist es damit und damit und so. Und dann hatte er eine Liste Nachteile (zeigt imaginäre kurze Liste), Vorteile (zeigt imaginäre lange Liste). Und ich sag so: „Jetzt guckst du dir das noch einmal an irgendwie und was meinst du jetzt." (I4, 31:38)

So schildert eine Mutter ihre Reaktion auf die durch die Großmutter hervorgerufenen Ängste ihres Sohnes, Home Education sei der falsche Weg. In der Darstellung der Familie Heinrich (1.2.2) sagte die Mutter als Ergebnis des Vergleichs von Kosten und Nutzen: „Ich nehme das halt in Kauf, dass das dann auch stressig ist, weil ich sehe, letztendlich sind wir doch noch auf der Plusseite." Viele der befragten Eltern berichten von einer längeren Zeit des Überlegens und Abwägens, ob dies der richtige Weg sei, sowohl vor als auch noch nach der Entscheidung.

Im Folgenden wird das auf den dargestellten Grundannahmen beruhende Modell unter Einbeziehung der relevanten Themenfelder näher ausformuliert. Ganz allgemein formuliert, prüfen die Eltern, inwieweit die schulische Realität ihren Erwartungen an die Bildung des Kindes entspricht. Dabei geht es, auch wenn dies nachfolgend nicht immer neu erwähnt wird, in jedem Fall um die subjektive Sicht der Eltern auf Schule, unabhängig davon, ob diese Perspektive von anderen geteilt wird. Im Idealfall gäbe es eine Übereinstimmung zwischen Erwartungen und wahrgenommener Realität – in der Praxis wird es meist auf eine mehr oder weniger große Schnittmenge begrenzt bleiben (Abb. 1). Ist diese zu klein, kann dies ein Anlass sein, Home Education als Alternative in die Überlegungen mit einzubeziehen. Entsteht dabei eine größere Übereinstimmung, entscheidet die Beurteilung von Aufwand und Nutzen darüber, ob Home Education gewählt wird. Diese kostenbewusste Orientierung auf Nutzenmaximierung klingt in den Worten eines Vaters an, der sagt: „Manchmal fragt man sich schon, ob das richtig ist, ob sich der Aufwand lohnt" (TB 6.3.2004). Wenn er „sich lohnt", entscheiden sich die Eltern für das Lernen zu Hause. In der narrativen Wiedergabe der Motive stehen die Bereiche jenseits der Schnittmenge im Vordergrund – also die elterlichen Erwartungen, denen die schulische Realität nicht gerecht wird. Daran zeigt sich, wie stark die Darstellung der Gründe beeinflusst wird von der jeweiligen Gestalt der öffentlichen Schule. Differenzen auf nationaler oder internationaler Ebene hinsichtlich des Schulangebots verändern die Motive, die für Home Education in Betracht kommen.

In einem nächsten Schritt sollen die Aspekte schulischen Lernens bestimmt werden, die den Eltern unvereinbar mit ihren Erwartungen erscheinen. Öffentlicher Schulbesuch berührt die Lebensvorstellungen der Eltern zum einen durch die äußere Form, in der Schule organisiert ist, zum anderen durch die inhaltliche Gestaltung des Lernprozesses. Die gegenwärtige Form schulischen Lernens in Deutschland ist bestimmt durch die Pflicht des Kindes, sich täglich für einen festgelegten Zeitraum an einem bestimmten Ort aufzuhalten. Die Ausnahmen sind durch die Ferienzeiten ebenfalls festgeschrieben. Auf der inhaltlichen Ebene berührt Schulbesuch das Leben des Kindes in drei Bereichen: erstens durch Form und Inhalt der in der Schule stattfindenden Wissensvermittlung. Zweitens durch den in der Schule verwirklichten Erziehungsauftrag des Staates, der dem Erziehungsrecht der Eltern gleichgeordnet wird.[17] In diesem Bereich geht es um die Vermittlung von Werten, Normen und sozialer Kompetenz. Und drittens hat die Schule im Rahmen ihrer Aufsichtspflicht während der Zeit des Schulbesuchs Einfluss auf und Verantwortung für das körperliche und seelische Wohlergehen des Kindes (Abb. 1).

Abbildung 1:   Elterliche Erwartungen an Bildung und Wahrnehmung der schulischen Realität

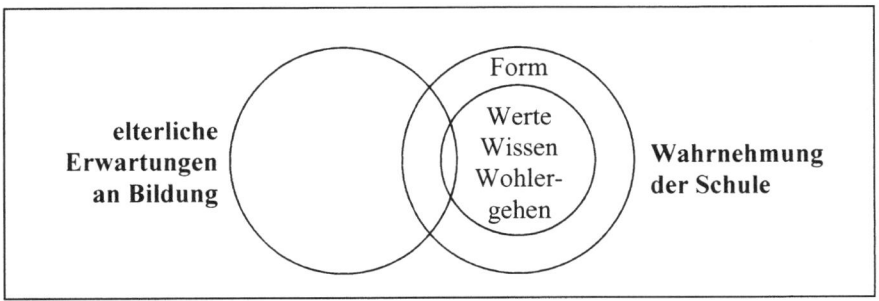

Wenn sich Eltern für Home Education entscheiden, dann heißt dies, dass sie in mindestens einem (meist aber mehreren) der insgesamt vier Bereiche mit der schulischen Realität unzufrieden sind und in Homeschooling eine Lernform sehen, die diesbezüglich ihren Erwartungen besser gerecht wird. Diese einheitliche Anbindung elterlicher Gründe an die Beurteilung von Schule bietet die Möglich-

---

[17] Eine ausführliche Darstellung der rechtlichen Rahmenbedingungen erfolgt in Kapitel 5.1.

keit, die Motive für Home Education für die gesamte Bandbreite der Bewegung vergleichend zu erfassen, da in der Gesamtsicht die (zumindest zeitweise) Entscheidung gegen öffentliche Schule die einzige Gemeinsamkeit aller Home Education Familien darstellt.

An diesem Punkt liegt die Frage nahe, warum für einige Familien die Konstellation aus eigenen Erwartungen und schulischer Realität zu Home Education führt, während die große Mehrheit in Deutschland davon weit entfernt scheint. Gemäß dem dargestellten Modell kommen zwei Bereiche in Betracht: zum einen Differenzen hinsichtlich der Erwartungen an Schule, Bildung und Erziehung, zum anderen Unterschiede in der Einschätzung bezüglich Aufwand und Risiko von Home Education.

Die elterlichen Erwartungen an Schule werden bestimmt durch das Welt- und Menschenbild, das die Eltern im Laufe ihres Lebens erworben haben. Dies beeinflusst ihre individuellen Lebensziele, ihre Vorstellungen von Elternschaft und die Erwartungen an Erziehung und Entwicklung von Kindern. Allerdings führt eine Diskrepanz zwischen Erwartungen der Eltern und Realität der Schule keineswegs zwangsläufig zu Home Education.[18] Selbst dort, wo dieser Weg den Eltern besser geeignet erscheinen mag als öffentliche Schule, bleibt die Beurteilung der damit verbundenen Kosten, oder wie Weber sagte, der Nebenfolgen, maßgebend für die Entscheidung, „ob sich der Aufwand lohnt", ob man letztendlich meint, auf der „Plusseite" zu stehen. Diese Einschätzung steht zum einen ebenfalls in engem Zusammenhang mit dem elterlichen Weltbild, zum anderen hat an diesem Punkt die Frage der Legalität von Home Education mit allen damit verbundenen Konsequenzen großen Einfluss (siehe 2.4). Die Entwicklung in anderen Ländern zeigt, dass eine Legalisierung dazu führt, dass auch Eltern mit weniger stark ideologisch begründeten Motiven sich für Home Education entscheiden (Arai 2000:208). Das Grundmodell der Entscheidungssituation gestaltet sich demnach wie in Abbildung 2 dargestellt.

Die Grenzen des hier skizzierten Modells sollen nicht unerwähnt bleiben. Es präsentiert die Wahl von Home Education als eine Entscheidung der Eltern und berücksichtigt nicht die Rolle des Kindes. Aufgrund der vorliegenden Daten erscheint mir diese Einschränkung jedoch gerechtfertigt, auch wenn dem begrenzten Sample einer qualitativen Studie keine Repräsentativität hinsichtlich der Häufigkeitsverteilung bestimmter Merkmale zugesprochen werden kann. Von

---

[18] In Deutschland sind laut Untersuchungen der Entwicklungspsychologin M. Schäfer ca. eine halbe Million Kinder Opfer von Mobbing an der Schule (Peter 2006). Fast ein Viertel der 15-Jährigen kann laut PISA-Studie lediglich auf sehr elementarem Niveau lesen (Stanat 2003:52). Jeder elfte Schulabgänger bleibt ohne Abschluss (Statistisches Bundesamt 2005c:132). Es ist davon auszugehen, dass dies in sehr vielen Fällen nicht den Erwartungen der Eltern entspricht.

den 32 Familien, deren Angaben hier die Grundlage bilden, stellen 26 die Wahl von Home Education als alleinige Entscheidung der Eltern dar,[19] in zwei Fällen waren Eltern und Kinder beteiligt und in den übrigen vier Familien ging die Entscheidung von den Kindern aus oder wurde von den Eltern an diese übergeben. Eine weitere Begrenzung liegt in der Fokussierung auf die Unzulänglichkeit der schulischen Situation. Dies scheint Bildungssystemen wie in Deutschland näher zu stehen, wo sich die Eltern aufgrund der Schulbesuchspflicht ihrer Kinder zwangsläufig mit diesem Bildungsort auseinandersetzen müssen. Bei Familien, die kulturell geprägt sind von Lebenswelten, in denen Home Education legal und verbreitet ist, kann der Bezug auf das Schulsystem mitunter in den Hintergrund treten.

> Ich, da ich aus Amerika komme, kenne ich das. Schon zu meiner Schulzeit kannte ich welche, die zu Hause unterrichtet worden sind. Ich nicht selber, ich war auf 'ner Privatschule ... Ich hatte auch schon immer für mich so als – wenn ich groß bin, möchte ich gerne irgendwo Missionarin oder so und meine Kinder selber unterrichten. Das war irgendwie für mich so wie ein kleiner Traum. Und, ähm, so war das schon ein bisschen drin. So der Wunsch, der ist einfach so gewachsen dann. (I13, 1:06)

Abbildung 2:   Modell zur Analyse der elterlichen Motive für die Wahl von Home Education

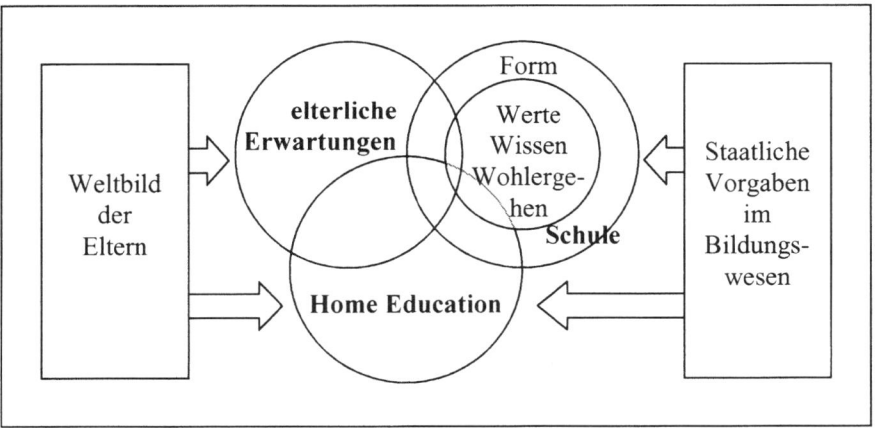

---

[19] Die Tatsache, dass die Eltern entschieden haben, heißt jedoch noch nicht, dass die Kinder in jedem Fall eine andere Wahl bevorzugt hätten. Berücksichtigt wurde hier nur die erstmalige Entscheidung für diesen Weg, nicht die sich mit dem Heranwachsen der Kinder immer neu stellende Frage, wie lange diese Bildungsform beibehalten wird. Diesbezüglich ist der Teil der allein entscheidenden Eltern deutlich kleiner.

Mit dem hier entwickelten Modell ist nicht der Anspruch verbunden, eine vollständige Erklärung des Phänomens zu bieten. In erster Linie soll es eine differenzierte Darstellung ermöglichen, die die vielschichtigen Motive der Eltern sichtbar macht.

In den nächsten Abschnitten werden die einzelnen Bereiche näher dargestellt. Zuerst die Punkte schulischer Realität, die sich für Home Education Eltern nicht mit ihren Erwartungen in Einklang bringen lassen. Dabei stehen die Erzählungen der Eltern als primäre Quelle im Vordergrund. Anschließend werden unter Zuhilfenahme idealtypischer Beschreibung die vorrangig zugrunde liegenden Welt- und Menschenbilder beleuchtet. Darauf aufbauend wird die Frage der mit Home Education verbundenen Kosten detaillierter betrachtet.

2.2.2   Home Education für einen selbstbestimmten Alltag

Während für zahlreiche Eltern der regelmäßige Schulbesuch eine willkommene und auch notwendige Betreuung ihrer Kinder darstellt,[20] sehen andere darin einen massiven Eingriff in ihr Selbstbestimmungsrecht. In der Darstellung der Motive für die Wahl von Home Education kommt dieser Aspekt, meist neben anderen, immer wieder zur Sprache. Dabei stehen von Fall zu Fall verschiedene Facetten im Vordergrund, zum Beispiel der durch Schulbesuch vorgegebene Tagesablauf. Eine Mutter schreibt, dass in den ersten Wochen nach der Einschulung alles sehr gut lief. Doch irgendwann

> wollte es nicht mehr so recht klappen. Mir wurde bewußt, daß ich Schule und Kindergarten nicht so ernst nehmen konnte, wie ich sollte, daher waren für mich schon mal die fixen (frühen) Anfangszeiten kaum mehr einzuhalten. Warum auch sollte Samuel Punkt acht Uhr dreißig auf der Matte stehen, wenn die Kinder dann sowieso den ganzen Vormittag „nur" spielten? (In der Freien Schule gab es damals nur zwei Jahrgänge und keinerlei Unterricht.) So wurden die Morgen zum stressigen Beginn mehr schlecht als recht verlaufender Tage. (homeschooling_D 13.8.2005:2705)

Sie fasst diesen Punkt zusammen mit den Worten: „Ich schätze eine größtmögliche individuelle Freiheit." Ähnlich äußert sich die Mutter einer deutsch-amerikanischen Familie. Bezugnehmend auf die mit dem Einschulungstermin verbundene Abnabelung sagt sie, dass sie ihre Kinder gern die eigenen Wege gehen lassen möchte, aber erst dann, wenn es für sie (die Kinder) passt und nicht ab einem

---

[20] Das Bundesministerium für Bildung und Forschung warb mit diesem Gedanken für Ganztagsschulen. Auf der Anzeige sieht man drei Kinder in einem Schulraum als Musiker einer Band, auf der Tafel hinter ihnen steht: „Die Schulzeit ist die schönste Zeit im Leben. Jetzt auch für Eltern." Etwas kleiner darunter: „Ganztagsschulen. Zeit für mehr." (Die Zeit, Nr. 26, 23.06.2005, S. 26)

vorher bestimmten Datum (homeschooling_D 18.3.2005:2067). Einen weiteren, wenn auch weniger wichtigen Grund sieht sie darin, dass sie öfters für längere Zeit in die USA fliegen, um die Beziehungen zu ihrer Familie pflegen zu können. Für sie sei es ein großer finanzieller Vorteil, nicht durch Ferientermine an die Hauptsaison gebunden zu sein (homeschooling_D 11.8.2005:2688). Nach über einem Jahr Home Education schickte diese Familie ihre Kinder aufgrund des Drucks der Schulbehörde doch in die öffentliche Grundschule, allerdings bereiteten sie zu diesem Zeitpunkt bereits den Umzug in ein anderes europäisches Land vor, um wieder ungestört Homeschooling durchführen zu können. In einer langen Liste zählt die Mutter auf, was sie an dem nun erlebten schulischen Lernen stört. Sie hat den Eindruck, dass hier „wertvolle Lebenszeit" gestohlen wird, und schreibt:

> Ich muß die Kinder jeden Morgen wecken, und ich muß sie abends früh ins Bett stecken, in der Hoffnung, dass sie am nächsten Tag doch etwas leichter zu wecken sein werden. Was nach fast vier Monaten immer noch nicht gewirkt hat, aber ich weiß nicht, was ich sonst tun kann. Zwei knarchige ... Kinder und eine knarchige Mutter hetzten jeden Morgen, damit die Kinder bloß nicht spät zur Schule kommen und wertvolle Schlangenstehen verpassen, während zwei kleine Kinder irgendwie mitgeschleppt werden... Dann Mittags heißt es schnell die Hausaufgaben machen und schnell das Mittagessen runterschlingen, damit wir uns an das eigentliche Leben teilnehmen können. Ab Januar werden die Kinder die Musikschule nicht mehr besuchen, weil, obwohl sie das sehr gerne machen, alles zusammen zu viel Streß ist. Musikschule, Turnen, Schwimmen, und Mutter-Kind-Kreis hört sich wie viel an, aber als die Kinder nicht in die Schule mussten, war das NICHT zu viel, weil alles freiwillig und nach Interesse war. Jetzt fühlen wir uns gezwungen, das, was wir alle mögen, aufzugeben, damit das, was wir nicht wollen, besser laufen kann. Und abends heißt es früh zu essen ... auch wenn der Papa noch nicht zu Hause ist an manchen Tagen, damit die Kinder schnell ins Bett können, damit wir das ganze morgen wieder machen können. (homeschooling_D 16.12.2005:2999, Hervorhebungen original)

Ein weiterer Punkt in den Erzählungen der Eltern ist der notwendige Schulweg. Ein Elternpaar erwähnt, dass in ihrem Fall ein Weg mit Schulbus inklusive Umsteigen nahezu eine Stunde dauern würde.

> Wir haben uns das genau angeguckt und da mussten sogar nach dem Stundenplan der Schule die Kinder noch 'ne Stunde nach der Schule auf den Bus warten, bis sie dann wieder zurückkommen. Das waren dann also pro Tag dann knapp drei Stunden. Und diese drei Stunden sind uns so viel wert gewesen, dass wir, äh, da gar nicht, schon deswegen allein, gar nicht weiter darüber nachgedacht haben. (I7, 11:46)

2.2.3 Home Education für individuelle Wertevermittlung

Schule ist nicht nur Bildungseinrichtung zur Vermittlung von Wissen, sondern auch der Ort, an dem der Staat seinen Erziehungsanspruch verwirklichen kann, der dem in Artikel 2 des Grundgesetzes festgeschriebenen Erziehungsrecht der Eltern gleichgeordnet wird (BVerfGE 34, 165 [183]; Avenarius 2000:436f). Die jeweiligen Erziehungsziele sind in den einzelnen Schulgesetzen der Bundesländer grob umrissen. Das hier gewählte Stichwort „Werte" umfasst allerdings nicht nur das aktive Erziehungsbemühen in Lehrplan und Unterricht, sondern auch alle weiteren Bereiche schulischen Alltags, die jenseits der Wissensvermittlung einen prägenden Sozialisationseinfluss auf die Kinder haben. Im Idealfall gibt es an dieser Stelle ein Miteinander. In der Erfahrung der Home Education Eltern ist das Gleichgewicht jedoch verschoben.

> Die Schule hat ein Erziehungsrecht und wir Eltern haben ein Erziehungsrecht. Und die Schule nimmt sich Freiheiten heraus, ohne uns Eltern zu fragen und wenn wir Eltern damit nicht einverstanden sind, können wir überhaupt nichts machen. Also das ist kein Miteinander mehr. Die Schule macht, was sie gerne möchte. (I19, 32:30)

Hier öffnet sich ein weites Feld, in dem es zu Spannungen zwischen Eltern und Schule hinsichtlich der Inhalte dieser Erziehung und Wertevermittlung kommen kann. Eine Mutter nennt als ihre Kritikpunkte an allen Ideen institutioneller Beschulung:

> 1) das geistige Fundament der meisten Bildungseinrichtungen, das ich ablehne, weil es einer technokratischen Ideologie entspringt, die in Menschen „human ressources" sieht und in Bildung „Optimierung" dieser „human ressources", und 2) der umfassende pädagogische Anspruch, den diese Einrichtungen auf die gesamte Lebensumgebung ihrer Schüler erheben, indem z. B. Kindern in der Grundschule nicht nur Lesen, Schreiben, Rechnen beigebracht werden soll, sondern über die einheitliche Vermittlung allgemeiner Lebensthemen (wie Ordnung, Gesundheit, Ernährung, Sexualität) eine geistige Einflußnahme auch auf deren Eltern angestrebt wird. (homeschooling_D, 11.1.2005:1450)

Nahezu wie ein Überblick über die einzelnen Bereiche dieser wahrgenommenen geistigen schulischen Einflussnahme auf Kinder und Eltern liest sich die folgende Antwort einer Mutter auf die Frage, was sie überzeugt hat, Home Education zu wählen. Zuerst betont sie, dass die Erziehungsberechtigung bei den Eltern liegt, kritisiert dann das Bildungsniveau des Schulunterrichts und fährt fort:

> Das dritte ist eben so die ganze Esoterikwelle, okkulter Kram und, ähm, was eigentlich gelehrt wird an geistigem Kram. Ähm, dass wir da sagen, dass, dass die da

Phantasiereisen machen, autogenes Training und Yoga und ich weiß nicht was alles. Das sagen wir, wollen wir nicht, dass unsere Kinder das mitbekommen. Und das vierte ist im Grunde genommen, ähm, diese Peergroup. Dass dieser Gruppenzwang, dieser Cliquenzwang, in den die Kinder mitgezogen werden und wo wir Eltern überhaupt keinen Zugriff mehr richtig kriegen auf unsere Kinder, weil die, ähm, ähm, sage ich mal, mit Pokemonkarten nach Hause kommen und ich kann eigentlich kaum was noch – ich kann denen eigentlich kaum noch Werte vermitteln. Also im Grunde auch Wertevermittlung, ähm, dass wir also das Gefühl haben, als Eltern, wir werden untergraben, wenn die Kinder in die Schule gehen. Und dass es immer schwieriger wird, mit dem Kontakt und mit den Beziehungen oder, wie sagt man, so ein Seil zwischen den Kinder zu haben, wenn sie in die Schule gehen. Im Grunde genommen auch so diese, wie sagt man, die Demokratie, da wird eben zu Hause rumdiskutiert und was auch immer und wir haben eben andere Wertevorstellungen – und die Schule hat, die Gesellschaft hat diese Wertevorstellungen, das passt nicht zusammen. Und wenn wir unsere Kinder da reingeben, sagen wir, sind sie in dem Alter noch nicht stark genug, ihren Mann zu stehen. (I22, 12:19)

Mehrfach beschreiben Eltern ihre Motive mit ähnlichen Bündeln verschiedener Punkte. Im Folgenden werden die immer wiederkehrenden Aspekte einzeln näher beleuchtet.

Entfremdung von den Eltern

Hier gilt ein intensives Miteinander-Leben von Eltern und Kindern als Grundlage für die angestrebte Erziehung und Entwicklung. Durch die mit Schulunterricht verbundene räumliche Trennung für einen Teil des Tages erleben die Eltern eine Entfremdung des Kindes und seiner Lebenswelt.

Wir haben starke Überzeugungen aus 5. Mose 6: Unterweise deine Kinder, wo du stehst und gehst, und schalte missliebigen Einfluss aus, soweit es um, soweit es um dominierenden Einfluss von weltlicher Art geht. So dass wir da starke Überzeugungen hatten und nicht sicher waren, wie wir Kinder prägen sollten, die über sieben Stunden aus dem Haus sind und hinterher am Nachmittag sich dem Einfluss der Eltern weitgehend entziehen. Und ich hatte das eben schon erlebt. Ich habe morgens um sieben die Kinder bei jedem Wetter aus der Tür schieben müssen, ob's Schneesturm gab, ob's Wind war, ob's Nacht war, und konnte warten, in welchem Zustand sie um vierzehn Uhr nach Hause kommen. Das war für mich das Ende meiner Bestimmung als Mutter und das wollte ich nicht unbedingt immer weiter fortsetzen. (I2, 15:08)
    Und noch dazu ... natürlich merkst du, wie so schlechter Einfluss in sie reinkommt. Und du merkst gar nicht mehr, was sie so denken, wie sie drauf sind so, was alles so passiert ist und wie sie das verarbeiten können. Sie sagen ja nicht alles, ne,

kommen heim und, vor allem, so manches Kind sagt vielleicht, aber ich habe ein paar, die sind sehr verschlossen und merkst nur, irgendetwas stimmt nicht ihnen. Aber viel reden tun sie nicht. (I8, 45:00)

Die Mütter, die über dieses Gefühl der Entfremdung reden, haben sehr konkrete Vorstellungen hinsichtlich ihrer Erziehungsideale. Es ist für sie keine Aufgabe neben anderen, sondern ihre „Bestimmung". Die Kritik fußt zum einen auf dem Einfluss der Schule, der verantwortlich gemacht wird für eine Entfremdung der Kinder von den Eltern. Zum anderen geht es aber auch um Bedürfnisse und Selbstverständnis der Eltern.[21] Deren Ideal von familiären Beziehungen rückt durch den Schulbesuch der Kinder in die Ferne. Bei einem Elternpaar, das im Gespräch schon verschiedene Gründe für die Entscheidung zugunsten von Home Education aufgeführt hatte, fügte der Vater hinzu:

> Uns geht's gar nicht so in erster Linie um die Förderung, sondern mehr um die Beziehung. Um das Leben, um wirklich ein reiches, also gefülltes Leben zu haben mit den Kindern ... und, äh ja, da wirklich von, von Anfang an, ähm ja, ein Miteinander-Auskommen zu fördern und weit darüber hinaus. Also in Richtung wirklich Liebesbeziehung, oder dass man aneinander hält, dass, äh ja, Traditionen gelebt werden können auch oder dass einfach der Zusammenhalt der Familie einfach da ist, gestärkt wird. Und das war im Übrigen auch ein wichtiger Aspekt, wie wir das überhaupt angefangen haben. (I7, 37:37)

Der hier anklingende Wunsch nach Nähe und gemeinsamem Leben kommt deutlich zum Ausdruck in den Worten der bereits zuvor erwähnten Mutter, die nach über einem Jahr Home Education ihre zwei Kinder aufgrund des Drucks der Schulbehörde in die öffentliche Grundschule schickte. Am Ende ihrer langen Kritikliste schrieb sie:

> Das Schlimmste an allem ist, dass ich meine Kinder vermisse. Hanna unterhält sich wenig mit mir, denn sie hat jetzt so wenig Zeit zum Lesen, dass sie ungerne welche abgibt für ihre Familie. Jonathan ist nie „einfach" gewesen, aber wenn der ganze Tag da ist, kann er sich zurückziehen wenn nötig, und es gibt viele schöne Momente – jetzt gibt es sehr, sehr wenige, so dass ich ihn manchmal kaum leiden kann und er mich auch nicht. Ich vermisse das Vorlesen ... ich vermisse das „dabei Sein" wenn die Kinder etwas Neues entdecken oder sich für etwas Neues interessieren, ich vermisse die Beziehungen zwischen den Kindern, ich vermisse den natürlichen Tagesablauf ... Ich muß jetzt aufhören, bevor der Computer völlig unter Wasser verschwindet ... (homeschooling_D, 16.12.2005: 2999, Namen geändert)

---

[21] Eine ausführlichere Analyse der mütterlichen Rollenbilder in Verbindung mit Home Education erfolgt in Abschnitt 3.2.

Sexualkundeunterricht

Der schulische Sexualkundeunterricht ist besonders im religiös geprägten Teil der Home Education Bewegung ein Dauerthema. Das Kapitel zur Geschichte wird zeigen, dass dieses Thema hier von Beginn an eine wichtige Rolle spielte. Die kritische Haltung mancher Eltern diesbezüglich verstärkte sich, als Sexualkunde nicht mehr eine separate Einheit im Schulunterricht war, sondern fachübergreifend integriert wurde. Viele Eltern sehen hier eine starke Differenz zu ihren eigenen Vorstellungen hinsichtlich der Aufklärung ihrer Kinder.

> Zum Beispiel in der Sexualkunde, da ist es also, es gibt Unterschiede von Schule zu Schule, aber hier bei uns, die Bücher, die benutzt werden, das wollen wir noch nicht. Also wir finden das einfach viel zu früh und auch von einem falschen Gesichtspunkt hergekommen. Es wird praktisch gesagt, die Liebe ist so und so, und dann kommen drei Seiten, also richtig pornografische Darstellungen, wie also für einen Drittklässler überhaupt nicht, also was kann er damit anfangen ... Das wollen wir ihm noch nicht antun. Also da sind andere Dinge zuerst dran, finden wir ... Das war also auch vom Glauben her ein Gesichtspunkt für uns, weshalb wir auch Heimschule machen wollten. Ein bisschen mehr von der Bibel her kommen und ein bisschen weniger also diese Einflüsse, wo wir denken, es ist schön, wenn er das erst einmal, wenn wir das ein bisschen hinausschieben können, diese Einflüsse. (I21, 6:26)

Neben der mehrfach geäußerten Kritik, dass der Zeitpunkt schulischer Aufklärungsbemühungen zu früh sei, bemängeln Eltern die dem Unterricht zugrunde liegenden Wertorientierungen hinsichtlich Partnerschaft und Sexualität.

> Dazu kommt auch vom Inhalt her, was gelehrt wird, also ja, Sexualethik wird ganz anders gesehen heutzutage, gleichgeschlechtliche Beziehungen, also Sex außer der Ehe, ähm werden ganz andere, ähm, wird ganz anders beigebracht, [als] so wie wir denken und glauben. (I6, 17:06)

Dieses Thema taucht nicht nur in persönlichen Gesprächen auf, sondern ist auch regelmäßig bei den Treffen und in den Publikationen der Bewegung präsent. Im April 2004 veranstaltete der Verein „Schulunterricht zu Hause" eine Konferenz im Germanischen Nationalmuseum in Nürnberg.[22] Circa 200 Personen waren gekommen. Armin Eckermann, Rechtsanwalt im Pensionsalter und Vorsitzender des Vereins, spricht in seinem Vortrag über einen damals aktuellen Rechtsstreit einer Familie. Er zitiert den Gerichtsbeschluss, demzufolge sich die schulischen Inhalte im Rahmen dessen bewegen, was auch sensiblen andersdenkenden Eltern zugemutet werden kann. Bevor er konkreter wird, bittet er die anwesenden Kin-

---

[22] Eine ausführlichere Darstellung des Vereins erfolgt in Kapitel 4.

der, für fünf Minuten den Saal zu verlassen. Nahezu alle folgen dieser Bitte. Dann beschreibt er aus der gerichtlichen Falldarstellung konkret die Inhalte des schulischen Sexualkundeunterrichts, der für die Eltern mit ein Grund ihrer Entscheidung für Hausunterricht war. Demzufolge enthielt der verwendete Materialkoffer die Plastik eines erigierten Penis, Kondome und Tampons. Aufgabe der Lehrer war es, die Anwendung eines Kondoms zu demonstrieren und üben zu lassen sowie diese und die Tampons in der Klasse zu verteilen.[23] Eckermann schildert weiter den Inhalt verschiedener Arbeitsblätter der Klassenstufe 9, zum Beispiel die Aufgabenstellung für Mädchen, einen fiktiven Brief eines Jungen an seine Freundin zu beantworten, in dem er detailliert über seine Erfahrungen mit Selbstbefriedigung erzählt und um Rat fragt. Für Eckermann ist diese Liberalisierung der staatlichen Sexualerziehung ein gewichtiges Argument in seinem Kampf für ein Recht auf Homeschooling (TB 24.4.2004).

In der Frage nach den Gründen derartiger Entwicklungen ist man sich in diesem Kreis weitgehend einig. „Die 68er" gelten als Ausgangspunkt einer Entwicklung, die zum Werteverfall führte. In einem Informationsblatt der Philadelphia-Schule, einem Fernlehrwerk, dem ein großer Teil der deutschen Homeschooler angehören, erschien 2005/06 ein zweiteiliger Artikel unter dem Titel: „Aufklärung über die staatliche ‚Sexualerziehung'". Letztere wird darin als Instrument linker Reformer zum Zwecke der Umstrukturierung der Gesellschaft und der Überwindung autoritärer Strukturen in Staat und Familie dargestellt (Kurkowski 2005 und 2006, DgT 25:4 und 26:5).

Die Kritik am schulischen Sexualkundeunterricht beschränkt sich jedoch nicht nur auf streng religiöse Familien. Im August 2005 wurde dieses Thema in einem E-Mail-Forum diskutiert, in dem Home Education Familien aller Richtungen vertreten sind. Dabei wurde deutlich, dass auch dort, wo anstatt der religiösen Werte der Eltern die Selbstbestimmung des Kindes der Leitfaden sein soll, Spannungen mit schulischem Sexualkundeunterricht naheliegen. Eine Mutter schrieb:

> Da mich das Konzept des „selbstbestimmten Lernens" überzeugt, finde ich grundsätzlich klassenweise Unterrichtung, in einem sensiblen Fach wie Sexualkunde insbesondere, schädlich. Außerdem habe ich den Verdacht, daß der Sexualkunde-Unterricht, dessen vordergründige Aufgabe Aufklärung sein soll, ein „Meilenstein" darin ist, 1) Eltern die Verantwortung für und vor ihren Kindern mehr und mehr zu entreißen, und 2) selbst noch die Intimsphäre des Einzelnen weitestgehend zu programmieren. (homeschooling_D 13.08.2005:2698)
> Ich würde solchen Unterricht unter anderem deswegen ablehnen, weil ich befürchte, daß es für viele Kinder peinlich ist, in einer Umgebung, in der die nötige

---

[23] Gemäß einer Schilderung an anderer Stelle erhielt die Schülerin aufgrund ihrer Weigerung, sich an dieser Übung zu beteiligen, eine Sechs in Biologie (Kurkowski 2006, DgT 26:5).

Vertrautheit nicht herrscht, über intimste Dinge zu sprechen – oder auch nur darüber zu hören, ohne daß sich das Kind dann traut, Fragen zu stellen, die ihm wichtig wären. (homeschooling_D 13.8.2005:2697)

„Antichristliche" Beeinflussung

Neben dem Sexualkundeunterricht gibt es zahlreiche weitere Bereiche, in denen Differenzen zwischen dem elterlichen Verständnis von christlicher Erziehung und wahrgenommener schulischer Prägung auftauchen.

Wir haben ja noch Religionsunterricht, aber da wird überhaupt nichts mehr gelehrt, was mit Religion zu tun hat. Ob das Evolutionstheorie ist, das hat überhaupt nichts mehr mit Gottes Wort zu tun. Und wenn wir sagen, äh, Moment, wir glauben's aber anders, dann gibt's 'ne Sechs. Unser Paul hat eine glatte Sechs gekriegt. Er hat gesagt: „Ich glaube das nicht" und die Lehrerin hat gelacht und dann hat er eine Sechs verpasst gekriegt. (I19, 33:03)

Eltern bemängeln, dass im schulischen Unterricht zu wenig Raum ist für eine andere Sicht der Dinge. Ein Vater erzählt über die Evolutionslehre im Homeschooling und den schulischen Unterricht:

Man würde das schon richtig rüberbringen, kein verzerrtes Bild davon erzählen, aber schon betonen, dass es eine Theorie ist ... Also es wird nicht, ähm, nicht mehr von einer christlichen Perspektive alles beigebracht, sondern mehr von einer humanistisch-menschlichen Perspektive. Also der Mensch ist der Maßstab für alles. Alles, was in ein menschliches Gehirn reinpasst, geht. Und alles, was das ein bisschen sprengt, diesen Rahmen, äh, sind nur Märchen oder Phantasiegeschichten. (I6, 17:45)

Nicht nur, dass der eigene Glaube ins Märchenreich verbannt wird, zahlreiche andere Fabelwesen tauchen immer wieder im Schulalltag auf. Hexen, Zauberer, Feen und Gespenster geistern zum Leidwesen einiger Eltern durch die Lesebücher. Sie stoßen sich an dieser Präsenz des Übernatürlichen, das ein Feld besetzt, welches in ihrem Weltbild reserviert ist für einen allmächtigen Gott. Unterrichtselemente, die auf emotionale oder psychische Prozesse einwirken sollen, werden als okkulte oder esoterische Unterwanderung wahrgenommen, sofern sie sich außerhalb der tradierten Formen christlicher Frömmigkeit und Erziehung bewegen.

Da haben Lehrer angefangen mit Akupressur im Unterricht. Und unseren beiden Kindern ... ist es nicht erlaubt worden, den Unterricht dann zu verlassen oder es nicht mitzumachen. Sie wurden gezwungen, das mitzumachen. Dann hatten wir eine

Religionslehrerin, die hat Meditation mit den Kindern gemacht und Fernreisen mit
ihnen, gedankliche Fernreisen, und sie durften sich da nicht ausschließen. Und daraufhin haben wir mit vielen anderen Eltern eine eigene Grundschule gegründet ...
Eine christliche Schule, mit christlichen Werten und ohne weltanschauliches Gedan-
kengut. (I19, 1:40)
   Wir wollen, dass unser Kind den Weg mit dem Herrn Jesus geht. Wenn es in die
öffentlichen Schule geht, haben wir die Angst, dass es diesen Weg verliert. Das ist
eigentlich der Hauptgrund ... Das, was in unseren Schulen gerade an esoterischen
Sachen gelehrt wird, also nicht haltbare Sachen sind, immer mehr, weil die Lehrer
versuchen, die Kinder zur Ruhe zu bringen und keine Autorität aufweisen, versuchen sie es mit solchen Hilfsmitteln, mit fernöstlichen Religionsmitteln und das, äh,
das ist uns einfach zu gefährlich. (I19, 30:33)

Die Reflexion der Bedingtheit der eigenen Perspektive bleibt oft im Hintergrund.
Basierend auf ihren individuellen Glaubensvorstellungen definieren die Eltern
Gut und Böse. Schule ist zum Kampfplatz dieser Mächte geworden. Allerdings
nicht mehr

Fleisch gegen Fleisch, sondern da ist kein fassbarer Feind da. Da hat man kein
Feindbild mehr, wo man einfach gegen stehen kann, sondern das ist, äh, das ist 'ne –
spielt sich in der geistigen Welt ab. Das können Kinder, können das nicht einordnen.
(I19, 4:12)

Eine Mutter, die die zwei ältesten ihrer fünf Söhne zu Hause unterrichtet, bezeichnet die weltlichen Schulen als die „Fangarme Satans". Sie fügt hinzu: „So
krass ist es für mich inzwischen. Am Anfang habe ich das natürlich nicht so gesehen." Sie nennt es einen Wachstumsprozess, der auch genährt wurde durch
das, was ihr Mann, Lehrer an einer öffentlichen Schule, von seinem Arbeitsbe-
reich erzählte (I10).
   Manche Eltern sehen hier nicht nur einen Angriff auf den christlichen Glauben, sondern auch auf das persönliche Verständnis von Familie und Elternrolle.
Eine Mutter erzählt:

Da stellen die Schulbücher die Eltern praktisch als Idioten dar ... Die Eltern können
den Kindern nichts erklären, das ist blöd und solche Thematik kommt rein. Und da
in Z. [Nachbarstadt], da ist das ganz anders. Da haben die Bücher, zum Beispiel die
Mutter, die in einem Gedicht gelobt wird, als jemand, der ansprechbar ist, dargestellt
wird. Ja, und das ist eben auch ein Anliegen von uns, dass die Kinder lernen, die Eltern ja zu ehren, dass sie praktisch die Eltern als eine Hilfestellung ansehen können.
Und das wird heutzutage also sehr viel einfach, ja wie sagt man, zerstört an den
Schulen. Schon in der ersten Klasse in einem Lesebuch ... Da kommt wirklich eine
Ideologie rüber. Und diese Ideologie ist praktisch: Die Eltern sind nicht zu ehren ...
können nichts mit meinen Problemen anfangen. Und dann wird zum Beispiel darge-

stellt, wie das Kind, also manchmal ist die Mutter nicht zu Hause, viermal ist die Mutter überhaupt nicht ansprechbar, überhaupt nicht da, sie sitzt im Café und trinkt eine Tasse Kaffee. Das Kind ist zu Hause allein und hat seinen Teddybär und macht dann eine Traumreise mit dem Teddybär, um seine Probleme zu lösen. Also das ist schon eine Ideologie, die da rüberkommt. Und das wollen wir auch ein bisschen vermeiden erst mal. Bis die Kinder auch ein bisschen eine Festigkeit haben, dachten wir. (I21, 8:17)

Negativer Einfluss der Peergroup

Neben dem erzieherischen Bemühen von Lehrern und Lehrplan stellt die Peergroup eine einflussreiche Sozialisationsinstanz im Schulleben dar. Manche Eltern sehen in dieser „Erziehung" durch Gleichaltrige und der Intensität, mit der gruppendefinierte Wertsetzungen das Leben der Kinder prägen, eine Gefahr für den angestrebten Entwicklungsweg.

Ich bin super-skeptisch gegenüber allen Entwicklungen, die aufgrund von Massendruck stattfinden, und da sehe ich Kinder (je jünger desto mehr) in Gleichaltrigen„gemeinschaften" sehr gefährdet, unter die Räder zu geraten und das zu werden, was „in" ist, anstelle von dem, was dem Einzelnen innewohnt. (homeschooling_D 13.8.2005:2707)

Bedenklich erscheinen nicht nur die Auswirkungen gruppendynamischer Prozesse, sondern letztendlich auch die anderen Eltern, denen eine Verantwortung für das Verhalten ihrer Kinder zugeschrieben wird.

Wir schimpfen gar nicht so aufs Schulsystem. Also unsere Not ist hauptsächlich, die wir haben, mit den Eltern, die diese Erziehungsverantwortung nicht mehr wahrnehmen. Also die größte Not ist eigentlich, dass wir ein ganz starkes Erziehungsdefizit in der Gesellschaft feststellen ... Diese ganze Ichbezogenheit und das ganze Benehmen und untereinander wirklich rotzfreche Worte und der Umgang, die Sprache... Ja nicht, dass ich mich mal über so einen Begriff als Äußerlichkeit aufregen würde, aber es drückt einfach das aus, was im Inneren ist. Und das ist so verflacht und so wenig und da habe ich gedacht, also das ist einfach zu schade, die Zeit, diese kostbare Zeit der Kindheit möchte ich was Wertvolleres in die Herzen reinlegen. (I7, 13:33)

Dieser Wunsch, etwas Wertvolles in die Herzen zu legen, äußert sich auch derart, dass Eltern ihre Kinder am liebsten im Kontext Gleichgesinnter aufwachsen lassen möchten.

Wir haben halt gesagt, wir wollen halt eine adventistische Schule haben ... Und da
haben wir gesagt, es wäre schon schön, wenn es mehr adventistische Schulen gäbe
und die Kinder eben auch mit Adventisten Kontakt hätten. Na ja. (I11, 2:47)

So die Äußerung einer Mutter, die erfolglos versuchte, eine Privatschulgründung
zu initiieren, um für die Tochter ein Lernen im Kontext der eigenen Kirche (Sie-
benten-Tags-Adventisten) zu ermöglichen. Bei einem mehrtägigen Treffen von
einigen Home Education Familien sagte eine andere Mutter:

Und in der Schule kannst du auch, hast ja gesehen, wir sind alle nicht ganz, aber fast
vegan und was willst'n sagen, wenn sie zu Hause keine Schokolade essen und dann
gehen die in die Schule. Das kommt vielleicht irgendwann auch, aber momentan –
ich bin froh, dass ich die so lange wie möglich – nicht unter einen Glaskasten setzten
kann – sondern einfach noch in unserer familiären, mhm, warmen Atmosphäre be-
halten darf. (I10, 11:34)

Die fehlenden Tugenden

Eng verbunden mit den Einflüssen der Peergroup ist die elterliche Befürchtung,
dass Schule nicht in gewünschtem Maße die Vermittlung von „Tugenden" unterstützt. Jedoch wird die Verantwortung dafür nicht nur bei den Mitschülern, sondern auch bei den Lehrern gesehen. Wenn diese andere Ideale verfolgen als die
Eltern, scheint deren Aussicht auf Erfolg ihrer Erziehungsbemühungen zu
schrumpfen. Eine Familie aus Kasachstan erzählt, dass dort die Schule zwar a-
theistisch war, aber auch geprägt von Werten wie zum Beispiel Ordnung, Disziplin und Achtung vor anderen und damit, zumindest an diesem Punkt, im Einklang mit den christlich orientierten Wertvorstellungen der Eltern. Dies erscheint
ihnen in Deutschland nicht gegeben. In diesem Sinne äußert sich auch ein anderer Vater, der vorsichtig überlegend seine Sicht der Dinge darstellt:

Wenn man anfängt, darüber zu erzählen, das hört sich sehr hochnäsig an vielleicht
oder man würde den Eindruck bekommen, man – wir denken wir sind besser als andere, aber es ist leider so, ähm, heutzutage, ähm Kindererziehung, ähm, ist ja, also es
gibt sehr wenig wirklich konsequente Kindererziehung. Also wenn man, äh, also
meist sehr un- oder nichtkonfrontativ oder alle möglichen Sachen werden durchge-
lassen, schlechtes Benehmen, Gehorsam und Ungehorsam sind überhaupt unbeliebte
Begriffe geworden, ähm, und es ist leider so, ein Kind ist nicht an sich schlechter als
ein anderes Kind, nur es ist, wenn er nicht konsequent zurechtgewiesen wird, dann
wird die schlechte Eigenschaften, ähm, Überhand gewinnen. (I6, 14:58)

Ein anderes Elternpaar hatte, auch um einer solchen Pädagogik zu entgehen, die Tochter auf einer christlichen Schule angemeldet. Eines Tages traf die Mutter eine Frau, die ihr Näheres über diese Schule erzählte. Demzufolge war es so, dass dort

> alles kreuz und quer läuft. Die Kinder, ähm, schlagen sich auch auf'm Schulhof, die schreien die Lehrer an, die trampeln auf den Tischen rum. Es sind unheimlich viele Ausnahmefälle da und sie sagt, sie hat sich eigentlich so die Hände über dem Kopf zusammengeschlagen ... Und das ist so tief in mein Herz gefallen und dann bin ich mit dem Bus nach Hause gefahren und habe irgendwie nur das Gefühl gehabt, es ist doch die Heimschule. Ich weiß, das wird ein großer Kampf, das habe ich echt gespürt, es kostet eine Riesenüberwindung, aber wir haben uns dann dafür entschieden. (15, 14:23)

Nicht immer scheitert es an den (aus Elternsicht) falschen Erziehungsvorstellungen der Lehrer. Mitunter ist es der schulische Alltag, der hier zu zahlreichen Abstrichen führt. Eine Mutter erzählt von ihrem Gespräch mit Direktor und Schulrat bezüglich der Abmeldung ihrer Kinder. Dabei begründete sie ihr Handeln damit, dass auch die Schule nicht der im Schulgesetz formulierten Verantwortung gerecht wird.

> Da ist nämlich keine Ordnung mehr und da gibt es – die Kinder beherrschen die Klasse, also das war alles Tatsache da, ja. Die Lehrer, die eine Lehrerin hat einen Nervenzusammenbruch gehabt, musste auf Kur, war wochenlang ausgefallen, das war von Sarah, und von Daniel der Lehrer hat'n Herzinfarkt bekommen, und war auch längere Zeit außer Kraft. Und der, wie der wieder zurückgekommen ist, hat der kaum noch was gemacht. Der hat die Kinder einfach walten lassen, der hat gesagt, ich rege mich nicht mehr auf, das ist meine Gesundheit. Aber da ging's zu da drinnen ... Und das war eben alles Tatsache. Und wenn die Schule dafür – das nicht mehr macht – dann kann ich sie da nicht hinschicken, ne? (18, 70:43)

2.2.4 Home Education für besseren Wissenserwerb

Der Bildungsauftrag der Schule ist von grundlegender Bedeutung für ihre Existenz und erscheint auf den ersten Blick viel weniger umstritten als die erzieherischen Bemühungen schulischer Pädagogik. Alle Eltern möchten, dass ihre Kinder die grundlegenden Kulturtechniken wie Lesen, Schreiben und Rechnen erlernen und darüber hinaus auch in vielen weiteren Bereichen Wissen und Fähigkeiten erwerben. Trotz dieses Konsenses ruft die konkrete Erscheinungsform schulischen Lernens nicht selten Spannungen und Kritik hervor. Zum Teil wurde dies schon in den einleitenden Falldarstellungen sichtbar. Die Bandbreite der auf den

Wissenserwerb bezogenen Argumente für Home Education lässt sich unterteilen in Differenzen hinsichtlich dessen, was gelernt wird, und dessen, wie gelernt wird.

Inhalt und Umfang schulischer Bildung

Neben Punkten wie Sexualkunde und Evolutionslehre gibt es grundlegende Kritik an der Schule, die sich nicht nur auf einzelne Lehrplanbereiche bezieht, sondern auf den schulischen Bildungskanon insgesamt.

> Die Schule war uns einfach viel zu viel theoretisch. Wir wollten einfach praktisch die Kinder auch anleiten, dass sie eben mit ihrem Leben hier dann mal auch zurechtkommen, ... dass sie lernen – was weiß ich, Reifen zu wechseln und werken. Mein Mann hat immer viel mit ihnen gewerkt und Gartenarbeiten und Garten bebaut und Holz hacken. Und was auch'n wichtiger Punkt war, so die körperliche Entwicklung, dass wir gesagt haben, die soll'n nicht so viel sitzen in dem Alter, in dem die klein sind, die sollen rumtollen können die meiste Zeit des Tages, also ob jetzt gemeinsames Arbeiten oder Spielen oder was auch immer, jedenfalls nicht stundenlang sitzen. So einfach so dieses gesamte Bild. (I23, 2:50)

Ähnliche Ziele klangen auch in den eingangs erwähnten Beispielen der Familie Uhl und Kern an. Derartige Kritik sieht die Schulbildung als zu lebensfremd und zu einseitig auf den Erwerb einzelner Wissensbestände ausgerichtet. Außerdem, so diese Eltern, nimmt die Schule im Leben der Kinder und Jugendlichen einen so großen Raum ein, dass zu wenig Freiheit für andere Dinge bleibt. Ein Sohn der eben zitierten Mutter ging zum Zeitpunkt des Gesprächs nach sechs Jahren Home Education seit zwei Jahren auf ein Gymnasium. Die Mutter sieht sich einer Meinung mit dem Sohn wenn sie sagt:

> All die anderen Bereiche, die wir vorher mit abgedeckt haben und die ihm auch Freude gemacht haben, hat er keine Zeit mehr dafür. Kommt nach Hause, muss Hausaufgaben machen, wenn sie Arbeiten schreiben, am Wochenende sitzt er den ganzen Vormittag, es ist nur dieses theoretische Pauken ... Er will wahrscheinlich mal ... studieren, da braucht er das alles und da zieht er das jetzt auch konsequent durch. Der lernt eigentlich auch gerne, nur – ich habe auch zu ihm gesagt: „Du, lieber 'ne Zensur schlechter, aber lass dir Zeit für die Sachen, die dir wirklich wichtig sind." Das lernt er halt jetzt auch. Es ist jetzt im zweiten Schuljahr auch schon besser geworden. Dass er halt auch mal Abstriche macht. Und dann auch eben mal wieder sein Schnitzmesser schwingt. Oder früher sind die so oft dann auch am Wochenende frühmorgens in' Wald und die Vögel beobachtet und die Tiere ... Das Leben besteht nicht nur aus Schule. Es gibt viele andere Sachen, um erwachsen zu werden, die man genauso lernen muss. (I23, 28:12)

Neben einer Einseitigkeit wird auch ein zu geringer Umfang der schulischen Bildung beklagt. Mehrere Eltern verknüpfen ihre Entscheidung für Home Education mit dem Ausmaß der Hausaufgabenbetreuung, die sie leisten mussten.

> Auch die Zeit, wo die in der Schule waren, machte ich Heimschule. Nur nachmittags. Ich hatte die gleiche Zeit. Ganzen Nachmittag bin ich mit den Kinder gesessen und habe ihnen das noch mal erklärt und gesagt, was die in der Schule vormittags gelernt hatten. Und habe ich gesagt: „Na wenn ich das sowieso tun muss, da kann ich sie gleich zu Hause haben." (18, 44:38)
>
> Nach sooooo vielen Jahren, die wir damit verbracht haben (nachmittags) zu UNTERRICHTEN (Nachhilfe wäre zu milde ausgedrückt), sagten wir uns: „Da können wir doch gleich selbst unterrichten!" (homeschooling_D 21.1.2003:123 Hervorhebungen original)

Der elterliche Wunsch, die Kinder mehr und besser lernen zu lassen, wurde bereits in der Einleitung am Beispiel der Familie Heinrich sichtbar (1.2.2). Doch nicht in jedem Fall geht es darum, dass Schule den Begabten zu wenig bietet. Auch Kinder, denen das Lernen schwerer fällt, kommen in der Sicht mancher Eltern in der Schule zu kurz. Eine Mutter erzählt, dass ihre Tochter die Realschulqualifikation nicht geschafft hatte und nun auf die örtliche Hauptschule gehen sollte, die die Eltern aber bereits vom älteren Sohn in schlechter Erinnerung hatten.

> In unsere öffentliche Hauptschule kann man die Kinder nicht reinschicken, weil das Lernniveau ist extrem niedrig ... Die lernen sehr, sehr wenig, viele Ausfälle von Lehrern, dass Lehrer einfach nicht zum Unterricht erscheinen oder die Kinder überhaupt nicht für voll nehmen. Die kamen, ein Lehrer kam mit einer Windel in den Unterricht und hat die den Kindern auf den Tisch gelegt, wenn sie sich nicht so benommen haben, wie er das gerne wollte. Also und den Kindern wurde immer vorgelogen, wie toll sie sind und wie super sie sind und was sie für 'nen genialen Abschluss kriegen, und sind dann aus allen Wolken gefallen, als sie dann merkten, dass es ganz schwierig wird mit Lehrstellen und dass sie wirklich nur als Hauptschüler das unterste Level haben ... Da können wir sie unmöglich reinschicken. Deswegen haben wir sie dann mit dieser Empfehlung einfach nach Hause geholt und haben sie einfach nicht angemeldet. (I19, 7:04)

Die Form schulischen Lernens

> Im Großen und Ganzen haben sie so einen Spaß am Lernen, und das ist in meinen Augen auch eines der Hauptvorteile der Heimschule. Dass einfach die Motivation noch besser erhalten bleibt als in der Schule. In der Schule wird das noch viel

schneller kaputt gemacht. Das ist so mein Eindruck. Dass sie nachher irgendwie nur noch dieses Muss sehen und: Och na ja, keine Lust. (I9, S.2)

Derartige Annahmen sind in der Home Education Bewegung weit verbreitet. Für viele Eltern ist die vorherrschende Form des Lernens Ansatzpunkt der Kritik. Eine Mutter schreibt vom zweiten Schuljahr ihres Sohnes an der öffentlichen Grundschule:

> Die Bedingungen waren super: nur 16 Kinder in der Klasse, eine kleine Grundschule ohne Hauptschule, nur eine Klasse pro Jahrgang, eine nette Klassenlehrerin, nette Kinder aus intakten Familien. Trotzdem passte diese Schule nicht zu uns: fast ausschließlich Frontal- und Verbalunterricht, absoluter Pünktlichkeitszwang, Misstrauen gegenüber der „abwegigen Idee", dass Kinder keine Unterweisung brauchen, sondern von sich aus lernen, zu viel so genannte „Normalität", Angepasstheit. Samuel entwickelte heftige psychosomatische Reaktionen. Am Ende des Schuljahres war klar: dieser Schuljahresschluss ist ein Abschluss mit der Schule! Und plötzlich waren alle psychosomatischen Beschwerden bei meinem Sohn verschwunden. (homeschooling_D, 20.11.2004:1349)

Die Mutter wünscht sich mehr Raum und Zeit, in der die Kinder spielerisch die Welt erforschen können. Ähnliche Ziele wurden in der Darstellung der Familie Kern (siehe Einleitung) sichtbar. Oft (wenn auch nicht ausschließlich) sind es Eltern, die den pädagogischen Ansätzen der Freien Schulen nahestehen. Sie favorisieren eine Bildungsform, die bei den Interessen und Fähigkeiten des Kindes ansetzt, anstatt bei den Lernzielen eines einheitlichen Lehrplans. Wie schon bei der Frage der Wertevermittlung kommt auch hier den Wünschen und Vorstellungen der Eltern bezüglich dessen, was gut für die Kinder sei, eine maßgebliche Rolle zu. In einem Interview beschrieb eine Mutter, während sie die vierjährige Tochter stillte, wie die ganze Familie darunter litt, dass der Sohn nicht in die Freie Schule gehen wollte, in die er eingeschult worden war:

> So ein halbes Jahr war wirklich ganz schlimm, war so schlimm, dass ich wirklich gedacht habe, wenn ich 'ne andere Familie wüsste, wo Raphael sich wohl fühlt, weil keiner von uns ist mehr mit ihm klargekommen, der war nur aggressiv, ähm, dann wäre es mir lieber, er wächst woanders auf als bei uns. So schlimm ist es gewesen. Und in dem Zeitraum hab ich also dieses Buch von dem Olivier Keller entdeckt, und das war für mich also eine Offenbarung.[24] Ich dachte, so kann es auch gehen ... Ich hab den Kindern angeboten: „Ihr könntet zu Hause bleiben, wenn ihr das nicht wollt." Und Marius sagte: „Na da lerne ich doch nichts", und da sagte ich: „Na wieso, du lernst doch mit allem, was du tust." Und dann hat er das gleich gemacht, wa-

---

[24] (Keller 1999) Ein Buch, das anhand der Lebensgeschichten von Kindern, die nie zur Schule gingen, für ein selbstbestimmtes und freies Lernen plädiert.

ren auch Ferien gewesen, und über die Ferien hinaus. Und ich wusste einfach nicht, dass es diese Schulpflicht gab, war völlig blauäugig, bin dann hinterher zur Lehrerin gegangen und hab gesagt, so und so ist das jetzt bei uns gewesen zu Hause, und das ist für ihn angenehm, für mich angenehm, so wollen wir das jetzt so weitermachen. (I3, 5:10)

Neben den Anhängern reform- oder alternativpädagogischer Ideen kommt die Kritik auch von Eltern, deren Kinder in ihrem Lernpotential oder -stil vom Durchschnitt deutlich abweichen und deshalb aus Elternsicht in der öffentlichen Schule „auf der Strecke bleiben" würden. In einigen Fällen aufgrund von Hochbegabung, in anderen wegen Lernschwierigkeiten oder körperlicher Behinderung.

Im Frühjahr 2004 fand in der Stadthalle Wetzlar die erste Konferenz des „Vereins Schulunterricht zu Hause" statt. In einem kurzen Vortrag beschrieb ein siebzehnjähriger Schüler der 11. Klasse (einer öffentlichen Schule) seine Schullaufbahn. Nach den ersten fünf Jahren an einer regulären Schule vermuteten die Lehrer bei ihm Legasthenie und empfahlen ein Sonderprogramm. Daraufhin begann seine Mutter ihn und seine Schwester zu Hause zu unterrichten. Fünf Jahre später ging er zurück an die Schule und erlangte die Mittlere Reife. Ein halbes Jahr nach dieser Konferenz traf ich die Familie zum Interview. In der Erzählung der Mutter, die inzwischen auf sechs Jahre Familienschule zurückblickte, kamen mehrere Gründe für diese Wahl zur Sprache.

Uns hat bewogen die OECD-Studie von 1996, wo ich in der Zeitung lesen konnte, dass es nichts sei mit dem deutschen Bildungswesen. Und ich hatte zu dem Zeitpunkt meinen ältesten Jungen schon in der Grundschule gehabt und hatte dort schon den Eindruck, dass die Lehrer meinen, ich würde ihm alles nachmittags beibringen im Rahmen der Hausaufgabenaufsicht, so dass ich sagte: „Nachmittags will mein Sohn aber Rad fahren und draußen toben, was ich auch richtig finde als Mutter. Wenn also Lehrer ihm das nicht vormittags beibringen, dann mache ich's selbst vormittags. Weil, das ist die bessere Zeit für meinen Sohn zu lernen." (I2, 6:58)

Später schilderte die Mutter ihre christlich orientierten Bestrebungen der Wertevermittlung als Teil der mütterlichen Bestimmung und weiteren Grund für ihr Homeschooling.[25] Gefragt nach der Rolle der auf der Konferenz erwähnten Legastheniediagnose, betonte der Sohn, dass seine Lernfähigkeit dadurch in Mitleidenschaft gezogen worden war. Die Mutter ergänzte nach kurzer Pause: „Ich muss Ihnen mal kurz beschreiben, was ein Lehrer macht." Dann folgten mehrere Minuten ununterbrochener Abrechnung mit schulischem Lernen. Der leichte süddeutsche Dialekt tritt bei der Mutter, die nun ganz bei der Sache ist, deutli-

---

[25] Siehe Abschnitt „Entfremdung von den Eltern".

cher hervor. Ihrer Meinung nach schieben Lehrer die Misserfolge ihres Unterrichts auf die Eltern ab und schlagen für jeden Schüler externe Hilfe vor, sei es Ergotherapie, Turnverein oder Nachhilfeunterricht. Sie fährt fort:

> Ich brauche net die Behauptung, mein Kind sei lernbehindert. Ich weiß genau, wie das verursacht wurde. Ich kann mich an den ersten Schultag erinnern, ich hatte 'n frisches, fröhliches Kind ... und ich hab gesehen, wie der bei der Einschulungsfeier ängstlich war, wie der gezögert hat. Das habe ich als Mutter gesehen. Und ich wusste, das isses net! Jetzt muss ich den jeden Tag dahin schicken und die Lehrer kommen und sagen, der lernt hier net. Wie der zählen lernen sollte, da durfte er net seine Farbstifte abzählen im Mäppchen. Der durfte net sagen, zwei plus drei ist fünf. Eins, zwei, drei, vier, fünf, (zeigt, als wenn sie im Mäppchen Stifte abzählt) durfte er net. Er musste das abstrakt im Kopf können. Verrückte Idee von der Lehrerin, ja. Jeder zählt ab, bis er sich's vorstellen kann. Und so ging's grad weiter. Eine pädagogische Idee an der anderen, die bei mir als Mutter ankam, die ich hörte, es war haarsträubend. Das Alphabet lernt man, da fängt man im September an und im April ist man fertig mit 26 Buchstaben. In der Zeit langweilen sich die Kinder, die bissel Grips haben, langweilen sich halb tot. Denn das Alphabet kann man in drei Wochen lernen, und manche lernen's in sechs Tagen. Und man muss es net hinziehen bis zum April ... Und diese ganze absurde Behauptung, der hätte 'ne Lernbehinderung, die sie eigentlich selbst verursacht haben in der Schule, die haben die Lernbehinderung selbst verursacht, ich habe gesagt: Nein. (I2, 62:48)

Andere Eltern berichten, dass sie Home Education wählten, da ihre Kinder ADS (Aufmerksamkeitsdefizitsyndrom) haben und/oder Hyperaktivität vorliegt. Aufgrund ihrer Erfahrungen sind sie davon überzeugt, dass die Schule, sofern sie überhaupt darauf eingehen kann, hier ein behandlungsbedürftiges Krankheitsbild sieht. Die Eltern dagegen sind der Ansicht, dass ihre Kinder ebenso leistungsfähig sind, wenn man ihnen eine Lernform bietet, die den individuellen Bedürfnissen gerecht wird.

In einer Familie beschreibt die Mutter die Dyskalkulie der Tochter als „letzten Schubs" in der Entscheidung für Home Education, da die Schule „nicht optimal darauf eingehen kann". Zu Hause sahen die Eltern bessere Möglichkeiten, den individuellen Bedürfnissen gerecht zu werden. Während die Tochter in Mathematik auf dem Niveau der dritten Klasse lernt, hat sie in Deutsch bereits das der fünften erreicht. Der Vater resümiert:

> Wir können jetzt ganz freudestrahlend nach dem letzten Gespräch mit dem Kinderarzt sagen, es hat sich durch diese Situation etwas gebessert. Nun, wir haben zusätzlich 'ne monatelange Lerntherapie noch in Anspruch genommen, die einmal wöchentlich stattfindet, es gab Ergotherapie, es gab heilpädagogische Frühförderung und Homeschooling. Und die Erfolge des Homeschooling, so ist durchweg die, ähm, die fachliche Meinung der sie betreuenden Heilpädagoginnen gewesen, eine Unter-

brechung des Homeschooling würde alle ergotherapeutischen Erfolge mit einmal zunichte machen. Jahrelange Mühe, unser jahrelanger Aufwand wäre auf einmal null und nichtig. Und, ähm, das bestärkt uns natürlich auch, dass wir hier wirklich auf dem richtigen Weg sind. (I5, 6:04)

2.2.5 Home Education für das psychische und physische Wohlergehen des Kindes

Gemäß den Schulgesetzen in den einzelnen Bundesländern ist die Schule verpflichtet, für das Wohlergehen der Kinder zu sorgen. Manche Eltern wählen Home Education, da sie den Eindruck haben, dass die Schule an diesem Punkt ihrer Verantwortung nicht gerecht wird. In einem der frühen Home Education Fälle aus den Achtzigerjahren beschrieb eine Mutter die Situation wie folgt:

> Ich schicke Tag für Tag ein zufriedenes, meist fröhliches Kind in die Schule, fordere es auf, die unliebsamen Dinge positiv zu sehen. Am Mittag erhalte ich oft genug ein verstörtes und innerlich ausgebranntes Kind zurück, das vor Kopf- und Magenschmerzen stundenlang nicht in der Lage ist, mit sich und der Welt wieder ins Reine zu kommen ... Tilmann ist trotz seiner Zartheit sehr kontaktfreudig und seit einiger Zeit sogar Klassensprecher. Dennoch wird er regelmäßig von älteren Buben so brutal geschlagen, dass er mit starken Schmerzen von der Schule heimkommt. Zusätzlich macht ihm der unerträgliche Lärm und die rohe Gewalt im Schulbus zu schaffen. (Heimrath 1991b:18)

Diese Sätze aus einem Brief an den Kultusminister sind fast 20 Jahre alt. Das Thema ist jedoch bis heute nahezu unverändert präsent. Bereits in dem einleitenden Beispiel der Familie Kern klang diese Problematik an. Ähnlich eine andere Mutter, die über die Einschulung ihres vierten Kindes folgendes erzählt:

> Nachdem unser Sohn ... anfing, die öffentliche Schule zu besuchen, merkten wir bereits nach den ersten Tagen, dass er seelisch sehr darunter litt. Dieser Zustand verschlechterte sich von Tag zu Tag. Er war kurz vor dem Zerbrechen und sträubte sich massiv, weiterhin in die Schule zu gehen. Als die psychischen Auswirkungen unerträglich wurden, ließen wir ihn ein Jahr zurückstellen, was eigentlich ganz legal ist. Auf wunderbare Weise kam ein Kontakt mit der Heimschule in Siegen zustande. Und nachdem wir nun ein Jahr Zeit hatten, probierten wir diese Schulform aus. Unser Kind blühte dabei richtig auf und wir entschieden uns, den Heimunterricht fortzuführen. (TB 24.04.2004)

Die genannten Gründe für die dargestellten Beschwerden sind vielfältig, teilweise kommen Aspekte der schon erwähnten Bereiche Werte und Wissen mit ins Spiel. Eine Mutter berichtet, dass nach der Einschulung die ersten beiden Jahre sehr gut liefen. Aber im dritten Jahr klagte ihr Sohn häufig über Kopf- und Bauchschmerzen, hinzu kamen unkontrollierte Muskelzuckungen im Gesicht. Eine ärztliche Untersuchung brachte keine Erklärung. „Er saß hier wirklich wie ein Häufchen Elend", so die Mutter, die daraufhin begann, nach Alternativen zu suchen. Eine von der Schule empfohlene Untersuchung eines Psychologen ergab den Befund Hochbegabung. Noch eine Weile versuchten Schule und Mutter einen Weg zu finden, um im Rahmen der Möglichkeiten der Situation des Kindes gerecht zu werden. In einem Gespräch mit der Schule wurde das Überspringen einer Klasse angeboten, doch dann sagte die Lehrerin, der Sohn solle noch einige Arbeitsblätter für eine Mappe abgeben, sonst müsse sie ihm eine Sechs geben.

> Und da habe ich sie nur angeguckt und gesagt: „Wissen Sie was, geben Sie Kai die Sechs." Weil sie überhaupt nicht verstanden hat, worum das geht, dass das nicht um irgendwelche Zensuren oder so einen Blödsinn geht, ja, sondern wirklich, dass das Kind glücklich ist und da irgendwie mit klarkommt mit der Situation ... Ja und dann war ich ja richtig geladen und dann habe ich gedacht: Ne, das machst du jetzt alles nicht mehr mit, und Klasse überspringen kommt nicht infrage. (14, 18:10)

Einige Tage später schrieb die Mutter dem Schulleiter:

> Es scheint im hiesigen Schulsystem nicht möglich zu sein, auf die Individualität meines Kindes einzugehen. Da der Lehrplan in Ihrer Schule offensichtlich wichtiger als das Wohl meines Sohnes ist, haben wir uns entschlossen, unseren Lebensmittelpunkt in ein Land zu verlegen, das besser geeignete Voraussetzungen für mein Kind hat. Hiermit melde ich Kai von Ihrer Schule ab. (14, 20:25)

Da der befürchtete Rechtsstreit ausblieb, wohnen Mutter und Sohn nach wie vor noch in ihrem Dorf. Die Frage nach Form und Inhalt des Lernens ist weitgehend dem elfjährigen Sohn überlassen, da die Mutter selbstständige Lernprozesse favorisiert.

In einigen der Familien, in denen die Frage des Wohlergehens maßgeblich zur Entscheidung für Home Education beitrug, haben die Eltern schon größere Kinder, die bereits die Schule besuchten, ohne dass derartige Probleme auftraten. Nicht eine generelle Ablehnung öffentlicher Schule, sondern die Herausforderung des konkreten Falles veranlasste diese Eltern, eine Alternative zu suchen. Beispielsweise eine Konstellation mit einem empfindsameren Kind, einer gewalttätigeren Klasse oder einem weniger sensiblen Lehrer. Es handelt sich dabei um einen Punkt großer Übereinstimmung in der mitunter so diversen Home Education Bewegung. Unabhängig von ideologischer Verwurzelung und den angestrebten Erziehungsidealen sind sich nahezu alle Eltern einig in ihrer Sorge um das psychische und physische Wohlergehen der Kinder.

2.2.6 Zusammenfassung – vielschichtige Systemkritik im Wandel

Statt einer gebündelten Wiederholung des bisher Gesagten werden an dieser Stelle einige Bereiche erwähnt, die in der bisherigen Darstellung der Motive im Hintergrund blieben. Die Aufgliederung in die Bereiche Form schulischen Lernens sowie Wertevermittlung, Wissenserwerb und Wohlergehen ermöglichte einen strukturierten Einblick in die einzelnen Aspekte der elterlichen Gründe. Allerdings ist zu berücksichtigen, dass meist mehrere Punkte nebeneinander genannt werden. In den seltenen Fällen, in denen sich die Eltern lediglich auf einen der Bereiche bezogen, handelte es sich stets um den in sich wiederum vielfältigen Aspekt der Wertevermittlung. Auch die zusammenhängenden Porträts in der Einleitung verdeutlichen, dass es sich um ein multifaktoriell bedingtes Phänomen handelt. Das Bemühen, in jedem Fall einen Hauptgrund herauszufiltern (Princiotta 2006), scheint daher Begrenzungen hinsichtlich des Aussagegehaltes nach sich zu ziehen.

Trotz der Unterschiede, die sich im internationalen Vergleich der Home Education Motive zeigen, herrscht Einigkeit darüber, dass diese Motive keine stabile Größe sind, sondern im Einzelfall einem Wandlungsprozess unterliegen können (Nemer 2002:8, Rothermel 2003). Auch wenn die Stabilität der zugrunde liegenden weltanschaulichen Orientierung der Eltern für eine gewisse Kontinuität in deren Einstellungen sorgt, bleibt noch ein deutlicher Spielraum für Schwerpunktverlagerungen hinsichtlich der konkreten Gründe für die Wahl von Home Education. Dieser wird auch bei den befragten Familien in Deutschland sichtbar. Im Beispiel der Familie Heinrich traten neben das ursprüngliche Bemühen um bessere Wissensvermittlung Aspekte der Werteerziehung. In einem anderen Fall beschreibt die Mutter die entgegengesetzte Entwicklung:

> Wenn vielleicht am Anfang doch auch religiöse Gründe eine Rolle gespielt haben und natürlich irgendwo immer noch ein bisschen spielen, aber, ähm, abgesehen davon waren wir einfach so begeistert davon, dass wir das andere fast wichtiger fanden. So die individuelle Betreuung, das Praktische, das man machen konnte, das Lerntempo ... Es ist mehr das Pädagogische. Mittlerweile. Wir sind ganz anders angefangen, das war echt ein Prozess. (I23, 7:17)

Die praktischen Erfahrungen mit Homeschooling führen bei denjenigen, die diesen Weg beibehalten, oft dazu, dass vorher nicht erahnte Chancen dieser Bildungsform ins Bewusstsein rücken. Das Resümee eines Vaters beschreibt die Situation mehrerer Eltern:

> Ich bin auch von diesem Punkt angefangen, wo man sagt, äh, Homeschooling ist eine, eher so eine Flucht aus einer schlechten Situation, aber mittlerweile, ähm, sehe

ich das mehr und mehr als eine, eine gute Sache, eine produktive Sache, die man macht. (I6, 4:33)

Zu welchem Anteil eine solche Darstellung mit dem in der Theorie der kognitiven Dissonanz (Festinger 1978) beschriebenen menschlichen Hang zur selektiven, frühere Entscheidungen stützenden Informationsaufnahme und -verarbeitung erklärt werden muss oder inwieweit Home Education tatsächlich viele Vorteile für diejenigen mit sich bringt, die erst einmal die damit verbundenen Mühen akzeptiert haben, mag von Familie zu Familie verschieden sein. In jedem Fall bleiben die mit der Wahl von Home Education sichtbaren Veränderungen im sozialen Beziehungsgeflecht der Familien (Integration in neue Netzwerke, Vereine oder Foren) aufgrund der Suche nach Gleichgesinnten nicht ohne Konsequenzen auf die elterliche Einstellung zu dem gewählten Weg.

In den Darstellungen von Forschungsergebnissen hinsichtlich der Motive für Home Education tauchen mitunter Oberbegriffe auf, um die vielschichtigen individuellen Bestrebungen gebündelt auf einen Punkt zu bringen. Zum Beispiel „superior mothering", das Streben nach perfekter Elternschaft (Lois 2005), oder „family first" (Brabant/Bourdon/Jutras 2003). Aus deutscher Sicht lässt sich, bedingt durch die besonderen Rahmenbedingungen für Home Education, ein weiterer Begriff hinzufügen. Die Mutter der einleitend vorgestellten Familie Kern resümiert nach der Darstellung des familiären Leidensweges mit der Schule, der Gespräche und Therapieversuche, dass sie immer den Eindruck hatte,

> es geht hier nicht um das Kind oder auch um die Familie, sondern darum, ein Kind fit dafür zu machen, dass es sich in dieses System einpassen kann. (homeschooling_D 4.2.2004:818)

Damit ist ein Stichwort gegeben, das die Gründe vieler Eltern verbindet. Schule wird als Bildungs*system* betrachtet, das eine starre Struktur für Lernprozesse vorgibt, deren Ziel darin besteht, „human resources" optimal in das bestehende gesellschaftliche System einzupassen. Eine derartige Sicht erinnert an Analysen der Funktion der Schule, die in der Tradition der strukturfunktionalistischen Theorie von Parsons entstanden. Einen Überblick dazu bietet Fend (1980), der diesen Aspekt in seiner lange Zeit einflussreichen Definition schulischer Funktionen als die Legitimationsfunktion bezeichnete, die neben der Qualifikations- und der Selektionsfunktion steht. Die Vertreter von Home Education kritisieren eine Schulpraxis, die auf die Funktion des Systems Schule für den Erhalt der gesellschaftlichen Strukturen fokussiert. Ihrer Meinung nach produziert dieses System einen Anpassungsdruck, der große Einschränkungen hinsichtlich der persönlichen Freiheit in der Lebensgestaltung fordert und den Menschen als Individuum zu wenig berücksichtigt. Daneben richtet sich die Kritik gegen einen „versteckten Lehrplan". Derartige Positionen sind nicht neu. Besonders in der Tradition marxistischer Theorie wurde auf den Beitrag der Schule zur Legitimation und Reproduktion bestehender Herrschaftsstrukturen hingewiesen. Die gendersensible Perspektive kritisiert die Stabilisierung geschlechtsspezifischer Rollenbilder in der Schule. Und die in der Home Education Bewegung einflussreiche fundamentalchristliche Tradition fokussiert auf den Einfluss der Schule hinsichtlich Säkularisierung und Generationenkonflikt.

> Also wir glauben einfach, dass die Kinder durch das Schulsystem oder – also dass hinter der Schule ein System steckt und dass die durch das Schulsystem manipuliert werden. Und zwar so negativ manipuliert werden, dass wir als Eltern wahrscheinlich, so stellen wir uns das vor, wahrscheinlich keine Macht mehr über die Kinder haben. „Macht" jetzt nicht im Negativen, sondern keinen Einfluss mehr über die Kinder haben. Und das wollen wir nicht zulassen. (I1, 28:44)

So sehr Home Education als radikale Systemkritik beschrieben werden kann, so wenig ist es oft Kritik am konkreten Lehrer oder an Schule generell. Im Zentrum steht die Ablehnung der Schulbesuchspflicht, die dieses System als einzig möglichen Bildungsweg verbindlich für alle vorschreibt, nicht die Idee einer Lerngruppe mit professionell Lehrenden.

2.3 Typische Lebenswelten der Home Education Familien

2.3.1 Zur Konstruktion lebensweltlicher Home Education Idealtypen

Die Verwendung des Begriffs Lebenswelt in der Soziologie geht zurück auf die Phänomenologie Edmund Husserls (1859-1938) und wurde in der Folgezeit durch die Arbeiten von Schütz und Luckmann entscheidend geprägt (Schütz/Luckmann 1979, 1984). In dieser Tradition bezeichnet Lebenswelt die unhinterfragten Grundlagen des menschlichen Denkens und Handelns. Die Konjunktur des Begriffs in der Soziologie führte zu unterschiedlichen Akzentuierungen. Im Folgenden vereine ich unter Lebenswelt Elemente alltagsweltlicher Gegebenheiten mit der erwähnten Dimension des selbstverständlich Vorausgesetzten.

Eine Beschreibung, die sich auf zwei typische Lebenswelten konzentriert, führt unvermeidlich zu einer Reduktion an Detailgenauigkeit. Denn so verschieden die Motive für Home Education sind, so unterschiedlich sind auch die Familien, die diesen Weg gehen. Hinsichtlich der klassischen sozialstrukturellen Merkmale gibt es eine große Bandbreite. Man trifft wohlsituierte Familien, aber auch Eltern, die unter chronischer Finanzknappheit ihr Leben gestalten. Das Berufsspektrum reicht von weniger qualifizierten Abschlüssen bis zum Wissenschaftler. Allerdings erscheint, zumindest in dem begrenzten Sample dieser Studie, die Gruppe der Pädagogen etwas überproportional vertreten.[26] Man findet Homeschooler in kleinen abgelegenen Dörfern und in den Großstädten der Republik. Das Spektrum der Familienkonstellationen reicht von Alleinerziehenden mit einem Kind bis hin zu Großfamilien. Bezüglich der Nationalität gibt es neben vielen deutschen Familien auch Eltern(teile) aus zahlreichen anderen Ländern, angefangen von den Staaten auf dem Gebiet der ehemaligen Sowjetunion über europäische Länder bis hin zu den USA. Die weltanschaulichen Orientierungen in dieser Bewegung beinhalten verschiedene Varianten christlicher Religiosität, Atheismus, fernöstliche Religionstraditionen oder eine patchworkartige Spiritualität, die unterschiedliche Elemente kombiniert. Manche Familien verfügen über ein großes soziales Netzwerk, in dem die Frage der Bildungsform eine Nebenrolle spielt, andere haben ein kleines Beziehungsgeflecht, das vorrangig im Umfeld der Home Education Bewegung verortet ist. Man trifft auf Bürgerlichkeit, Anklänge an das Arbeitermilieu und gemeinschaftliche Wohn- und Lebensprojekte mit alternativem Anspruch.

An dieser Stelle liegt die Frage nach den muslimischen Familien in der deutschen Home Education Bewegung nahe. Bisher ist diese Gruppe nahezu nicht existent, obwohl es immer wieder Eltern gibt, die versuchen, ihre Kinder zum Beispiel von Klassenfahrten oder koedukativem Schwimm- und Sportunterricht unter Verweis auf ihre religiöse Tradition zu befreien. In anderen Ländern (z.B. USA oder Großbritannien) sind muslimische Familien fester Bestandteil der Home Education Bewegung. Eine in Deutschland lebende Mutter schrieb im E-Mail-Forum zu diesem Thema:

> Wisst ihr, ich bin Muslima und ich denke, wenn ich mein Kind nicht zur Schule schicke, würde da noch mehr Druck gemacht (so in Richtung, islamistische Extremisten wollen Kind zu Hause zum Djihad-Kämpfer ausbilden). Ich sehe schon die Schlagzeilen vor mir :(. Wenn ich Christin wäre, würde ich sofort Homeschooling anfangen. (homeschooling_D. 24.9.2004:1184)

Schon mehrfach versuchte sie in muslimischen Diskussionsforen Gleichgesinnte zu finden. Den Grund dafür, dass dies bisher erfolglos blieb, sieht sie in dem mit Home Education verbundenen Aufwand und der Angst vor den Behörden (homeschooling_D, 10.11.2004:1316). In einem Artikel in der „Islamischen Zeitung" zum Thema Homeschooling wurden nur Beispiele christlicher Familien erwähnt und deren vergebliche Versuche, unter Berufung auf Religions- und Gewissensfreiheit von der Schulbesuchspflicht befreit zu werden. (Breuer 2005).

---

[26] Die gleiche Verzerrung fand Collom 2005:321 in den USA.

Zurück zu der großen Spanne an Lebensstilmerkmalen innerhalb der deutschen Home Education Bewegung. Trotz aller Diversität gibt es Konzentrationen oder Clusterbildungen, die unübersehbar hervorstechen. Die beiden wichtigsten werden im Folgenden detailliert in einer idealtypischen Beschreibung dargestellt. Diese reduziert die Diversität in der empirischen Wahrnehmung der deutschen Home Education Bewegung auf zwei zentrale Konzepte in sich schlüssiger Denk- und Handlungsmuster. Idealisierend ist diese Typisierung insofern, als sie die individuellen Besonderheiten des Einzelfalls, das Affektuelle, die Einmaligkeit jeder Konstellation vernachlässigt zugunsten einer Beschreibung unter der Annahme, die Akteure würden rein zweck- oder wertrational handeln.[27]

Die beiden Typen, die in der deutschen Home Education Bewegung sichtbar werden, bilden nicht nur Charakteristika zahlreicher gegenwärtiger Homeschoolfamilien ab, sondern treten auch in der Entwicklungsgeschichte und der Gestalt der Bewegung unübersehbar hervor. Illustrativ ist folgende Sequenz aus der Kommunikation im deutschen E-Mail-Forum zum Thema Homeschooling. Die E-Mail-Adresse eines Vaters beinhaltete den Begriff „livingwater", was eine Mutter zu folgender Frage veranlasste:

sag mal, was bedeutet deine email adresse? ich setze lebendiges wasser eigentlich mit Kristallsalz aus dem himalaya in verbindung? liege ich da richtig? :-) C... (homeschooling_D 13.4.2003:446)

Der Angesprochene antwortete kurz darauf:

Hi C..., nein damit liegst Du nicht richtig. Lebendiges Wasser soll auf den hindeuten, der von sich selbst gesagt hat, daß ER das Wasser des Lebens ist und wer von dem lebendigen Wasser trinkt, den wird nimmermehr dürsten in Ewigkeit: JESUS CHRISTUS. Der Glaube an IHN ist für uns und die meisten Homeschooler hier in Deutschland die eigentliche und tiefere Motivation, daß wir Homeschooling betreiben. (homeschooling_D, 14.4.2003:447, Hervorhebungen original)

Woher kommt „lebendiges Wasser"? Für die einen aus dem Kristallsalz des Himalaya, für die anderen aus dem Glauben an Jesus. Die weltanschaulichen Orientierungen beider Typen sind damit klar umrissen. „Earth-based" die einen, „heaven-based" die anderen. So die Begriffe, die Stevens in seiner Ethnografie der US-amerikanischen Homeschoolbewegung zur Beschreibung der zwei Typen verwendet, die zum großen Teil in sehr ähnlicher Gestalt auch die Situation in Deutschland prägen (Stevens 2001). Diese Dichotomie verdeutlicht bildhaft die

---

[27] Dies ähnelt einer physikalischen Formel, die einen Zusammenhang unter gewissen Bedingungen beschreibt (Vakuum, konstante Temperatur o.a.), der in unserer Realität aufgrund zahlreicher „Störeinflüsse" nie in exakt gleicher Form gegeben ist (Weber 1980:10).

„himmelweite" Differenz in der Grundorientierung. Beide berufen sich auf eine Instanz, die ihrer Meinung nach das Gute verkörpert. Für die einen ist es „Gott Vater", für die anderen „Mutter Erde". Diese ungleichen „Eltern" haben, trotz aller Verschiedenheit, vergleichbare Funktionen im Leben ihrer „Kinder". Die Beschreibung ist damit geprägt von der Spannung zwischen grundlegenden Differenzen und Ähnlichkeiten. Letztere wurden in der vorangegangen Darstellung der Gründe für die Wahl von Home Education bereits teilweise sichtbar, wo Eltern trotz unterschiedlichem Hintergrund ähnliche Kritik am Schulsystem äußern.

Im Folgenden treten dagegen die Differenzen in der zugrunde liegenden weltanschaulichen Orientierung durch eine ausführliche Charakterisierung der beiden lebensweltlichen Idealtypen zu Tage. Eine möglichst korrekte, aber griffige Bezeichnung dieser Typen ist schwierig. Für die Titel „earth-based" und „heaven-based" findet sich keine direkte deutsche Entsprechung mit gleichem Aussagegehalt. Als Kurzbezeichnung wähle ich die Begriffe „der Fromme" und „der Alternative". Im Begriff des Frommen klingt an, dass es hier nicht um religiöse Menschen oder Christen im Allgemeinen geht, sondern um eine unübersehbar gottergebene Lebensführung, in der die Religion einen zentralen Platz einnimmt. Auch die Bedeutung „tüchtig, tapfer, rechtschaffen", die dieser Begriff vor seiner spezifisch religiösen Akzentuierung ab dem 15. Jahrhundert hatte, fügt sich passend in dieses Bild ein. Der Terminus des Alternativen erhält seinen Gehalt weniger aus der wortwörtlichen Bedeutung, sondern eher aus seiner (nicht nur umgangssprachlichen) Verwendung zur Beschreibung „gegenkultureller" Gruppierungen in der zweiten Hälfte des 20. Jahrhunderts. Hier dient er nach wie vor (unter anderem) zur Benennung eines Milieus, das mit Bioladen und Ökokleidung, etwas Aussteigermentalität und Selbstverwirklichung sowie Konsumkritik und der Ablehnung materieller Statussymbole verbunden ist. Hollstein vereinigt die verschiedenen Gruppierungen unter dem Begriff Alternativbewegung (Hollstein 1998:155) und Rink grenzt diesen „alternativen Lebensstil" der 1970er- und 1980er-Jahre ab von einem gesellschaftlich angepassteren „nachhaltigen Lebensstil" der Neunzigerjahre (Rink 2002:13).

2.3.2 Der Fromme – ein „Kind von Gott Vater"

Im übrigen vergleiche ich Kinder gern mit dem Bild eines Gartens. Ein Garten braucht aktive Pflege und Hege, d.h. es muss auch Unkraut gejätet werden, wilde Triebe von Bäumen abgeschnitten werden, die richtige Saat ausgestreut werden. Ein Garten sich selbst überlassen, verwildert und verunkrautet. Kinder brauchen erstmal eine gewisse geistig-seelische Reife, um die richtigen Entscheidungen zu treffen, die gut für sie sind, dafür sind sie ja noch Kinder. Es braucht eine Leitung und Führung, sonst verwildern sie, im Bild gesprochen. Auch aus ihren Herzen muss Unkraut entfernt werden und eine gute Saat ausgestreut werden. Sie müssen erst noch lernen, selbstverantwortliche Entscheidungen zu treffen. Je älter sie werden, umso mehr Verantwortung übernehmen sie und umso mehr freie Entscheidungen werden sie treffen. (homeschooling_D, 6.12.2003:668)

Dieser Vergleich beschreibt das zugrunde liegende Bild vom Wesen des Kindes. Der Mensch trägt demnach von Beginn an das Böse in sich, hat eine sündhafte Natur und lebt ständig in der Versuchung, dementsprechend zu handeln. Er bedarf der Erlösung und Errettung durch den Glauben an Jesus Christus. Die Bibel ist eine vom heiligen Geist vollständig inspirierte Quelle zur Erkenntnis des göttlichen Willens. Letzterem entspricht es, dass die Eltern die Verantwortung für eine planvolle Erziehung übernehmen. Die Kinder „zum Glauben zu führen", zu Liebe und Gehorsam Gott gegenüber zu erziehen und das Gute in ihre Herzen hineinzulegen, ist ein gottgegebener Auftrag .

> Wenn ich irgendwann mal vor Gott stehe – gut, das ist 'ne Perspektive, die hat nicht jeder – aber da kann ich nicht sagen, Frau Müller hat im Kindergarten mein Kind nicht erzogen oder so. Ich weiß genau, ich werde nach meinen Kindern gefragt. Was hast du mit deinen Kindern gemacht? (I7, 16:06)

Über diesen Weg wird auch Home Education zu einer von Gott gegebenen Aufgabe, denn die Schule erscheint unterwandert von zahlreichen antichristlichen Einflüssen.[28] Die Rede ist von einer antiautoritären, sexuellen, esoterischen, therapeutischen und leistungsfeindlichen Revolution (Franzke 2002). Im Humanismus sieht man die Gefahr, dass der Mensch an Gottes Stelle gesetzt wird, und die Demokratie hat die Kehrseite eines Wertepluralismus. Als Ausgangspunkt dieser Strömungen, als Startpunkt einer Entwicklung in die falsche Richtung, werden immer wieder „die 68er" und die Frankfurter Schule genannt. Auf der Bestsellerliste des Frommen stehen die schulkritischen Bücher des Bildungsforschers Reinhard Franzke und „Alarm um die Schule" von Immanuel Lück.[29]

---

[28] „Die heilige Schrift lehrt homeschooling", so der Titel einer langen Beweisführung auf einer christlich-fundamentalistischen Homepage. <http://www.nua.de/html/homeschooling.htm> (23.01.2003)

[29] Dr. R. Franzke (*1945) ist Professor am Institut für Berufspädagogik der Universität Hannover. In der jüngeren Vergangenheit publizierte er zahlreiche Beiträge, mit denen er auf Risiken und Gefahren moderner Pädagogik aufmerksam machen möchte. Zum Beispiel auf Stilleübungen und Fantasiereisen (1997) oder den Trend zu einer New-Age-Pädagogik (2003). Er fordert Homeschooling als ein Bürgerrecht anzuerkennen (2002). In dem von ihm initiierten Faith-Center-Hannover (www.faithcenter.de) finden sich zahlreiche weitere sehr apologetische Artikel, die viele Elemente gegenwärtiger Pädagogik als okkulte, dämonische oder antichristliche New-Age-Beeinflussung darstellen.

Die Entscheidung für Home Education treffen die Eltern. Eine Mutter erzählt über diesen Prozess:

> Das haben wir auch gar nicht vor den Kinder diskutiert eigentlich. Also das war eine Sache, das haben wir als Ehepaar uns ausgemacht und als wir das dann für uns entschieden hatten, dann hatten wir ihnen das halt gesagt, dass wir das so machen und warum wir das halt so machen, und das war für sie auch völlig normal, weil wir fast mehr Bekannte haben, die Homeschooling machen, als welche, wo die Kinder in die Schule gehen. (I9, S.3)

Zur Erklärung, „warum wir das halt so machen", sagte sie ihren sieben- und fünfjährigen Söhnen:

> „Ich denke, dass der liebe Gott das möchte, dass äh, der liebe Gott hat mir und dem Papa halt die Verantwortung für euch gegeben und wir sollen euch so erziehen, dass ihr auch an Gott glauben lernt und das ist mit Homeschooling einfach besser." So in etwa habe ich das ihnen gesagt. Und dass der liebe Gott halt möchte, dass wir das, dass es natürlich oder sinnvoller ist, dass wir als Familie Schule machen. „Dass ihr das von mir lernt." So habe ich das den Kindern gesagt. Und ich denke, das ist eigentlich auch, eben bisschen kindlich ausgedrückt, das, äh was ich generell dazu denke. Ähm, ich sage mal, die öffentliche Schule an sich ist gar nicht so das Schreckgespenst. Die Lehrer, die tun mir alle fürchterlich leid in der heutigen Zeit. Die bemühen sich und da sind die meisten auch lieb und nett und alles. Aber ich denke, die Kinder heutzutage sind, ja wie soll ich das sagen, sind so beeinflusst, ja so, ja durch die kaputten Familien und das viele Fernsehen und Computerspiele und so, sind viele Kinder schon so verdreht, dass das einfach so ein negativer Einfluss für die Kinder wäre ... Es würde ihnen das unheimlich schwer machen, den Weg zum Glauben zu finden. Und da sehe ich schon so meine Hauptaufgabe drin. Dass ich meine Kinder zu Gott führe. Und ich denke, das ist mit Homeschooling einfach viel einfacher möglich. Zu Gott führen und sie auch zu Persönlichkeiten reifen lassen. (I9, S.7)

Der bereits erwähnte Abiturient Matthias schildert rückblickend die Selbstverständlichkeit elterlicher Autorität, die in dieser Entscheidung ohne seine Mitsprache auskam.

> Ich fand's einerseits, also in dem Alter haben die Eltern Gründe, die man gesagt bekommt, und in dem Alter akzeptiert man die und findet das gut. Also man ist noch

---

Das Buch von Lück (1979) trägt den Untertitel: „Kritische Auseinandersetzung mit der gegenwärtigen Erziehungs-Situation – die neomarxistische Unterwanderung." Anhand von Schulbuchinhalten und Lehrplanbeispielen postuliert Lück einen Wandel in der Pädagogik von christlichen Grundwerten hin zu neomarxistischen Zielen.

nicht da, äh, dass man selber versucht, äh, irgendwie das anzuzweifeln, was die Eltern sagen. (I2, 17:03)

Neben dieser allgemeinen religiösen Motivation in Gestalt einer durch ein bestimmtes christliches Weltbild hervorgerufenen Kritik am Schulsystem oder den
möglichen Nebenwirkungen des Schulbesuchs, wird der göttliche Auftrag für
diesen Weg auch als individuelle Weisung Gottes an die Eltern dargestellt. Entweder deuten sie die Verquickung bestimmter Ereignisse als Fingerzeig Gottes
oder berufen sich direkt auf inspirierte Weisungen.

> Innerlich hörte ich schon die Stimme vom Herrn: „Mach doch bitte Homeschoo-
> ling." Und ich so: „Ähm, bitte, Herr, das kann doch nicht wahr sein, ich kann mich
> doch nicht in diese Illegalität reinstürzen." Und, ähm, so dieses Ganze, die Ver-
> wandten und was man dann halt sonst so findet. Habe ich gedacht, nee – das kann
> nicht wahr sein. Und nee, will ich nicht. Also ich habe mich total dagegen gesträubt.
> Habe ich gesagt: „Nee – ich nicht. Also such dir bitte jemanden anderes." Aber im-
> mer wieder war die Stimme eigentlich da. (I11, 7:47)

Im Stil der alttestamentlichen Berufungsgeschichten mit einem sich vergeblich
sträubenden Propheten präsentieren Eltern ihren Weg als nicht immer gewünschte, aber unumgängliche Fügung in einen göttlichen Auftrag.

Selbstverständlich ist der Fromme Mitglied einer christlichen Gemeinde.
Nicht in den großen Volkskirchen, deren Lehre als verwässert gilt, sondern eher
in einer kleinen evangelikalen Denomination. Die Betonung liegt auf dem gelebten Glauben und der praktizierten Frömmigkeit. Die Gemeinde ist mit ihren verschiedenen Angeboten zentrales Integrationsfeld für jede Altersgruppe und ein
Ort engagierter Mitarbeit. Aus dem in diesem Bereich des Protestantismus verbreiteten theologischen Konzept des allgemeinen Priestertums resultiert die
Aufwertung des Individuums als Verantwortungs- und Entscheidungsträger. Der
einzelne Gläubige steht selbst vor Gott und bedarf keiner vermittelnden oder
heilspendenden Zwischeninstanz. Er wird zum legitimen Interpreten der Glau-
bensüberlieferung. Die weltlichen Autoritäten werden im Zweifelsfall der göttlichen untergeordnet, was aber keinesfalls eine generelle Hinterfragung von Autoritäten bedeutet. Eltern haben, wie schon beschrieben, Autorität über ihre Kinder, unterstehen aber selbst der Autorität Gottes. Eine Mutter schildert diese elterliche Unterwerfung unter Gott als Teil ihrer eher autoritär orientierten Erziehung, wenn sie von ihrem Bemühen erzählt, Streitigkeiten der Kinder zu schlich-
ten.

> Wenn ich sage: „Herr, die Kinder, die verhalten sich jetzt bestimmt nicht umsonst
> so, was ist in meinem Herzen los?" Und dann ist er auch so gut und zeigt das durch
> seinen heiligen Geist, was in mir, wo ich eine falsche Haltung hab oder was. Und

wenn ich dann darüber Buße tue und sage, dass es mir leidtut und vielleicht auch vor den Kindern mich demütige und entschuldige, dann sind die wie ausgewechselt. Das habe ich so oft erlebt, dass wirklich, dass das Chaos, das vorher war, total umgekehrt wurde. (I6, 41:18)

Das Familienbild impliziert biblisch-traditionelle Rollenmuster. Der Vater trägt die Hauptverantwortung für die geistliche Führung und übt außer Haus eine Berufstätigkeit aus. Die Mutter leistet einen Großteil der praktischen Erziehungsarbeit. Mutterschaft als Fulltimejob ist nicht nur akzeptiert, sondern auch erwünscht. Kinder sind eine anvertraute (Auf)Gabe, ein Geschenk Gottes. Der typische Repräsentant dieser Lebenswelt ist diesbezüglich zahlreich beschenkt. Der Lebensstil ist pragmatisch, eher bescheiden als konsumorientiert, aber nicht ärmlich. Es ist normal, auf einen Fernseher zu verzichten. Die Produkte der Unterhaltungsindustrie und typische Elemente der Jugendkultur werden kritisiert. Angestrebte Erziehungsziele sind Leistungswille, Ordnung und Fleiß. Das Erbe einer protestantischen Ethik (Weber) in Form innerweltlicher Askese, kombiniert mit Erfolgsorientierung, wird hier am Leben erhalten.

Bei dem Versuch, diesen Lebenswelttypus in der Sozialstruktur zu verorten, stößt man auf den großen Anteil der als „Russlanddeutsche" bezeichneten Familien. Sie stammen aus verschiedenen Nachfolgestaaten der ehemaligen Sowjetunion und stehen dem Typus des Frommen oft besonders nah.[30] Konservative Theologie paart sich mit dem Unvermögen, die deutsche Kulturreligion einzuordnen. Man dachte, in ein christliches Land zu kommen, da doch „überall die Kirchenglocken läuten". Doch dann zeigte sich, wie schwer es ist, in diesem Land die religiöse Tradition aufrechtzuerhalten. „Alle glauben an Gott, aber man darf seinen Glauben nicht leben", so das Fazit eines Vaters. Durch die historisch gewachsene Disposition, sich als verfolgte (aber rechtgläubige) Minderheit zu sehen, wird die Beschränkung auf homogene Sozialwelten gefördert. Während die Eltern geprägt bleiben von der religiösen Diaspora der Vergangenheit, spüren sie die Schwierigkeiten, die Kinder in Deutschland gemäß ihren Werten zu erziehen. In ihren Gemeinden erleben sie nicht nur den Rückzug ihrer religiösen Praxis auf eine äußerliche Frömmigkeit, sondern auch Jugendliche, die aus diesem Rahmen komplett ausbrechen und eigene Wege gehen, die im starken Gegensatz zur elterlichen Tradition stehen. Home Education erscheint in diesem Fall als rettender Anker, um kulturelle Gegeneinflüsse etwas einzudämmen, um

---

[30] Eine ausführliche Darstellung dieser Lebenswelt und der prägenden Rolle der Religion findet sich z.B. bei Löneke 2000 anhand mennonitischer Aussiedlerfamilien und, etwas weiter gefasster mit Berücksichtigung der historischen Entwicklungen, in der Habilitationsschrift des Theologen Eyselein (2006).

in den vielfältigen Strömungen die Kinder gemäß dem eigenen Glauben erziehen zu können.

2.3.3 Der Alternative – ein „Kind von Mutter Erde"

Die Darstellung des Frommen begann mit einem Bild, das Kinder mit einem Garten vergleicht. Es war der Beitrag eines Vaters in einem E-Mail-Forum zum Thema Homeschooling. Einen Tag später antwortete eine Mutter darauf:

> Ich habe übrigens einen z.t. herrlich verwilderten Garten, aber auch einen Nutzgarten und ein plattgetrampeltes Stück Garten, wo die Ponys überwintern. Dazu eine Streuobstwiese mit allen Frühblühern, die es gibt, aber im Sommer wachsen dort viele Brennnesseln. Welchen Garten hättest du denn gern für dein Kind? (homeschooling_D, 7.12.2003:680)

Die Grundkritik dieser Sichtweise richtet sich gegen das Postulat einer Erziehungsbedürftigkeit. Das Kind ist demnach ein vollwertiger, mündiger Mensch mit dem Recht auf Selbstbestimmung. Genaugenommen werden schon die Begriffe „Kinder" und „Erwachsene" hinterfragt. Will man hier unterscheiden, dann lieber in kleinere und größere oder jüngere und ältere Menschen. All diesen wohnt das Gute inne, aber Erziehung und gesellschaftliche Zwänge behindern dessen Entfaltung. Die sich daraus ergebenden Konsequenzen für das Eltern-Kind-Verhältnis drücken sich aus in dem Satz:

> Viele Eltern sagen: „Ich bin für dich [das Kind] verantwortlich." Wir sagen: „Ich bin vor dir verantwortlich." (TB 05.07.2003)

Nicht der planvoll angelegte und auf Ertrag gepflegte Garten ist das Ideal, sondern die Individualität der Streuobst- oder Wildblumenwiese. Wie eine Pflanze ist der Mensch von Anfang an mit allen Informationen ausgestattet, es bedarf nur noch geeigneter Wachstumsbedingungen und Freiräume zur Selbstentfaltung. Die bereits zitierte Mutter der Familie Rein (s.o.) zeichnet dieses Bild zu Ende mit den Worten:

> Wenn ich das wirklich mache, was aus mir selbst heraus kommt, dann, dann blühe ich auf, dann kann ich was leisten und das bringt den anderen Leuten was. (I3, 4:30)

Das Ziel besteht darin, den eigenen Weg zu gehen, dessen Richtung dem Menschen bereits von Anfang an ins Herz gelegt zu sein scheint. Wenn schon Erziehung, dann als gewaltfreie Hilfestellung der Eltern an die Kinder, diesen Weg zu finden. Das Ideal der Selbstbestimmung beinhaltet auch die Wahl der Bildungsform. Wie im einleitenden Beispiel der Familie Kern wird die Entscheidung für Home Education von den Kindern getroffen. Den Eltern kommt lediglich die Aufgabe zu, den Besuch der öffentlichen Schule, entgegen dem Schulgesetz, nicht von ihren Kindern einzufordern.

Also ich werd' dich nicht zwingen, du brauchst nicht in die Schule gehen, wenn du nicht möchtest. Wenn es dir damit besser geht, dann finden wir dafür 'ne Lösung irgendwie. (I4, 13:15)

Der Konflikt mit der Schulpflicht entzündet sich neben der Frage der Selbstbestimmung am Ideal einer „natürlichen" Entwicklung. Zu Recht erinnert das Wort an vom Menschen unbeeinflusste biologische Prozesse. Die ungestörte, nicht zweckoptimierte Natur ist das zugrunde liegende Ideal. Die äußere Form schulischen Lernens mit der Fixierung von Tageszeit und Ort behindert die individuelle Strukturierung des Alltags. Lernprozesse sollen sich eher am Interesse und an der Neugier des Kindes orientieren als an den starren Vorgaben eines einheitlichen und auf bestimmte Inhalte begrenzten Lehrplans. Leistungsdruck, Konsumorientierung und die Dominanz von Peergroups werden als Störungen der natürlichen Entwicklung betrachtet. Die ideengebenden Bestseller dieses Typus sind „Auf der Suche nach dem verlorenen Glück" von Jean Liedloff, Bücher von Ekkehard von Braunmühl, John Holt sowie Rebecca und Mauricio Wild.[31] Allen

---

[31] Grundlage für Jean Liedloffs Buch waren die Aufenthalte der geborenen New Yorkerin im Urwald Venezuelas zwischen 1968 und 1970. Inspiriert vom Lebensstil der dortigen Yequana-Indianer schrieb sie ihre Beobachtungen nieder als ein Konzept „gegen die Zerstörung unserer Glücksfähigkeit in der frühen Kindheit", so der Untertitel der deutschen Ausgabe. Der englische Originaltitel „The Continuum Concept" ist gleichzeitig der Name der daraus entwickelten Erziehungsphilosophie. Ekkehard von Braunmühl (*1940), Publizist, wurde mit seinem Buch „Antipädagogik" (1975) zum Wegbereiter der antipädagogischen Strömung in Deutschland. Ein Hauptanliegen ist für ihn die Abschaffung der Erziehung. Von Braunmühl verfasste in der Folgezeit weitere Bücher, die mehrfach aufgelegt wurden und für den Bereich der Antipädagogik Klassikerstatus besitzen.
John Holt (1923-1985) schrieb, basierend auf seinen Erfahrungen als Lehrer, die Bücher „How Children Fail" (1964) und „How Children Learn" (1967). Beide fanden große Beachtung und machten ihn zu einem vielgehörten Bildungsreformer der Vereinigten Staaten. In Deutsch erschienen diese Bücher zuletzt unter den Titeln: „Aus schlauen Kindern werden Schüler ... von dem, was in der Schule verlernt wird" (2004) und: „Wie kleine Kinder schlau werden: selbständiges Lernen im Alltag" (2003). Später nahm Holt Abstand von dem Gedanken, die Schule reformieren zu können, und wandte sich mit dem Buch „Instead of Education" (1976) bewusst an die Minderheit derjenigen, die, der Idee der Entschulung (Illich) folgend, dem Schulsystem den Rücken kehren wollten. Er gründete die Zeitschrift „Growing without Schooling" und wurde damit zu einer zentralen Figur in der frühen US-amerikanischen Home Education Bewegung (Werle 2001). Seine Ideen zur Gestaltung von Lernprozessen finden nach wie vor auch im christlichen Sektor der Bewegung Gehör.
Die Pädagogin Rebeca Wild (*1939 in Deutschland) gründete 1977 mit ihrem Mann in Ecuador einen Kindergarten, der zur Schule und zum Fortbildungszentrum wuchs und über die Landesgrenzen hinaus bekannt wurde. Ihre Pädagogik orientiert sich stark an Montessori, plädiert für einen nichtdi-

Titeln gemeinsam ist die Betonung selbstbestimmter Entwicklungswege und die Aufwertung der Rolle des Kindes im Prozess des Lernens und Aufwachsens. Konsequent umgesetzt resultiert aus dieser Perspektive ein Lebensstil, der sich nicht nur in der Frage der Bildungsform vom Mainstream der Gesellschaft abhebt:

> Ich will mit Leuten zusammen wohnen, die nicht schräg gucken, wenn mein Baby in meinem Bett schläft, und wo es nicht mit Zucker zugeschmissen wird. (homeschooling_D. 8.12.2003:688)

Die Orientierung am Ideal natürlicher Entwicklung drückt sich beispielsweise aus in Hausgeburt, Tragetuch, mehrjährigem Stillen des Kindes nach seinem Bedarf, Bio-Kost, Naturkleidung, die sich nicht dem Diktat der Mode unterwirft, und Holzspielzeug. Der Alternative ist friedens-bewegt, grün, eher knapp bei Kasse und „auf der Suche nach einer Gemeinschaft", sofern nicht schon in eine Kommune Gleichgesinnter auf einem ruhig gelegenen Bauernhof integriert. Bei den diesem Typus nahestehenden Eltern trifft man eher auf alleinerziehende Mütter oder Patchworkfamilien als im christlichen Flügel. Das Leben ist der lange und selten geradlinige Weg zum Selbst, neue Erkenntnisse dabei äußern sich nicht selten als biografische Brüche.

Die Weltanschauung wird geprägt durch eine vielseitige spirituelle Offenheit. Elemente verschiedener religiöser Traditionen und Kulte werden kombiniert und finden je nach Bedarf Anwendung. Sie beinhalten die ehrfürchtig-dankbare Hinwendung zu Erde, Kosmos und „dem Leben" ebenso wie die Konzentration auf ein richtungsweisendes inneres Selbst. Zentrale Werte sind Harmonie mit Mensch und Natur, gewaltfreies Miteinander, Versöhnung und eine friedliche Konfliktregelung, die an das Gute im Anderen anknüpft.

2.3.4 Zusammenfassender Ausblick

Die grundlegende Differenz der beiden Idealtypen hinsichtlich des Menschenbildes und der daraus resultierenden Pädagogik ist keineswegs neu. Die Perspektive des Alternativen steht in der Tradition einer „romantischen Erziehungsphilosophie" (Oser 1992:90), die, angefangen bei Rousseau, schon seit Jahrhunderten im Gewand verschiedener reformpädagogischer Ansätze einen Gegenpol zu dem

---

rektiven Erziehungsstil und betont die Rolle einer „vorbereiteten Umgebung" für das Aufwachsen der Kinder. Wild verfasste mehrere Bücher, die in Deutschland besonders im Bereich der Freien Schulen rezipiert werden.

Bildungsverständnis darstellt, welches das formende und Wissen vermittelnde Tun des Pädagogen im Mittelpunkt sieht.[32]

Nachdem in den vorangehenden Abschnitten die Unterschiede der Typisierungen deutlich sichtbar wurden, sollen ergänzend noch einige gemeinsame oder zumindest ähnliche Grundzüge erwähnt werden. Vorab noch einmal die Einschränkung, dass es sich hier um idealtypische Konstruktionen handelt, deren Merkmale nie vollzählig im konkreten Einzelfall sichtbar werden. Sie dienen der Charakterisierung zweier Cluster in der deutschen Home Education Bewegung, die für das Verständnis ihrer Entwicklung und gegenwärtigen Gestalt eine zentrale Rolle spielen. Vorsichtig geschätzt steht mindestens die Hälfte der deutschen Home Education Eltern einem der beiden Cluster sichtbar nahe. Die möglichen Gründe für Homeschooling jenseits der Typisierungen kamen in der Darstellung der Motive bereits zur Sprache. All diesen Eltern ist gemeinsam, dass für sie die Frage des Aufwachsens ihrer Kinder eine große Rolle spielt. Sie sind bereit, Einschränkungen hinzunehmen, um das Erziehungsideal umzusetzen, das aus ihrer subjektiven Sicht richtig erscheint. Home Education ist nicht Ausdruck elterlichen Desinteresses an der Bildung des Kindes oder einer Unfähigkeit, für den Schulbesuch Sorge zu tragen. Beide Elterntypen streben nach einer Verwirklichung des Guten. Sie wollen das Beste für ihre Kinder, sind sich aber weder darin einig, wie dies aussieht, noch, wie man es erreicht. Beide verstehen sich als Wegbereiter zu einem höheren Ziel. Für die einen ist es der Glaube an Jesus, für die anderen die ganzheitliche Entfaltung des inneren Selbst in ökologischer Harmonie. Wählt man eine sich an Luckmann (1991) orientierende funktionale Definition von Religion, dann wird sichtbar, dass auch der alternative Home Education Typus, ebenso wie zahlreiche andere reformpädagogische Konzepte (Baader 2005), vielfältige religiöse Elemente beinhaltet. In der Tradition dieser Ansätze wird das „heilige Kind" konstruiert (Weisser 1995). Berthold Otto[33], einflussreicher deutscher Pädagoge und Homeschooler zu Beginn des 20. Jahrhunderts, sagte:

> Wir aber sehen in der Kindheit selbst das Ideal; wir sehen in der Kindheit die höchste und edelste Form der Menschheit: „Wahrlich ich sage euch, so ihr nicht werdet wie die Kinder, werdet ihr nicht in das Himmelreich kommen." Das ist der Ausdruck unserer pädagogischen Überzeugung. (Baumann 1958-62: Bd. IV S. 39)

Die jeweiligen geistigen „Eltern", „Gott Vater" für den Frommen und „Mutter Erde" für den Alternativen, werden auf ähnliche Weise verehrt, als letzte unan-

---

[32] Eine ausführliche Darstellung zur Entstehung des romantischen Kindbildes und seiner Wirkung auf das pädagogische Denken bei Ullrich 1999.
[33] Eine ausführlichere Behandlung von Leben und Werk Ottos erfolgt in Kapitel 4.1.

tastbare Instanz geglaubt und als Handlungsorientierung in das Leben integriert. Aus den derartigen Weltanschauungen resultieren für die Eltern Konfliktfelder mit der öffentlichen Schule. Sie sehen ihre Möglichkeiten zu stark eingeschränkt, die gemäß dem eigenen Glauben angestrebte Entwicklung der Kinder zu verwirklichen.

> Ob das jetzt Fundamentalisten sind manchmal oder Unschooling-Leute, die reformpädagogische Ansätze verfolgen, äh, letztlich kommen da doch viele Leute zusammen, um einfach da mehr Freiheit auch in unserm Land zu erwirken. (I7, 54:36)

Der Wunsch nach etwas mehr Freiheit, der hier als kleinster gemeinsamer Nenner der deutschen Home Education Bewegung dargestellt wird, entpuppt sich innerhalb dieser jedoch auch als Punkt grundlegender Differenzen. Der Fromme argumentiert unter Berufung auf Glaubens- und Gewissensfreiheit für mehr Freiheit der Eltern hinsichtlich der religiösen Erziehung und Lebensgestaltung. Der Alternative kämpft für mehr Freiheit der Kinder unter Berufung auf die Menschenrechte und kritisiert, dass die einseitige Stärkung der elterlichen Freiheit und Bestimmungsgewalt mit einer Freiheitsbeschränkung auf Seiten der Kinder verbunden ist. Aus seiner Sicht ist dies ein Schritt in die falsche Richtung (Quis 2005, Rb IfsL 26:24-26).

Wie stark diese Unterscheidung einer Betrachtung von außen standhält, ist jedoch fraglich. In beiden Perspektiven wird das Aufwachsen des Kindes durch die elterlichen Erziehungsvorstellungen determiniert und ist geprägt von der Unterscheidung in gute sowie schädliche Dinge und Einflüsse, die dem Kind nahegebracht werden beziehungsweise von denen es ferngehalten werden soll. Bei beiden Idealtypen unterliegt das heranwachsende Kind Restriktionen, die den Raum möglicher Entfaltung begrenzen und den Glauben der Eltern zur prägenden Sozialisationsinstanz werden lassen.

In einer Typologie vier konkurrierender Kindheitsmodelle hinterfragte Zinnecker (2004) die Existenz einer einheitlichen Gestalt von Kindheit und Sozialisation in der Moderne. Sowohl der Fromme als auch der Alternative fallen bei ihm unter den Begriff „fundamentalistische Kindheit", den er auch mit Homeschooling in Verbindung bringt (S. 303). Ein Teil der Bewegung repräsentiert jedoch eher die „traditional-moderne Kindheit", in der eine starke Familienorientierung und kritische Auseinandersetzung mit Moderne prägend sind. In den jüngeren Entwicklungen der internationalen Home Education Bewegung wird sichtbar, dass auch Vertreter der „avanciert modernen Kindheit" diesen Ansatz aufnehmen. Hier finden sich die von den Eltern geplanten Kindheiten mit vollem Terminplan aufgrund vielfältiger außerschulischer Freizeit- und Bildungsangebote. Gerade für Eltern, die mit ihren Kindern konkrete Leistungserwartungen und Karrierehoffnungen verbinden, erscheint Home Education mitunter als noch effektivere Lernform, um die Kinder schneller, besser und umfangreicher zu bilden als die Gleichaltrigen in der öffentlichen Schule. Insgesamt zeichnet sich hier bereits die Entwicklungstendenz ab, derzufolge sich Home Education aus seinen Ursprüngen in fundamentalistischen Randschichten ausbreitet in andere gesellschaftliche Gruppen hinein und im Zuge einer Legalisierung immer weniger mit einem klar zu umreißenden Milieu verbunden werden kann.

Jedoch bleiben die hier gewählten Typen, der Fromme und der Alternative, unverzichtbar für das Verständnis von Ursprung und gegenwärtiger Gestalt der deutschen Home Education Bewegung. Die typisierende Beschreibung der Orientierungen ist an dieser Stelle noch nicht abgeschlossen. Die jeweiligen Weltanschauungen haben auch auf andere Bereiche einen prägenden Einfluss, beispielsweise auf Form und Arbeitsweise der Gruppierungen und Netzwerke oder auf die konkrete Gestaltung der Lernprozesse. Im weiteren Verlauf der Studie wird daher noch mehrfach auf diese Idealtypen Bezug genommen.

2.4 Rolle des Weltbildes bei der Beurteilung der „Kosten" von Home Education

In der Konstruktion des Modells der elterlichen Entscheidung für Home Education wurde bereits darauf verwiesen, dass der subjektiven Einschätzung des damit verbundenen Aufwands große Bedeutung zukommt. Im Folgenden werden die Kosten und Nebenfolgen aufgezeigt, die unabhängig von der ideologischen Orientierung für nahezu alle Eltern relevant sind, die unter den gegenwärtigen Bedingungen in Deutschland Home Education anstreben. Darüber hinaus können im Einzelfall noch weitere, hier nicht genannte Bereiche Bedeutung erhalten, die sich aus den individuellen Lebensumständen ergeben.

Den meisten Eltern, die mit der Situation an der öffentlichen Schule unzufrieden sind, erscheinen die mit Home Education verbundenen Hürden viel zu hoch, um diesen Weg näher in Betracht zu ziehen. Das wirft die Frage auf, worin sich die Homeschoolfamilien von anderen unterscheiden und wie es ihnen gelingt, diesen „Hürdenlauf" zu meistern. Eine zentrale Rolle spielen dabei die zugrunde liegenden Weltbilder. Daher werden in der folgenden Darstellung auch die beiden bereits eingeführten Idealtypen des Alternativen und des Frommen genutzt, um Unterschiede innerhalb der Bewegung im Umgang mit den „Hürden" sichtbar zu machen.

Der Zeitaufwand

Die Zeit, in der die Schulkinder außer Haus wären, wird bei den meisten Home-schoolern ausgefüllt mit Unterricht oder Anleitung des Lernens. Sie verweisen oft darauf, dass der zeitliche Aufwand für ihren Unterricht zumindest in den ersten Schuljahren deutlich unter dem der öffentlichen Schule liegt. Einzel- oder Kleingruppenunterricht ermöglicht ein konzentrierteres und schnelleres Lernen, als dies in einer Klasse von knapp 30 Kindern möglich ist. Pflüger, Leiter der deutschen Fernschule, nimmt an, dass unter guten Bedingungen ein Fünftel der Schulzeit ausreichend ist, um den gleichen Lernerfolg zu erzielen (2004:20f). Trotzdem bleibt eine Begleitung der Lernprozesse nötig. Das eher an der Schule orientierte Unterrichten des Frommen erscheint dabei etwas zeitintensiver als die Anleitung zum selbstbestimmten Lernen des Alternativen.

Neben der Organisation des Lernens ist von großer Bedeutung, dass bei Home Education die Funktion der Schule als Betreuungsort der Kinder entfällt. Das schließt in der Regel für einen Elternteil die Möglichkeit einer Erwerbsarbeit aus. Dieser Punkt ist besonders in Ländern mit größerem Anteil an Doppelverdienerfamilien der größte finanzielle Kostenfaktor von Home Education.[34] Für den Idealtyp des Frommen ist Mutterschaft als Fulltimejob jedoch bereits Bestandteil des Lebenskonzepts, so dass der eventuelle Verdienstausfall in erster Linie dort relevant wird, wo ein Elternpaar oder ein alleinerziehender Elternteil auf die Erwerbstätigkeit angewiesen ist.

Verglichen mit den noch folgenden Kostenpunkten von Home Education spielt der Zeitaufwand in Deutschland eher eine untergeordnete Rolle mit keinen großen Differenzen zwischen den beiden Idealtypen. Beide Weltbilder unterstützen das Ideal intensiver familiärer Bindungen, sind bereits kritisch eingestellt gegenüber einer „Fremdbetreuung" durch Kindergarten und vermeiden einen Terminplan voller Nachmittagsprogramme. Die Kinder möglichst viel „um sich zu haben", ist für sie der angestrebte Lebensstil und keine schmerzhafte Begrenzung individueller Freiheit. Was vielen Eltern als Einschränkung ihrer Möglichkeit zur Selbstverwirklichung erscheint, ist für die meisten Homeschooler gerade Beginn derselben. Ein Vater erzählt:

> Es fordert eine grundsätzliche Haltung zum Leben und Familienleben, also, äh, du kannst nicht erwarten, dass man das irgendwie so regelt mit der Familie, mit den Kindern, und dann hat man ganz viel Zeit, irgendwie andere schöne Sachen zu machen. Ähm, es gibt nicht so viel Leben außerhalb der Familie. Und das muss man irgendwie akzeptiert haben – nicht nur akzeptiert, sondern freudig akzeptiert ...

---

[34] So M. Farris (USA) in einem Vortrag über Homeschooling (TB 24.04.2004).

„Sein Leben hinzugeben – sterben dafür", ergänzt seine Frau diesen Gedanken mit Bezug auf religiöse Symbolik. Der Mann fährt fort:

> Ja, hier ist mein Leben, hier ist meine Aufgabe. Ähm, wenn ich Zeit habe für ein paar Sachen extra, das ist eine schöne Sache, aber ich kann nicht zu viel erwarten ... Wenn ich irgendwelche zeitintensiven Hobbys treiben möchte, das wäre nur frustrierend irgendwie. Das wäre für [meine Frau] frustrierend, wenn ich sie hier alleine lasse, ähm, und ähm, das muss man schon innerlich wirklich freudig akzeptiert haben. Es wird natürlich, äh, verschiedene Phasen geben, im Moment ist es recht intensiv, weil die Kinder alle so klein sind. Sie brauchen sehr viel Anleitung, aber ich träume wenigstens, dass irgendwann mal, (beide lachen) wenn sie größer sind, älter sind ... (16, 35:21)

Der finanzielle Aufwand für Lehrmaterialien

Die Aufwendungen für Lehrbücher und Unterrichtsmittel können etwas höher sein als für Kinder an öffentlichen Schulen, da dort zumindest ein kleiner Teil durch die Lehrmittelfreiheit abgedeckt ist oder als Ausstattung der Schule zur Verfügung steht. Allerdings werden diese Kosten durch innerfamiliäre Mehrfachnutzung und Tauschbörsen zwischen den Familien reduziert. Eine weitere Kompensation ergibt sich aus Sicht mancher Eltern dadurch, dass keine Verpflichtung besteht, unbeeinflussbare finanzielle Leistungen für Klassenfahrten, Schulverpflegung u.ä. erbringen zu müssen. Auch wenn keine konkreten Zahlen vorliegen, kann angenommen werden, dass der finanzielle Aufwand für die Schulbildung sich nicht wesentlich von dem für Home Education unterscheidet, unabhängig vom elterlichen Weltbild. Dies ändert sich jedoch deutlich, wenn Fernlehrmaterialien in Anspruch genommen werden, die je nach Institut spürbar höhere Kosten verursachen als öffentlicher Schulbesuch. Andererseits wird auch dies relativiert durch den Vergleich mit der wachsenden Zahl von Eltern, die mehr oder weniger große Summen monatlich aufbringen, um ihre Kinder an Schulen in privater Trägerschaft unterrichten zu lassen.

Die Kosten des illegalen Handelns

Die Konsequenzen aus der Tatsache, dass Home Education in Deutschland nicht als Alternative zum Schulbesuch gestattet ist, sind zum großen Teil finanzieller Natur. Die Verletzung der Schulpflicht wird mit nicht geringen Bußgeldern geahndet, denen bei Bedarf mit Zwangsgeldern Nachdruck verliehen werden kann (ausführlicher dazu in Kapitel 5). Weiterhin entstehen Prozess- und Anwaltskosten, wenn die Eltern einen Rechtsstreit führen, der zu ihren Ungunsten ausgeht. Mindestens ebenso schwerwiegend dürften jedoch die nicht finanziellen Folgen des illegalen Handelns anzusetzen sein. Die oft langwierige juristische Auseinandersetzung kostet Zeit und Engagement und stellt für viele Eltern eine psychische Belastung dar. Hinzu kommt die Unsicherheit bezüglich des Ausgangs des Prozesses. Das Risiko, dass die Beharrung auf Home Education zu Erzwingungshaft oder Sorgerechtsentzug führt, bleibt in vielen Fällen nicht ohne Wirkung. Zusätzlich stehen die Eltern vor der Herausforderung, die andauernde Rechtswidrigkeit ihres Handelns in ihr Lebenskonzept zu integrieren, das meist von starken moralischen oder ethischen Prinzipien bestimmt wird.[35]

Der Fromme, der Home Education als gottgegebene Aufgabe sieht, legt auch die Konsequenzen aus diesem Auftrag, wie im folgenden Beispiel illustriert, in „Gottes Hände". Im Rahmen der beobachtenden Teilnahme an verschiedenen Homeschooltreffen begegnete ich mehrfach einer aufgeschlossenen Mutter zweier nicht weniger aufgeweckter Jungen im Grundschulalter und einer jüngeren Tochter. Sie erzählte, dass sie Angst bekam, als der Anmeldetermin für die öffentliche Schule verstrichen war. Sie befürchtete Schwierigkeiten mit den Behörden, fühlte sich nicht in der Lage, das durchzustehen, und zweifelte an der Richtigkeit ihrer Entscheidung für Home Education. Doch durch ein Zusammenspiel verschiedener Ereignisse hatte sie den Eindruck, Gott wolle ihr sagen, dass sie Homeschooling machen soll. Daraufhin schlug sie ihrem Gott folgenden Deal vor:

> „Na gut, lieber Gott, dann meinst du mich halt doch. Dann werde ich es wohl doch so machen." Und ich habe dann aber in der Zeit auch ganz viel gebetet und gesagt: „Lieber Gott, wenn ich das mache, ich habe jetzt noch die kleine Emilia. Ich weiß nicht, ob ich das überhaupt packe. Jetzt den Großen zu unterrichten und die beiden anderen laufen ja auch noch umher. Und wenn dann noch Schwierigkeiten von außen kommen, das kann ich nicht. Also ich muss irgendeinen Weg finden, lieber Gott, dass wir erst mal Ruhe haben." (I9, S.1)

Ihr Wunsch ging in Erfüllung. Eineinhalb Jahre später, die Mutter ist inzwischen überzeugt von der Richtigkeit ihres Weges, hat die Familie hinsichtlich der juristischen Konsequenzen ihrer Schulbesuchsverweigerung immer noch „Ruhe" und keine Zweifel daran, dass Gott selbst hier seine Hände im Spiel hat. Das Vertrauen richtet sich jedoch nicht nur auf den Schutz vor Auseinandersetzungen, sondern auch auf die Unterstützung in diesen. Eine Mutter, die nach einem halben Jahr Home Education noch keine Reaktion vom Schulamt bekommen hatte, sagte:

---

[35] Ausführlicher zur Legitimation des illegalen Handelns in Kapitel 5.5.

Also ich rechne damit, dass irgendwas kommt, ja. Und wenn nichts kommt, dann ist das Gottes Segen. Und wenn was kommt, dann sind wir inzwischen soweit, dass wir sagen, na ja, der liebe Gott hat uns bis hierhin geführt und der wird auch weiter einen Weg wissen. (I10, 33:22)

Eine andere Familie führte einen längeren Rechtsstreit auf mehreren Ebenen. Die Mutter bezeichnet es rückblickend als „eine Glaubensschule":

Wir haben wirklich da unser Vertrauen gefunden und gewusst, Gott weiß das genauso, wie es uns geht, und der hat zig Auswege noch für uns und es wird auch mit uns weitergehen. Wie, wissen wir nicht, wir haben alles gegen uns, aber irgendwie wird's schon gehen – und haben uns da keine Sorgen gemacht. (I23, 13:09)

Der elterliche Glaube, Dinge „an Gott abgeben" zu können, entlastet von dem Druck, allein das Risiko der Konsequenzen zu tragen. Neben diesen an sich schon sehr wirkungsvollen Effekt tritt die ebenfalls im christlichen Glauben wurzelnde Gewissheit, die mächtigste Macht auf der eigenen Seite zu haben. Die Hoffnungslosigkeit der Rechtslage, Drohungen der Behörden, Niederlagen in Prozessen können nicht endgültig entmutigen, wenn man nur fest daran glaubt, letztendlich doch auf der stärkeren Seite zu stehen. David gegen Goliath – diese alttestamentliche Geschichte wird zur Projektionsfläche eigener Erfahrungen. „*Ein* Mann *mit* Gott ist die Majorität", so das Schlagwort auf einer christlichen Homeschoolkonferenz (TB 31.05.2004). Michael Farris, in den USA eine der prominentesten Führungspersönlichkeiten im christlichen Teil der Home Education Bewegung, versicherte seinen gut 200 Zuhörern auf einer Konferenz in Nürnberg:

Gott beschützt die, die das Richtige mit ihren Kindern tun wollen. Vor uns liegen vielleicht Schwierigkeiten. Aber auf lange Sicht werden wir erfolgreich sein. Denn Gottes Wege sind immer erfolgreich. (TB 24.04.2004)

Hinzu kommen noch all jene Denkfiguren, die zur Erklärung von Niederlagen, Misserfolgen und leidvollen Erfahrungen über den Rahmen von Home Education hinaus fester Bestandteil evangelikaler Theologie sind. Zum Beispiel der Glaube, dass dem Weltgeschehen Gottes planvolles Handeln zugrunde liegt, seine Wege jedoch unergründlich sind, dass Gott den Gläubigen Prüfungen auferlegen kann und dass aber am Ende, Luthers Übersetzung zufolge, „denen, die Gott lieben, alle Dinge zum Besten dienen" (Römerbrief 8,28). Wie auch immer das Geschehen sich gestaltet, der Glaube des Frommen ist so reichhaltig an Erklärungsmodellen und Beispielerzählungen, dass er in nahezu jeder Situation die Gewissheit vermitteln kann, in „Gottes Händen" geborgen zu sein. Die Angst vor Sorgerechtsentzug und die Unsicherheit angesichts hoher Bußgelder ist damit nicht gänzlich vom Tisch, aber es stehen erprobte Wege zur Verfügung, diese Herausforderungen zu bewältigen.

Beim Typus des Alternativen gestaltet sich die Situation etwas anders. Hier gibt es keinen „Auftraggeber", an den die Konsequenzen „abgegeben" werden können. Das implizierte Weltbild lässt lediglich auf das tief im Anderen schlummernde Gute hoffen. Es existiert keine transzendente Macht, die allem realen Erleben zum Trotz, als Bezugspunkt des Glaubens in der Lage wäre, das Gefühl der Geborgenheit aufkommen zu lassen. Der Vater der einleitend porträtierten Familie Kern (1.2.1) hatte beide Lebenswelten der Home Education Bewegung kennen gelernt. Am Rande eines Treffens vorwiegend christlicher Eltern sagte er:

> Ich bewundere die Sicherheit und Überzeugung, mit der viele christliche Homeschooler ihren Weg gehen. In der „Initiative" erlebe ich da viel mehr Ängste und Befürchtungen. (TB 20.03.04)

Gemeint ist die „Initiative für selbstbestimmtes Lernen", ein Netzwerk von Eltern, die überwiegend dem Typus des Alternativen nahestehen (ausführlichere Darstellung in Kapitel 4.2). Die Ängste und Befürchtungen beziehen sich auf die möglichen staatlichen Sanktionen zur Wiederherstellung des Schulbesuchs. Die Androhung des Sorgerechtsentzugs in diesem Zusammenhang legt sich wie ein dunkler Schatten über die sonnigen Beschreibungen des natürlichen und selbstgesteuerten Lernens. In der Dokumentation eines der frühen Fälle heißt es über diese Situation:

> Der Abend dieses Tages sah das wohl stimmkräftigste Gespräch, das wir vier Erwachsenen an unserem Tisch je geführt haben. Wir schrieen uns an, nicht weil wir uns stritten, sondern weil die Spannung schier unerträglich war. Jeder von uns hatte sein spezifisches Problem mit der Situation. Waren wir endgültig zu weit gegangen? (Heimrath 1991b:196)

In einem idyllisch abgelegenen Forsthaus in Mitteldeutschland fand im Juli 2003 ein bundesweites Treffen der eben erwähnten „Initiative für selbstbestimmtes Lernen" statt. Circa 30 Erwachsene sitzen auf dem Fußboden des sehr schlicht ausgebauten Dachbodens. Umringt von einem Matratzenlager und zahlreichen Kindern diskutieren sie das Thema Entschulung. Eine Mutter erzählt eindrücklich, wie dramatisch und belastend sie es empfand, als die Drohung des Sorgerechtsentzugs auf ihrem Tisch lag. Eine andere Frau ergänzt dies durch die Schilderung der zusätzlichen Schwierigkeiten, wenn man als Alleinerziehende in dieser Frage uneins ist mit dem getrennt lebenden Vater. Das Gefühl ratloser Be-

troffenheit liegt über der Runde. Einer der drei geladenen Hauptredner in dieser
Diskussion sucht den Ausweg, indem er sagt, dass es ihm wichtig sei, den starken Staat zu relativieren und nicht zu ducken oder sich schuldig zu fühlen. Ein
anderer appelliert daran, eine „zugeneigte Erwachsenengemeinschaft" zu bilden,
nicht nur eine Problemgemeinschaft (TB 05.07.2003). Der Weg des Widerstands
erscheint beschwerlich und lang. Man hofft auf die Erfolge beständiger „Gras-
wurzelarbeit" oder bahnbrechende Entscheidungen internationaler Gerichte in
der Frage der Bildungsfreiheit.

Soziale Isolation

Im Gegensatz zu Ländern mit großen Homeschoolbewegungen findet Home E-
ducation in Deutschland bisher nahezu keine gesellschaftliche Anerkennung.
Dieses „Imageproblem" wirkt sich auf die sozialen Beziehungen der Home Education Familien aus. Viele Eltern berichten davon, dass ihre Wahl im Verwandt-
schaftskreis auf Ablehnung trifft oder dass die Beziehung zu den Großeltern der
Kinder darunter leidet. Mitglieder christlicher Gemeinden erwähnen mitunter,
dass sich andere Gemeindemitglieder deutlich distanzieren. Und den Kindern
fehlt ohne den Schulbesuch eine Möglichkeit, Beziehungen zu Gleichaltrigen
aufzubauen und aufrechtzuerhalten.[36]
    Eltern, die Home Education wählen, sind bereit, gegen den Strom zu
schwimmen. Sowohl der Alternative als auch der Fromme wollen zwar möglichst mit allen Menschen in friedvoller Harmonie leben, sind es aber gewohnt,
Ansichten jenseits des Mainstreams zu vertreten. Dass ein Leben gemäß der eigenen Überzeugung eine Distanz zu Andersdenkenden hervorrufen kann, spüren
beide auch in Bereichen jenseits von Home Education. Für den Frommen ist dies
jedoch nicht nur ein hinzunehmendes Übel, sondern integrierter Bestandteil der
religiösen Tradition. In der christlichen Überlieferung taucht immer wieder die
Erfahrung auf, dass man „um der Wahrheit willen" belächelt oder verachtet werden kann.

> Der Ruf, aus Babylon auszugehen, bedeutet auch, das babylonische Schulsystem zu
> verlassen ... Aber wenn du der öffentlichen Schule den Rücken kehren willst, dann
> merkst du die Ketten, wie gefangen du bist in der Zwangsanstalt Schule. Auch deine
> Freunde und Geschwister werden dir das deutlich machen. Man muß doch die Kin-
> der in die Schule schicken, man muß doch der Obrigkeit gehorchen ... Muß man?
> Wenn Gott seine Kinder ... herausruft, dann muß man Gott gehorchen: „man muß
> Gott mehr gehorchen als Menschen", steht geschrieben. (Stücher 2003, DgT 16:1)

---

[36] Zu den Auswirkungen von Home Education auf den Sozialisationsprozess siehe Kapitel 3.3.2.

So predigte es der Leiter der Philadelphia-Schule 2003 seinen Zuhörern auf der Heimschulkonferenz in Siegen. Es existiert ein Bewusstsein dafür, dass die Trennlinie auch durch Familien und enge Beziehungen gehen kann und dass es oft eine Minderheit ist, die „die Wahrheit" verteidigt. Soziale Ausgrenzung durch die „ungläubige Welt" bestätigt das Anderssein und kann so zur Bekräftigung dafür genutzt werden, dass man selbst auf dem richtigen Weg ist. Denn dieser ist nach Ansicht des Frommen schmal und steht im Gegensatz zu dem breiten Weg der Mehrheit, der in das „Verderben" führt. Die Wahrnehmung von Isolation ist jedoch sehr subjektiv. Eine Mutter, die in einer christlichen Familie aufwuchs, beschreibt ihren Veränderungsprozess in den vergangenen Jahren, bei dem die Entscheidung für Homeschooling nur einen Punkt unter anderen darstellt.

> Isolierter? Na, ich bin vielleicht insofern extremer geworden, dass ich jetzt nicht mehr irgendwo hingehe. Ich bin früher in jedes Sinfoniekonzert gegangen, ich bin oft weggegangen vor, sage ich mal, vor meiner richtigen Bekehrung, ja ... Aber, mhm, als Familie, ne, als Ehepaar – isolierter? Ne, glaube ich nicht. Also wir haben weiterhin unseren Freundeskreis. Und [mein Mann] ist ... sowieso eher so, dass er nicht so die Kontakte braucht. Na, und ich habe meine Freundinnen, mit denen ich, die ich anrufen kann, wenn mal was ist, oder drei Häuser weiter wohnt eine, und mit der gehe ich auch abends oft mal spazieren. Essen nicht mehr, da sind wir zu geizig (sie lacht) zum Essengehen. Und ja, und ins Kino gehe ich nicht mehr – mhm, nö, würde ich nicht sagen, dass wir isolierter sind. Ich weiß nicht, wenn man das von außen betrachtet, sicherlich. Wir machen halt nicht alles mit oder, gut, gerade wenn man nicht ins Kino geht oder mal essen geht. Das sagt auch meine Freundin: „Ich könnte niemals so leben wie du." Aber ich bin damit zufrieden und ich brauche das auch nicht. Und will das auch nicht. (I10, 42:35)

Die meisten Home Education Familien sind bestrebt, Kontakte zu Gleichgesinnten aufzubauen. Dadurch entstanden verschiedene Netzwerke (siehe Kapitel 4.2), die den Eltern die Möglichkeit bieten, ähnlich denkende Familien zu treffen. Gleichzeitig betonten viele Familien (z.B. Familie Uhl, 1.2.4), dass es ihnen wichtig ist und gelingt, trotz Home Education die Kontakte zu allen Freunden und Bekannten aufrechtzuerhalten, unabhängig davon, wie man über Schule denkt. Sie sind bestrebt, Homeschooling in die Normalität einzubinden, anstatt es als Ausdruck des Andersseins hervorzuheben.

Das Risiko des Scheiterns

In den Erzählungen der Mütter, in deren Händen oft der Hauptteil der Home Education Arbeit liegt, wurden oft Phasen beschrieben, in denen sie an Richtigkeit und Erfolg ihres Bemühens zweifelten. Sie hinterfragten, ob sie in der Lage sind, die in der Schule ermöglichte Bandbreite des Wissenserwerbs zu gewährleisten. Bei manchen schwingt die Angst mit, dass das Kind doch zu kurz kommen könnte, dass es nicht genug lernt und hinter Gleichaltrigen zurückbleibt. Hinzu kommt die Unsicherheit bezüglich späterer Bildungs- oder Berufsmöglichkeiten. Darüber hinaus ist Home Education mit einem Arbeitsaufwand verbunden, der nicht nur in der Anfangsphase als schwer zu kalkulierende Größe erscheint, sondern auch danach eine große Herausforderung darstellt.[37] Über sich selbst erzählt eine Mutter rückblickend:

> Und zu dem Zeitpunkt war 'ne gewisse Überforderung der unterrichtenden Mutter feststellbar, auch gewisse Fragen, ob es die Kinder ausreichend fördert, wenn man sie immer zu Hause hat und 'ne Begrenztheit hinsichtlich der akademischen Möglichkeiten weiter die Begabungen der Kinder zu fördern. (I2, 8:44)

Etwas später schildert sie ihren Eindruck, dass es anderen oft ähnlich geht:

> Die meisten Mütter, die ich sonst kenne, ich kenne ja auch Familien in der Homeschoolbewegung, die sind eigentlich regelrecht überfordert und würden jeden Tag aufgeben. Und viele geben ja dann auch auf oder machen es nur bis zur fünften Klasse oder siebten oder so und – das kann ich gut verstehen. Wenn man da schreiende Babys hat und 'nen Haushalt und Gäste und 'ne Schwiegermutter und 'nen pflegebedürftigen Opa und 'nen Garten und Schulden, das kann ich verstehen, das klappt nicht. (I2, 36:46)

Dort, wo Familien allen Herausforderungen zum Trotz diesen Weg gehen, steckt oft ein organisierter Familienalltag dahinter. Die Bewältigung der Hausarbeit wird neu strukturiert und unter Einbeziehung der Kinder aufgeteilt. Auf einem Elternseminar der Philadelphia-Schule gab es einen Abendvortrag zum Thema: „Wie kann ich Heimschule, Haushalt, Kindererziehung etc. organisieren? Wie unterrichte ich mehrere Kinder gleichzeitig?" Eine Mutter referierte über ihre Erfahrungen und gab Anregungen. Diese waren eine Mischung aus Zeitmanagement, „Simplify your life" und Arbeiten mit Zielvereinbarungen („Man schafft nur, was man verbindlich plant"). unter religiösem Vorzeichen. Die todo-Liste in dem vorgestellten Buch trägt (ins Deutsche übersetzt) den Titel: „Gott möchte, dass ich diese Aktivitäten schaffe" (TB 08.03.2005). Derartige Strategien finden sich primär im Umfeld des Frommen – ein Typus, für den ein geordneter Alltag von Bedeutung ist. Wieder einmal wird hier das Vertrauen auf Gott wichtig, da es hilft, die Diskrepanz zwischen Realität und Anspruch zu überbrücken. Denn wenn Homeschooling Gottes Wille ist, dann wird er, so die Hoffnung, auch die

---

[37] Ausführlicher mit dem Thema Burnout bei Home Education beschäftigt sich Lois 2006.

Kraft geben, die für diesen Weg erforderlich ist. „Deine Bedenken solltest du nicht zu groß sehen. Mit der Hilfe des HERRn werden wir es schaffen", versichert Stücher den Lesern des regelmäßigen Rundbriefs der Philadelphia-Schule (2004 DgT 19:3). Der Zusammenhang zwischen Gottvertrauen und Erfolg findet sich wieder in den Schilderungen mancher Eltern. Eine Mutter erzählt:

> Grundschule ist wirklich gut zu schaffen. Mit Gottes Hilfe. Wenn ich es ohne Gott versuchen würde, also ich hab's manche Tage auch ohne Gott versucht, gebe ich wirklich zu. Und das ging dann also wirklich total daneben manchmal, ne. Und wir versuchen jetzt halt wirklich immer morgens erst Andacht zu machen und Gebet vor allen Dingen. Das man wirklich auch so betet, dass man sagt: „Gib uns die Geduld, dass wir da auch weiterkommen, und dass ihr auch die Sachen dann auch einfallen nach 'ner Weile." Und das eigentlich – es ist toll, weil's wirklich so ist, ja. Gott hilft dann immer wieder weiter. Oder man kriegt 'ne Idee, wie man's machen kann. Also da fallen einem so viele Sachen ein, das ist schon toll. (I11, 23:19)

Für den Frommen spielt der Glaube auch eine entscheidende Rolle hinsichtlich der späteren Bildungs- oder Arbeitsmöglichkeiten der Homeschoolschüler. Auf Konferenzen werden regelmäßig „Erfolgsgeschichten" von deutschen Schülern präsentiert, denen es trotz mehrjährigem Lernen zu Hause gelang, einen guten Schulabschluss, Ausbildungs- oder Studienplatz zu erhalten. Im regelmäßig erscheinenden Informationsblatt der Philadelphia-Schule schreibt deren Leiter:

> Die Sorge um die Bildung können wir der Welt überlassen, die dem Bildungsgott dient. Wir brauchen uns der Heimschule nicht zu schämen, unser Programm gewährleistet eine hohe Bildungsqualität, viel höher als irgendein staatlicher Schultyp. Unsere Schüler können durch die sogen. „Nichtschülerprüfung" alle Abschlüsse erlangen, und danach, wenn sie wollen, studieren. Wir haben Schüler, die nach der 4. Klasse aufs Gymnasium gingen und dort die Besten waren, wir haben Schüler, die nach der 10. Klasse auf Gymnasium wechselten und dort ebenfalls zu den Besten gehörten, einige haben sogar alle anderen überflügelt und waren Jahrgangsbeste beim Abitur. (Stücher 2004, DgT 19:3)

Das Verhältnis zum Bildungserfolg ist jedoch ambivalent. Auf der einen Seite vertraut man darauf, dass Gott „die Seinen" mit Erfolg segnet. Besonders Einflüsse aus den USA unterstützen hier einen hohen Anspruch gemäß dem Ziel, dass die Homeschooler von heute die Elite von morgen sein sollen. Die Richtigkeit des Weges soll bewiesen werden durch den überdurchschnittlichen Erfolg. Dies erinnert an die protestantische Ethik, die in der Beschreibung Max Webers durch die theologisch begründete Orientierung auf immanenten Erfolg die Herausbildung des Kapitalismus begünstigte. Aber auf der anderen Seite wird eben dieser Erfolg als weltlich verdammt. Unmittelbar vor dem eben genannten Zitat schreibt Stücher über die elterliche Meinung, dass Abitur, Studieren und hohe Bildung erstrebenswert seien:

> Hier muss sich jeder prüfen, welche Ziele er mit seinen Kindern verfolgt, entweder für das Reich Gottes oder für die Welt ... Das Studium ist eine Gefahr, in der viele umgekommen sind und ihren Glauben verloren haben oder einfach eine andere Denkweise als ihre leiblichen und geistlichen Väter angenommen haben. „Sinnet nicht auf hohe Dinge, sondert haltet euch zu den Niedrigen" (Römerbrief 12,16). (Stücher 2004, DgT 19:2f)

Das Nebeneinander derart widersprüchlicher Konzepte erlaubt es dem Frommen, je nach persönlicher Präferenz und Leistungsvermögen des Kindes, die eine oder andere gleichermaßen theologisch abgesicherte Position einzunehmen.

Eine Distanzierung von Karriereorientierung findet sich auch im Konzept des Alternativen. Selbstverwirklichung und der eigene Weg sind wichtiger als materieller Erfolg oder Anerkennung. Das Ideal sind eher traditionelle Ausbildungswege, bei denen der interessierte Schüler durch Mitarbeit von seinem Meister lernt. Die Fokussierung auf Zertifikate, Prüfungen und Zeugnisse wird als Fehlentwicklung betrachtet. Dem Alternativen scheint es etwas leichter zu fallen, das Lernen in den Lebensalltag zu integrieren, da, der Grundprämisse zufolge, Kinder immer lernen. Was anderen als Alltagsleben oder Spielen erscheint, wird hier als Lernprozess geschildert. Die Eltern sind etwas entlastet, da Wissen nicht von ihnen vermittelt, sondern vom Kind erkundet wird. Aber auch hier liegt die Angst nahe, mit dem Konzept der Freiheit zu scheitern (Groeneveld 2006 RB IfsL 28:28). Eine in den USA lebende Anhängerin des Unschooling, des Lernens gemäß Interesse und Neigung des Kindes frei von Lehrplänen, schrieb diesbezüglich in der deutschen E-Mail-Group:

> Allerdings erfahre ich doch, dass es im echten Leben viel schwieriger ist mit den Unsicherheiten umzugehen, die da auf einen zukommen. Wenn dein Kind wirklich erst mit 10 oder 12 Jahren schreiben lernt – wie viele dieser Jahre verbringst du damit, dir Sorgen zu machen? Mach ich was falsch? Wird er es je lernen? Funktioniert Unschooling wirklich? ... Im Endeffekt sind diese Sorgen natürlich wohl unbegründet, aber wenn man selbst im Schulsystem groß wurde und von Schulkindern umgeben ist, die alle mit 6 Jahren „ordentlich" und „normal" anfangen zu lesen und schreiben, und natürlich alle Verwandtschaft immer wieder guckt und fragt und bezweifelt – da kann die Unsicherheit in einem selbst ganz schön wachsen ... Das Interessante ist für mich, wie wir Unschooler mit diesen Unsicherheiten dann tatsächlich umgehen (jedenfalls erfahre ich das sehr viel hier bei uns): Da werden die Tugenden und Leistungen der Kinder dann aufgezählt. Man versucht seine eigenen Unsicherheiten dadurch abzubauen, dass man andere unsicher macht. „Mein Kind kann nicht lesen und schreiben, aber letzte Woche hat er seine erste Symphonie geschrieben! ;-)." Und die andere Mutter/der andere Vater geht dann heim und denkt:

„Ohje, mein Kind kann nicht mal Noten lesen." Und dann sucht er nach was, was er „vorzeigen" kann. Ich war sehr erstaunt über das Konkurrenzdenken und -leben unter vielen Unschoolern. (homeschooling_D, 15.01.2005:1490, Rechtschreibung angepasst)

Der Alternative hat nicht den Anspruch, einen perfekt organisierten Haushalt vorzuweisen. Die Frage: „Wie geht es mir?" ist wichtiger als: „Wie wirke ich?". Pragmatismus und Improvisationstalent sind Tugenden und jeder Tag zeigt neu, was gerade „dran ist". Für diesen Typus ist Home Education nicht primär eine zusätzliche, zeitintensive Aufgabe, sondern die Chance, von der Schulpflicht befreit im eigenen Rhythmus zu leben.

Die beschriebenen „Hürden", mit denen Home Education verbunden ist, beziehen sich auf die Situation in Deutschland und sind geprägt von der Tatsache, dass dieser Weg hierzulande „exotisch" ist und von den Schulbehörden nicht anerkannt wird. In der Darstellung der elterlichen Bewältigung dieser Herausforderungen wurde die wichtige Rolle des christlichen Glaubens sichtbar. Dem Frommen steht sein Vertrauen auf einen allmächtigen Gott hilfreich zur Seite, wenn es darum geht, die Ängste und Unsicherheiten zu begrenzen, schwierige Situationen durchzustehen, Ausgrenzung umzudeuten und die Hoffnung auch der Realität zum Trotz nicht aufzugeben. Durch die Relativierung der mit Home Education verbundenen Kosten kann das religiöse Weltbild, gemäß dem bereits dargestellten Modell, die elterliche Entscheidung für Homeschooling begünstigen.

Vermutlich ist dies einer der Gründe dafür, dass in Deutschland die Home Education Bewegung überwiegend aus christlich orientierten Familien besteht. In dieser Hinsicht unterscheidet sich die Situation von der anderer Länder (beispielsweise Großbritannien oder Kanada), in denen diese Bildungsform anerkannt, stärker verbreitet und weniger außergewöhnlich ist. Die „Kosten" sind dort deutlich niedriger, anders gewichtet und etwas weniger beeinflussbar durch eine evangelikale Glaubensüberzeugung.

3 Theorie und Praxis der Bildung zu Hause

3.1 Vergleichender Überblick über die angewandten Lernmethoden

Hinsichtlich der Gestaltung der Lernprozesse existiert innerhalb der Home Education Bewegung eine große Bandbreite unterschiedlicher Ansätze. In der Darstellung der elterlichen Motive wurde bereits deutlich, dass es verschiedene Punkte sind, die die Eltern am schulischen Lernen kritisieren und durch den Wechsel zu Home Education verändern möchten. Manchen sind die schulischen Lernprozesse zu formal und vorstrukturiert, anderen zu wenig ziel- und leistungsorientiert. Und für einen Teil der Eltern ist diese Frage sekundär, da ihre Gründe für Home Education nicht mit der Form des Lernens verknüpft sind, sondern mit Themen wie Werteerziehung, Moral, Mobbing oder anderem.

Mit der Wahl von Home Education stellen sich den Eltern zwei Fragen, die auch in der öffentlichen Debatte um das Bildungssystem oft in der Diskussion sind. Zum einen: „Wie funktioniert Lernen?" und zum anderen: „Was ist das Ziel des Bildungsprozesses?" Weder in der Gesellschaft noch unter Bildungsforschern herrscht Einheit in der Beantwortung dieser beiden Fragen. Die Home Education Bewegung ist ein Spiegelbild dieser Diversität, die hier aufgrund der Loslösung von staatlichen Vorgaben und der Dominanz individueller Perspektiven noch deutlicher zu Tage tritt. In überblicksartigen Darstellungen zu diesem Thema wird oft eine mehr oder weniger große Anzahl verschiedener Ansätze aufgezählt, die sich entweder durch ihre Distanz zum öffentlichen Schulmodell unterscheiden oder sich direkt auf konkrete reformpädagogische Ansätze berufen (Mohsennia 2004:19, Werle 2001:Kap.7).

In der folgenden Darstellung wird die Unterscheidung der Lernmethoden anhand zweier Variablen vorgenommen. Zum einen die Frage, wie stark das Lernen durch die Eltern strukturiert und inhaltlich bestimmt wird, und zum anderen, in welchem Ausmaß informelle Lernprozesse eine Rolle spielen, die im Rahmen des „alltäglichen" Lebens des Kindes angesiedelt sind. Diese Aufteilung steht in Nähe zur elterlichen Rekonstruktion dieses Prozesses und bedient sich teilweise deren Perspektive. Wenn daher in diesem Zusammenhang von den „Bedürfnissen des Kindes" die Rede ist, dann stets nur von dem, was die Eltern als solche wahrnehmen oder definieren. Eine grobe Aufteilung der genannten

Variablen ergibt das in Abbildung 3 gezeigte Schema mit der Unterscheidung in
vier typische Konstellationen.

Abbildung 3:   Typisierung der Lernkonzepte in der Home Education Bewegung

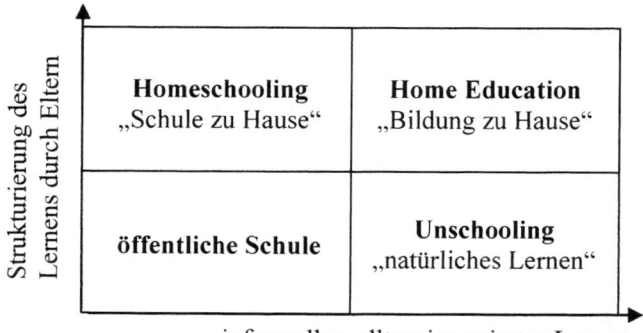

informelles, alltagsintegriertes Lernen

In der öffentlichen Schule wird der Lernprozess weder durch die Eltern noch
durch den Alltag des Kindes bestimmt, sondern orientiert sich am staatlich vor-
gegebenen Lehrplan und den Erfordernissen des Gruppenunterrichts. Bei Homeschooling in Form eines schulähnlichen Unterrichts zu Hause übernehmen die
Eltern die schulische Autorität und definieren Inhalt und Gestaltung des Lernens.
Meist geschieht dies unter Anlehnung an öffentliche Lehrpläne oder unter Einbeziehung der Angebote von Fernlehrwerken. Die Abwendung von Schule in die
andere Richtung trägt die Bezeichnung Unschooling. Nach diesem Ansatz soll
sich das Lernen mit möglichst wenig strukturellen Vorgaben gemäß der „natürlichen" Entwicklung des Kindes vollziehen, vergleichbar mit dem Erlernen des
Laufens oder Sprechens. Die in der Abbildung mit Home Education bezeichnete
vierte Variante stellt eine Kombination der beiden zuvor genannten Ansätze dar,
bei der die richtungsweisende Funktion von Lehrplänen mit der im Rahmen von
Home Education möglichen individuelleren Gestaltung der Lernprozesse in Anlehnung an Bedürfnisse und Interessen des Kindes verknüpft wird.[38] Im Folgenden werden die drei Lernmodelle, die alle innerhalb der deutschen Home Education Bewegung vertreten sind, näher beschrieben.

---

[38] Die Bezeichnung dieses Ansatzes mit „Home Education" geschieht hier ausnahmsweise gemäß der
enger gefassten Definition dieses Begriffs, in der dieser eine Abgrenzung zu „Homeschooling" und
„Unschooling" darstellt. Generell wird „Home Education" in dieser Studie jedoch in seiner weit gefassten Bedeutung benutzt, bei der dieser Begriff das gesamte Spektrum von „schooling at home" bis
„unschooling" abdeckt (vgl. Kapitel 1.1).

Homeschooling – „Schule zu Hause"

Bei diesem Ansatz werden die schulischen Unterrichtsformen ohne große Änderungen in das häusliche Umfeld übernommen. Dies beinhaltet einen Stundenplan, feste Ferienzeiten, Klassenstufen, Leistungstests und nicht selten auch einen extra Schulraum, in dem die Kinder unterrichtet werden.

Wir haben am Vormittag Schule, haben das so nach Fächern gegliedert, wie es in der öffentlichen Schule eben auch ist. Und wir sind ja in der Grundschule, wir haben vormittags Mathe, Deutsch und Sachunterricht, das sind die Hauptfächer in der Grundschule. Und dann ist jeden Tag noch ein anderer Schwerpunkt, da ist mal Musik, mal biblischer Unterricht und mal Kunst und mal Textilgestaltung. Mathe, Deutsch und Sachunterricht ist aber jeden Tag. Und damit beschäftigen wir uns dann also jeden Morgen, kann man sagen. So von neun bis zwölf oder in letzter Zeit ist es auch halb eins oder ein Uhr, weil – jetzt sind wir ja schon viertes Schuljahr. Am Anfang war das noch zweieinhalb, drei Stunden, dann reichte das. Und äh, wir haben jetzt irgendwie keine herausragenden Events, mein Sohn macht Klavierunterricht und hat in der Musikschule so eine Musiktheorieklasse. Und das ist für mich auch eine Erleichterung, dass er das jetzt in der Musikschule macht. Und sonst, äh, diese Gliederung in Fächer – haben wir schon. Ab und zu ist dann Projektwoche oder ein Projekt, was ich mir selber gestellt habe. Das heißt, das ist kein echtes Projekt in dem Sinne, sondern das ist dann fächerübergreifender Unterricht. Da haben wir dann ein besonderes Thema. Im Moment haben wir: „Vom Schaf zur Wolle." Da beschäftigen wir uns sehr mit Schafen und mit Wolle und wie gefilzt wird und wie ein Wollfaden entsteht und solche Sachen. Das ist immer in einer Woche oder zwei oder drei Wochen, wo man mal ganz speziell und schwerpunktmäßig ein Thema hat. (I1, 15:00)

Viele der christlich geprägten Familien bevorzugen dieses Modell. Die Beschreibungen eines ganz normalen Homeschoolingtages beginnen hier oft wie folgt:

Wir stehen morgens auf, um spätestens sieben die Kinder, ich bin schon früher auf, wir frühstücken halb acht, um acht ist Schluss mit Frühstück, dann wird die Hausarbeit gemacht, bisschen 'ne Stunde bis um neun. Das, was anliegt, ob Wäsche anfangen oder Boden fegen oder saugen oder Badezimmer putzen, das machen wir alles zusammen. Die Kinder packen mit an, weil, alleine schaffe ich das dann alles nicht, obwohl wir eine kleine Wohnung haben (lacht). Ähm, und dann ist das auch einfach angenehmer, wenn ein bisschen aufgeräumt ist. Ja. Dann um neun Uhr setzten wir uns hin, wir machen eine Bibelzeit zusammen, wir singen, nicht jeden Tag, aber wir lernen immer neue Lieder, meistens alte Hymnen oder so oder singen neue dazu, machen Bibelverse, lernen die auswendig, das gehört auch mit zu dem Teil, das sind meistens auch nur ein paar kurze Minuten, die wir nehmen dafür. Dann – wir lesen die Bibel von Anfang an durch, haben das im ersten Schuljahr angefangen, ähm, und dann kommen die Hauptfächer. Dann Mathe, Sprache und – aber zu unserem Plan gehören auch viele andere Fächer, die, glaube ich, viele hier nicht machen. Geschichte auch schon in der Grundschule und über Künstler und Komponisten. Meine Kinder lieben Musik und die lernen auch beide Klavier ... und machen Ballett noch einmal die Woche und, ähm ja, so dass wir meistens – bis zwölf Uhr sind wir durch, es sei denn, es sind irgendwelche Sachen dazwischengekommen. (I13, 16:00)

Für den Unterricht verwenden die Familien vorrangig die an den Schulen benutzten Lehrbücher oder die Lehrmaterialien der Philadelphia-Schule, die sich, abgesehen von der religiösen Prägung, auch an den landesüblichen Lehrplänen orientieren. Ein Teil der Familien nimmt das Betreuungslehrerangebot der Philadelphia-Schule in Anspruch, bei dem nach dem Fernkursprinzip dem Schüler ein Betreuungslehrer zugeordnet wird, der den Lernprozess begleitet, die Schülerarbeiten kontrolliert, Leistungstests durchführt und Zensuren vergibt. Nur wenige Familien nutzen die Angebote anderer Fernschulen (z.B. „Deutsche Fernschule" in Wetzlar oder für höhere Klassenstufen das „Hamburger Institut für Lernsysteme").

Eine Gruppe von fünf bis sechs christlichen Familien aus dem Bereich der schulähnlich unterrichtenden Eltern trifft sich alle zwei bis drei Monate für eine Woche in einem Freizeitheim, um dort die Kinder gemeinsam lernen zu lassen. Der Tagesablauf ist dabei klar strukturiert. An der Küchentür hängt ein Tagesplan, der von der Morgenandacht bis zur Nachtruhe vorgibt, wie der Tag inklusive der Mahlzeiten, Unterrichtsblöcke und Pausen gestaltet ist. Die Unterrichtsblöcke sind je nach Vorlieben und Fähigkeiten zwischen den Müttern aufgeteilt. Eine von ihnen, studierte Musikerin, macht mit den 12 Kindern zwischen 2 und 11 Jahren Musik. Sie hat eine große Sammlung verschiedener Instrumente dabei, von der Triangel bis zum Metallophon, auf denen die Kinder ihre Melodie begleiten. Später baut eine andere Mutter mit allen Kindern „Geobretter". Die Kinder schleifen und nageln, bis am Ende 25 Nägel gleichmäßig auf fünf Reihen verteilt in einem Kiefernholzbrett stecken, an denen mit Gummibändern verschiedene geometrische Figuren aufgespannt werden können. Im Laufe der Zeit verlagerte sich der Schwerpunkt des Unterrichts bei diesen Treffen von den üblichen Fächern hin zu Projekten oder Themen, die besser in einer Gruppe bearbeitet werden können. Die hier zusammenkommenden Familien haben alle einen ähnlichen religiösen Hintergrund, vertreten ähnliche Lernkonzepte und teilen ihre Präferenz für vegetarische bis vegane Ernährung. Aber trotzdem werden deutliche Unterschiede hinsichtlich der Zielstellungen des Homeschoolings sichtbar. Während der Essensvorbereitungen erzählt eine Mutter, dass sie für ihre Kinder die bestmögliche Bildung möchte. Wenn sie den Eindruck hätte, das nicht mehr bieten zu können, hätte sie Probleme, Home Education weiter fortzusetzen. „Ich weiß", fügt sie hinzu:

dass andere das anders sehen, nach dem Motto: „Mein Kind braucht keinen Abschluss, Hauptsache, es lernt die Bibel kennen, Gott kann ihm auch so eine Arbeit
beschaffen." Aber das ist nicht mein Punkt. (TB 28.01.2004)

Sie spielte damit an auf eine andere Mutter, die bezogen auf das Bildungsziel
sagte:

> Mir ist es wichtig, dass sie den Glauben kennen und sich gut in der Bibel auskennen,
> aber das andere will ich nicht vernachlässigen. (TB 28.01.2004)

Dieses uneinheitliche Sowohl-als-auch hinsichtlich der Zielstellungen Glaubens-
und Wissensvermittlung kennzeichnet den religiösen Flügel der Home Education
-Bewegung. Manche Eltern gehen fest davon aus, dass ihre Kinder später das A-
bitur erwerben und studieren, andere nehmen bewusst Distanz zu einem solchen
Weg. Ein russlanddeutsches Elternpaar erzählt, dass sie nicht das Ziel haben, aus
ihren Kindern Akademiker zu machen. „Arzthelferin oder Krankenschwester ist
auch o.k.", fügen sie hinzu und betonen, dass das wichtigste Erziehungsziel Be-
scheidenheit sei. Aus einem Buch zitieren sie ihr Lebensmotto, das lautet: „Liebe
dein Schicksal, denn es ist der Weg Gottes zu deinem Herzen" (I17).

Die Entscheidung, sich mit Homeschooling an den Formen und Inhalten des
schulischen Unterrichts zu orientieren, wird von einigen Familien damit begründet, dass man aufgrund der schwierigen rechtlichen Lage den Behörden „nicht
noch weitere Munition" liefern möchte (homeschooling_D, 3.12.2003:643). Damit verbunden ist die Hoffnung, dadurch am ehesten glaubhaft machen zu können, es handele sich nur um eine andere Bildungsform, die nicht sehr weit vom
traditionellen Schulverständnis entfernt sei. Hinzu kommt oft die anfängliche
Unsicherheit hinsichtlich Gestaltung und Erfolg von Home Education, die Eltern
dazu veranlasst, klar strukturierte Programme zu gestalten, um sich selbst zu ver-
sichern, dass ein Lernprozess stattfindet. Diese Tendenz lässt sich in gleicher
Weise auch in anderen Ländern beobachten (Lois 2005). Neben diesen Punkten
bleibt die Wahl der Lernmethode aber auch stets abhängig von persönlichen Präferenzen:

> Ich brauche ein gutes Programm, um das gut zu machen, und ich brauche meine Lis-
> ten, um genau zu wissen, das und das Buch kommt dann und dann dran. Und das
> und das muss ich machen und dann komme ich an dem Tag auch an dem Ziel an. Ich
> kenne andere, die machen einfach in den Tag rein, mal gucken, was heute kommt,
> das kann ich nicht. (I22, 27:04)

Auf einer etwas allgemeineren Ebene wird ein Zusammenhang zwischen der
Entscheidung für eine Lernform und dem zugrunde liegenden Menschenbild
sichtbar. Dort, wo das Kind als Erziehungsobjekt betrachtet wird, dem die Vor-

stellungen von „Gut und Böse" erst vermittelt werden müssen und das von sich aus eher einen Hang zum Negativen als zum Positiven hat, ist die Wahl der vorstrukturierten, Inhalte lehrenden Unterrichtsform naheliegend. Eltern, deren Schulkritik vornehmlich im Bereich der Wertevermittlung angesiedelt ist, stellen nur selten die in der Schule angewandten Lernkonzepte grundlegend infrage. Am Ende ist es damit eine Glaubensfrage, welcher Weg beschritten wird. Eine eher am Stundenplan orientierte Mutter schildert ihre Einstellung zum „Unschoolingbereich" wie folgt:

> Ja, mit denen haben wir es nicht so ... Weißt du, ich weiß, der Mensch hat in sich auch eine faule Seite. Das ist wie die Schwerkraft. Erst mal fällt alles nach unten, weißt du. Und dass der Mensch, sage ich mal, aufrecht geht oder dass der Mensch sich über diese Schwerkraft letztendlich durch einen Ruck, den er sich gibt, hinwegsetzen muss oder so, weil er nicht einfach den ganzen Tag machen kann, was er will – ich glaube nicht an diese Pädagogik – ja. Ich glaube da überhaupt nicht dran. Und es gibt auch Schulen, die, freie alternative Schulen, wo das ausprobiert wird ... da kommt wirklich nichts bei rum. Die sind da in den Bäumen da, gut, das machen unsere auch nachmittags, ist ja schön, aber weißt du, da lernst du keine Orthografie und kein – also ohne richtig da etwas zu pauken, lernst du da nichts. (17, 56:39)

Unschooling – „natürliches Lernen"

Das Konzept des Unschooling wird im Deutschen meist als selbstbestimmtes oder natürliches Lernen bezeichnet. Beide Begriffe verdeutlichen gut die zugrundeliegende Idee. Zum einen soll der gesamte Lernprozess selbstbestimmt sein. Das heißt, der Lernende legt fest, wann welche Kenntnisse oder Fertigkeiten auf welche Art und Weise erworben werden sollen. Weder hinsichtlich der Inhalte noch des Zeitpunkts ihrer Aneignung gibt es Vorgaben. Der Begriff „natürlich" deutet an, dass die Grundannahme dieses Konzepts in der Überzeugung liegt, ein derart selbstbestimmtes Lernen sei die naturgegebene, dem Wesen des Menschen am besten entsprechende Lernmethode. Gleichzeitig wird deutlich, dass diese „Natürlichkeit" einen zentralen Wert darstellt, der nicht nur im Bereich des Lernens, sondern wenn möglich in allen Lebensbereichen verwirklicht werden soll. Der Mensch, und Kinder insbesondere, werden per definitionem zu Lernenden, denn das Leben an sich wird als permanenter Lernprozess aufgefasst.[39]

---

[39] „Denn mein Leben ist Lernen" lautet der Titel eines der beiden bekanntesten deutschen Bücher zum Thema Unschooling (Keller 1999). Daneben widmet sich Mohsennia (2004) in ihrem Buch „Schulfrei – Lernen ohne Grenzen" vorrangig diesem Ansatz.

Ein Beispiel für die Ausrichtung an diesem Konzept wurde in dem Porträt der Familie Kern in der Einleitung (1.2.1) bereits dargestellt. Eine andere Mutter, die einen ähnlichen Weg mit ihren beiden Kindern geht, schreibt:

> Wenn ich es mir genau überlege, bedeutet „Unschooling" für mich, dass ich weder dem Unterrichten (ein Kind mit Informationen füttern, ihm Fertigkeiten beibringen) noch dem Thema Lernen insgesamt eine besondere Wichtigkeit zumesse. Wichtig ist für mich: Wie kriegen wir unser tägliches Leben gut auf die Reihe (allgemeinen Bedürfnissen wie Ernährung, Hygiene, Haushalt nachkommen); wo bleiben unverplante Zeiten zum Rausgehen, für Ausflüge, Treffen mit Freunden; Zeit für die Haustiere, den Garten; Zeit zum Spielen; Zeit für Bücher; Muße-Zeit? Fühlen wir uns wohl, so wie wir leben, und da, wo wir zu Hause sind? (Kuhnle 2004)

Die Grundlage ihres Bildungskonzepts ist das Vertrauen darauf, dass ein Kind auch selbstbestimmt alles Notwendige erlernen kann.

> Wenn wir nicht mit fixen Vorstellungen über die Notwendigkeit der Unterrichtung zur Vermittlung der Kulturtechniken belegt wären, würden wir beobachten können, wie ein ... Kind ... genauso mühelos Lesen, Schreiben und Rechnen (für den Alltagsgebrauch) lernt, wie es seinerzeit Laufen und Sprechen gelernt hat. In unserer Gesellschaft, wo diese Kulturtechniken grundlegend wichtig sind, um selbständig leben zu können, wo also ein Kind ständig von Menschen umgeben ist, welche die Kulturtechniken anwenden, und auf Situationen trifft, die durch das Beherrschen der Kulturtechniken zu meistern sind, würde das Kind diese nebenbei und relativ mühelos erlernen. (Kuhnle 2004)

Das Leben in dieser Familie organisiert sich dementsprechend nicht um ein Lernprogramm herum. Die Kinder gehen ihren Interessen nach, was allerdings strukturiertes Lernen auch nicht ausschließt. Seine beiden Musikinstrumente lernt der zehnjährige Sohn in traditioneller Weise am Konservatorium der Stadt in Einzel- bzw. Gruppenunterricht. Die Mutter sieht sich als Begleiterin, die ihr Kind unterstützt, Lernwünsche realisierbar zu machen, ohne dabei Unschooling zu einem Dogma zu erheben, das die Benutzung von Fernlehrmaterialien grundsätzlich ausschließen würde.

Zwei weitere, nahezu typische Elemente tauchen immer wieder in den Beschreibungen des Unschooling auf: zum einen die Rekonstruktion des außerschulischen Alltags als ein permanenter Lernprozess, zum anderen die Schilderung von Lernbiografien, in denen ein Kind eine Fähigkeit (Lesen, Rechnen ...) viel später, aber dann deutlich schneller und besser als Gleichaltrige erlernt. Ein Beispiel für das Erstgenannte ist die folgende Beschreibung eines Nachmittagsausflugs einer Mutter mit ihren drei Töchtern (im Alter von 6 Jahren, 4 Jahren und 4 Monaten):

Heute war ich ... für ungefähr zwei Stunden an der Donau zum Spielen. Die Großen
... liefen sofort zu ihrem Indianerversteck, wo sie die Schätze vom letzten Mal auf-
bewahrt hatten. Darunter waren „Indianer"-stöcke, große, flache Steine als Unterla-
gen und spitze scharfe Steine als Werkzeug. Dann bearbeiteten sie wieder wie die
ersten Menschen die Holzstücke mit den scharfen Steinen. Dabei kamen sie darauf,
wozu wohl die Urmenschen diese Werkzeuge benutzt hätten und wie sie sich so
scharfe Steine herstellen konnten. Von da aus kamen sie irgendwann weiter zur Entstehung der Steine. Woraus sie sind, wie sie so hart werden, wie die unterschiedlichen Farben der Steine entstehen und wie lange das alles dauert ... Weiter ging's
dann zur Erosion durch Wasser, Wind und Sand und dass ein Stein, der gut in der
Erde liegt, wohl nicht so schnell kaputt geht und „länger lebt als wir Menschen".
„Leben Steine, Mami?" Zwischendurch gingen meine Indianer auf Bärenjagd ... Dadurch kamen wir zum „Problembären" in Bayern: ob der schon abgeschossen sei,
wie der nach Bayern kam, woher man weiß, wo er herkam, und warum er abgeschossen werden sollte. So ganz nebenbei zeigte mir unsere Vierjährige, dass sie mit
Stöcken ein T und ein A legen kann. Sie klopfte mit einem Stein auf Steine und
Hölzer und ließ mich die Geräusche erraten ... Die Ältere warf viele Steine zugleich
ins Wasser und machte damit „Wassermusik". Dann sagte sie auf einmal zu mir, sie
könnte mit Steinen ihren Namen ... sagen. Sie nahm 3 Steine und warf sie nachein-
ander ins Wasser. Auch als ich ihr noch 2-3 andere Wörter sagte, warf sie problemlos die richtige Menge Steine ins Wasser, um die Silben anzugeben ... Ich habe auf
der Decke gesessen und mich hauptsächlich um unser Baby gekümmert, das war's!
Ich möchte mal die Lehrerin, den Lehrer sehen, der in 3 Schulstunden so entspannt
den Kindern soviel LEHRT und die Kinder auch noch soviel Spaß dabei haben.
(homeschooling_D, 16.06.2006:3400)

Auch die zuvor zitierte Mutter des zehnjährigen Samuel ist der Ansicht, dass es
oft die Alltagssituationen sind, in denen die Kinder Beobachtungen machen, die
zu Lernfortschritten führen. Sie illustriert dies, wenn sie sagt:

Z.B. hat sich unsere kleine Katze mal unter die Motorhaube unseres Autos verirrt –
das war Anlass für Samuel, sich einige Teile des Motors etwas genauer zu betrachten. Ich habe den Motor dann auch angelassen, und Samuel hat beobachtet, wo sich
etwas bewegt oder dreht; meist lerne ich in solchen Situationen selbst etwas Neues,
z.B. auch, wenn wir zusammen nach der Bedeutung eines Fremdwortes oder nach
genaueren Informationen zu einem Sachthema im Lexikon nachschlagen ... Durch
den Umgang mit den Haustieren und den Pflanzen in Haus und Garten und durch
allgemeine Naturbeobachtungen im Garten oder bei Ausflügen wird auch sehr vieles
durch Beobachtung und Erfahrung gelernt. (Kuhnle 2004)

In derartigen Darstellungen wird das Ideal des „natürlichen Lernens" deutlich
sichtbar. Nahezu jede Aktivität des Kindes wird als Teil eines anhaltenden Lernprozesses betrachtet. Ausgangspunkt dieses Lernens ist das Alltagsleben, das,

gemäß dem Unschoolingkonzept, ausreichend Anknüpfungspunkte bietet, um geleitet von der Neugier des Kindes nahezu alle Wissensgebiete zu berühren.

Das zweite oben erwähnte typische Element in derartigen Beschreibungen ist das spät, aber erfolgreich lernende Kind. Oft wird diese Erfahrung, wie im folgenden Beispiel, anhand des Lesens geschildert.

> Mein älteres Kind hat einfach gespielt als ein Kind und ich habe versucht ab und zu ihm Lesen beizubringen. Aber es war zu schwierig. Kannst es vergessen einfach – lass es sein. Dann wieder habe ich ihm gezeigt und ich zeige meinen Kindern immer, wie gut ich es finde zu lesen, wie unterhaltungsreich, sie sehen das. Ich und mein Mann, wir lernen viel, wir lesen viel. Und dann mit neun Jahren hat er mich gefragt: „Mutti, kannst du mir, ich will dieses Softwarespiel ‚Age of Empire' spielen. Kannst du mir das vorlesen?" Und dann habe ich gesagt: „Nein. Ich habe kein Interesse an Softwarespielen." Und er hat es gelesen. Und so war es. Und dann habe ich Bücher gefunden, die ihn sehr interessiert haben, und ich habe gesagt: „O.k., du kannst den Film nicht sehen", zum Beispiel „Herr der Ringe", „bevor du das gelesen hast." Also er hat alles gelesen. Aber es war wirklich sein Wille. (I15, 7:49)

Im Vergleich mit den Vertretern des schulähnlichen Homeschooling sind Unschooler in einer doppelten Distanz zum allgemein üblichen Lernweg. Sie haben nicht nur einen anderen Ort des Lernens, sondern auch ein sich deutlich unterscheidendes Konzept gewählt. Besonders in einem Kontext wie Deutschland erzeugt dies nicht selten Unsicherheiten und Rechtfertigungsdruck seitens der Eltern. Dies führt dazu, dass die Tätigkeiten der Kinder unter Berufung auf den „Leben heißt Lernen"-Grundsatz für Außenstehende in gesellschaftskonforme, bildungsorientierte Sprache übersetzt werden. In einem Artikel im Rundbrief der „Initiative für selbstbestimmtes Lernen" erzählte eine Mutter, was ihre Kinder an einem normalen Tag gemacht haben: Yugioh und Gameboy gespielt, diesbezügliche Informationen im Internet gesucht, zum Karate-, Fußball- und Eiskunstlauftraining gefahren, Bücher über den Zweiten Weltkrieg gelesen und gezeichnet. Sie sagt, dass sie nicht glaubt, dies sei die Antwort, die die „anderen Leute" erwarten, wenn sie fragen, wie Homeschooling aussieht, und ergänzt:

> Um ganz ehrlich zu sein: Das erzähle ich ihnen auch nicht. Die Antwort würde eher folgendermaßen lauten: „Wir haben uns mit angewandter Mathematik beschäftigt – Lösungsstrategien finden und Logik – und haben außerdem Lesen und Leseverständnis geübt und Sport, Kunst und Geschichte gemacht." (2006 RB IfsL 29:28)

Die Daten dieser Studie lassen vermuten, dass die meisten Unschooler innerhalb der deutschen Home Education Bewegung dem Typus des Alternativen deutlich näher stehen als dem des Frommen. Dieses Bildungskonzept ist die schlüssige

Fortsetzung des Glaubens an das innewohnende Gute im Menschen, das nur geeigneter Entfaltungsmöglichkeiten bedarf.

Home Education – „Bildung zu Hause"

Diese beiden Begriffe bezeichnen an dieser Stelle den Ansatz, der zwischen dem schulähnlichen Homeschooling und dem freien Unschooling liegt. Die Eltern übernehmen auch hier die Verantwortung für die Gestaltung des Lernprozesses, orientieren sich dabei jedoch nicht so stark am schulischen Lehrplan, sondern eher an der individuellen Situation und den Bedürfnissen des Kindes. Dass man mit diesem Konzept „zwischen allen Stühlen" sitzen kann, ist der nachfolgend zitierten Mutter dreier Kinder durchaus bewusst. Sie schreibt:

> Ich habe nichts dagegen, meinen Kindern Ideen zu geben und auch teilweise zu sagen, dass sie irgendwas Schulisches machen MÜSSEN, und so schließe ich mich eigentlich nicht den „Unschoolers" an. Und ich habe viel dagegen, meinen Kindern zu sagen, dass, weil sie soundso alt sind, sie „dieses" Heft machen müssen, oder weil es 8:15 ist, sie unbedingt Mathe üben sollen. Trotzdem schlagen „echte Unschoolers" die Hände über dem Kopf zusammen, weil ich irgendwas leite, einen Plan habe und überhaupt Mathe-Hefte anbiete, und strenge „Schule-zu-Hause"-Eltern schlagen die Hände über dem Kopf zusammen, weil ich meiner Tochter erlaube, ihr Mathe noch im Schlafanzug oder auf dem Boden zu machen, so lange in der Bibel zu lesen (und auch WO in der Bibel zu lesen), wie's ihr lustig ist, und vier Kapitel von „The House at Pooh Corner" vor dem Frühstück zu lesen, obwohl nur ein Kapitel für jeden Tag auf dem Plan steht. Für mich ist das „natürliches Lernen", und der größte Teil des Lernens findet eh außerhalb akademischer Sachen statt. (homeschooling_D, 19.04.2003:480, Hervorhebungen original)

Viele der Familien, die Elemente von schulähnlichem Homeschooling und Unschooling kombinieren, sind christlich geprägt. Auch die eben zitierte Mutter bezeichnet sich und ihren Mann als überzeugte Christen, die in erster Line die Kinder nicht zur Schule schicken, weil sie glauben, dass Gott ihnen und nicht dem Staat die Verantwortung für die Erziehung der Kinder gegeben hat. Den Lernalltag in der Familie dieses deutsch-amerikanischen Elternpaares skizziert sie wie folgt:

> Mit Stundenplan oder so was machen wir überhaupt nichts. Wenn wir alle wach sind, sage ich irgendwann, dass die Kinder sich anziehen sollen, es wird gefrühstückt (das könnte um 8:00 Uhr oder auch um 11:00 Uhr sein ...), und dann fangen wir an. Meistens dauert das höchstens 2 Stunden, obwohl oft über den Tag verteilt. Marie macht Deutsch mit Zebibuch ... mit meinem Mann, immer montags und don-

nerstags, und manchmal an anderen Tagen, wenn er gerade Zeit hat. Nur Deutsch und Mathe werden mit Arbeitsheften gemacht. Nur Bibel, Mathe und Klavier werden unbedingt jeden Tag gemacht – ich habe keinen Plan dafür, es wird einfach weiter gemacht. Und Marie liest ständig und überall, auf Englisch und auf Deutsch, so dass sie „Lesen" auch nicht als Fach haben muß. Schreiben findet hauptsächlich mit Briefeschreiben und Tagebuchführung statt ... Für Sachkunde besitzen wir zwar ein paar deutsche Schulbücher ... aber mein Mann hat mit den Kindern vielleicht 3 oder 4 Seiten in einem gemacht, vor zwei Jahren oder so, und das war es. Als wir in dem 2. Pusteblume nachgeguckt hatten, wie die verschiedenen Getreide aussehen (nachdem es lange diskutiert wurde, ob das Feld 300 Meter weit weg Weizen oder Gerste hatte ...), habe ich das Buch auf dem Tisch liegen gelassen, und Johanna hat das komplett durchgelesen. Aber wir haben sehr, sehr viele „normale" Sachbücher auf Englisch und auf Deutsch, und die Kinder lesen (oder lassen vorlesen) sehr gerne davon, so dass wir festgestellt haben, dass Sachkunde superleicht als „unschooling" klappt. (homeschooling_D, 4.03.2005:1899, Namen geändert)

Einige der Familien, die ein ähnliches Konzept verfolgen, beschreiben dies als das Ergebnis einer Entwicklung, die ausgehend von schulähnlichem Unterricht zur immer stärkeren Übernahme von Unschooling-Elementen führte. Als Abschluss dieses Überblicks über die verschiedenen Lernmodelle sollen diese Wandlungstendenzen kurz näher skizziert werden.

Wandlungstendenzen bezüglich der Lernkonzepte

Es gibt Eltern, die die gewählte Home Education Variante mit mehreren Kindern und über viele Jahre nahezu unverändert anwenden. Aber eine nicht geringe Anzahl von Familien lässt deutlich werden, dass es sich hier um einen Entwicklungsprozess handelt, der Veränderungen in der Gestaltung von Home Education mit sich bringt. Dieser beginnt bei Vertretern schulnaher Lernmodelle mit dem Wunsch nach „etwas mehr Freiheit".

Also die Zusammenarbeit mit der Philadelphia-Schule, die klappt eigentlich sehr gut, wobei es mir manchmal schon etwas zu verschult ist. Wo ich mir einfach mehr Freiheiten wünsche und die vielleicht auch im nächsten halben Jahr mehr einplane. (I11, 20:31)

Teilweise wird die starke Orientierung an der öffentlichen Schule nur mit der rechtlichen Situation in Deutschland begründet, aufgrund derer manche Eltern bestrebt sind, neben dem abweichenden Lernort nicht auch noch ein völlig anderes Lernkonzept zu vertreten, insbesondere dann, wenn sie, wie die nachfolgend zitierte Mutter, erst seit kurzer Zeit Homeschooling anwenden und ihre Abwesenheit an der öffentlichen Schule noch in keiner Weise geahndet wurde.

> Wenn es eine legale Möglichkeit gäbe, dann wäre es viel einfacher. Man könnte vieles noch viel besser gestalten dann ... Es ist mir jetzt teilweise noch zu schulähnlich irgendwo. So im Ablauf einfach ... Wenn es legal wäre, dann wären da einfach noch mehr Möglichkeiten irgendwie. Das wäre schon besser. (I9, S.8)

Der sich hier andeutende Prozess der Entfernung von schulähnlichen Modellen zugunsten freierer Lernformen spiegelt sich auch wider in den rückblickenden Beschreibungen der Eltern, die bereits über einen längeren Zeitraum Home Education praktizieren. Eine Mutter von vier Kindern, die zumindest einen Teil ihrer Schulzeit zu Hause verbrachten, erzählt:

> Meine Unterrichtsweise ist insofern völlig abgekommen von einem sturen Unterricht nach Stundenplan, der sicher für jüngere Kinder richtig ist. Aber es kommt der Zeitpunkt, wo Persönlichkeit sich entwickelt in der Mittelstufe und wo ein Schüler sich findet, was ihn interessiert. Und man sollte ihn nicht gar zu sehr hindern, das dann auch zu verfolgen. Bei meinem elfjährigen Sohn ist das so, dass er jedes Beispiel im Lehrbuch, wo zum Beispiel irgendwie über Schiffe die Rede ist oder irgendeine Bastelidee, dass er sofort zur Werkstatt eilen muss, um das unbedingt sofort durchzuführen. Er kann das nicht nur als Illustration für einen abstrakten Gedanken auffassen und dann weiterlesen, nein, er muss das machen. Er ist der Handwerker von seiner Begabung her und es wäre völlig falsch, ihn ständig daran zu hindern und zu sagen: „Da bleib sitzen, du musst jetzt hier schreiben und so weiter." Ich lasse ihn die Dinge immer basteln ... Selbstverständlich gibt es dann auch Tage, wo es ums Üben geht, also Sprachen und Mathe und Dinge zum Lernen. Gut, das war also die Entwicklung, die wir durchmachen bei dieser Bildungsform. Und wenn ich nicht erlebt hätte, dass er [der ältere Sohn] ein Spitzenschüler geworden wäre, hätte ich nicht so lockergelassen bezüglich der Verpflichtung auf einen bestimmten Stundenplan oder bestimmte Inhalte. Aber ich sehe, dass jemand, der sich einfach für Schiffe interessiert, der wird lesen, rechnen, schreiben an den Schiffen lernen und der wird solche Bücher durchlesen über Schiffe und dabei mehr lernen als jemand, der zuerst etwas übers Postamt lernt und dann alle Blümchen und dann alle Bäume und dann die Staaten Afrikas und das immer so abgehackt, wie man es ihm vorgibt. (I2, 10:54)

Derartige Beschreibungen sind weder hierzulande eine Ausnahme noch handelt es sich dabei um ein auf Deutschland begrenztes Phänomen. Auch Studien aus anderen Ländern zeigen einen derartigen Trend in der Gestaltung von Home Education (Thomas 2002, Arora 2003, Lois 2005). Übertragen in das eingangs dargestellte Diagramm der Lernkonzepte, folgt ein großer Teil der Familien einer Wanderungsbewegung im Uhrzeigersinn durch die verschiedenen Modelle (Abbildung 4). Die Entscheidungskompetenz hinsichtlich der Gestaltung des Lernens wird dabei von den Eltern zuerst der Schule entzogen und im weiteren Verlauf von diesen an das Kind weitergegeben. Damit verbunden ist ein Prozess, der von der Orientierung am öffentlichen Lehrplan hin zu einer Ausrichtung an individuellen Interessen und Bedürfnissen führt. Daneben trifft man gelegentlich auf einzelne Fälle, in denen sich der Wandlungsprozess entgegengesetzt vom Unschooling hin zu stärker strukturierten Lernformen vollzieht, weil deutlich wird, dass das Kind (vielleicht entgegen elterlichen Präferenzen) nicht das informelle Lernen bevorzugt oder die Eltern selbst eine derartige Änderung anstreben. Der dominierende Trend verläuft jedoch, wie zuvor beschrieben gemäß der in der Grafik dargestellten Richtung. „Unser Homeschooling hat sich zu Unschooling entwickelt", so das kurze Fazit einer Mutter, die diesen Prozess komplett durchlaufen hat.[40] In den meisten Fällen ist es jedoch nicht eine Wandlung durch alle Stufen hindurch, sondern eine Entwicklung, die vom jeweiligen Ausgangspunkt ein Stück in die angedeutete Richtung führt.

Abbildung 4:   Wandlungstendenzen in den Lernkonzepten

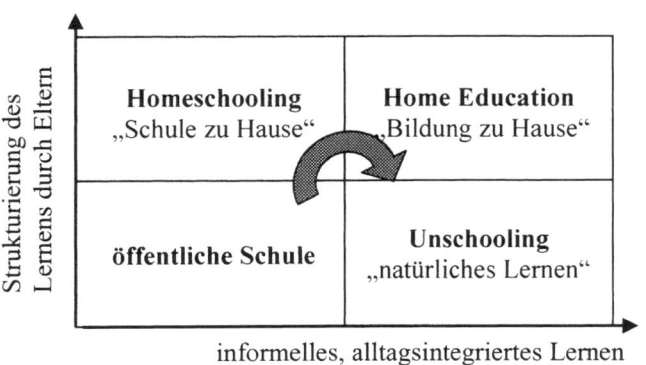

Dieser Prozess findet gegenwärtig eine Entsprechung in den allgemeinen pädagogischen und bildungspolitischen Diskussionen. Die Betonung des informellen Lernens hat Konjuktur (Tully 2006:9, Wahler/Tully/Preiß 2004:190) und ist nicht nur auf die Forschung beschränkt, sondern findet sich auch in den bildungspolitischen Überlegungen vieler Länder (Dohmen 2001, Kap. 5). International ist diese Debatte schon etwas älter als in Deutschland, wo die diesbezügliche Forschung erst am Anfang steht (Overwien 2006). Dohmen nennt es in dem Bericht des Bundesministeriums für Bildung und Forschung eine vernachlässigte

---

[40] E-Mail im Forum der Internetseite www.leben-ohne-schule.de vom 14.11.2004.

Grundform menschlichen Lernens (Dohmen 2001). Denn gleichzeitig zu dem Interesse an informellen Lernwegen ist zu beobachten, dass sich das institutionalisierte Bildungssystem ausdehnt. „Noch nie gab es so viele pädagogische Begleitung des Lernens in formalisierten Kontexten wie heute" (Rauschenbach/Düx/Sass 2006:9). Die vielfach geäußerte Forderung, die Rolle und Chance des informellen Lernens stärker zu berücksichtigen, wird in Zusammenhang gebracht mit gesamtgesellschaftlichen Entwicklungen. Tully verknüpft die Durchsetzung von Standardisierung und Formalisierung mit der Industriegesellschaft, wohingegen die Modernisierung der Informationsgesellschaft stärker auf informelle und individualisierte Bildung aufbaut (Tully 2004:44). Dohmen sieht in der Förderung und Anerkennung selbstgesteuerter, informeller Lernprozesse eine bildungspolitische Antwort auf aktuelle gesellschaftliche Herausforderungen, wie den schnellen Wandel von Situationen oder eine starke Bildungskluft (Dohmen 2001: 165).

Im Fazit einer breit angelegten empirischen Studie des Deutschen Jugendinstituts zu diesem Thema heißt es, dass die Schule im Bewusstsein Jugendlicher einen Gegenpol zu den lebensweltlichen Lernmöglichkeiten bildet. Sie ist mehr Ort sozialer Kontakte als relevante Bildungsinstitution, ihr Stellenwert resultiert eher aus den Zertifikaten als aus den Lernprozessen, wenngleich ihre Bedeutung für die Berufsvorbereitung nach wie vor sehr hoch eingeschätzt wird. Daraus abgeleitet wird empfohlen, dass Schule mehr eigeninitiatives und situatives Lernen ermöglichen soll. Lernen in der Jugendphase sei ein kumulativer Prozess, der viele Lernorte umfasst, die nicht nur der Persönlichkeitsbildung dienen, sondern auch dem Erwerb von Arbeitsmarktqualifikationen (Wahler/Tully/Preiß 2004: 201-203).

Ob das biografieabhängige, selbstgesteuerte Lernen mit seiner Betonung der Aneignungs- anstelle der Vermittlungsperspektive zu einer neuen Lernkultur der Postmoderne avanciert (Siebert 2001) oder ein, vielleicht verstärkt erforschtes, aber die Schulpraxis wenig änderndes Phänomen darstellt, wird sich erst zeigen. Unabhängig von bildungspolitischen Entscheidungen ist informeller Wissenserwerb schon heute ein wichtiges Lernfeld, in dem viele der im beruflichen und privaten Leben erforderlichen Kompetenzen erworben oder geübt werden. Unschooling, die auf ein Maximum gesteigerte Individualisierung und Deinstitutionalisierung des Lernens, ist in diesem Zusammenhang ein mögliches Erkenntnisfeld hinsichtlich Chancen und Grenzen informeller Bildung.

3.2 Implikationen der Mutter-Lehrerin-Rolle

Die Begleitung des Lernens, ganz gleich in welcher Form dies gestaltet wird, geschieht in der Home Education Bewegung fast ausnahmslos durch die Mütter. Es gibt einige wenige Familien, in denen die Väter in nennenswertem Ausmaß an diesem Projekt beteiligt sind, aber Fälle, in denen sie den Hauptteil der mit Home Education verbundenen Aufgaben übernehmen, sind die sehr seltene Ausnahme. Daher kann die Analyse der Kombination aus Elternsein und Home Education an dieser Stelle konkretisiert werden auf das Zusammentreffen der Mutter- und der Lehrerinrolle.

In der soziologischen Analyse von Handlungszusammenhängen hat das Konzept der sozialen Rolle einen festen Platz innerhalb der vielfältigen theoretischen Ansätze. Grundlegende Anstöße für die Rollentheorie kamen in den Dreißigerjahren des vergangen Jahrhunderts von dem US-amerikanischen Sozialpsychologen George Herbert Mead, der deutlich machte, dass die Übernahme von Rollen (role-taking) einen zentralen Bestandteil der menschlichen Persönlichkeitsentwicklung darstellt (Mead 1978).[41] Die breite Rezeption des Ansatzes in Deutschland erfolgte in der zweiten Hälfte des 20. Jahrhunderts und wurde maßgeblich von Ralf Dahrendorf initiiert. Er erarbeitete ein differenzierteres Modell der Rollentheorie, jedoch ohne menschliches Handeln auf das blinde Erfüllen der Rollenerwartungen zu vereinfachen (Dahrendorf 1958). Der später zu einem Buch erweiterte Aufsatz wurde zu einem nach wie vor neuaufgelegten Standardwerk zu diesem Thema.[42]

Der Grundgedanke der Rollentheorie besagt, dass das Zusammenleben in menschlichen Gesellschaften dem Einzelnen zahlreiche Rollen vorgibt. Diese sind Bündel von Handlungserwartungen, Rechten und Pflichten, die mit bestimmten Positionen oder Situationen verknüpft sind. Die Ausrichtung des Handelns an diesen Erwartungen erscheint im Rahmen der Rollentheorie als das „Spielen" (Goffman) einer Rolle auf der gesellschaftlichen Bühne. Eine Abweichung von den Rollenerwartungen kann Sanktionen nach sich ziehen. Ein Rollenkonflikt kann auf verschiedene Weise entstehen, z.B. durch das zeitliche Zusammentreffen divergierender Erwartungen verschiedener Personen an ein und dieselbe Rolle (Intrarollenkonflikt) oder durch die Vereinigung mehrerer Rollen mit teils widersprüchlichen Erwartungen in ein und derselben Person (Interrollenkonflikt).

---

[41] Als zeitgleiche Mitbegründer gelten der Arzt und Psychiater J.L. Moreno und der Anthropologe Ralph Linton. Das Konzept der sozialen Rolle wurde später auch von dem einflussreichen amerikanischen Soziologen Talcott Parsons und von Robert K. Merton aufgegriffen. Für einen Überblick zur frühen Geschichte dieser Theorie siehe Claessens 1970.

[42] Für einen Überblick zum Entwicklungsweg der Rollentheorie siehe Schülein 1989.

Im Folgenden werden zwei Aspekte der Mutter-Lehrerin-Rolle im Mittelpunkt stehen. Zum einen die Frage nach dem Konfliktpotential, das durch eine derartige Kombination entsteht. Und zum anderen geht es um die Konsequenzen für das Selbstverständnis der Homeschoolingmütter unter Berücksichtigung gesellschaftlicher Rollenvorgaben für „weibliche Arbeit".

3.2.1 Wahrnehmung und Lösungsansätze eines Rollenkonflikts bei Home Education

Betrachtet man Home Education aus dem Blickwinkel der Rollentheorie, dann ist zuerst festzuhalten, dass hier zwei Rollen verknüpft werden, die im Allgemeinen, trotz aller Forderungen nach enger Kooperation von Schule und Elternhaus, deutlich getrennt voneinander sind. Die Rolle des Lehrers ist im Verlauf der vergangenen Jahrhunderte sehr verschieden ausgestaltet worden (Arnhardt/Hofmann/Reinert 2000). Auch gegenwärtig ist sie Projektionsfläche zahlreicher Erwartungen, die einerseits schon in sich Konfliktpotential bergen (Jung-Strauß 2000) und andererseits zur Ausformung durchaus verschiedener Rollenverständnisse führen. Mit dem saloppen Buchtitel „Vom Pauker zum Coach" benennt der Erziehungswissenschaftler Peter Struck sowohl einen Entwicklungsweg als auch einen Definitionsraum der Lehrerrolle (Struck/Würtl 1999). Die folgende Skizze kann daher lediglich eine Ansammlung einiger ausgewählter, weit verbreiteter Erwartungshaltungen darstellen. Die Lehrerin erscheint darin als Vertreterin der Institution Schule. Als Ausführende eines staatlichen Erziehungsanspruchs nimmt sie eine „hoheitliche" Aufgabe wahr, was gegenwärtig noch in weiten Teilen durch den Beamtenstatus unterstrichen wird. Aus dieser Position und aus dem Wissen um die, in den Schulalltag integrierten, Sanktionsmöglichkeiten erhält sie eine gewisse Autorität. Sie soll Wissen vermitteln und hinsichtlich der Leistungsbewertung unvoreingenommen sein. Sie soll fördern, aber darf auch Leistung einfordern. Eine stärkere emotionale Einfärbung des Schüler-Lehrer-Verhältnisses stellt keinen erforderlichen Bestandteil dieser Rolle dar und wird, sofern sie auftritt, durchaus ambivalent bewertet.

Die Mutterrolle dagegen ist nach wie vor verbunden mit einer starken emotionalen Bindung an das eigene Kind. Auch wenn Schule und Eltern über weite Strecken ähnliche Ziele verfolgen, im Konfliktfall erscheinen die Eltern nicht selten als „Anwalt" des eigenen Kindes. Die Mutterrolle ist orientiert auf das Wohlergehen des Kindes, auf Anteilnahme, Fürsorge und individuelle Unterstützung. Ihr wird eine Parteinahme für das eigene Kind zugestanden.

Die Kombination beider Rollen ist nicht nur durch Homeschooling möglich, sondern tritt auch dann auf, wenn eine Lehrerin eine Klasse unterrichtet, der ihr eigenes Kind angehört. Dass dies als eine konfliktträchtige Kombination angesehen wird, verdeutlicht die Tatsache, dass Schulleiter angehalten sind, derartige Konstellationen zu verhindern (Avenarius/Heckel 2000: 374).

In den Beschreibungen der Mütter, die durch Home Education eine Verknüpfung beider Rollen eingehen, wird mehrfach deutlich, dass dies als ein Rollenkonflikt wahrgenommen wird.

> Das ist für mich ein Kampf, denn ich muss das Kind ja doch zum Lernen bringen. Und am liebsten wäre ich dann in solchen Momenten einfach – hätte eine freundschaftlichere Beziehung zu ihm und würde nicht gerne die Projektion der ganzen Lernunlust sein. (I7, 28:12)

Eine ausgebildete Lehrerin schildert, dass gerade ihr Lehrerinsein es ihr schwer macht, ihre Kinder als ihre Kinder zu sehen und nicht als ein „pädagogisches Objekt".

> Als Lehrer ist sowieso die Gefahr groß, dass das Leben in diese Schulschiene immer gepackt wird. Und immer auf dieser Schulebene man zusammenlebt, auf dieser Schulebene man kommuniziert und dass man manchmal das ... was uns eigentlich das Wichtigste ist, so in den Hintergrund tritt. Und da muss man echt aufpassen. Und das habe ich jetzt gemerkt, dass ich viel auf dieser Schul- und Bildungsebene gearbeitet habe. Irgendwie so eine Lehrerin, ne, meine Kinder, meine Schüler. Und das ist doch schwierig, das in Einklang zu bringen. (I1, 12:37)

Diese Schwierigkeiten sieht sie nicht nur bei sich selbst, sondern auch bei den Kindern:

> Besonders bei unserem zweiten Kind, das ist ein Mädchen. Also ich glaube, die hasst mich manchmal. Weil ich jetzt schon wieder mit Schule anfange, morgens um neun. Da hasst sie mich am allermeisten. Und manchmal ist es für mich auch schwierig, wie gesagt, was ich gerade gesagt habe, das Leben besteht nicht nur aus Schule, ja, eine Familie ist etwas anderes als eine Schule. (I1, 13:27)

Nur eine der befragten Mütter berichtete, dass sie daran arbeiten möchte, noch besser umschalten zu können zwischen der Lehrerin am Vormittag und der Mutter am Rest des Tages, um dadurch zu versuchen, den beiden verschiedenen Rollen gerecht zu werden (I21). In der Regel sind Eltern bemüht, diesen Konflikt in irgendeiner Weise abzumildern. Lois verdeutlicht in ihrer Studie über den Rollenkonflikt bei amerikanischen Homeschoolmüttern, dass ein permanenter Rollendruck, parallel zu den Erkenntnissen in anderen Berufsfeldern, nicht selten zu Burnout führt. Als typische Phasen beschreibt sie einen sehr euphorisch geprägten Beginn, bei dem Eltern und Kinder engagiert und begeistert von dem neuen

Lernmodell sind. Darauf folgt oft eine Phase, in der Schwierigkeiten auftauchen, sei es, dass die Lernlust der Kinder deutlich nachlässt, dass die Ergebnisse hinter den elterlichen Erwartungen zurückbleiben oder dass die nicht seltene Kombination aus Mutter, Lehrerin und Haushaltsmanagerin sowohl durch Umfang als auch Diversität der damit verbundenen Erwartungen eine Überforderung darstellt, besonders dann, wenn noch jüngere Kinder zu betreuen sind (Lois 2006). Für derartige Entwicklungen finden sich auch in den Berichten der deutschen Homeschoolmütter zahlreiche Beispiele. Um den in dieser Situation drohenden Burnout zu vermeiden, kommen oft ähnliche Strategien zur Anwendung, die darauf abzielen, die Anzahl der unterschiedlichen Erwartungen aus den verschiedenen Rollen an die Person der Mutter zu verringern. Zum Beispiel durch eine Gewichtsverlagerung in der Priorität einzelner Bereiche (weniger perfekte Haushaltsführung), durch eine Neuverteilung der mit Haushalt und Familienleben verbundenen wiederkehrenden Aufgaben (stärkere Partizipation des Partners oder anderweitige Entlastung) oder eine Änderung hinsichtlich der Home Education Methode. Die im vorigen Abschnitt bereits dargestellte Tendenz, dass Homeschoolfamilien im Laufe der Zeit zu weniger strukturierten Lernformen wechseln, liegt teilweise auch in dieser Situation begründet. Dabei wird die persönliche Lehrerrolle neu definiert und in Richtung der individuell-fürsorglichen Mutterrolle angepasst. Eine Mutter beschreibt diesen Prozess wie folgt:

> Also ich musste meine Elternrolle erst finden. Als Mutter ist man fürsorglich und man kann den Kindern nicht gegenübertreten: „Ich bin jetzt der Lehrer (mit strengem Ton nachgeahmt) und ich bestrafe dich mit schlechten Noten." Das widerstrebt der Mutter irgendwie. Aber ich brauch das jetzt auch nicht mehr. Ich hatte da die ersten Jahre Mühe, wie soll ich fördern und gleichzeitig dem heranwachsenden Kind gegenübertreten als jemand, der es beurteilt oder bewertet. Aber das Problem hat sich ausgewachsen. Also ich tue die Kinder jetzt mehr locken und tue sie mehr fördern und begleiten und, ähm, das ist ausgereift irgendwie in der Weise, dass es sich nicht mehr als problematisch darstellt, so dass ich denke, das Lehren gehört zur Mutterrolle, auch das Lehren in akademischen und sozialen Dingen. (I2, 28:49)

Der Bildungsprozess wird dabei nicht nur formal aus der Schule herausgelöst. Durch den Wandel in der Lernmethode in Richtung freierer, selbstbestimmterer Formen wird das Lernen von der traditionellen Lehrerrolle abgekoppelt und auf eine Art und Weise konzipiert, die mit dem Konzept von Muttersein und Familienleben leichter zu vereinen ist. Derartige Umdeutungen sind auch dort spürbar, wo Eltern erklären, warum sie keinen Rollenkonflikt empfinden. Der Vater der in der Einleitung dargestellten Familie Uhl (1.2.4) beschreibt eine derartige Konstruktion, wenn er begründet, warum er keine große Veränderung in der Elternrolle durch den Wechsel zu Home Education sieht:

Denn den Blick für die Gesamtverantwortung, die man für die Kinder sowieso hat, da passt das gut rein. Das ist da nicht unbedingt eine neue Rolle. Man hat ja auch vorher manches zusammen unternommen, man hat gemeinsam gelernt oder manches gemeinsam erfahren oder gemeinsam gearbeitet, so dass das im Grunde genommen keine so massive Veränderung war ... Auch für meine Frau nicht. Man hat sich mit den Kindern dann auch vorher schon intensiv beschäftigt ... so dass ich glaube, das Verständnis ist nicht so unbedingt da, dass man in dem Moment die Rolle, die Stelle eines Lehrers einnimmt. Sondern das Erziehen und das Bilden, das passt dann in das Ganze. Das sind nicht zwei Welten irgendwo. Schule hört dann nicht auf mittags, sondern ist Lebensgestaltung gesamt. Ja, so kann man das sagen. (I20, 16:34)

Eine ähnliche, nur umgekehrt gerichtete Gewichtsverlagerung bezüglich der relevanten Rollenerwartungen existiert dahingehend, dass die Mutterrolle in Anlehnung an die eher strengere, fordernde Lehrerrolle interpretiert wird.

Es ist irgendwo schon ein bisschen eine Umstellung. Aber da ich eher sowieso dazu neige, eine strenge Mutter zu sein, also gerade, was so bestimmte Regeln betrifft, da bin ich eher konsequent – und von daher ist das dann auch mit der Schule nicht so schlimm, da läuft das dann auch. Das akzeptieren sie [die Kinder] auch ... Wenn ich sage: „Wir müssen das jetzt machen", dann müssen sie das jetzt machen. (I9, S.3)

Zu fast wortgleichem Resultat kommt die Mutter der am Anfang porträtierten Familie Heinrich, die die Umstellungsschwierigkeiten schildert, den gelegentlichen Widerstand der Kinder gegen Leistungsforderungen erwähnt und dann anfügt: „Aber letztendlich wissen sie genau, sie müssen es machen." Mütter, deren Erziehungsstil die Formulierung klarer Anforderungen und Regeln beinhaltet, die Elternsein verbinden mit dem Konzept einer natürlichen (bzw. gottgegebenen) Autorität gegenüber dem Kind, neigen dazu, die oben skizzierte klassische Lehrerrolle relativ unhinterfragt auf Home Education zu übertragen. Ihr erzieherisches Bemühen wird lediglich auf ein neues Feld ausgeweitet. Die Rollendefinition von Mutter- und Lehrerinsein kann dabei so weit übereinstimmen, dass kein nennenswerter Rollenkonflikt empfunden wird. Die Mutter der eingangs näher dargestellten Familie Stock (1.2.3) sieht diesbezüglich keine Änderung, seit sie mit Homeschooling begann. Über die Kinder sagt sie:

Ich denke, die nehmen das hin. Weil, irgendwo bin ich vielleicht streng, als Mutter und als Lehrer. Und sie wissen schon, wenn Mutter das will, dann, wenn sie auch nicht wollen, sie wissen schon, sie müssen das machen. Wenn ich zum Beispiel nur als Mutter: „Na ja, mein Söhnchen" (verhätschelnd) und so, dann wäre das vielleicht anders, dann würde ich vielleicht auch selber den großen Unterschied merken. Aber wo die auch zur Schule gingen und auch zu Hause so im Häuslichen, so: „Du musst das machen, und du weißt Bescheid, deine Arbeit ist da und da." (I12, 26:56)

Die wenigsten Mütter betreiben Home Education in der Form, dass sie über längere Zeit bewusst die Lehrerin der Kinder „spielen". Eine Mutter, die schon vor
der Entscheidung für Homeschooling ihren Kindern Musikunterricht erteilte,
lässt in ihrer Beschreibung deutlich werden, wie prägend einerseits die vom Mut-
terbild abweichende Konstruktion einer Lehrerin war, aber andererseits auch,
dass ein so umfangreiches Projekt wie Home Education eine Neudefinition erfordert, um diese Differenz abzuschwächen.

> Beim Flöten habe ich immer den Lehrer gespielt, weil ich ja jeden Tag mit denen
> geübt habe, und dann habe ich dann jeden Montag, nee, jeden Dienstag, mir einen
> Dutt gemacht und einen Brille aufgesetzt und dann war ich ihre Lehrerin (lacht).
> Und dann haben wir ordentlich Unterricht gemacht und dann wieder die ganze Wo-
> che geübt. So einen Quatsch mache ich jetzt nicht bei der Schule, aber nö – ich den-
> ke nicht, dass ich da jetzt besonders die Lehrerin bin, ich bin halt die Mama, die ih-
> nen da etwas beibringt. (I10, 25:43)

Die Lösung des Rollenkonflikts geschieht entweder durch die Konstruktion einer
Elternrolle und eines Familienbildes, bei dem Lernen als ein natürlicher Bestandteil des täglichen Lebens aufgefasst wird, für das kein Lehrer in der herkömmlichen Form notwendig ist. Oder aber der familiäre Lebensstil ist geprägt durch
das Wissen der Kinder, „tun zu müssen", was die Eltern erwarten. Hier übernimmt die Mutter Aufgaben der klassischen Lehrerinrolle, ohne dass dies eine
sichtbare Abkehr von der bisher praktizierten Mutterrolle erfordern würde.
Daneben trägt in einigen der christlich geprägten Familien auch der Glaube daran, sich auf einem gottgewollten Weg zu befinden, dazu bei, die umfangreichen
und divergierenden Anforderungen zu bewältigen.[43]
    Die Kombination aus Mutter- und Lehrerinrolle durch Home Education be-
inhaltet, neben dem bisher beschriebenen, noch ein weiteres Problemfeld. Diej-
nigen Mütter, die keine formale pädagogische Ausbildung vorweisen können,
übernehmen durch Homeschooling eine Rolle, ohne über die Qualifikation zu
verfügen, die in der gesellschaftlichen Erwartung damit verbunden wird. Viele
kritische Anfragen an Home Education konzentrieren sich auf diesen Bereich, so
dass immer wieder Argumentationsfiguren in den Darstellungen der Mütter-
Lehrerinnen auftauchen, die darauf abzielen, diesen Konflikt aufzulösen oder
zumindest abzuschwächen. Ganz pragmatisch verweisen manche Eltern auf den
anfänglichen Erfolg ihres Homeschooling als Begründung dafür, dass sie diesen
Weg fortsetzen (so in dem einleitenden Porträt der Familie Heinrich, 1.2.2).
Meist wird aber auch auf einer allgemeineren Ebene das Verhältnis von Lernen,

---

[43] Ausführlicher dazu in Kap. 2.4 in der Darstellung zur Bewältigung des Risiko des Scheiterns. Eine
gleiche Funktion der Religion beobachtete Lois (2006) in ihrer Studie über Homeschooling in den
USA.

Lehrer und Mutter neu bestimmt, um den Vorwurf mangelnder elterlicher Kompetenz zu entkräften. Dies geschieht zum einen durch das Infrage-Stellen der Notwendigkeit formaler pädagogischer Ausbildung für die erfolgreiche Begleitung des Lernens oder durch das Bestreben, darzustellen, dass die Mutter nachweislich auch ohne Zertifikat über die erforderlichen Qualifikationen verfügt. Im pädagogischen Konzept der Philadelphia-Schule heißt es dazu:

> Die beste Lehrerin ist naturgemäß die Mutter. Pädagoge kann man nicht durch Studium werden, man muss dazu begabt, ja geboren sein. (Philadelphia-Schule 2002:11)

Der tiefe Glaube an die natur- oder gottgegebene Kompetenz der Eltern (und insbesondere der Mutter) hinsichtlich der Begleitung und Förderung der eigenen Kinder stellt einen gemeinsamen Nenner der verschiedenen Richtungen in der Home Education Bewegung dar. Viele Homeschooleltern sind sehr kritisch, wenn es um „Expertenrat" bezüglich ihrer Kinder geht. Ärzte, Kindergärtnerinnen, Lehrerinnen und Therapeuten verschiedenster Branchen erscheinen angesichts eines derartigen mütterlichen Selbstverständnisses in den Darstellungen nicht selten als Personen, die, trotz guter Absichten, elterliche Entscheidungskompetenz infrage stellen.

In der Begründung der Annahme einer naturgegebenen pädagogischen Eignung der Eltern wird zusätzlich unter Rückgriff auf die kindliche Entwicklung die Idee eines von Beginn an kontinuierlichen Lehrerinseins der Mutter postuliert:

> Wenn ein Kind auf die Welt kommt, das Kind kann gar nichts, ja. Das Kind kann nicht sprechen, gar nichts. Ich lerne doch dem Kind auch das Sprechen, das lernt's doch auch von mir. Wenn ich mit dem Kind nicht sprech', dann würde es einmal nie sprechen. Also lernt es doch da auch schon von mir. Warum lernt es dann die anderen Sachen nicht? Das kann doch ruhig weitergehen. Gut, du kannst jetzt sprechen, du kannst laufen, du kannst spielen, jetzt probieren wir dies, mit Bilderbuch anschauen, jetzt probieren wir mal ein paar Buchstaben lesen, warum soll das nicht gehen? Das geht doch. (I14, 27:32)

Home Education erscheint dabei als die konsequente Fortsetzung eines kontinuierlichen Bildungsprozesses, der unter Begleitung und Anleitung der Eltern bereits seit Geburt des Kindes abläuft. Ergänzend wird von manchen Müttern hinzugefügt, dass sie dort, wo nötig, sich durch Homeschooling selbst in einen Bildungsprozess begeben und sich schon verloren gegangene Wissensbestände wieder aneignen, um diese den Kindern verständlich machen zu können. Die eben zitierte Mutter verweist darauf, dass sie selbst nur einen Volksschulabschluss erwarb, aber dass der Wille, etwas zu tun, entscheidender sei als eine formale Qualifikation:

> Das, was ich bis jetzt mit den Kindern mitgelernt hab, das hab ich während meiner ganzen Schulzeit nicht gelernt. Und man muss ja auch bedenken, dass ich vom Alter also her keine junge Mutter mehr bin. Und wenn man will, wenn ich will, weil ich was tue, wo ich weiß, das tut dem anderen gut, dann kann ich das auch. Dann kann ich es – dann geht es. Es geht. Also ich möchte behaupten, das ist 'ne Ausrede, weil man nicht will. Dass man dann sagt: „Ich kann net." Aber man kann es. Der Mensch kann vieles. Und wenn man Vertrauen hat, dann geht's erst recht. (I14, 26:30)

Diese Idee des Mitlernens und der natürlichen Eignung der Mutter als Lernbegleiterin wird jedoch nicht selten auf eine bestimmte Altersspanne eingegrenzt. Nicht wenige Eltern sehen ihr Homeschooling primär als eine Alternative für die Grundschulphase. Der dort stattfindende Erwerb von Basisfähigkeiten wie Lesen, Schreiben und Rechnen wird dabei in Anlehnung an das Erlernen des Laufens, Sprechens und weiterer für das Vorschulalter typischer Wissensbestände als eine natürliche Fortsetzung des elterlichen Bemühens gesehen, dem Kind eine angemessene Förderung zuteilwerden zu lassen. Aber angesichts des breiter werdenden Fächerkanons der höheren Klassenstufen lassen manche Eltern deutlich werden, dass sie sich sowohl intellektuell als auch materiell vermutlich nicht in der Lage sehen, den Lernstoff kompetent im Alleingang vermitteln zu können. Ein Vater erklärt:

> Wir haben uns nicht festgelegt, es fällt uns schwer vorzustellen, wie das, also wenn der Stoff schwerer wird, intensiver wird, also meine Tochter zum Beispiel, weiß jetzt, die ist mit ihrem Mathe jetzt schon weiter als ich ... Vielleicht werden wir finden, dass es doch gut funktioniert oder funktioniert auf jeden Fall gut genug, dass man doch weitermachen kann, dass man weitermacht als gedacht. Aber wir haben uns nicht festgelegt. Und wir würden uns auch von niemandem unter Druck bringen lassen, dass man unbedingt immer weitermachen muss. Wir wollen auch immer sehr ehrlich bleiben. Also wenn es eine Katastrophe ist, nicht irgendwo in einem Gespräch oder auf einer Konferenz zu sagen: „Oh ja, es geht, es läuft ganz gut", also immer schon realistisch bleiben. (I6, 24:54)

Parallel zu den Darstellungen einiger anderer Eltern fügt die Mutter dieses Elternpaares noch hinzu, dass auch die persönliche Belastbarkeit ein Kriterium ist:

> Aber wenn ich merke, ich gehe nur noch auf dem Zahnfleisch, ich schaffe es vorn und hinten nicht, dann ja, wie mein Mann sagt, dann möchten wir ehrlich genug sein vor uns selbst und vor den anderen und sagen: „Es geht leider nicht mehr." (I6, 27:07)

3.2.2 Home Education als Neudefinition der Hausfrau und Mutter

Die Herausbildung des Familienmodells mit erwerbstätigem Mann und einer auf Haushalt und Familie orientierten Frau wird oft in engem Zusammenhang mit dem Industrialisierungsprozess gesehen (Beck-Gernsheim 1988:20).[44] Bis dahin war vielerorts die gesamte Familie durch landwirtschaftliche oder handwerkliche Arbeit gemeinsam für die ökonomische Existenzsicherung tätig. In Deutschland sieht man, beginnend in der Zeit nach dem Zweiten Weltkrieg, eine langsame Umkehr dieses Prozesses (Lauterbach 1991). Der Anteil der Erwerbspersonen unter den verheirateten Frauen verdoppelte sich im Gebiet der Bundesrepublik von 25 % im Jahr 1950 auf 50 % im Jahr 2000 (Statistisches Bundesamt 2002:89). Gegenwärtig gehen ca. 60 % aller Frauen im Alter zwischen 15 und 65 Jahren einer Erwerbstätigkeit nach (Statistisches Bundesamt 2005b:28). Bei Frauen mit Kindern liegt der Anteil in der Altersgruppe der 45-Jährigen mit ¾ am höchsten und gleichauf mit den Frauen, die keine Kinder haben. Bei jüngeren Frauen sind diejenigen ohne Kinder zu einem deutlich höheren Anteil berufstätig als Frauen mit Kindern. Bei Männern dagegen sind über alle Altersklassen hinweg die Väter zu einem geringfügig höheren Anteil erwerbstätig als Männer ohne Kinder. Betrachtet man nur die Gruppe derjenigen mit Kindern, ergibt sich für Väter eine Beschäftigtenquote von 85 %, von den Müttern gehen 64 % einer Erwerbstätigkeit nach (Statistisches Bundesamt 2005a:31). Letzteres variiert je nach Alter des jüngsten Kindes. Von den Frauen mit einem Kind unter 3 Jahren sind 31 % erwerbstätig, ist das Kind im Grundschulalter, sind es 65 % und von den Müttern, deren jüngstes Kind zwischen 15 und 18 Jahren alt ist, gehen 74 % einer Erwerbstätigkeit nach (Statistisches Bundesamt 2005a:35). Hinzu kommt, dass Frauen in erster Linie eine Teilzeittätigkeit ausüben. Der Anteil der Vollzeitbeschäftigten beträgt bei den erwerbstätigen Männern 58 %, bei den Frauen 29 % (Statistisches Bundesamt 2005c:85).

Trotz sichtbarer gesellschaftlicher Veränderungen im Bereich der Erwerbstätigkeit hat das male-breadwinner-model nach wie vor große Verbreitung. Deutliche Unterschiede bestehen allerdings diesbezüglich zwischen West- und Ostdeutschland.[45] In den alten Bundesländern bezogen im Jahr 2000 von allen verheirateten Frauen im Alter zwischen 16 und 45 Jahren mit einem Kind unter 10

---

[44] Pfau-Effinger betont, dass sich für diesen Zusammenhang im internationalen Vergleich Gegenbeispiele finden, die dieses soziologische „Paradigma" grundlegend infrage stellen (Pfau-Effinger 1998).

[45] Eine vergleichende Analyse zur unterschiedlichen Rolle der Frau in beiden Teilen Deutschlands bei Kurz 1998. Eine weitere ausführliche Studie zur Arbeitsaufteilung zwischen den Geschlechtern im getrennten und wiedervereinigten Deutschland ist die Arbeit von Künzler 2001. Darin wird deutlich, dass die BRD diesbezüglich zu den traditionellsten Ländern gehörte, die DDR zu den progressivsten (S. 1).

Jahren 54 % ihren Lebensunterhalt durch den Partner oder Angehörige, wogegen
dieser Anteil in Ostdeutschland unter 10 % lag (Konietzka/Kreyenfeld 2005:55).
Diese Verhältnisse spiegeln sich auch in den Einstellungen zur Rollenaufteilung
wider. Den Daten der ISSP-Umfrage[46] 1994 zufolge halten 48 % der Westdeutschen (20 % der Ostdeutschen) Hausfrau sein für genauso erfüllend, wie gegen
Bezahlung zu arbeiten. Die Befürwortung eines Familienmodells, bei dem der
Vater außer Haus Geld verdient und die Mutter die Verantwortung für Haushalt
und Familie übernimmt, differiert deutlich hinsichtlich sozialstruktureller Faktoren. Begünstigende Effekte hinsichtlich der Akzeptanz traditioneller Rollenmuster haben beispielsweise ein niedriger Bildungsabschluss und die Einbindung in
eine Kirche (Kurz 1998:206f). Zehn Jahre später ergaben sich etwas niedrigere,
aber doch ähnliche Werte. Im Rahmen der ALLBUS-Umfrage 2004 stimmten
42 % der befragten Westdeutschen der Aussage zu, dass es für alle Beteiligten
besser sei, wenn der Mann voll im Berufsleben steht und die Frau sich um Haushalt und Kinder kümmert. Die Zustimmung in Ostdeutschland lag bei 17 %. Der
Unterschied zwischen Frauen und Männern ist bei der Beantwortung dieser Frage nur sehr gering (Braun/Borg 1998:217).

Zu Gestalt und Wandel der Hausarbeit im Verlauf der vergangenen Jahrhunderte gibt es inzwischen zahlreiche Studien (Überblick bei Kuhn 1993). Die
Spezifika der Rolle Hausfrau und Mutter gehören innerhalb der wissenschaftlichen Forschung, abgesehen von ihrer Berücksichtigung in der Statistik, jedoch
zu den eher weniger beachteten Themen. Einen Überblick dazu bietet Bücker-
Gärtner (2000), die in ihrer Analyse dieser Rolle aus psychologischer Perspektive zu dem Schluss kommt, dass die Identitätsbildung dieser Frauen durch die Tätigkeit als Familienmutter erschwert wird (S. 166). Im 19. Jahrhundert waren
Status und Identität der Frau weitgehend durch die gesellschaftliche Stellung des
Mannes bestimmt. Später führte die Aufwertung der Mutterrolle, verbunden mit
einer Neubestimmung von Kindheit und Kindererziehung, zu einer teilweisen
Kompensation des Verlusts beruflicher Möglichkeiten und half damit, dieses Lebensmodell zu etablieren (Bücker-Gärtner 2000:165f). Bezüglich der Hausarbeit
gab es eine Gewichtsverlagerung in der Form, dass die produzierenden Tätigkeiten an Bedeutung verloren, dafür aber die Beziehungsarbeit zunehmende Relevanz erhielt (Kontos/Walser 1979).

Das Engagement als Hausfrau und Mutter spielt nicht nur in der Statistik
zur Erwerbstätigkeit, sondern auch in den Lebensentwürfen vieler Frauen eine
wichtige Rolle und prägt unsere Kultur bis heute (Mayer 2006). Doch so stark,
wie dieses Modell mitunter vertreten wird, so engagiert wird es auch kritisiert.
Die „Mommy Wars" (Lois 2005:37) finden sich auch in Deutschland als scharfe

---

[46] International Social Survey Programme. 1994 wurden dazu in Deutschland 1646 Frauen und 1648
Männer befragt (Kurz 1998:219).

Debatte über die angemessene Position der Frau und Mutter. Die eine Seite sieht Mutterschaft als Fulltimejob, kritisiert eine frühe Betreuung der Kinder außerhalb der Familie und betrachtet berufstätige Mütter als karriereorientierte Frauen, bei denen die Ernsthaftigkeit des Kinderwunsches hinterfragbar ist. Der Gegenseite erscheint die Hausfrau als nur auf die Familie orientierte, identitätsschwache, faule Mutter, die ein traditionelles und diskriminierendes Frauenbild am Leben erhält. Die Forderungen der Politik gelten einem Mittelweg. Mit besserer Kinderbetreuung, mehr Teilzeitarbeitsangeboten und höherer Vereinbarkeit von Familie und Beruf sollen beide Ideale verknüpft werden.

Dort, wo die Rolle der Hausfrau-Mutter als Ausdruck geringen sozialen Status und begrenzter persönlicher Entfaltungschancen erscheint, wird oft eine (zumindest teilweise) Erwerbstätigkeit außer Haus angestrebt oder die Anforderungen an Intensität und Qualität des Mutterseins werden derart ausgeweitet, dass sich eine hochkomplexe Mutterrolle ergibt, die nicht nur Engagement, sondern auch pädagogische Fachkenntnis und Expertenrat erfordert.

Homeschooling stellt in dieser Perspektive ein höheres Level an Engagement für die eigenen Kinder dar. Die involvierten Mütter unterscheiden sich durch die Übernahme der Lehrerinrolle von denjenigen, die in der Kritik stehen, „nur" Hausfrau und Mutter zu sein. Lois zeigt in ihrer Arbeit Beispiele dafür, dass Home Education Mütter ihr Homeschooling mitunter als einen Job betrachten, als eine Professionalisierung des Mutterseins, die sie abhebt von den Frauen, die ihre Kinder in die Schule schicken (Lois 2005).

Susan McDowell geht in der Auswertung ihrer Studie der „Homeschooling mother-teacher" so weit, dass sie Home Education als eine andere Art des Feminismus bezeichnet. Dessen Zielpunkt ist die Erreichung der „same social, politcal, and economic rights for home schooling mother-teachers as for the public and/or private educational system" (McDowell 2000:187). Durch Homeschooling übernehmen die Mütter-Lehrerinnen nicht nur eine stärkere Kontrolle hinsichtlich der Bildung und Erziehung ihrer Kinder, sondern, so McDowell, auch bezüglich ihres eigenen Lebens. Home Education bietet ihnen eine Chance, persönliche Werte, Normen und Vorstellungen stärker in der Art der eigenen Lebensführung zum Ausdruck zu bringen (203).

Auch Stevens stößt in seiner umfangreichen ethnografischen Studie über Homeschooling auf die Bedeutung dieses Weges für das Selbstverständnis der involvierten Mütter. Er fasst es zusammen in dem Satz: „To be homeschooling mother means staying at home without ‚just' staying at home" (Stevens 2001:83). Home Education stellt Müttern eine stark erweitere Mutterrolle (an expanded maternal role) zur Verfügung, die auch über den eigenen Haushalt hinausreicht.[47] Sie beinhaltet die Integration in Netzwerke, das Engagement für eine größere Bewegung und die Arbeit in lokalen Gemeinschaften und für deren Aktivitäten.

Die Existenz konkurrierender Lebensmodelle für Frauen in unserer Gesellschaft und deren nach wie vor nur begrenzte Vereinbarkeit gelten als eine Ursache für Schwierigkeiten hinsichtlich weiblicher Identitätsfindung.

> Im europäischen Vergleich weisen [west]deutsche Mütter, ob nun berufstätig oder nicht, die größte Selbstunsicherheit und das niedrigste Selbstbewusstsein auf ... Dies wird darauf zurückgeführt, daß es bei uns keine anerkannte Frauenrolle gibt ... Der auf der einen Seite immer noch starken „Mütterideologie", die berufstätige Mütter als „Rabenmütter" abstempelt und ihnen Schuldgefühle macht, steht auf der anderen Seite der Vorwurf des „nicht emanzipierten Hausmütterchens" an „Nur-Hausfrauen" gegenüber. In der Bundesrepublik stehen, anders als in den meisten europäischen Ländern, zwei verschiedene Lebensmodelle für Frauen in Konkurrenz zueinander und werden beide von den Frauen negativ bewertet. (Faltermeier u.a. 1992:97 bezugnehmend auf Erler/Jaeckel/Sass 1983)

Durch Home Education erhöht sich das Ausmaß, in dem die Eltern für familiäre Angelegenheiten und die Entwicklung der eigenen Kinder Verantwortung übernehmen. Es ist eine Intensivierung der Hausfrau-Mutter-Rolle, die jedoch nicht zwangsläufig die damit verbundenen Schwierigkeiten verstärkt. Mit Übernahme des gesellschaftlich als wichtig angesehenen Bereichs der Bildung erfährt die Rolle der Hausfrau-Mutter einen Bedeutungszuwachs. Allgemein konzentriert sich mütterliches Engagement hinsichtlich des Lernens im Alltag auf die Hausaufgabenbetreuung, eine nicht selten für Kind und Eltern unliebsame Angelegenheit, da, wie Melzer betont, die Mütter an dieser Stelle unbezahlte Arbeit leisten,

> die als gesellschaftliche „Schattenarbeit" nicht einmal wie die Schwarzarbeit auf dem Bau oder das Verfertigen von Kleidungsstücken eine Befriedigung oder Anerkennung durch das Produkt erbringe. Vielmehr würden die positiven Leistungen des Kindes in der Regel entweder dem Kind selbst oder der schulischen Förderung zugeschrieben, während bei negativen Schulleistungen die Mutter über die Lehrkraft zur Rechenschaft gezogen werde oder sich selbst die Schuld zuschreibe. (Melzer 1987:56)

---

[47] Treffend zitiert Stevens diesbezüglich eine keineswegs untypische Position einer Mutter, die sagt: „I don't want to have my children grow up and remember me as the lady who always had the clean house. I want them to remember me as the mom who spent lots and lots of time with them. And did wonderful things with them. And enabled them to do wonderful things. And went places and made projects and tried stuff, and hat science experiments that didn't work [grinning]." (Stevens 2001:83)

Durch Homeschooling verlassen Mütter diese „undankbare" Position. Mit der größeren Verantwortung steigt auch die Befriedigung, die aus der Lernbegleitung gezogen werden kann. Die Integration der Lehrerinrolle erweitert die Tätigkeit der Mutter auf Bereiche, die im Allgemeinen durch professionelle Akteure besetzt sind, und bietet damit neue Ansatzpunkte für die Konstruktion und Bewertung der eigenen Identität. Es eröffnet sich die Chance, dem gewählten Konzept von Mutterschaft treu zu bleiben, aber sich gleichzeitig deutlich abzugrenzen von den „Nur-Hausfrauen". In Deutschland ist dieser Prozess aufgrund der Illegalität und der geringen gesellschaftlichen Akzeptanz von Home Education allerdings weniger stark sichtbar, als dies in Ländern mit gut etablierten Homeschoolbewegungen der Fall ist.

3.3 Die Ergebnisse des Lernens zu Hause

Die Frage nach den Resultaten von Home Education spielt in der Auseinandersetzung mit diesem Phänomen eine wichtige Rolle. Kritisch interessierte Personen sehen an diesem Punkt Schwierigkeiten aufgrund fehlender Kompetenz der Lehrkräfte und bezweifeln die akademische und soziale Anschlussfähigkeit der Homeschoolschüler. Die Befürworter dieses Weges wiederum bemühen sich, diesen Bereich zur Legitimation dieses Ansatzes zu nutzen, indem sie versuchen nachzuweisen, dass die Home Education Resultate denen des öffentlichen Schulsystems mindestens gleichwertig sind.

Im Rahmen der hier zugrunde liegenden Studie wurden keine Daten zum Bildungserfolg der Homeschooler erhoben. Zum einen, weil dies eine gänzlich andere Methodik verlangt hätte, und zum anderen, weil die Frage bei genauerem Betrachten weniger zentral erscheint und mit zahlreichen Schwierigkeiten verbunden ist. Trotzdem lässt das vorhandene Material eine kurze Erörterung dieses Themenbereiches zu. Der Bildungsauftrag der Schule kann grob unterteilt werden in die Vermittlung von Wissen und Fähigkeiten auf der einen Seite und die Förderung der Herausbildung sozialer Kompetenz auf der anderen. Diese beiden Bereiche finden sich auch wieder in der Diskussion der Leistungsfähigkeit des Homeschooling und werden nun im Folgenden separat näher behandelt.

3.3.1 Der Lernerfolg von Homeschoolingschülern

Für Deutschland liegen keine repräsentativen Daten vor, die eine generelle Aussage über die Lernergebnisse bei Home Education zulassen. Das vorliegende Material erlaubt lediglich eine Annäherung an eine Antwort auf diese Frage. Dabei handelt es sich entweder um externe Leistungstests mit Homeschoolkindern oder um deren Zeugnisse, nachdem sie auf eine öffentliche Bildungseinrichtung wechselten. Dazu im Folgenden einige Beispiele: Im Zuge der juristischen Auseinandersetzung einer bayerischen Home Education Familie wurden die Kinder an der öffentlichen Schule von einem Pädagogen und einem Schulpsychologen getestet. Die beiden Söhne befanden sich zu dem Zeitpunkt in der 3. und 4. Jahrgangsstufe und waren bis dahin zu Hause unterrichtet worden. Der schriftliche Testbericht an die Eltern bescheinigte den Kindern in allen Bereichen sehr gute Ergebnisse.[48]

An einer Grundschule in Norddeutschland prüfte 1999 die Rektorin einen neunjährigen Jungen, der seit zwei Jahren Homeschooling erhielt. Auch hier erfolgte der Test im Zusammenhang mit der gerichtlichen Auseinandersetzung um den Hausunterricht (I23). Abschließend heißt es in dem ausführlichen Bericht der Schulleiterin, dass die gezeigten Leistungen den Anforderungen des zweiten Schuljahres entsprechen und „durchaus oberhalb (teilweise auch gut oberhalb) des Durchschnitts einzustufen" sind.[49]

In der Publikation zur Geschichte der Philadelphia-Schule finden sich weitere derartige Beispiele und Zeugniskopien der Kinder des Schulgründers Stücher, die deren erfolgreichen Hauptschulabschluss belegen (Buyny 1998).

E. Kuhnle, die bereits oben als Vertreterin des „natürlichen Lernens" zitiert wurde, schreibt über die externe Bewertung ihres Sohnes:

> Nach zwei Jahren Schulabstinenz und echtem „Unschooling" (keinerlei häuslicher Unterricht) hat Samuel auf Wunsch des staatlichen Schulamtes (und mit seiner ausdrücklichen Einwilligung) einen etwa zweistündigen individuellen (mündlichen) Test (HAWIK-R) gemacht, der so supergut ausfiel, dass er das Angebot erhielt, ohne Aufnahmeprüfung ein Gymnasium besuchen zu können. (Kuhnle 2004)

In der deutschen Home Education Bewegung findet man schnell weitere Beispiele von Jugendlichen, die nach mehreren Jahren Homeschooling erfolgreich an eine öffentliche Schule wechselten, eine staatliche Abschlussprüfung bestanden, später Abitur erwarben, Berufsausbildungen abschlossen oder ein Studium absolvieren. Diese individuellen Lernbiografien erlauben allerdings keine Aussage über das Abschneiden von Homeschoolern generell und noch weniger eignen sie sich für einen Vergleich der verschiedenen Bildungsformen. Die Daten sind für die Frage nach dem Lernerfolg bei Home Education lediglich insofern interessant, als sie die Falsifikation der These ermöglichen, dass Homeschooling zwangsläufig zu Bildungsdefiziten führt und nur der Besuch einer Schule erfolg-

---

[48] Als Kopie vorliegender Brief des Schulpsychologen an die Familie vom 06.12.2003.
[49] Kopie des Berichts der Rektorin in Buyny 1998.

reichen Wissenserwerb ermöglicht.[50] Die positiven Homeschoolerresultate sind
wenig überraschend, wenn man bedenkt, dass es sich um einen hochgradig individualisierten Ansatz handelt, der die Chance bietet, den Lernprozess genau auf
das persönliche Leistungsprofil des Kindes abzustimmen und dabei gleichzeitig
dessen Interesse und Eigenmotivation gewinnbringend zu integrieren. Auch die
Erfahrungen der staatlich anerkannten Fernschulen belegen, dass Schulbesuch im
klassischen Sinne keineswegs eine unabdingbare Voraussetzung für erfolgreichen Wissenserwerb darstellt.[51]

Betrachtet man die internationale Forschung zum Lernerfolg bei Home E-
ducation, so trifft man auf zahlreiche Studien, denen zufolge Homeschooler in
Leistungstests besser oder zumindest nicht schlechter als Schüler öffentlicher
Schulen abschneiden. Ergebnisse zur Situation in den USA finden sich bei Rudner 1999, Ray 2000, Belfield 2005, Collom 2005. Rothermel 2004 bietet Daten
zu Großbritannien und Block 2004 vergleicht acht (vorwiegend US-amerikanische) Studien zu den Leistungen von Homeschoolern. Ohne diese Arbeiten
im Einzelnen ausführlicher zu besprechen, sollen hier einige der zentralen Probleme dieses Forschungsfeldes verdeutlicht werden.

Ein grundlegendes Problem aller Vergleichsstudien besteht darin, dass die
Testverfahren auf den schulischen Lernprozess abgestimmt sind (oder auch umgekehrt). Dort, wo Home Education stärker auf informellen Bildungserwerb ausgelegt ist, hat dies zur Folge, dass die Ergebnisse, und dies gilt für informelles
Lernen generell, schwerer nachweisbar, objektivierbar und prüfbar sind. Mit dem
Bedeutungszuwachs formaler Schulabschlüsse und Zeugnisse für die Lebens-
chancen verlagert sich Lernen und Lehren stärker auf das, was geprüft wird –
und geprüft werden kann (Dohmen 2001:92f). Die ganzheitliche Evaluierung informeller Lernprozesse erfordert daher neue Testinstrumente. Einen Überblick
zur internationalen Forschung und Entwicklung in diesem Bereich bietet Dohmen (2001: Kap. 6).

So beeindruckend der Leistungsvorsprung von Homeschoolern mitunter
dargestellt wird,[52] so zahlreich sind auch die Schwierigkeiten hinsichtlich einer

---

[50] Derartige Annahmen finden sich mitunter in den Gerichtsurteilen gegen Home Education. Eine
ausführliche Darstellung dazu in Kap. 5.3.

[51] Zum Beispiel die Deutsche Fernschule in Wetzlar, die Flex-Fernschule in Baden-Württemberg, die
sich besonders um Schulaussteiger bemüht (Otto 2007) oder das Institut für Lernsystem in Hamburg,
zu letzterem siehe Wrieden 1996. Hinweise auf internationale Studien dazu bei Block (2004:49).
Auch das erfolgreiche Experiment einer Schweizer Schule, in der die Schüler der 11. Klassenstufe
für ein Semester statt Unterrichtsbesuch selbstständig lernten, deutet in diese Richtung (Spiewack
2006).

[52] Besonders deutlich geschieht dies in den Arbeiten von Brian Ray, Leiter des NHERI (National
Home Education Research Institut) in den USA, das durchaus als Lobbyorganisation für Homeschooling betrachtet werden kann.

angemessenen Interpretation der Daten. In der Studie von Ray war die Teilnahme am Test für Homeschooler freiwillig und die Durchführung erfolgte selbstständig in den Familien. Selbst wenn man großzügig Ehrlichkeit unterstellt[53], ist anzunehmen, dass sich eher die Familien freiwillig beteiligen, die positive Resultate erwarten. Zur Studie von Rudner (1999), die mit knapp 12.000 Befragten seinerzeit als die größte derartige Untersuchung angepriesen wurde, gibt es einen an gleicher Stelle publizierten „Response" (Welner 1999). Die Autorin macht darin deutlich, dass das Sample ausschließlich aus Familien bestand, die das Homeschoolerprogramm der streng christlich orientierten Bob Jones University nutzen. Diese Gruppe aus vorwiegend evangelikalen weißen Mittelstandsfamilien mit akademisch gebildeten Eltern ist weder ein angemessenes Abbild der Home Education Bewegung noch vergleichbar mit der Gesamtgesellschaft. Des weiteren weist Welner darauf hin, dass die Studie von HSLDA, der größten amerikanischen Lobbyorganisation finanziert wurde. Allerdings erwähnt Rudner selbst bereits diese Grenzen und betont, dass sich seine Daten nicht dafür eignen, zu behaupten, dass Homeschooling besser sei als die öffentliche oder private Schule oder dass Kinder bessere Resultate erzielen würden, wenn sie per Home Education lernten. Dazu fehlen die Informationen darüber, wie die Schüler abschneiden würden, wenn sie in eine öffentliche oder private Schule gingen.[54]

Zu einem ähnlichen Resultat kommt auch Block in seiner Vergleichstudie (2004). Ihm zufolge wiederholen sich die methodischen Schwächen vieler Studien ebenso offensichtlich wie die Darstellung der guten Resultate der Homeschoolschüler. Neben Lubienski 2003 bieten vor allem Willard/Oplinger 2004 eine umfangreiche Zusammenstellung zu den Einschränkungen der Aussagekraft bisheriger Studien über Homeschoolerleistungen bieten. Ihnen zufolge basiert das in den USA verbreitete Bild des überdurchschnittlich erfolgreichen Homeschoolers eher auf Anekdoten denn auf Fakten.

Belfield spricht einige diese Schwierigkeiten in seinem Aufsatz an und fordert eine gründliche Kontrolle des Einflusses des familiären Backgrounds bei dem Versuch, den Effekt des Homeschooling auf Testleistungen zu ermitteln (Belfield 2005:170). Er vergleicht die Ergebnisse des SAT-Tests[55], unterteilt nach verschiedenen Schultypen. Die Ergebnisse der Homeschooler liegen an zweiter Stelle hinter denen der „Private-Independent Schools", gefolgt von den „Private-Religious Schools" und den öffentlichen Schulen auf Rang vier. Die

---

[53] Der Autor der Studie schickt den Satz voraus: „The researcher assumed that parents and their children (their students) were honest and accurate in completing the surveys" (Ray 2000:81).

[54] Später sagte Rudner, dass seine Studie falsch interpretiert wurde und dass er verärgert sei über die Journalisten, die die Ergebnisse publizieren, ohne die diesbezüglichen, von ihm selbst dargestellten Vorbehalte zur Kenntnis zu nehmen (Willard/Oplinger 2004).

[55] Ein in den USA landesweit standardisierter Test, der meist vor Aufnahme auf ein College zu absolvieren ist.

Vorhersage des mittleren Testresultates für diese Schultypen aufgrund soziodemografischer Daten der jeweiligen Familien ergibt allerdings die gleiche Reihenfolge. D.h., die positiven Resultate der Homeschooler entsprechen zum großen Teil den aufgrund des familiären Backgrounds zu erwartenden Ergebnissen. Das vorsichtige Fazit von Belfield lautet: „So far at least, the results do not indicate home-schoolers are at a disadvantage" (S. 174). Dieses Ergebnis ist deutlich weniger, als sich die Verfechter von Home Education erhoffen, aber sichtlich mehr, als manche Kritiker bereit wären einzugestehen.

3.3.2 Home Education und die Entwicklung sozialer Kompetenz

Die Frage nach den Auswirkungen von Home Education auf den Sozialisationsprozess des Kindes gehört international zu den meistgestellten kritischen Anfragen in diesem Bereich (Medlin 2000:107). Nicht nur in der Argumentation deutscher Gerichte wird immer wieder darauf verwiesen, dass die Schulpflicht von zentraler Bedeutung für die Umsetzung des staatlichen Erziehungsauftrags ist. Dessen Ziel besteht neben der Wissensvermittlung darin, die Herausbildung sozialer und staatsbürgerlicher Kompetenz zu fördern, um damit ein Hineinwachsen in das Gemeinschaftsleben zu ermöglichen (Sander 1999). Für den Erfolg des Letzteren wird der Schulbesuch als wichtige Voraussetzung betrachtet.[56]

Im Folgenden werde ich zuerst darstellen, welche Positionen innerhalb der deutschen Home Education Bewegung zum Thema Sozialkompetenz existieren und wie diese Familien den Gedanken des sozialen Lernens mit Homeschooling verknüpfen. Anschließend werde ich anhand von Studien zur schulischen Sozialisation und internationaler Forschungen zur Entwicklung sozialer Kompetenz bei Homeschoolern die Grenzen der jeweiligen Argumentationen näher beleuchten.

Positionen der Home Education Familien

Kritische Anfragen hinsichtlich des Sozialisationsprozesses bei Home Education sind für die jeweiligen Familien so präsent, dass sich viele Eltern schon mit diesem Thema auseinandergesetzt haben. In der Darstellung ihrer Position gibt es drei Argumente, die mit unterschiedlichen Gewichtungen immer wiederkehren. Es ist die Kritik schulischer Sozialisation, die Aufzählung der kindlichen Aktivitäten, bei denen es außerhalb der Familie in Kontakt mit anderen Kindern ist,

---

[56] Eine ausführlichere Darstellung der Rechtsprechung mit Beispielen zu diesem Punkt in Kapitel 5.3.

und eine positive Beschreibung des kindlichen Sozialverhaltens. Dazu im Folgenden einige Beispiele.

Es gibt Darstellungen, in denen die schulische Sozialisation zur „Wurzel allen Übels" erklärt wird:

> Sozialkompetenz erstreckt sich ja auf weit mehr als nur den Umgang mit gleichaltrigen Mitschülern. Insofern hat wohl die früher in vielen Dörfern bestehende „Zwergschule" weitaus mehr Sozialkompetenz vermittelt als dies in den heutigen Schulzentren möglich ist. Gerade die stetige Zunahme von Gewalt und Verbrechen, Drogen- Nikotin- und Alkoholmißbrauch an heutigen Schulen zeigt ja, daß die von den sog. „68ern" postulierte Sozialisierung in gleichartigen Gruppen nicht zum gewünschten Erfolg führt. (Lichter 2004)

Kurz darauf fügt der Vater hinzu, dass die Eltern allerdings gefordert sind, sich den aktuellen Fragen zu stellen und Homeschooling nicht, „z.B. aus engen religiösen Gründen, einen Rückzug aus der Gesellschaft bewirken" darf. Ähnlich die Sichtweise einer Mutter, die sagt:

> Also ich möchte nicht diese Sozialisation haben, die es in den Schulen gibt, die bekanntlich in Drogen endet, in Schwangerschaftsabbruch, und ich möchte nicht noch mehr davon erwähnen. (I2, 57:38)

Eine andere christliche Homeschoolmutter zählt zu den negativen Einflüssen „von außen", die sie sich, wenn es geht, „nicht antun" möchte, auch „Schimpfwörter und alle möglichen komischen Spiele" (I10). Andere Eltern betonten, dass die Zugehörigkeit zu einer Schulkasse nicht automatisch eine soziale Integration bedeutet. Die Mutter eines hochbegabten Kindes, das die ersten vier Jahre zur Schule ging, erwähnt, dass ihr Sohn auch während dieser Zeit immer ein Einzelgänger war (I4). Ein Elternpaar beruft sich auf die Kindergartenerfahrungen und kritisiert die dort beobachteten Ausgrenzungsmechanismen:

> Wenn jemand keine Baby-Born [hat], dann ist die Puppe doof, weil, es muss ja die Baby-Born sein. Und wenn jemand das nicht so hat, dann bestimmte Sachen, das geht dann später mit Pokemon-Karten und was die alle gesammelt haben, und wer eben da nicht mitmacht, der wird ausgegrenzt. Also diese Sachen lernen sie von Anfang an, von klein auf – ja? Man kann nicht sagen, dass Kinder soziales Verhalten im Kindergarten lernen. Sie lernen wirklich genau das Gegenteil. Sie lernen, wie man sich am besten durchsetzt und wie man eigentlich gegen andere vorgeht. Das – und Schwächere ausgrenzt. Also das fanden wir schon immer sehr hart. (I7, 9:00)

Die hier sichtbare Umdeutung des sozialen Lernens in Richtung prosoziale Orientierung und „gutes Benehmen" findet sich mehrfach. Eine Mutter betont, dass für sie Sozialisation etwas ganz anderes sei als das, „was die immer predigen":

Das ist nicht, in der Peergroup zurechtzukommen, sondern mit 'nem Kleineren, mit dem Gleichaltrigen und mit dem Älteren. Nicht nur in der Peergroup. Und von daher sehe ich diese Probleme der Sozialisation überhaupt nicht ... Die konnte ich schon immer mal abgeben zum Übernachten woanders. Oder die gehen immer in Gruppen rein, weil sie einfach offen und hochinteressiert sind. Also von daher, kein Thema. Aber das denke ich, das liegt ja auch an den Eltern. Das ist eine Typensache und eine Elternsache und hat für mich nichts, absolut nichts mit Schule zu tun. Es gibt genug Außenseiter in der Schule und es gibt genug Cliquenleute. Und wenn ich auf den Spielplatz gehe, wie versaut es da aussieht, das sind alles Kinder, die früh zur Schule gehen, und sozialisiert ist das nicht wirklich. (I22, 23:15)

Die Kurzform dieses Bedeutungswandels, der sich nicht nur bei religiös geprägten Homeschoolfamilien findet, lautet: „I'll take civilized over socialized any day" (homeschooling_D 17.03.2005:2042).

Die wiederholte Kritik, Home Education isoliere die Kinder sozial, führt dazu, dass viele Eltern darauf verweisen, in welcher Form ihre Kinder trotz Homeschooling in Gleichaltrigenaktivitäten außerhalb der Familie eingebunden sind. Der neunjährige Sohn einer Homeschoolfamilie zählte mir während des Gesprächs mit den Eltern folgendes Wochenprogramm auf:

Also am Montag habe ich Flötenstunde und dann am Dienstag habe ich Fußball und am Mittwoch habe ich Leichtathletik, am Donnerstag habe ich wieder Fußball und am Freitag habe ich Turnen ... Das ist immer am Nachmittag, so vier, fünf, sechs. (I21, 0:20)

Ähnliche, wenn auch weniger umfangreiche Auflistungen finden sich auch in den Schilderungen anderer Eltern:

Nachmittags sind Samuels Termine: zurzeit sind dies: von Montag bis Samstag Oboen-Unterricht, Comic-Zeichenkurs, Harfen-Unterricht, Bastelkurs im Kinder- und Jugendhaus, Kinderkino (es werden wirklich gute Filme gezeigt), freies Programm (Basteln, Spielen, Kochen und Essen) im Kinder- und Jugendhaus. (Das Kinder- und Jugendhaus in unserem Stadtteil ist eine quasi-städtische Einrichtung, die sehr billige und sogar überwiegend kostenlose Angebote bzw. einfach einen Treffpunkt für verschiedene Altersgruppen bietet; es sind immer einige Sozialarbeiter/innen und Erzieherinnen vor Ort, als Ansprechpartner, Aufsichtspersonen und Koordinatoren.) In relativ regelmäßigen größeren Abständen kommt für Samuel dann noch Kindertheater (selbst Theater spielen) dazu. (Kuhnle 2004)

Auch Dinge, die anderen vielleicht alltäglich erscheinen, werden dabei zum Beleg dafür, dass man sich und seine Kinder nicht isoliert. Ein Vater verweist im Gespräch auf das Riesentrampolin im Garten: „Da treffen sich die Kinder von vielen Familien, da wird getobt und gestritten und alles, da lernen sie sich durchzusetzen und mit anderen auszukommen" (I17). Die immer wiederkehrenden Punkte in derartigen Beschreibungen sind jedoch Musikunterricht, Sportvereine und (sofern zutreffend) die Integration in die Kindergruppe der Kirchgemeinde. Der Tenor lautet:

> Also die Schule hat nicht das Monopol an sozialem Kontakt. Wenn sie [die Tochter] normalen Zugang hat zu anderen Familien und auch durch Turnverein und Musikschule und Klavierunterricht und solche Sachen, Schwimmverein, dann ist das absolut kein Problem. Das ist eine Sache, wo ich gar keinen Anlass sehe zur Kritik eigentlich. (I6, 1:04:10)

Den dritten Schritt in dieser Argumentationskette bilden (nach Kritik und Alternativentwurf) Beispiele, die belegen sollen, dass die eigene Variante Erfolg hat. Viele der befragten Eltern integrieren in ihre Darstellung die Schilderung von Situationen, in denen ihre Kinder erfolgreich Kontakte zu anderen Kindern außerhalb der Familie aufbauten oder unterhielten. Sie deuten dies als Zeichen dafür, dass keine soziale Isolation vorliegt oder die Kinder in ihrer Interaktionsfähigkeit eingeschränkt wären. Ein Elternpaar skizziert dies wie folgt:

> [Mutter:] Also unsere Kinder sind eigentlich sehr kontaktfreudig und sie gliedern sich gut ein.
> [Vater:] Also ... unsere Älteste, sie weiß innerhalb von 30 Sekunden, wie der Mensch heißt, wo er herkommt und wie er ist und, ähm, also diesbezüglich, ja das hört sich auch ein bisschen so unverschämt an, so etwas zu behaupten, also es kann sein, dass es allein an Lea liegt, an ihrer Persönlichkeit. Aber Lea, wenn man sie vergleicht mit Kindern in ihrem Alter – auch wenn man das einkalkuliert, dass Eltern auf ihre eigenen Kinder sowieso ein bisschen stolz sind – aber schon mal objektiv würde ich schon behaupten, dass sie eigentlich viel weiter ist mit dieser Fähigkeit, Kontakt zu knüpfen und Interesse zu zeigen. „Wie heißt du denn?", und: „Wo kommst du her?", und: „Komm mal her, ich helfe dir", und solche Sachen. Und Elias ist ein bisschen anders, also er ist ein bisschen so ruppiger und,
> [Mutter:] also er ist schüchterner und dann aber, wenn er sich sicher weiß, dann neigt er auch dazu sich in den Vordergrund zu schieben oder –
> [Vater:] Aber er lässt sich vergleichen mit anderen Kindern in seinem Alter. Also er ist weder schlechter noch besser, glaube ich. (I6, 1:01:22)

Eine Mutter aus einem kleinen Ort Süddeutschlands erzählt nicht ohne einen gewissen Stolz von den positiven Rückmeldungen anderer bezüglich ihrer Söhne:

> Unsere Kinder haben Zugang zu jedem, die sind im Dorf beliebt, bei den alten Bürgern sowieso. Man hört es dann immer so, wenn's heißt, der [Name] lobt eure Kinder, die sind so anständig oder der Bürgermeister oder die Sekretärin, man kriegt das immer wieder zu hören. Oder der Nachbar, der sie zum Angeln mitnimmt, und sagt

dann: „Ich hab schon viele Kinder vom Dorf dabei gehabt, aber solche Kinder wie eure habe ich noch nicht erlebt. Das macht richtig Spaß mit euren Kindern, die fragen, die wollen was wissen. Die anderen, die kriegen den Mund nicht auf." Die haben auch Freunde, die, wie gesagt, da gibt es keinen Mangel. (I14, 15:00)

Wohlerzogenheit erscheint in Anlehnung an die bereits erwähnte Umdeutung des sozialen Lernens vielen als zusätzlicher Ausdruck eines erfolgreichen Sozialisationsprozesses. Es findet eine Gewichtsverlagerung statt, von der Peergroup zum Generationenverband. Homeschooler halten den Umgang mit Menschen verschiedener Altersgruppen nicht nur für wichtiger, sondern auch für „natürlicher" als eine Fixierung auf altershomogene Beziehungsgeflechte.

Zwischen all diesen Punkten, mit denen die Eltern für den Home Education Ansatz argumentieren, wird allerdings auch deutlich, dass sich viele durchaus bewusst sind, dass Homeschooling eine soziale Isolation mit sich bringen kann und dass der Umgang mit Eltern und Geschwistern nicht gleichzusetzen ist mit den Beziehungen zu anderen Kindern. In einer Studie aus den USA werden von den Eltern neben mehreren Vorteilen drei Risiken von Home Education genannt. Dies sind eingeschränkte Möglichkeiten sozialer Interaktion, ein negatives Selbstbild der Homeschooler beziehungsweise negative Zuschreibungen des Umfeldes bezüglich Homeschooling und fehlende Vergleichsmöglichkeiten der Kinder mit Gleichaltrigen (Miller 2000:12). Die oben bereits zitierte Mutter von Samuel sagt:

Ich selbst kann mir gut vorstellen, daß Kinder – die ja seelisch und geistig in einer vom Erwachsenenleben sehr verschiedenen Verfassung leben – bei anderen Kindern Dinge finden können, die sie attraktiver finden als das Zusammensein mit Erwachsenen. (homeschooling_D 17.11.2005:2973)

Deshalb sieht sie es für Kinder ab einem gewissen Alter als förderlich an, „Stätten außerhalb der elterlichen Wohnung zu haben, wo sie sich wohlfühlen, und Personen außer ihren Eltern zu haben, denen sie vertrauen" (homeschooling_D, 17.11.2005:2973). Nicht immer ist das gegeben. „Ich kenne Heimschulkinder", erzählt eine Mutter, „wo ich sagen würde, na ja, müsste man vielleicht aufpassen, dass sie nicht zu sehr nur auf die Familie fixiert sind und dann nach außen so ganz verschüchtert oder so" (I9). Beispiele zeigen, dass dies nicht nur Kinder betrifft, sondern auch ganze Familien in eine isolierte Situation gelangen können. Eine Vertreterin des Unschooling-Ansatzes erzählt:

Also bei Marius habe ich das Gefühl, dass er mit den Möglichkeiten, die wir haben und wie das so innerfamiliär abläuft und strukturiert ist und alles, ist das o.k., auch für ihn selber. Bei Raphael habe ich ziemlich oft Bauchschmerzen. Und das hängt einfach damit zusammen, weil Raphael ganz viel wirklich Kontakte zu Kindern braucht. Und die haben wir hier überhaupt nicht. Also diese Isolation hier in dem Dorf finde ich einfach für Raphael schon als belastend ... Wo ich das Gefühl habe, irgendwie sind wir in einer Situation, ähm, also vielleict haben wir selber auch Anteil daran, dass wir in dieser Isolation sind, das ist mir noch nicht so ganz klar, ähm, aber wir sind es einfach. Also es gibt keine andere Familie, sag ich mal, die nächste ist bei [Ort], wo ich also 1 ½ Stunden hinfahre ... Irgendwie [habe ich] auch das Gefühl ... dass sie auch in ihrem Lernen behindert werden durch diesen Mangel. Weil, Raphael ist dann ganz oft total unzufrieden und wenn er unzufrieden ist, dann ist er auch blockiert und weiß eigentlich nicht, was er machen kann, und ich denke, dass er deswegen auch so viel am Computer hängt und Computerspiele macht ... Ich weiß genau, wenn er die Möglichkeit hätte, was weiß ich, so viel wie möglich mit anderen Kindern, mit seinen Freunden zusammen zu sein, dann bräuchte er den Computer nicht ... Ich wünsche, dass noch andere da sind und sich mit mir da reinteilen in diese Aufgabe. (I3, 9:11)

Ein Elternpaar, das Home Education primär wählte, weil es befürchtete, dass die Tochter auf der zuständigen Hauptschule leistungsmäßig stark zurückfallen würde, erzählt:

Wir würden auch begrüßen, wenn wir eine eigene [gemeint ist eine christliche] Hauptschule hätten, einfach um auch die Sozialkontakte dem Kind zu ermöglichen. Die Janine, die ist schon arg, der fehlt einfach der Sozialkontakt zu anderen Mädchen. Den hat sie nur im Prinzip ja zweimal die Woche. Und sie beneidet die Mädchen in ihrem Alter, die in die Schule gehen dürfen. Einfach um diese Sozialkontakte. Wir haben früher sehr einsam gewohnt und sind bewusst auch in ein Dorf gezogen, um den Kindern Sozialkontakte zu ermöglichen, außerschulische ... Man hat hier echt Mangel daran. Sie hat hier im Dorf eine Freundin mit der sie spielt, aber die Mädchen, mit denen sie in der Woche zusammen war, die sieht sie halt nicht mehr in der Schule. Und da hat es schon manches Mal Tränen gegeben. Und da hat es auch schon viel Fahrerei gegeben, dass sie einfach den Kontakt nicht verliert zu den anderen von früher. Und das wäre mit für mich ein Grund, wo ich sage, also wenn man das abstellen könnte, das würde ich sofort abstellen. (I19, 21:04)

Ein erstes Fazit an dieser Stelle findet sich vielleicht in dem Satz eines Vaters, der sagte: „Ein Kind wird nicht allein wegen Homeschooling sozial inkompetent" (I6). Weitere relevante Einflussfaktoren liegen in der Persönlichkeitsstruktur, der Offenheit des Elternhauses, dem familiären Beziehungsnetzwerk. Aber in den Fällen, wo bereits eine Disposition in diese Richtung gegeben ist, wird Homeschooling das Auftreten sozialer Isolation fördern. Unabhängig von der individuellen, subjektiven Bewertung lässt sich festhalten, dass sich der Rahmen des Aufwachsens und die Gestaltung des Sozialisationsprozesses bei Home Education deutlich unterscheiden von der Situation bei Besuch einer öffentlichen Schule. Dies wird auch in der Schilderung der Mutter deutlich, die beschreibt, wie ihr Sohn nach sechs Jahren Homeschooling ans Gymnasium wechselte:

> Wir hatten natürlich erst unsere Sorgen und Ängste, wie das so alles dann wird. Ähm, er hat dann so ein halbes Jahr gebraucht, um sich in das System so reinzufinden. Wir haben gemerkt, dass er auch diese Zeit gebraucht hat, um ganz sicher und locker im Umgang mit Gleichaltrigen zu sein ... dass er so in gewisser Weise manchmal bisschen unsicher war, weil er es nicht gewohnt ist, in einer ganzen Horde Kinder zu sein. Er stand dann da, hat gelächelt, vielleicht ein paar Worte gewechselt, aber er war nicht so mittendrin. Und das hat sich eigentlich dann geändert durch die Schule. Also dass er da jetzt Probleme hätte, ein Außenseiter ist – überhaupt nicht. Das fanden wir dann positiv, dass er offener geworden ist. Dann, was auch so zu dem Alter passt, das kritische Auseinandersetzen mit dem, was Mama und Papa dann so gelehrt haben. Das kam bei ihm überhaupt nicht so zu Hause durch. Wo er dann in der Schule war, da kamen einfach viele Fragen auf, da wurde er mit Sachen konfrontiert, die er bis dahin halt nicht gehört hat oder was auch immer, ja und dann – das fand ich auch sehr positiv, auf alle Fälle auch zum Erwachsenwerden, dass man eben selber sich Gedanken macht und kritisch hinterfragt und so. Wo er dann auch versucht, das einzuordnen. Also er ist auch ein Stück selbstständig dadurch geworden. (I23, 25:26)

Die Darstellungen der Home Education Eltern zu diesem Thema tragen über weite Strecken apologetische Züge, was angesichts des Rahmens, den Homeschooling in Deutschland hat, nicht verwundert. Daneben existieren aber auch differenziertere Perspektiven, die der Komplexität der Fragestellung nach der sozialen Entwicklung gerecht werden. Im Folgenden soll dieses Bild ergänzt werden durch einen kurzen Überblick über verschiedene Studien, die sich mit dem Sozialisationsprozess in der Schule oder bei Home Education beschäftigen.

Studien zur Entwicklung sozialer Kompetenz in der Schule

Die leitende Frage an dieser Stelle lautet: Wird soziale Kompetenz „geschult"? D.h.: Was lässt sich über den Herausbildungsprozess sozialer Kompetenz sagen und welche Rolle spielt dabei der Schulbesuch? Die Erziehungswissenschaften beschäftigen sich schon seit Jahrzehnten mit wechselnden Begriffen mit dem Thema des sozialen Lernens. Aber nach wie vor handelt es sich dabei um einen schwer fassbaren Gegenstand. Spinath weist darauf hin, dass aus Sicht der Psychologie das Konstrukt der sozialen Kompetenz bis heute ein noch nicht entschlüsseltes Rätsel ist (Spinath 2002). Drei wesentliche, miteinander verknüpfte Punkte sind ihrer Meinung zufolge nach wie vor strittig: Erstens: Wie kann man soziale Kompetenz definieren? Als Fähigkeit, Persönlichkeitseigenschaft oder

Verhaltensweise? Zweitens: Wie kann man soziale Kompetenz messen? Mit Tests, Fragebögen, Interviews oder Beobachtungen? Und drittens: Auf welche Art und Weise ist die Aneignung sozialer Kompetenz überhaupt möglich? Die unterschiedlichen Antworten, die auf diese Fragen existieren, sind eine Ursache für die teilweise konträren Positionen in diesem Gebiet und erschweren eine Diskussion der Frage. Trotz dieser Einschränkung nun einige Eckpunkte, die in verschiedenen Studien sichtbar wurden.

Aus Sicht der Forschung steht außer Zweifel, dass die Voraussetzungen für kompetentes Sozialverhalten in einem Zusammenspiel verschiedener sozialer Umwelten erworben werden. Zu diesem Ergebnis kommt auch die Auswertung der PISA-Studie 2000 (Kunter/Stanat 2003:267). Grundlegender Einfluss wird oft der Familie zugeschrieben (Grunert 2005:64f; Hurrelmann 2002:137; Cohn 1990). Zusammenfassend zur Bedeutung außerunterrichtlicher Sozialisationsfelder schreibt Grunert, dass bei aller Euphorie für die Leistungen der Gleichaltrigenkultur immer wieder hervorgehoben werden muss, dass in der Familie die zentralen Basiskompetenzen für den Umgang mit der Welt und dem eigenen Selbst erworben werden (Grunert 2005:78). Forschungen zu den Bedingungen mitbürgerlichen Engagements oder rechtsradikaler Haltungen zeigen auf, dass den innerfamiliären Umgangsformen und Erziehungsmechanismen dabei hohe Bedeutung zukommt (Schuster 2000:20f). Ähnliche Resultate erbrachte eine internationale Studie in sieben Ländern Mitte der Neunzigerjahre über gesellschaftliches Engagement Jugendlicher. In jedem der Länder war der Faktor, der am stärksten mit einem solchen Engagement korrelierte, ein familiärer Background mit der Betonung prosozialer Werte (Flanagan 1998). Die Grenzen schulischen Einflusses zeigen sich auch anhand der deutlichen Unterschiede, die bei Schülern hinsichtlich ihrer sozialen Kompetenz im Rahmen von PISA 2000 zutage traten (Kunter 2003). In einer Studie zum freiwilligen Engagement Jugendlicher kommt Düx zu dem Ergebnis, dass Schule zwar den Anspruch hat, Kritikfähigkeit und Mitbestimmung durch politische Bildung zur fördern, dass de facto jedoch in der Unterrichtspraxis die Vermittlung kognitiver Inhalte dominiert. Daher sieht sie die individuelle Persönlichkeitsentwicklung und den Erwerb sozialer Kompetenz als eine Stärke des außerschulischen Lernfeldes im Bereich des freiwilligen Engagements (Düx 2006:237).

Zusätzlich zu dieser notwendigen Einschränkung hinsichtlich des Gewichts, das der Schule bei dem Prozess der Herausbildung sozialer Kompetenz zukommt, wird auch deutlich, dass schulische Sozialisation eine ambivalente Rolle spielt bezüglich der Ausprägung der gesellschaftlich gewünschten Sozialkompetenzen. Zweifellos gehen mit Schulbesuch zahlreiche positive Entwicklungsmöglichkeiten einher, wie zum Beispiel die Erweiterung des Interaktionskreises und des kulturellen Horizonts. Daneben wird aber auch sichtbar, wie Schulalltag die

Herausbildung negativ bewerteter Phänomene des sozialen Umgangs begünstigt, wie z.B.: Schadenfreude, Eifersucht, Verweigerung von Hilfe, Bildung konfliktgeladener Hierarchien, Festschreibung von Außenseiterrollen, Zunahme von Häufigkeit und Schwere der körperlichen Auseinandersetzungen und Anpassung Einzelner an dieses Gewaltniveau der Gruppe (Petillon 1991). Gleichberechtigte Aushandlungsbedingungen werden mit verschiedensten Mitteln zugunsten von Dominanz außer Kraft gesetzt (Oswald/Krappmann 1991:215). Mit zunehmendem Alter der Kinder entwickeln Schulklassen mitunter eine Norm, in der Schuldistanz zu Ansehen verhilft (Fend/Stöckli 1997:12, 23). Einige Forscher deuten darauf hin, dass abweichendes Schülerverhalten und Schulangst als hausgemachte, durch die Schulstruktur hervorgerufene Phänomene anzusehen sind (Holtappels 1987:346-350, Ulich 1998:388-392, Henecka 1999:83). Die mentale Gesundheit von Schülern steht im Zusammenhang mit der Qualität der Schule. Die Auswertung der Daten der WHO-Studie „Health Behaviour in School-aged Children" machte deutlich, dass Schule einen nicht zu unterschätzenden Faktor beim Auftreten gesundheitlicher Einschränkungen darstellt (Bilz/Hähne/Melzer 2003). Die Kriterien für einen Schulunterricht, der der Förderung sozialer Kompetenz dient, werden in Deutschland nur von wenigen Schulen erfüllt (Hurrelmann 2002:210). Dem entspricht es, wenn an anderer Stelle gesagt wird, dass der wichtigste Sozialisationseffekt der Schule in der Forderung und Förderung einer abstrakten, inhaltsunabhängigen Leistungsbereitschaft liegt (Ulich 1998:388).

Studien zum Sozialisationsprozess bei Home Education

Da der Verlauf des Sozialisationsprozesses bei Home Education oft Gegenstand der Kritik ist, wurden vor allem in den USA viele Studien durchgeführt, um die Frage zu beantworten, inwieweit durch Homeschooling diesbezüglich Defizite entstehen. Nachfolgend ein kurzer Überblick über diese Arbeiten:

Shyers (1992) untersuchte mittels psychologischer Testverfahren und Videoaufzeichnungen Selbstkonzept und Sozialverhalten von über 100 acht- bis zehnjährigen Homeschoolern. Als Vergleichsgruppe diente ein Sample traditionell beschulter Kinder, bei dem man sich bemüht darum hatte, dass es hinsichtlich relevanter Faktoren mit der Homeschoolergruppe übereinstimmte. Es zeigten sich keine nennenswerten Differenzen beim Selbstkonzept, aber das beobachtete Problemverhalten[57] der Home Education Kinder war unabhängig von Alter und Geschlecht niedriger als in der Vergleichsgruppe.

---

[57] Zur Messung wurde das standardisierte Instrumentarium DOF (Direct Observation Form) benutzt.

Eine von Smedly (1992) durchgeführte Vergleichsstudie mit einem kleineren Sample ergab, dass die Home Education Kinder in den angewandten psychologischen Testverfahren ungefähr 15 % über den Werten der Schulkinder und im obersten Quartil der landesweiten Werte dieses Tests lagen.

1995 kam Walter Lee in einer Studie zu dem Ergebnis, dass es keine signifikanten Unterschiede in der sozialen Kompetenz zwischen Homeschoolkindern und Schülern öffentlicher Schulen gibt (Block 2004: 47).

In einem Forschungsüberblick zu diesem Thema, bei dem auch hier nicht erwähnte Studien berücksichtigt wurden, heißt es, dass Homeschoolschüler nicht isoliert sind und meist von den Eltern ermutigt werden, auch diverse Gruppenaktivitäten außerhalb der Familie wahrzunehmen (Sportverein, Musikschule ...). Sie sind sozial reifer, haben höhere Führungsqualitäten, niedrigere Raten bezüglich Problemverhalten und erscheinen später als integrierte Mitglieder der Erwachsenengesellschaft (Medlin 2000:119).

Eine groß angelegte Studie über Home Education in Großbritannien befasste sich bei einer Teilstichprobe (ca. 40 Kinder) mit der sozialen Entwicklung (Rothermel 2002). Dem Ergebnis der angewandten psychologischen Testverfahren zufolge liegen die Kinder innerhalb der als normal angesehen Werte auf den einzelnen Skalen, allerdings mit einer niedrigeren Orientierung auf Gleichaltrige als bei Kindern traditioneller Schulen.

2003 ergab eine Befragung von ca. 5.000 Erwachsenen in den USA, die mindestens sieben Jahre Home Education hatten, dass diese Personen überdurchschnittlich stark am gesellschaftlichen Leben und an politischen Aktivitäten teilnahmen (Ray 2003).

In einer Studie der Psychologen Francis und Keith (2004) wurde die soziale Kompetenz von 34 Homeschoolkindern verglichen mit der ihrer Freunde, die von den Eltern – abgesehen von der Schulform – als ähnliche Kinder eingestuft wurden. Das Ergebnis zeigte bei der sozialen Kompetenz signifikante Unterschiede zugunsten der Homeschooler, beim Problemverhalten waren die Differenzen dagegen nur sehr gering.

Die Grenzen solcher Studien sind oft nicht zu übersehen. In der vorhin erwähnten Zusammenstellung von Medlin heißt es, dass man hier an vielen Stellen die typischen Schwächen eines jungen Forschungsfeldes findet: keine leitende Theorie, unangemessene Forschungsdesigns, unklare Forschungsfragen, schwache und unerprobte Messinstrumente, unorthodoxe Verarbeitung der Daten und Schlussfolgerungen aufgrund subjektiver Urteile (Medlin 2000:118).[58] Noch

---

[58] Der Entstehungskontext mancher dieser Arbeiten lässt sich erahnen, wenn man liest, wie die Autoren der letztgenannten Studie am Ende ausdrücklich betonen, dass sie an öffentlichen Bildungseinrichtungen arbeiten, weder Homeschooling-Verfechter noch strenggläubige Christen sind und keinen Anreiz haben, diese unkonventionelle Unterrichtsmethode zu unterstützen (Francis/Keith 2004:22).

stärker als beim Bereich der akademischen Leistungen werden hier die Schwierigkeiten sichtbar, die mit dem Versuch verbunden sind, durch derartige Untersuchungen die Bildungssysteme Schule und Homeschooling zu vergleichen.

Zusammenfassung

Für die einleitend erwähnte Annahme, dass Schulbesuch Voraussetzung sei für eine erfolgreiche Vermittlung sozialer und staatsbürgerlicher Kompetenz, lassen sich sowohl durch Studien im Bereich Home Education als auch durch Forschungen zur schulischen Sozialisation nur schwer empirische Belege finden. Sichtbar werden die Grenzen und die Vielschichtigkeit schulischen Einflusses sowie die Differenzen hinsichtlich der Ausprägung sozialer Kompetenz bei Schülern. Die familiäre Sozialisation hat großen Einfluss auf die psychische Stabilität, die sozialen Einstellungen und die soziale Kompetenz eines Kindes. Durch den außerschulischen Kontext bedingte Unterschiede in diesen Punkten können auch durch schulische Sozialisation nur begrenzt egalisiert werden. Ein Hauptunterschied zwischen Schule und Home Education liegt in der möglichen Streuung hinsichtlich der Sozialisationseinflüsse. Homeschooling kann, und das gilt für die Vermittlung sozialer Kompetenz und Wissen gleichermaßen, in seinen Auswirkungen sowohl negativer als auch positiver sein als Schule. Die Bedeutung der Familie für den Bildungsverlauf äußert sich nicht nur in dem Einfluss auf die Teilnahme an formalen schulischen oder außerschulischen Bildungsangeboten. Familien erbringen „im Kontext ihres Mikromilieus und ihrer Alltagspraxis eigenständige, genuin familiale Bildungsleistungen", die maßgeblichen Einfluss auf den Erfolg anderer Bildungsangebote haben (Brake/Büchner 2003:621, ausführlicher Büchner/Krah 2006). In Deutschland wird dieser familiale Einfluss durch das öffentliche Bildungssystem kaum ausgeglichen (Baumert/Schümer 2001). Bei Home Education reduziert sich diese Egalisierung auf ein Minimum, so dass Stärken oder Schwächen der familialen Bildungsleistungen sehr deutlich zum Tragen kommen. Die Tatsache, dass viele Studien Homeschooler im Vorteil sehen, hängt m.E. auch damit zusammen, dass in dieser Bewegung Familien mit bildungs- und kompetenzfördernden Merkmalen überrepräsentiert sind.

Im Rahmen der breit angelegten Konstanzer Studien über schulische Sozialisation wurden Leistungsorientierung und prosoziale Motivation von 15-Jährigen untersucht. Durch Aufsplittung beider Variablen am Median erhielt man vier Gruppen. Diejenigen, die in beiden Bereichen unterdurchschnittlich abschnitten, diejenigen, die in einem der Bereiche hohe Werte, aber im anderen niedrige erzielten, und die Gruppe, die bei beiden Variablen überdurchschnittliche Resultate zeigte. In der Auswertung geht Fend der Frage nach, wie sich diese letztgenannte Gruppe der Solidarisch-Leistungsorientierten charakterisieren lässt. Er schreibt:

> Diese „Idealgruppe" [zeigt] in der Persönlichkeitsentwicklung das positivste Bild. Sie ist kompetent, ich-stark und sozial interessiert; lediglich ihre Selbsteinschätzung sozialer Fähigkeiten liegt im Durchschnitt ... Mehrere Hinweise legen die Interpretation nahe, dass es sich hier um besonders „solide" Jugendliche handelt, die in einem eher traditionalen, intakten Milieu leben: sie sind am stärksten kirchlich engagiert, zeigen die geringste Elterndistanz, sind eher Spätentwickler, was Erwachsenenprivilegien angeht und machen am meisten Hausaufgaben. Herausragend ist auch ihre Einbindung in soziale Verantwortlichkeiten außerhalb der Schule ... Auffallenderweise sind sie jedoch in Gruppen Gleichaltriger nicht besonders gut integriert; sie zeigen hier auf allen Indikatoren eher durchschnittlich-unauffällige Werte. (Fend 1997:323f)

So vielschichtig die deutsche Home Education Bewegung auch ist (siehe Kapitel 2), alle vorliegenden Daten deuten darauf hin, dass dieses Milieu, das Fend hier beschreibt, gegenwärtig in Deutschland (und auch in den USA) die stärkste Fraktion bildet. Solange dies der Fall ist, wird es immer wieder Studien geben, bei denen Homeschooler überdurchschnittliche Resultate erzielen. Auch wenn man davon absieht, mit Home Education Forschung zu den Ergebnissen des Lernens außerhalb der Schule die Überlegenheit dieses Ansatzes nachweisen zu wollen, können derartige Studien einen Beitrag leisten zur Bewertung des Verhältnisses von schulischer und familiärer Sozialisation.

4 Entwicklung und Gestalt der Home Education Bewegung in Deutschland

4.1 Die Wurzeln der deutschen Home Education Bewegung

Legt man eine sehr allgemeine Definition zugrunde, ist Home Education die älteste Bildungsform dieser Welt. Seit Jahrtausenden werden Kenntnisse und Fähigkeiten von Eltern mehr oder weniger informell an die Generation der Kinder weitergegeben. Die nahezu vollständige Verlagerung des Lernens der Heranwachsenden in die Institution Schule entwickelte sich erst in der jüngeren Vergangenheit (Coleman 1990:325).[59] Zuvor war es üblich, dass diejenigen, die es sich leisten konnten, einen Hauslehrer zur Unterrichtung der Kinder engagierten. Für die Mehrheit traf dies jedoch nicht zu. Dort blieben Kinder angewiesen auf das, was Eltern, Familienmitglieder oder eine mehr oder weniger gut organisierte öffentliche Schule an Wissen und Fähigkeiten vermittelten.[60]

In der Einleitung klang bereits an, dass es gegenwärtig allgemeiner Konsens ist, mit Home Education in erster Linie den Bildungsansatz zu benennen, bei dem das Lernen im häuslichen Umfeld in bewusster Abgrenzung zum Angebot öffentlicher oder privater Schulen und zur Erfüllung einer allgemeinen Schul- oder Bildungspflicht gewählt wird. Dies dient nicht nur der Begrenzung des Forschungsfeldes, sondern erscheint auch notwendig und sinnvoll, da Home Education gegenwärtig in einem völlig anderen gesellschaftlichen Rahmen stattfindet und mit anderen Motiven und Herausforderungen verbunden ist, als dies in den Jahrhunderten vor der allgemeinen Schulpflicht der Fall war.

X Berthold Otto – ein Vorläufer

Mit dieser Eingrenzung erscheint der Pädagoge Berthold Otto (1859-1933) als einer der ersten deutschen Vertreter des Home Education Gedankens. Bereits während seines Studiums (Philologie, Philosophie, Pädagogik, Volkswirtschaft

---

[59] Ausführlicher zur Entwicklung der Schulpflicht in Kapitel 5.1.
[60] Eine Sammlung historischer Texte über den Hauslehrer in Fischer/Ladenthin 2006. Dort ziehen die Autoren davon ausgehend den Bogen zur gegenwärtigen Homeschoolbewegung.

und Sprachwissenschaft) arbeitete er als Privatlehrer und spürte, dass seine Sichtweise der Pädagogik sich von der damals üblichen unterschied. [61] Als seine Promotionspläne scheiterten, brach Otto das Studium ab. Mehrere Jahre war er in Leipzig als Redakteur tätig. In dieser Zeit begann er seine eigenen Kinder zu Hause zu unterrichten, da er die schulischen Unterrichtsmethoden ablehnte und gleichzeitig seine eigenen Vorstellungen in der Praxis erproben wollte. Nach einer Prüfung des Kenntnisstandes der Kinder durch das sächsische Kultusministerium wurde es dem unexaminierten Hauslehrer gestattet, den Unterricht zu Hause fortzusetzen. Ab 1897 trat er mit Vorträgen und Publikationen öffentlich als Reformpädagoge in Erscheinung. 1901 gründete er unter dem Titel „Der Hauslehrer" eine „Wochenzeitschrift für den geistigen Verkehr mit Kindern". Bezugnehmend auf einen Leserbrief schrieb er darin:

> Ich kann Ihnen auf die Frage, ob Sie Ihre Kinder selber unterrichten können, auch während der ersten Schulzeit, nur antworten: Niemand kann es so gut wie Sie als Mutter. Und wenn Sie weiter fragen, wer Ihnen dabei raten und wer Sie nötigenfalls führen kann, so muß ich weiter antworten: Niemand kann das so gut wie Ihre eigenen Kinder. (Otto 1965:10f)

1902 wurde Otto an das preußische Kultusministeriums nach Berlin gerufen und erhielt durch eine finanzielle Grundversorgung die Möglichkeit, seine Gedanken auszubauen. Er verfasste eine „Mütterfibel", gedacht als Anleitung, um den Kindern selbst Lesen beizubringen (Otto 1903). Immer mehr Eltern wollten ihre Kinder jedoch an dem Hausunterricht Ottos teilhaben lassen. So gründete er 1906 in seiner Wohnung die Hauslehrerschule, die, nachdem ein Versuch der Schulaufsicht, sie zu schließen, scheiterte, schließlich genehmigt wurde und in der Folgezeit internationale Bekanntheit erlangte. Für zahlreiche Pädagogen wurde Ottos Unterricht, der zeitweise bis zu 80 Schüler umfasste, zum ideengebenden Modell. Der Glaube an einen positiven Kern in jedem Menschen und an die Selbstentfaltungskräfte des Guten waren die Grundlage einer Pädagogik, die sich an den Interessen und Fähigkeiten des Kindes orientierte (Otto 1906: 40). Verbunden mit seinem Namen ist der in seiner Schule praktizierte Gesamtunterricht – ein alters- und themenübergreifendes freies Gespräch zwischen Lehrer und Schülern (Scheibe 1965).

Im Jahr 1933 wurde die Schule, nachdem sie kurz zuvor die Anerkennung als „Vollanstalt" erhalten hatte, von den Nationalsozialisten geschlossen. Im selben Jahr starb Berthold Otto. Trotz dieses schroffen Abbruchs seiner Arbeit hat

---

[61] Die Angaben zur Biografie Ottos nach Roedl 1959, Scheibe 1969, Bast 1993, Röhrs 1998 und Ullrich 1999. Eine weitere, sehr ausführliche und bebilderte Darstellung von Leben und Werk ist die mehrbändige Biografie von Baumann (1958-1962).

Otto heute einen festen Platz in der Geschichte der Reformpädagogik. Neben den Impulsen, die für die Gestaltung schulischen Unterrichts von ihm ausgingen, war er der erste einflussreiche Pädagoge, der angesichts geltender Schulpflicht Home Education praktizierte, fundiert und umfassend die Rolle des häuslichen, inner-familiären Lernens betonte und dabei das kindliche Interesse am Lernen in den Mittelpunkt stellte (Schnücker 1990:10). Seine pädagogischen Konzepte entwickelte er sowohl für die Anwendung in Schulen mit größeren Schülergruppen als auch für den elterlichen Unterricht im eigenen Haus.

Die nationalsozialistische Diktatur und der Zweite Weltkrieg ließen keinen Raum für das Entstehen einer Bewegung selbstunterrichtender Eltern auf der Grundlage des Wirkens von Berthold Otto. Auch heute wird von deutschen Homeschoolern nur selten auf ihn Bezug genommen, trotz zahlreicher inhaltlicher Übereinstimmungen.[62]

Gesellschaftlicher Wandel als Ausgangspunkt der Home Education Bewegung

Bis zur Wiedervereinigung Deutschlands beschränkte sich der Entstehungsprozess der Bewegung auf die damalige Bundesrepublik, da in der DDR die staatliche Kontrolle hinsichtlich Bildung und Erziehung so umfassend war, dass keine Chance zur Durchführung von Home Education bestand. Die Anfänge liegen in der Mitte der zweiten Hälfte des 20. Jahrhunderts. Dabei kann davon ausgegangen werden, dass es Einzelfälle von Hausunterricht zu allen Zeiten gegeben hat, sei es, weil der Beruf der Eltern keinen festen Aufenthaltsort ermöglichte, sei es aus pädagogischer oder ideologischer Überzeugung heraus oder im Rahmen von individuellen Lebensentwürfen fernab der „bürgerlichen Normalität". Daher geht es an dieser Stelle nicht darum, das erstmalige Auftreten eines Phänomens zeitlich zu fixieren, sondern um eine Rekonstruktion der Entwicklungen, die zur Herausbildung der gegenwärtigen Home Education Bewegung führten. Zwei Merkmale der damaligen Zeit sind besonders relevant für das Aufkommen der Schulpflichtverweigerungen: zum einen die Schulreformen unter dem Einfluss eines allgemeinen, gesellschaftlichen Wertewandels und zum anderen die Konjunktur von Antipädagogik und Entschulungsdebatte. Beide Bereiche werden im Folgenden kurz näher skizziert.

In den Sechzigerjahren des vergangenen Jahrhunderts setzte ein gesellschaftlicher Veränderungsprozess ein, in dem tradierte Werte und Autoritätsstrukturen hinterfragt wurden. Es war ein Wandel zugunsten von Selbstentfal-

---

[62] In einem Informationsblatt des Heimschulwerkes Philadelphia-Schule war die Originaltitelzeile einer Ausgabe von Ottos Zeitschrift „Der Hauslehrer" abgedruckt, allerdings ohne dass inhaltlich weiter darauf eingegangen wurde (2003, DgT 17:4).

tungswerten und auf Kosten von Pflicht- und Akzeptanzwerten (Klages 1987:23), der auch die Entwicklungen im Bildungswesen beeinflusste.[63] Die zu Reformen treibenden Kräfte forderten auf der Grundlage gesellschaftskritischer Sozialisations- und Kommunikationstheorien die Emanzipation des Schülers als oberstes Lernziel (Führ 1997:22). In der Tradition marxistischer Positionen, insbesondere der Frankfurter Schule, bildete die antiautoritäre, systemüberwindende Erziehung das angestrebte Ideal, um die gesellschaftlichen Strukturen, die die Herausbildung von nationalsozialistischer Diktatur ermöglicht hatten, ein für alle Mal hinter sich zu lassen. Adornos Imperativ aus einem 1966 gehaltenen Rundfunkvortrag, demzufolge das erste Ziel der Erziehung darin bestehe, „daß Auschwitz nicht noch einmal sei" (Adorno 1977:674), entwickelte eine bis heute sichtbare Wirkung (Meseth 2000). Zu einem Baustein in diesem großen Projekt wurde die Sexualerziehung, die 1968 von den Kultusministern zur Pflichtaufgabe des öffentlichen Schulwesens erklärt worden war und in den folgenden Jahren nach und nach in den schulischen Unterricht einzog. Eine sexualbejahende Erziehung galt ihren Verfechtern als wirksames Mittel zur Umsetzung höherer gesellschaftspolitischer Zielstellungen, wie zum Beispiel der Überwindung der bürgerlichen Klassengesellschaft (Müller 1992).

Zeitgleich zu diesen Bemühungen, die Schule zum Motor einer neuen Gesellschaft werden zu lassen, gab es Strömungen, die ihre Existenz in der vorliegenden Form grundlegend infrage stellten. 1972 erschien Ivan Illichs Buch „Entschulung der Gesellschaft", in dem er eine Abschaffung der Schule forderte (Illich 1973).[64] In seinem zur gleichen Zeit entstandenen Buch „Schulen helfen nicht" (Illich 1984) bezeichnete er das Schulwesen als das zentrale mythenbildende Ritual der Industriegesellschaft. Illich war kein Verfechter des Homeschooling, aber seine international beachtete Institutionenkritik schuf einen Nährboden für eine grundlegende Hinterfragung der Bildungspraxis.

Eine weitere Strömung, die nicht nur das Bildungswesen, sondern auch das Verständnis von Erziehung generell kritisierte, war die Antipädagogik. 1975 erschien von Ekkehard von Braunmühl unter diesem Titel ein Buch, das zum Klassiker dieser Denkrichtung wurde. Die Kritik richtete sich gegen die Konstruktion einer Kindheit mit erzieherischem Bedarf durch Erwachsene und forderte ein

---

[63] Für eine umfassende Darstellung zum Wandel bei Erziehungszielen und Werten im 20. Jahrhundert siehe Höhn 2003.

[64] Der in Wien geborene Philosoph und Theologe (1926-2003) brach 1951 eine aussichtsreiche akademische Karriere ab, um als Armenpriester zu arbeiten. Lange Zeit war er in Mittelamerika tätig, wo er 1960 in Mexiko das CIDOC (Centro intercultural de documentación) gründete, das zum Mittelpunkt seiner Bemühungen um neue Bildungssysteme in unterentwickelten Ländern wurde. In den Siebzigerjahren war er ein weltweit beachteter Kritiker von Bildungswesen, Technik und Medizin, der in einer konsequenten Selbstbegrenzung die Lösung für viele Probleme sah. Ab 1979 lehrte er an verschiedenen deutschen Universitäten.

Generationenverhältnis auf der Grundlage von Gleichberechtigung, Selbstbestimmung und Eigenverantwortung. Eine weitere erwähnenswerte Person in diesem Zusammenhang ist Hubertus von Schönebeck, der die Herausbildung der Kinderrechtsbewegung entscheidend mitprägte. Einen ausführlichen Überblick zu Entwicklung und Gestalt dieser Strömung bietet die von Ullrich Klemm 1992 herausgegebene Sammlung von Quellen und Dokumenten.

Diese hier nur kurz angedeuteten Entwicklungen führten dazu, dass die ersten Schulpflichtverweigerungen in zwei sehr verschiedenen Milieus aufkamen. Zum einen waren es die Verfechter von Liberalisierung und Kinderrechten, denen die Schule trotz aller Reformen nach wie vor zu starr und autoritär war. Ihrer Meinung nach ließ sie zu wenig Raum für Selbstentfaltung und Selbstbestimmung des Individuums. Auf der anderen Seite gab es die eher konservativ (meist christlich) wertorientierten Gesellschaftsschichten, die die Schule aufgrund der bildungspolitischen Linksverschiebung und des gesellschaftlichen Wandels als zu liberal und antiautoritär empfanden. Sie sahen durch den Schulbesuch ihre Möglichkeiten erzieherischer Prägung zu stark eingeschränkt oder gar unterlaufen. Beide Gruppen wollten weniger staatliche Einflussnahme im Bildungsbereich und trafen sich daher bei der gleichen Alternative: Home Education. Diese bipolare Verwurzelung, die sich in sehr ähnlicher Form auch in der Geschichte der US-amerikanischen Homeschoolbewegung findet (Knowles/Marlow/Muchmore 1992:197), prägte die weitere Entwicklung bis in die Gegenwart.

In den ersten zwei Jahrzehnten blieb dieser Ansatz jedoch beschränkt auf wenige verstreute Einzelfälle, die sich nur teilweise rekonstruieren lassen. Ein bundesweit wahrgenommenes Beispiel aus dieser Zeit ist die Schulverweigerung des Lehrers Bernhard Bartmann. Er hatte 1985 der Schule mitgeteilt, dass sein sechsjähriger Sohn aus freiem Willen erklärt habe, nicht zur Schule gehen zu wollen, und dass er selbst es aus menschenrechtlichen Aspekten ablehnt, dagegen Gewalt anzuwenden (ausführliche Dokumentation in Bartmann 1991). Bereits seit 1982 hatte Bartmann mit den von ihm initiierten Regensburger Kongressen ein Forum zur Diskussion eines Bildungswesens ohne Schulbesuchspflicht gegründet. Insgesamt fanden bis 1987 sechs derartige Kongresse statt, die für die schulpflichtkritischen Verfechter von Kinderrechten eine wichtige Plattform bildeten (Klemm 1992:16). Die konkrete Schulverweigerung mündete für das Lehrerehepaar in einen umfangreichen und mehrjährigen Rechtsstreit mit Buß- und Zwangsgeldern. Eine Verfassungsbeschwerde der Eltern lehnte das Bundesverfassungsgericht ab. Während dieser Zeit hatten die Eltern eine Lehrerin angestellt, die den Sohn unterrichtete. Sein inzwischen auch schulpflichtig gewordener jüngerer Bruder besuchte die öffentliche Schule. Die überregionale Presse berichtete mehrfach über den Verlauf dieses Falls. Um dem wachsenden Druck zu entgehen, siedelte die Familie schließlich nach Österreich um, was nicht verhinderte, dass eine zehntägige Erzwingungshaft angeordnet wurde, da Bartmann den Bußgeldforderungen nicht nachgekommen war.

Nahezu zeitgleich widersetzten sich in der Nähe von Paderborn der Privatdozent Hans-Eckbert Treu und seine Frau den staatlichen Forderungen, den Schulbesuch ihres Sohnes zu gewährleisten. Nachdem dieser zwei Jahre die Grundschule besucht hatte, kamen die Eltern zu der Ansicht, dass er dort psychisch leide, der Unterrichtsstil seinem Lerntyp nicht gerecht werde und ein weiterer Schulbesuch unter diesen Bedingungen kontraproduktiv für eine gesunde Entwicklung und Bildung ihres Kindes sei. Im Sommer 1986 entschieden die Eltern, das Kind vorerst nicht zu weiterem Schulbesuch zu drängen. Auch hier kam es zu einem langwierigen Rechtsstreit mit mehreren Bußgeldforderungen. In dem Buch „Zwangsanstalt Schule – Dressur zum Einheitsmenschen" hat der Vater den konkreten Fall und seine Sicht des Schulsystems ausführlich dargestellt (Treu 1989). Der pointierten Kritik zufolge sei nicht das Kind, sondern das Schulsystem „lernbehindert" (Treu 1991).

Nur ein kleiner Teil der damaligen Home Education Fälle ist dokumentiert, eine Gesamtübersicht mit genauen Zahlen ist nicht verfügbar. Zwei Fälle aus der Frühzeit der deutschen Home Education Bewegung sollen an dieser Stelle noch etwas ausführlicher dargestellt werden, da von ihnen beziehungsweise von den involvierten Personen maßgebender Einfluss für die Entstehung und weitere Entwicklung der Bewegung ausging. Zum einen ist es die Geschichte des Helmut Stücher, dem heutigen Leiter des Philadelphia-Heimschulwerkes in Siegen. Zum anderen sind es die Ereignisse im Zusammenhang mit der Schulverweigerung des Tilmann Holsten in Bayern.

Die Schulverweigerung der Familie Stücher in Siegen

Im Frühjahr 2003 besuchte ich Helmut Stücher zum ersten Mal.[65] Das Haus der Familie liegt in einer ruhigen Vorortstraße Siegens. Gegenüber der Haustür stehen an der Wand die Worte: „Ihr, die ihr Gott fürchtet, vertraut auf den Herrn. Ihre Hilfe und Ihr Schutz ist Er." Es könnte eine Kurzfassung seines Lebensmottos sein. Stücher, ehemaliger Buchhalter, führt mich in den separaten Bürobe-

---

[65] Die folgenden Angaben zur Biografie Stüchers und der Schulverweigerung entstammen teilweise persönlichen Gesprächen, finden sich jedoch auch alle ausführlich dargestellt in Buyny 1998. Diese Dokumentation der Lebensgeschichte Stüchers und der damit verbundenen Entstehungsgeschichte der Philadelphia-Schule wurde von einem Freund der Familie verfasst, der als Deutschlehrer viele Jahre ihren Weg begleitete. Als Ziel seiner Arbeit sieht Buyny nicht primär die dokumentarische Darstellung, sondern er möchte ein nachdenkenswertes Beispiel für gelebten christlichen Glauben geben (S. 4). Dieser subjektive Blickwinkel entspricht der Perspektive, mit der Stücher selbst seine Geschichte erzählt.

reich, der lange Zeit auch das „Klassenzimmer" seiner Hausschule war und noch heute die Zentrale des Philadelphia-Heimschulwerkes darstellt. Im Gespräch wirkt der siebzigjährige Vater von 11 Kindern eher etwas jünger. Er präsentiert eine Mischung aus lebenserfahrener Souveränität, angriffslustiger Urteilskraft und patriarchalischer Führungsrolle. Seine Religiosität ist typisch für die Region. Das Siegerland, evangelikales Erweckungsgebiet, beherbergt seit langem zahlreiche lokale, mehr oder weniger autonome christliche Gruppierungen, die eine strenge, traditionelle Auslegung der Bibel anstreben. Eine Kombination aus calvinistischer Prädestinationsvorstellung und neupietistischer Bekehrungsgewissheit charakterisiert das in Jahrhunderten gewachsene Siegerländer Frömmigkeitsverständnis (Gemper 1993:197, ausführlich Dahm 1993). In dieser Region, in der die großen Volkskirchen eine viel geringere Rolle als anderorts spielen, ist der von Max Weber beschriebene Zusammenhang zwischen einer spezifischen protestantischen Ethik und wirtschaftlicher Entwicklung bis heute sichtbar (Dahm 1993).

Stüchers Vater war Kristallisationspunkt einer „Versammlung" gewesen, einer Gruppe von Gläubigen, die ohne Amts- oder Würdenträger christliche Gemeinschaft nach biblischem Wortlaut leben wollten. Nachdem Stücher Anfang der Siebzigerjahre aufgrund von Differenzen ausgeschlossen wurde, entwickelte er sich zum religiös Selbstständigen mit starker Orientierung auf das Studium der prophetischen Schriften in der Bibel. Letztere war für ihn die wichtigste (und oft auch einzige) Lektüre. Die in der Offenbarung des Johannes erwähnte Figur der „Hure Babylon" identifizierte er als das verweltlichte Christentum, quer durch alle Kirchen und Gemeinden. Seine Erkenntnisse verbreitete er unter familiärer Mithilfe auf Traktaten im Umland. Des weiteren reiste er mit seiner Familie durch Deutschland, um vor Schulen zu missionieren. Nach außen, so schreibt ein Weggefährte, „erscheint er hart und streng, für manche auch unduldsam und besserwisserisch" (Buyny 1998:11). Nicht selten erntete er Ablehnung und Beschimpfung. Die Versuche, engere Kontakte zu örtlichen Gemeinden aufzubauen, scheiterten.

Die Auseinandersetzung bezüglich der Schulpflicht der eigenen Kinder begann für Stücher 1973. Der Vater verweigerte die von der Schule in einem Brief erbetene Zustimmung zum Sexualkundeunterricht in Biologie. Er schrieb:

Meine Kinder werden zu Hause über das Heilige, was Gott den Menschen anvertraut hat, aufgeklärt und sind es schon, ihrem Alter und ihrer Reife entsprechend ... Damit möchte ich die höfliche Bitte verbinden, in Zukunft ähnliche Briefe der Schule an die Eltern im verschlossenen Umschlag übergeben zu lassen; denn die Bemerkung über das Versagen der Eltern, die an sich nicht ganz unberechtigt ist, muß das Vertrauen der Kinder zu ihren Eltern zerstören und untergräbt die elterliche Autorität. (Buyny 1998:28)

Der Konflikt, der hier entstand, wiederholte sich bei den folgenden Kindern, die alle, mehr oder weniger geduldet, dem Unterricht teilweise fernblieben. Die Besonderheit ihrer Herkunft war jedoch auch ohne dies deutlich sichtbar. Sie waren sogenannte „Rock-Zopfs", so der Siegener Volksmund zur Benennung der Mädchen, bei denen die religiöse Prägung ihrer Eltern bereits daran erkennbar ist, dass sie fast immer lange Kleider oder Röcke tragen und ihre langen Haare zu „sittsamen" Zöpfen geflochten sind.

Für Stücher ging es bald nicht mehr nur um einzelne Unterrichtsinhalte – er sah in der Schule widergöttliche Mächte am Wirken. Im August 1980 teilte er der zuständigen Schule schriftlich mit, dass er zwei seiner Kinder, die gerade die Grundschule abgeschlossen hatten, „nicht mehr dem gottlosen, materialistischen und unsittlichen Geist des Sozialismus, dessen Stimme und Werkzeug die Schule hier und allerwärts geworden ist", aussetzen wird. Er begründete diese Position mit der „unsittlichen, schamverletzenden" Sexualaufklärung, der Evolutionslehre, die die Grundlage des christlichen Glaubens angreift, und der in der Schule praktizierten „Antiautorität und unnatürlichen Emanzipation", die in seinen Augen eine Auflehnung gegen Gott und Menschen darstellt (Buyny 1998:31f). Unterstützt durch seine 17-jährige Tochter, die im elterlichen Haushalt als Hauswirtschafterin arbeitete, begann Stücher seine Kinder im umfunktionierten Büro zu unterrichten, mit Stundenplan und festen Pausenzeiten, Klassenarbeiten und Hausaufgaben.

Dies war der Beginn einer langjährigen Auseinandersetzung mit den Schulbehörden. Stücher weigerte sich, das verhängte Bußgeld von 500 DM zu zahlen. Auch als das Amtsgericht es auf die Hälfte reduzierte, legte Stücher Widerspruch ein und wurde aufgrund seiner Zahlungsunwilligkeit fünf Tage in Haft genommen. Ein Jahr nach Beginn des Hausunterrichts beantragte das Jugendamt, den Eltern das Sorge recht für die betroffenen Kinder zu entziehen. Dessen ungeachtet nahmen die Eltern zwei weitere Kinder aus der Grundschule und 1982 wurde ein schulpflichtig werdender Sohn gleich zu Hause „eingeschult". Im September 1983 entschied das Amtsgericht, den Eltern das Sorgerecht zu entziehen und einen Pfleger für die Kinder einzusetzen. Wenn Stücher davon erzählt, dann nie ohne die Bibelstellen zu zitieren, die ihn damals ermutigten, trotzdem auf die Hilfe Gottes zu vertrauen. Der Fall zog die Aufmerksamkeit der Medien auf sich und ging bundesweit durch die Presse. Alle Verhandlungsversuche scheiterten, das Angebot des Jugendamts, einen bezahlten Lehrer zur Verfügung zu stellen, lehnte Stücher ab. Daraufhin kündigte der bestellte Pfleger an, am 19. Dezember 1983 „zu handeln". Für die Familie war dies eine Aufforderung zu einem geistlichen Kampf. Stücher vergleicht die Situation mit der des durch ein feindliches Heer bedrohten Volkes Israel im alttestamentlichen Chronikbuch (2. Chronik 20). Gemäß der Überlieferung hatte sich das Volk auf Gottes Hilfe berufen, der dafür sorgte, dass sich die Feinde gegenseitig außer Gefecht setzten. Die Familie begann den Tag mit einem Hausgottesdienst, dann folgte wie gewohnt der Schulunterricht, ohne dass ein Vertreter des Jugendamts erschien. Später erklärte der Pfleger, dass er aufgrund verschiedener Positionen der beteiligten Behörden sein Eingreifen aussetzte. Die Familie feierte es als Sieg Gottes, der die menschlichen Planungen zunichte gemacht hatte. 1984 wurde den Eltern das Sorgerecht wieder zugesprochen und die Hausschule mit inzwischen sechs Schülern erhielt eine Duldung des Kultusministeriums, solange sie die Kinder hinlänglich auf die Erlangung des Hauptschulabschlusses vorbereitet. 1989 wurde die angeordnete Pflegschaft aufgehoben.

Die Schulverweigerung des Tilmann Holsten in Bayern

In dem zweiten einflussreichen Fall von Schulverweigerung steht Tilmann Holsten im Mittelpunkt. Er wuchs in der Lebensgemeinschaft zweier Musikerfamilien auf.[66] 1978 waren die beiden Familien ins Münchener Umland gezogen, um Leben und Arbeit zu teilen. Nach einem Jahr „erkannten" die beiden Paare, dass sie „in Wirklichkeit als Partner über Kreuz zusammengehören" (S. 12). Trotz Partnertausch blieb die Gemeinschaft bestehen. Den drei Kindern in dieser Gruppe wollten die Erwachsenen eher gleichwertige Lebensgefährten als Erzieher sein. Ihr Ziel war es, einen Lebensraum zu schaffen, der es ermöglicht, sich dem eigenen Wesen entsprechend zu entfalten. Sie interessierten sich für Freie Alternativschulen und gründeten ein lokales Bildungsnetzwerk (Temenos) mit dem Ziel, Menschen allen Alters in einem geschützten Raum von- und miteinander lernen zu lassen (Caspar-Jürgens 1992).

Tilmann wird als eher zarter, zurückhaltender und pflichtbewusster Junge beschrieben, der etwas weniger stabil erschien als seine Schwestern. Die Mutter hatte den Eindruck, morgens ein zufriedenes Kind zur Schule zu schicken, das mittags mit Kopf- und Magenschmerzen, verstört und ausgebrannt nach Hause kommt und unter der Gewalt in Schulbus und Schule körperlich und seelisch leidet.[67] Im Dialog mit der Schule und dem bayrischen Kultusminister suchte sie gemeinsam mit anderen Eltern nach Verbesserungsmöglichkeiten – jedoch meist ohne Erfolg. Über den Beginn des viertes Schuljahres schrieb sie:

---

[66] Quelle für die folgende Darstellung ist die vollständige Dokumentation von Johannes Heimrath 1991b, der als Lebenspartner der Mutter von Tilmann von Beginn an in alle Ereignisse involviert war. Die Dokumentation beinhaltet die Rekonstruktion der Ereignisse, die Wiedergabe aller Schriftwechsel und persönliche Stellungnahmen. Sofern nicht anders angegeben, beziehen sich die nachfolgend genannten Seitenangaben auf dieses Buch.
[67] Vollständiges Zitat in Abschnitt 2.2.5.

Tilmann hatte seit Oktober fast täglich Magenschmerzen, wenn er aus dem Schulbus kletterte. Er schleppte sich kreidebleich in das Eßzimmer, krümmte sich auf der Eckbank zusammen und versuchte sich zu erholen. Abends klagte er über Kopfschmerzen, nachts wachte er auf und erbrach sich. (Heimrath 1991b:56)

Die Mutter erwog, den Sohn aus der Schule zu nehmen. Doch ihr Partner, der mit allen Details der Schulverweigerung im Fall Bartmann gut vertraut war, kannte die Aussichtslosigkeit eines solchen Unternehmens angesichts der Rechtslage und riet davon ab. Die Eltern entschuldigten ihren Sohn hin und wieder vom Unterricht. Ihre Bemühungen, ihm zu vermitteln, die Schule nicht ganz so ernst zu nehmen, scheiterten meist am Pflichtbewusstsein des Kindes. Erst ein kleiner Vorfall, bei dem sich Tilmann von seiner Lehrerin stark ungerecht behandelt fühlte, führte dazu, dass er zu Hause erklärte: „Ich will dort nie wieder hin" (S. 58). Die Eltern hatten den Eindruck, dass dieser Satz ernst gemeint war, und der Partner der Mutter schloss ein Abkommen mit Tilmann. Darin heißt es, dass er sich mit aller Kraft für die Freiheit des Jungen einsetzt und ihn vor Gericht als Bevollmächtigter vertritt, aber nur so lange, wie dieser es wünscht. Weiterhin sollte jeder Schritt mit Tilmann besprochen und nichts über seinen Kopf hinweg entschieden werden.

Anfänglich versuchten die Eltern eine Schulbefreiung mithilfe eines ärztlichen Attests zu erreichen. Das Schulamt forderte jedoch weitere schulärztliche Untersuchungen und nach einem halben Jahr stand fest, dass über diesen Weg keine weitere Entschuldigung möglich war. Im August 1988 erhielt die Mutter aufgrund der Schulpflichtverletzung einen Bußgeldbescheid über 500 DM. Dies war der Anfang eines längeren Rechtsstreits.

Tilmann lernte in dieser Zeit zu Hause. Eine extra zugezogene befreundete Lehrerin der Familie (Anke Caspar-Jürgens) unterstützte ihn dabei und übernahm eine zentrale Rolle in der bereits erwähnten Temenos-Lerngruppe. Den Eltern erschien ihr Sohn wieder leistungsfähig und wissbegierig, er spielte Geige in Orchester und Quartett und wurde begeisterter Kajak-Fahrer. Aber nach wie vor wollte er nicht zurück in seine Schule. Stattdessen besuchte er einen Vorbereitungskurs für ein kleines privates Gymnasium.

Unter Berufung auf ein Recht auf Selbstbestimmung weigerten sich die Eltern, ihren Sohn gegen seinen Willen zum Schulbesuch zu zwingen. Sie hatten beim Bayerischen Verwaltungsgericht Klage eingereicht gegen die Aufforderung, ihren Sohn zur Schule zu schicken. Tilmann selbst trat als Nebenkläger auf. Im Urteil wurden die Klagen abgewiesen und die Frage aufgeworfen, ob die Eltern der übertragenen Erziehungsverantwortung gewachsen seien (S. 142).

In der Zwischenzeit war im Januar 1989 ein zweites Bußgeld von je 500 DM gegen Mutter und Vater verhängt worden, wenige Monate später folgte ein drittes von je 1.000 DM. Im Mai 1989 wurde den Eltern mitgeteilt, dass vom Jugendamt der Antrag auf Entzug des Sorgerechts gestellt worden war. Die Erwachsenen in der Lebensgemeinschaft empfanden dies als sehr schwierige Situation, die zu einer heftigen Diskussion führte.[68]

> [Tilmanns Vater] haderte mit sich, ob er ein Festhalten an unserer Position Tilmann gegenüber noch verantworten könne. „Stellt euch vor, er wird in ein Heim eingewiesen!"... Christine [die Mutter] wollte trotz der Fahndungsmöglichkeit sofort ins Ausland. Beata fand alles nur noch schrecklich und wusste nicht, ob sie sich über die Arroganz des Jugendamtsleiters, der den Fall ja überhaupt nur aus den Akten kannte, oder über unsere Wahnvorstellung, daran etwas ändern zu können, mehr ärgern sollte. Ich trommelte auf den Tisch, „wir schaffen das, wir müssen das schaffen! wir stehen auch in der Verantwortung vor der Gesellschaft!" (S. 196)

Im Juli 1989 wurde der Antrag des Jugendamts auf Sorgerechtsentzug beim Amtsgericht verhandelt und abgelehnt. Tilmann hatte zu diesem Zeitpunkt bereits die Aufnahmeprüfung für das Gymnasium bestanden. Im September fand im Amtsgericht die Verhandlung über die Bußgeldbescheide statt. Wider Erwarten aller Beteiligten wurden die Eltern freigesprochen. Die von der Staatsanwaltschaft angekündigte Berufung gegen dieses Urteil wurde nie umgesetzt (S. 222-243).

4.2 Die Herausbildung von Netzwerken, Initiativen und Vereinen

Die Entstehung der deutschen Home Education Bewegung kann man grob in folgende Abschnitte gliedern: In den Siebzigerjahren fanden die gesellschaftlichen Entwicklungen statt, die die Herausbildung entscheidend beeinflussten. In den Achtzigern liegen die frühen Fälle von Schulpflichtverweigerung, von denen einige im vorangehenden Abschnitt beschrieben wurden. Die Neunzigerjahre waren in erster Linie gekennzeichnet durch ein relativ stilles Wachstum der entstehenden Bewegung. Ab Ende der Neunziger begann ein Prozess der Vernetzung, Professionalisierung und Institutionalisierung, der nach wie vor anhält und die Gestalt der Bewegung deutlich verändert.

In diesem Kapitel liegt der Schwerpunkt auf einer überblicksartigen Darstellung des Entwicklungsweges, der ausgehend von den beschriebenen „Wurzeln" zur Herausbildung einer sozialen Bewegung führte. Im darauffolgenden Abschnitt werden ausgewählte Bereiche hinsichtlich der inneren Strukturen und Arbeitsweisen detaillierter analysiert.

---

[68] Siehe Zitat im Abschnitt „Die Kosten des illegalen Handelns" in 2.4.

Die Philadelphia-Schule

Das langsame, aber kontinuierliche Wachstum der Home Education Bewegung wird am besten an der Entwicklung der Philadelphia-Schule sichtbar, die die älteste Organisation in diesem Bereich in Deutschland darstellt.[69] Den Namen gab Stücher seiner Hausschule bereits 1983 in Anlehnung an einen Bibeltext (Offb. 3,2-13). Damit unterstrich er seine Überzeugung, sich auf einem gottgewollten Weg zu befinden und von höheren Mächten schützend begleitet zu werden. Weiterhin verknüpfte er mit dem Namen (wörtlich: „Bruderliebe") die Hoffnung, „getrennte Gläubige" wieder zu verbinden. Ab 1984 kamen Kinder in den Hausunterricht der Familie Stücher, die nicht direkt zur Familie gehörten. In dieser Zeit erreichten ihn auch Anfragen interessierter Eltern aus anderen Teilen der Republik, die ihn veranlassten, 1985 die erste Schulkonferenz zu organisieren, die seitdem fast jährlich stattfindet und einen Treffpunkt für christliche Homeschoolfamilien aus ganz Deutschland darstellt. Ab dieser Zeit wurden auch entfernt wohnende Familien bei ihrem Heimunterricht durch Unterrichtsmaterialien der Philadelphia-Schule unterstützt. 1986 gründeten russlanddeutsche Familien in Lage/Lippe eine Zweigschule, die von Lehrern der Philadelphia-Schule unterstützt wurde und in ihrem zweijährigen Bestehen zeitweise bis zu 20 Schüler hatte. Im Jahr 1989 gab es Bemühungen, die Philadelphia-Schule als freie christliche Schule oder als Ergänzungsschule staatlich anerkennen zu lassen. Beides scheiterte, aber der Unterrichtsbetrieb wurde nach wie vor geduldet. Im Laufe der Zeit verlagerte sich der Arbeitsschwerpunkt langsam vom Unterricht vor Ort hin zu der Fernbetreuung von Homeschoolfamilien. Von 1985 bis 1995 waren insgesamt 30 Kinder aus 20 Familien bei dem Philadelphia-Heimschulwerk angemeldet. Im Jahr 1995 betreute die Schule acht Kinder aus vier Familien, 1999 waren es bereits 100 Schüler aus 50 Familien. Seit 1997 arbeitet die Philadelphia-Schule nur noch als Fernlehrwerk, das Unterstützung und je nach Wunsch auch Lehrmaterialien und Betreuungslehrer für Home Education Familien anbietet. Im Jahr 2003 waren an der Schule ca. 250 Schüler aus mehr als 100 Familien angemeldet, drei Jahre später waren es 350 Schüler aus ungefähr 150 Familien. Diese Familien können selbst wählen, welches Angebot sie nutzen möchten. Die einfache Mitgliedschaft kann ergänzt werden durch den Bezug von Lernmaterialien (Kosten ca. 200-300 Euro pro Jahr) und durch die Unterstützung eines Betreuungslehrers, der die Korrektur von Arbeiten übernimmt und das zu Hause stattfindende Lernen nach dem Prinzip einer Fernschule begleitet (für ca. 30 Euro pro Monat). Für diese Aufgabe beschäftigt die Philadelphia-Schule gegenwärtig zehn Lehrer, die auf Honorarbasis tätig sind.

---

[69] Quelle für das Folgende ist neben dem erwähnten Werk von Buyny (1998) die von Stücher verfasste Schulchronik (Stücher 2004) auf den Internetseiten der Philadelphia-Schule.

Die „Initiative für selbstbestimmtes Lernen"

Der Wachstumsprozess, der in der Geschichte der Philadelphia-Schule sichtbar wird, beschränkte sich nicht auf den religiös geprägten Bereich der Home Education Bewegung. Auch in anderen Gesellschaftskreisen traf die Schulpflicht auf Widerstand. Allerdings lassen sich diese Entwicklungen nur begrenzt rekonstruieren. Es handelte sich meist um Einzelfälle, die nicht zu einem Netzwerk verknüpft waren, nirgendwo zusammenfassend registriert wurden und nur selten dokumentiert sind. Ein Teil dieser Entwicklungen lief am Rande der Freien Schulen. Die ersten sichtbaren Strukturen entstanden hier Ende der Neunzigerjahre, ausgehend von einem konkreten Home Education Fall. Christiane Ludwig-Wolf, eine aus Süddeutschland stammende Pfarrerstochter und Mutter dreier Söhne, lebte mit ihrer Familie auf einem Bauernhof in einem kleinen abgelegenen Ort im Norden Sachsen-Anhalts. Ab 1998 verweigerte einer ihrer Söhne den Schulbesuch, später folgten die Brüder diesem Beispiel. Nach einem Jahr wurde 1999 mit dem ersten Bußgeldbescheid an die Eltern ein mehrjähriger Rechtsstreit eingeläutet. In einem ihrer zahlreichen Briefe an die Behörden schrieb die Mutter:

> Meine Kinder gehen nicht freiwillig zur Schule und wir haben unseren Sohn Immanuel schon schreiend und strampelnd zur Schule getragen. Das weigere ich mich zu wiederholen ... Es kann nicht sein, daß ich als Mutter meiner Kinder dazu mißbraucht werde, staatliche Zwangsmaßnahmen gegen meine Kinder durchzusetzen. (Ludwig-Wolf 2001, in: Rb IfsL 1:13f)

Unterricht gab es für die Jungen zu Hause nicht. Sie lernten nach eigenen Interessen, wann und wie sie es wollten. Auch in anderen Bereichen war der Lebensstil der Familie eher alternativ als durchschnittlich. Dass die Söhne trotzdem lesen und schreiben konnten und sich in ausgewählten Gebieten detailliertes Wissen angelesen hatten, machte den Fall für die Öffentlichkeit nicht übersichtlicher. An verschiedenen Stellen erzählte die überregionale Presse ausführlich die Geschichte der stirnbandtragenden Öko-Mutter mit ihren barfuß laufenden Schulverweigerern, die in keines der gängigen Schemata zu passen schienen. Der Amtsrichter, der sich in erster Instanz mit dem Fall befasste, sah in der Mutter eine Überzeugungstäterin, die das Wohl der Kinder im Auge habe, und reduzierte das verhängte Bußgeld auf einen symbolischen Betrag (Strassmann 2001; Gräff 2002). Aber das war erst der Anfang einer Auseinandersetzung, in der weitere Bußgelder folgten und vom Amtsgericht Salzwedel den Eltern das Aufenthaltsbestimmungsrecht hinsichtlich schulischer Angelegenheiten entzogen wurde. (AG Salzwedel 15.05.2002 in: Rb IfsL 6:24)

Gemeinsam mit einer anderen Mutter gründete Christiane Ludwig-Wolf in ihrem Bemühen, Gleichgesinnte zu finden, um die gemeinsamen Ideale umzusetzen, die „Initiative für selbstbestimmtes Lernen". Was auf regionaler Ebene begann, wuchs bald zu einem relativ dünnen, aber deutschlandweiten Netz. Seit 2000 gibt es regelmäßige Treffen auf lokaler und bundesweiter Ebene. Im Sommer 2001 erschien der erste Rundbrief der Initiative (Rb IfsL), der seitdem im Zweimonatsrhythmus herausgegeben wird, um die Kommunikation und Vernetzung der weit verstreuten Gruppe zu verbessern. Angefangen wurde mit einer Auflage von 80 Exemplaren, gegenwärtig liegt die Zahl der Rundbriefabonnenten ungefähr bei 250. Viele Mitglieder der „Initiative für selbstbestimmtes Lernen" stehen in sichtbarer Nähe zu dem im vorangehenden Kapitel skizzierten Typus des Alternativen. Die freie, selbstbestimmte Entfaltung des Individuums, die Achtung der Rechte des Kindes und die Verwirklichung alltagsintegrierter Lernprozesse jenseits festgeschriebener Lehrpläne und Leistungstests sind die geteilten Ziele. Erreicht werden sollen diese durch ein hierarchiefreies, basisdemokratisches Arbeiten im Vertrauen auf die Kraft einer Graswurzelrevolution. Bei den bundesweiten Treffen der „Initiative" kamen in den ersten Jahren 10-20 Erwachsene zusammen, später stieg die Zahl auf 20-40 Teilnehmer. Fast immer sind ebenso viele Kinder wie Erwachsene auf diesen Treffen anwesend. Jährlich findet an wechselndem Ort ein mehrtägiges „Sommercamp" der „Initiative" statt, an dem ca. 50-100 Personen teilnehmen, die dann in meist sehr naturnaher Lebensweise bemüht sind, die gleichberechtigte Gemeinschaft selbstbestimmter „kleiner und großer Menschen" zu praktizieren.

Der „Bundesverband Natürlich Lernen e.V."

Die Grenzen, die sich aus der Struktur und Arbeitsweise der „Initiative für selbstbestimmtes Lernen" ergeben, wurden bereits in den ersten Jahren sichtbar und führten 2002 dazu, dass aus diesem Kreis heraus der „Lernen ist Leben – Bundesverband Natürlich Lernen e.V." (BVNL) gegründet wurde. Seine Aufgabe sollte vor allem in der Arbeit nach außen hin liegen mit dem Ziel, die Schaffung von Rahmenbedingungen für ein natürliches und selbstbestimmtes Lernen in Deutschland zu fördern (Ludwig-Wolf 2002, Rb IfsL 8:15). Die dafür als notwendig und hilfreich erachteten Strukturen (und Hierarchien) waren für einen Teil der Personen in der „Initiative" so unvereinbar mit ihrem Ideal basisdemokratischer, gleichberechtigter und unabhängiger Arbeits- und Lebensweise, dass mit dem „Bundesverband Natürlich Lernen e.V." eine separate Plattform gegründet wurde. Es war der Unterschied zwischen denen, die die „Sprache des Rechtsstaates" sprechen wollten, und denjenigen, die gern im „Tipi ohne Strom" lebten, der hier zutage trat (Protokoll Bundestreffen März 2002, Rb IfsL 6:6). Entscheidende Anstöße für die Vereinsgründung kamen von Johannes Heimrath und Anke Caspar-Jürgens, die beide Ende der Achtzigerjahre eine zentrale Rolle im Fall der Schulverweigerung des Tilmann Holsten gespielt hatten (siehe Kapitel 4.1). Caspar-Jürgens, eine pensionierte Lehrerin, wurde Vorsitzende des Bundesverbandes und ist bis heute Vorstandsmitglied. Der Verein ist in seinen ersten drei Jahren von ursprünglich 18 Mitgliedern auf 58 Personen angewachsen, von denen viele auch der „Initiative für selbstbestimmtes Lernen" angehören. Um die gesteckten Ziele zu erreichen, betreibt der Bundesverband Lobbyarbeit, sucht Kontakt zu Politikern, Wissenschaftlern und Juristen, die den Vereinszielen nahe stehen, sammelt Informationen und Materialien, bringt sich im Rahmen des „European Forum for Freedom in Education" (effe) in ein internationales Netzwerk ein, betreibt Öffentlichkeitsarbeit und versucht mit dem Engagement zur Gründung einer Familienschule die Grundideen praktisch umzusetzen.

Der größte Teil dieser Arbeit wurde bisher von Caspar-Jürgens übernommen, die die verschiedensten Gelegenheiten wahrnimmt, um für den Gedanken eines Bildungsrechts anstatt einer Schulpflicht zu werben. Seit 2000 lebt und arbeitet sie in einem kleinen Dorf in Mecklenburg-Vorpommern in einem Gemeinschaftsprojekt, dem auch die Mitglieder der Lebensgemeinschaft angehören, die Ende der Achtzigerjahre in Bayern den Fall Tilmann durchfocht. Unter dem Titel „Die Siedler" berichtete ein Dokumentationsfilm (ARD, 18.08.2004) über den Weg dieser Gruppe, die als Zugezogene in eine Abwanderungsregion für Aufsehen und Diskussionen sorgten. Unterstützung bekommt der BVNL auch von dem vielseitigen Medienunternehmen, in dem ein Teil der Gemeinschaftsmitglieder beschäftigt ist (humantouch). Dessen Geschäftsführer, Johannes Heimrath, stellt in einer der von ihm herausgegeben Zeitschriften (Kurskontakte) regelmäßig eine Rubrik für Artikel des Bundesverbands zur Verfügung. Vor Ort bemüht sich der Verein, sein Konzept der Familienschule zu verwirklichen, demzufolge sich mehrere Familien zu einer Lerngemeinschaft zusammenfinden und einen qualifizierten Lernbegleiter für die Kinder wählen. Gemeinsam mit diesem, so das Ziel, soll ein sehr freier, individueller, aber doch verlässlicher und gemeinschaftsintegrierter Lernweg jenseits des traditionellen Schulbesuchs für die Kinder ermöglicht werden. Abgesehen von einer einjährigen Erprobung im Schuljahr 2004/05 wartet dieses Konzept aber noch auf seine Umsetzung (Teichert 2006, Rb IfsL 28:14).

Damit sind die beiden Entwicklungswege dargestellt, die von den Schulverweigerern der Achtzigerjahre zu zwei der prägenden Organisation im Bereich Home Education in Deutschland führten. An der Spitze der beiden Gruppen stehen ein pensionierter Buchhalter und eine ehemalige Lehrerin, die außer ihrem Alter und dem Bemühen um Auflockerung der Schulbesuchspflicht wenig gemeinsam haben. Die zugrunde liegenden Differenzen im Welt- und Menschenbild sind so fundamental, dass die beiden Seiten bis vor wenigen Jahren nur sehr vage Informationen übereinander hatten und es bis heute keine Zusammenarbeit gibt. „Dieses Menschenbild wäre für mich ein Greuel", sagte Heimrath, der als Experte zu einem Bundestreffen der „Initiative für selbstbestimmtes Lernen" geladen war, als man auf eine christliche Homeschoolfamilie zu sprechen kam, deren Fall damals durch die Presse gegangen war (Tb 05.07.2003). Und auf der anderen Seite macht Stücher unmissverständlich klar, dass er mit Reform- und Antipädagogen, mit denjenigen, die die Notwendigkeit von Erziehung und Unterricht hinterfragen, auf keinen Fall im selben Boot sitzt. „Wir wollen keine neue Pädagogik, wir haben Gewissensgründe." Er möchte keine Einheit, die sich auf den kleinsten gemeinsamen Nenner der Schulpflichtkritik beschränkt, denn dann würde man den menschlichen Weg gehen, aber „ohne Gott geht es nicht" (TB 20.03.2004 und 12.02.2005).

Intermediäre Netzwerke

Derartige Abgrenzungen werden nicht von allen Home Education Familien geteilt. In den vergangenen Jahren gab es mehrere Netzwerkbildungen, die für Homeschooler aller Richtungen offen sein sollten. Ende 2002 gründete eine in Großbritannien lebende deutsche Homeschoolerin die E-Mail-Group „homeschooling_D" als ein Angebot für alle Eltern im deutschsprachigen Raum, die sich für Homeschooling interessieren und sich für dessen Legalisierung einsetzen möchten. Nach einem Jahr hatte die Liste 70 Mitglieder. Bis Ende 2005 verdoppelte sich diese Zahl und wuchs bis Anfang 2007 weiter auf knapp 200 Personen unterschiedlichster Prägung. Aus nahezu allen Gruppierungen, die es gegenwärtig im Bereich Home Education in Deutschland gibt, sind Eltern auf der Liste vertreten. Hier debattieren worttreue Evangelikale mit „Kinderrächtszänkern"[70] und radikale Befürworter des selbstbestimmten Lernens mit lehrplanorientierten Heimschullehrern. In den ersten vier Jahren wurden ca. 4.000 E-Mails geschrieben. Bisher ist diese Liste die einzige Plattform, die alle Bereiche der deutschen Home School Bewegung erreicht. Alle anderen Foren zu diesem Thema bleiben hinsichtlich Größenordnung und Bedeutung deutlich dahinter zurück.

Das erste nichtvirtuelle größere Netzwerk in Deutschland, das bemüht war, Home Education Familien verschiedener Ausrichtungen zusammenzuführen, war der 2000 gegründete Verein „Schulunterricht zu Hause e.V." (Schuzh). Dieser sah es als seine Hauptaufgabe, Homeschooler bei der Wahrung und Durchset-

---

[70] So der Name einer Berliner Initiative, deren Ziel es ist, die Kinderrechte zu stärken (www.kraetzae.de).

zung ihrer Rechte zu unterstützen und eine Legalisierung von Home Education in Deutschland zu erreichen. Vorsitzender des Vereins ist ein pensionierter Rechtsanwalt, Stellvertreter ist ein Vertreter der amerikanischen „Home School Legal Defense Association" (HSLDA). Ein großer Teil der Arbeit wurde von einem in Süddeutschland lebenden deutsch-amerikanischen Ehepaar geleistet, das sich stets am Vorbild der nordamerikanischen HSLDA orientierte und von dort auch finanzielle Unterstützung für die Arbeit des Vereins erhielt. Diese 1983 in den USA gegründete, Organisation hatte es sich zum Ziel gemacht, durch juristische Unterstützung von Homeschoolern und groß angelegte Lobbyarbeit Homeschooling zu legalisieren. HSLDA sieht die gegenwärtige Freiheit, die diesbezüglich in den USA herrscht, primär als Ergebnis der eigenen Arbeit und ist (auch deshalb) innerhalb der amerikanischen Homeschoolbewegung nicht unumstritten (Stevens 2001). Der im Jahr 2000 gegründete Verein „Schulunterricht zu Hause" veranstaltete zwischen Frühjahr 2004 und 2005 drei Konferenzen, an denen jeweils rund 200 Personen teilnahmen. In diesem Zeitraum wuchs die Zahl der Mitgliederfamilien von 80 auf ca. 175. Für einen Jahresbeitrag von 150 Euro versprach „Schuzh" seinen Mitgliedern die Vermittlung von Rechtsanwälten und gegebenenfalls auch Unterstützung bei der Bezahlung der Anwaltskosten. Die Leitung von „Schuzh" und die Mehrheit der Mitglieder waren Christen, allerdings erreichte der Verein auch Familien, die eher dem „Bundesverband Natürlich Lernen" nahe standen oder weder mit diesem noch der Philadelphia-Schule in Verbindung waren. Der mit großen Visionen angetretene und stets um Professionalität bemühte Verein wurde jedoch auch innerhalb der deutschen Homeschoolszene kontrovers diskutiert. Gegenwärtig scheint das mit Versprechungen angekündigte Experiment, in Deutschland Home Education per „American Way" zu legalisieren, in eine Art „Standby-Modus" zurückgefallen, wenn nicht sogar gänzlich eingeschlafen. Die Familie, die die Arbeit von „Schuzh" hauptsächlich organisiert hatte, ist in die USA zurückgekehrt. Sowohl Finanzen als auch Erfolg hatten sich nicht in erwünschtem Maße entwickelt. Offiziellen Darstellungen zufolge wird die Arbeit von anderen Personen fortgesetzt, die jedoch öffentlich zur Zeit kaum in Erscheinung treten.

Auf dem Bundestreffen der „Initiative für selbstbestimmtes Lernen" im Sommer 2003 war zum ersten Mal Pat Montgomery aus den USA zu Gast. Sie ist die Leiterin der 1967 von ihr gegründeten Clonlara-School, die heute neben einer Campus-Schule in Ann Arbor (Michigan) vor allem durch ihr Home Education Programm bekannt ist, mit dem Homeschooler in zahlreichen Ländern der Welt in der individuellen Gestaltung des Lernens unterstützt werden. Ein Dreivierteljahr später nahm Pat Montgomery an der ersten Konferenz von „Schuzh" teil. Am Rande des Abendessens erwähnte sie positiv die dort erlebte Aufbruchsstimmung. Es erschien ihr als ein Gegensatz zu ihrem Besuch beim Bundestreffen der „Initiative", das sie als etwas verzweifelt und trostlos in Erinnerung hatte (TB 06.04.2004). Trotzdem kamen aus diesem Bereich die ersten Eltern, die sich mit ihrer Unterstützung dafür stark machten, Clonlara auch in Deutschland anzubieten. Für den Herbst 2005 organisierten sie eine Rundreise, bei der die inzwischen 71-jährige promovierte Pädagogin in verschiedenen deutschen Städten Vorträge hielt, abschließend wieder auf dem Bundestreffen der „Initiative". Dort erzählte die etwas erkrankte, in Decken gehüllte weißhaarige Frau in einer Runde von ungefähr 30 Personen auf dem notdürftig ausgebauten Dachboden einer attac-Villa in erster Linie Erfahrungen und Anekdoten aus ihrem Leben. Ihre Bemühungen, die „Verzweifelten" damit etwas zuversichtlicher zu stimmen, wurden von den Zuhörern dankbar aufgenommen. Sie schilderte ihre Vision, derzufolge die jetzigen Kinder später einmal sagen werden: „Oh, damals, 2005 war das sehr schwierig, Home Education zu machen." Und die dann junge Generation wird ungläubig zurückfragen: „Echt, wirklich?" (TB 13.11.2005).

Zu diesem Zeitpunkt hatten sich bereits die ersten Familien bei der ein Jahr zuvor gegründeten Clonlara-School Deutschland angemeldet. Sie stammten vorrangig aus dem Umfeld der „Initiative für selbstbestimmtes Lernen" und wollten primär den Aufbau des Projektes unterstützen.[71] In der Folgezeit kamen neue Interessenten hinzu. Im Frühjahr 2006 hatte Clonlara in Deutschland ca. 100 angemeldete Schüler aus 50 Familien, die keine einheitliche Gruppierung mehr bildeten. Nur noch knapp die Hälfte davon stand in Verbindung mit der „Initiative". Hinzu kamen einige christliche Familien, Eltern nichtdeutscher Herkunft sowie viele, die bis dahin nicht einem der etablierten Netzwerke nahe standen und, im Gegensatz zu den Gründungsfamilien, Clonlara bereits als Angebot wahrnahmen, an das sie mit konkreten Erwartungen herantraten. Bei den von Clonlara organisierten Treffen begegnen sich Familien mit hohem Lebensstandard und Konsumverweigerer, überzeugte Christen und mehr oder weniger gläubige Anhänger verschiedener anderer Richtungen. Clonlara bietet den Mitgliedern keine Fernschulmaterialien, sondern in erster Linie Informationen und Materiallisten, Zugang zu (englischen) Onlinekursen und eine Ansprechperson. Ziel ist es, im Gespräch mit den Lernenden den individuellen Bildungsweg zu gestalten und zu begleiten. Ein weiterer Grund für die Anmeldung bei Clonlara ist für viele Eltern die Annahme, dass die Anmeldung bei einer (zumindest in vielen anderen Ländern) anerkannten Schule eine Hilfe in der Auseinandersetzung mit den deutschen Schulbehörden darstellt.

Inzwischen haben sich neue, lagerübergreifende Allianzen von Homeschoolern gebildet, die für das gemeinsame Ziel einer Auflockerung der Schulpflicht auch bereit sind, mit Personen zusammenzuarbeiten, die in den praktischen De-

---

[71] Das Folgende beruht in erster Linie auf Informationen aus einem Gespräch mit der Clonlara-Koordinatorin für Deutschland am 30.05.2006.

tails andere Ansichten vertreten. Im Januar 2005 veranstaltete der BVNL zum ersten Mal seine sogenannten „Kasseler Gespräche". Dieses „Expertentreffen" sollte am Bildungsrecht interessierte Personen, besonders Juristen und Wissenschaftler, für die Idee der Bildungsfreiheit gewinnen, eine konzeptionelle Arbeit vorantreiben und Gleichgesinnte finden, die beratend den BVNL und die „betroffenen" Familien unterstützen. Im Jahr darauf wurde diese Lobbyarbeit mit einem zweiten Treffen dieser Art fortgeführt. Ausgehend von dieser Veranstaltung gründeten einige der Teilnehmer wenige Monate später das „Netzwerk Bildungsfreiheit" (NBF). Es ist ein bundesweiter Zusammenschluss von Organisationen, Elterninitiativen und Einzelpersonen aus dem Umfeld Home Education und Bildungsfreiheit. Das gemeinsame Ziel besteht in der Umwandlung des „entwürdigenden Schulzwanges" in eine Bildungspflicht, die so frei gestaltet werden soll, dass auch Home Education als möglicher Bildungsweg legal ist.

Der Gründungsanlass für das Netzwerk war der Deutschlandbesuch des UN-Sonderbeauftragten für Bildung (Muñoz) im Februar 2006. Ihm wurde ein ca. 60-seitiger Bericht vorgelegt, der vor allem kritisiert, dass das Menschenrecht auf Bildung in Deutschland auf die Verpflichtung zum Besuch einer Schule eingeengt wird. Die Chancengleichheit im Bildungswesen, ein Hauptinteressenpunkt des UN-Beauftragen, wird dadurch eingeschränkt gesehen, dass das deutsche Bildungssystem, der Darstellung zufolge, der Vielfalt an Bildungsbedürfnissen nicht gerecht wird und alternative, individuellere Lernwege nicht zugelassen werden (Edel 2006). Verfasst wurde der Bericht von einem Lüdenscheider Homeschoolehepaar, das mit dem von ihm initiierten Verein „Schulbildung in Familieninitiative e.V." Teil des „Netzwerkes für Bildungsfreiheit" ist.[72] In dem ein Jahr später (Frühjahr 2007) erschienenen Bericht des UN-Sonderbeauftragten wurde unter anderem kritisiert, dass die Bildungspflicht als Schulbesuchspflicht verstanden wird, wodurch die Möglichkeiten für Homeschooling und Fernunterricht zu stark beschränkt würden (United Nations 2007:16). In der Homeschoolbewegung galt dies als großer Erfolg, von dem Bildungsministerium und der Kultusministerkonferenz wurde deutliche Kritik geübt.[73]

---

[72] In der Vergangenheit war die Familie mehrfach mit dem Thema Homeschooling im Fernsehen präsent gewesen. Z.B. die halbstündige Dokumentation „Schule zu Hause" auf dem WDR (01.02.2004), Teilnahme an einer Diskussionsrunde bei J. B. Kerner (ZDF, 12.04.2005) und Debatte in der Sendung „punkt zwölf" auf MDR (23.08.2005). Ohne ihre christlichen Wurzeln zu leugnen, bemühen sich die aus bildungsnahen Familien stammenden Eltern, durch Zusammenarbeit mit anderen Gruppen, die Arbeit des Vereins, den Kontakt zu Politikern, die eigene Homepage (www.homeschooling.de) und durch Publikationen (Edel 2005) einen Beitrag zur Lockerung der Schulbesuchspflicht zu leisten.

[73] Z.B. „Ministerin Schavan hält UN-Bericht für fehlerhaft" Berliner Morgenpost, 02.03.2007 <http://www.morgenpost.de/desk/742464.html> (03.03.2007); Presseerklärung der Kultusministerkonferenz vom 21.03.2007, <http://www.kmk.org/aktuell/home.htm?pm> (01.04.2007)

Seit mehreren Jahren gibt es neben den erwähnten überregionalen Netzwerken verschiedene lokale Gruppierungen mit dem Ziel, die Durchführung von Home Education zu unterstützen. Zum Beispiel die Initiative „Bildung und Erziehung in Familien", die von einem christlichen Homeschoolvater gegründet wurde, der sich selbst als „Grenzgänger" bezeichnet, da er und seine Frau den alternativen pädagogischen Ansätzen gegenüber sehr offen sind und in ihrem kleinen Netzwerk mit Eltern aus unterschiedlichen Richtungen zusammenarbeiten. Auf dem Programm stehen gemeinsame Ausflüge, Museumsbesuche und Homeschooltage, bei denen Raum für Austausch und Diskussion ist.

Zwischen den beiden aus den Wurzeln der deutschen Home Education Bewegung entstandenen Organisationen, der Philadelphia-Schule auf der einen Seite und der „Initiative für selbstbestimmtes Lernen" mit dem „Bundesverband Natürlich Lernen" auf der anderen, formiert sich langsam eine neue Mitte. Hier sammeln sich Familien, die zwar den besagten Netzwerken nahe stehen, aber um des gemeinsamen Zieles willen bereit sind, mit Andersdenkenden zu kooperieren. Hinzu kommen diejenigen Eltern, die von vornherein weniger aus ideologischen Gründen, sondern eher aus pragmatischen, am Einzelfall entstandenen Motiven Home Education betreiben (Hochbegabung, Lernbehinderungen, Mobbing u.a.). Dieser, in Deutschland erst ansatzweise sichtbare Trend zum Mainstream ist in größerem Ausmaß auch in der US-amerikanischen Homeschoolbewegung zu beobachten. Auch dort entwickelte sich aus zwei verschiedenen Lagern, mit anfänglich vielen „quite unconventional people", eine soziale Bewegung, die in einem Prozess der Normalisierung eine breitere gesellschaftliche Basis erfasste und allgemeine Akzeptanz errang (Stevens 2003:92).

Die Gesamtzahl der per Home Education lernenden Schüler in Deutschland kann nur geschätzt werden. Nicht alle Homeschooler sind in eines der genannten Netzwerke integriert. Da zahlreiche Familien „unentdeckt" oder von Entscheidungspersonen der unteren Ebene toleriert diesen Weg gehen, gibt es auch auf Seiten der Schulbehörden keinen exakten Überblick über die Größe der Bewegung. Statistisch gesehen geht die Zahl der Home Education Familien in der um ein vielfaches größeren Zahl der Schulschwänzer in Deutschland unter.[74] Addiert man die Zahlen der Netzwerke und berücksichtigt eine Dunkelziffer von 25 %, kommt man gegenwärtig (Anfang 2007) auf ungefähr 600-800 Kinder, die auf diesem Weg lernen. Dabei handelt es sich um eine vorsichtige Schätzung, die

---

[74] Exakte Zahlen zu derartiger Schulabwesenheit liegen für Deutschland nicht vor. Verschiedene regionale Studien ergeben einen Anteil von 0,2 bis 1,3 % an Schülern, die mehr als ein Drittel eines Schuljahres unentschuldigt fehlen. Am häufigsten sind Schulversäumnisse an Haupt- und Sonderschulen sowie in der 7. und 8. Klassenstufe (Ehmann/Rademacker 2003). Selbst bei Hochrechnung der niedrigsten Werte erreicht man für Gesamtdeutschland mindestens eine fünfstellige Zahl an intensiven Schulschwänzern.

eher die Untergrenze der zu erwartenden Größenspanne markiert. In einem mehrseitigen Artikel zu diesem Thema in der Zeitschrift „Focus Schule" war von rund 3.000 Kindern die Rede (Meier 2005). Diese nicht näher belegte Zahl dürfte dem bisherigen Forschungsstand zufolge jedoch über der tatsächlichen Größenordnung liegen.

4.3 Home Education als soziale Bewegung

Auch wenn bisher von *der* deutschen Home Education Bewegung die Rede war, dann ist spätestens in dieser Darstellung zur Entwicklung und Gestalt derselben sichtbar geworden, dass die Home Education Bewegung eine Ansammlung mehrerer Gruppierungen ist, die unterschiedlich stark verknüpft sind. Die einzelnen Segmente kooperieren nur in abgegrenzten Bereichen, haben keine gemeinsame Organisationsstruktur und das von allen geteilte Ziel, die Umwandlung der Schulpflicht in eine Bildungspflicht, die ein breiteres Spektrum an Lernorten zulässt, ist genau genommen nur der kleinste gemeinsame Nenner divergierender Ideale hinsichtlich der Bildungspolitik. Des weiteren könnte die Verwendung des Begriffs „Bewegung" dazu verleiten, die Größenordnung und Bedeutung zu überschätzen. Wie die Zahlen verdeutlichen, handelt es sich um ein Phänomen, das von gesellschaftlichen Randpositionen ausgehend nur langsam größere Kreise zieht und auch in absehbarer Zeit in Deutschland wohl nicht zu einer Protestbewegung anwachsen wird, die Hunderttausende von Menschen mobilisiert.

Trotz dieser Einschränkung kann die deutsche Home Education „Szene" als eine soziale Bewegung angesehen werden. Die zahlreichen, unterschiedlich weit gefassten Definitionen dieses Begriffs haben im Kern gemeinsam, dass es sich um eine soziale Gruppe handelt, die als kollektiver Akteur mit dem Ziel auftritt, sozialen Wandel herbeizuführen. Letzteres schließt auch Bemühungen ein, einen solchen Wandel rückgängig zu machen oder zu verhindern (Raschke 1991:32).[75] Dieses Bemühen um gesellschaftlichen Wandel ist in Deutschland noch stärker spürbar als in anderen Ländern, da die Bewegung aufgrund der Rechtslage hier gezwungen ist, eine Änderung in den Schulgesetzen (oder zumindest in deren Auslegung) anzustreben. Allerdings ist dies nur ein Aspekt des anvisierten sozialen Wandels. Die Home Education Bewegung ist nicht nur Oppositionsbewe-

---

[75] In diese Richtung geht auch die allgemein gehaltene Definition von Goodwin und Jasper, die sagen: „A social movement is a collective, organized, sustained, and noninstitutional challenge to authorities, powerholders, or cultural beliefs and practices" (Goodwin/Jasper 2003:3). Am stärksten abweichend davon erscheint die systemtheoretische Position. Zum Beispiel Ahlemeyer, der soziale Bewegungen als Kommunikationssysteme definiert, die „selbstreferentiell Mobilisierungsoperationen prozessieren" (1989:188).

gung (wie z.B. Anti-Atomkraftbewegung) oder eine Bewegung, die einen Aspekt in der Gesetzgebung ändern möchte (z.B. Gleichberechtigung) und dann, falls dies erfolgt ist, ihr Ziel erreicht hat. Es handelt sich um eine „communal movement", die bestrebt ist, „to establish small-scale social systems to remedy [the] ills of the larger society".[76] Die Home Education Bewegung verfolgt das Ziel, sowohl die sozialen Strukturen als auch das individuelle Handeln zu ändern. Mit den verschiedenen Netzwerken steht den Mitgliedern und Interessierten eine Plattform zur Verfügung, um einen alternativen Bildungsweg jenseits der etablierten Institutionen zu praktizieren.

Die zahlreichen nationalen Home Education Bewegungen wachsen im Zuge internationaler Vernetzung zunehmend zu einer transnationalen Bewegung zusammen (so auch Beck 2006a). Die Perspektive, sich als Teil einer größeren Bewegung zu sehen, fasst in der deutschen Homeschoolbewegung immer stärker Fuß und wurde durch die Verbreitung des Internets maßgeblich vorangetrieben. Home Education Familien in Deutschland können auf einschlägigen E-Mail-Foren in aller Welt mitreden. Dort, wo Protest gegen Entscheidungen von Behörden organisiert wurde, ging mehrfach der Aufruf an Homeschooler in aller Welt, mit E-Mails an die entsprechenden Stellen in Deutschland die in vielen Ländern vorzufindende Akzeptanz dieses Ansatzes zu bescheinigen und für eine Legalisierung zu „demonstrieren".[77]

Im Bereich der Bewegungsforschung sind in den vergangenen Jahrzehnten zahlreiche Theorien entwickelt worden, um Entstehung und Entwicklung sozialer Bewegungen zu erklären. Oft wurden diese Theorien nicht als komplementäre Erkenntnisse, sondern als konkurrierende Positionen präsentiert und vertreten (Koopmans 1998). Hellmann hat die verschiedenen Ansätze zu fünf Paradigmen[78] zusammengefasst, von denen, wie man eingestehen muss, keines allein eine vollständige Erklärung liefern kann (Koopmans 1998:228). Im Folgenden werden einige der für das Verständnis des Entwicklungsweges der Home Education Bewegung relevanten Aspekte dieser Paradigmen näher dargestellt.

---

[76] So Rosabeth M. Kanter, zitiert in der Arbeit von Collom und Mitchell (Collom/Mitchell 2005:280), die diesen Aspekt anwenden auf die US-amerikanische Homeschoolbewegung in ihrer Charakterisierung derselben als eine soziale Bewegung.

[77] Zum Beispiel wurde in einer Rundmail von der amerikanischen Homeschoolorganisation HSLDA am 10.01.2005 im Zusammenhang mit der Schulverweigerung russlanddeutscher Familien bei Paderborn dazu aufgerufen, einen vorbereiteten Beschwerdetext an den deutschen Botschafter in den USA, den Landrat der Region und den Ministerpräsidenten von Nordrhein-Westfalen zu schicken (homeschooling_D, 11.01.2005:1453). Später wiederholte sich Ähnliches.

[78] Dies sind: Structural Strains, Collective Identity, Framing, Resource Mobilization und Political Opportunity Structures (Hellmann 1998). Etwas randständig bleibt dabei die Systemtheorie, siehe dazu Luhmann 1996 und Ahlemeyer 1995.

Der Structural-Strains-Ansatz erklärt die Entstehung einer Protestbewegung in erster Linie mit Bezug auf die Sozialstruktur der Gesellschaft (Hellmann 1998:17f). Wie im Kapitel zu den Wurzeln der deutschen Home Education Bewegung deutlich wurde, war dieser Zusammenhang von Beginn an gegeben. Die gesellschaftlichen Veränderungen in den Sechziger- und Siebzigerjahren führten zur Herauskristallisierung eines konservativen Milieus, das dem bildungspolitischen Wandel ablehnend gegenüberstand. Auf der anderen Seite existierten progressive Kreise, die sich nicht pragmatisch damit abfinden wollten, dass nur ein Teil ihrer Ideale Umsetzung fand, und die eine stärker antiautoritäre Selbstbestimmung des Individuums in der Praxis anstrebten. Damit verbunden ist auch die Tatsache, dass die Mobilisierung der Bewegung zum großen Teil in ausgewählten sozialstrukturellen Lagen stattfand, was sich bis heute in den entstandenen Netzwerken widerspiegelt. Die meisten Home Education Familien haben mit anderen Mitgliedern dieser Bewegung deutlich mehr Lebensstilmerkmale gemeinsam als nur diese Bildungsform. Allerdings sind die angesprochenen Milieus (Evangelikale und Alternativbewegung) jeweils nur mit einem sehr kleinen Anteil ihrer eigentlichen Größe in der Home Education Bewegung vertreten. Die Verortung in diesen „Lagern" ist damit vielfach eine wichtige, aber weder ausreichende noch in jedem Fall notwendige Bedingung für die Partizipation an der Home Education Bewegung. Die jüngere Entwicklung macht deutlich, dass die Bewegung immer diverser wird und Mitglieder fast aller sozialer Schichten einschließt. In diesem Öffnungsprozess verliert die sozialstrukturelle Herkunft etwas an Bedeutung für die Herstellung der kollektiven Identität.

Das Bemühen in der deutschen Home Education Bewegung, eine gemeinsame Identität (collective identity) zu konstruieren, die verschiedene Motive und soziale Herkünfte überspannt, ist erst seit wenigen Jahren deutlich sichtbar und wird vor allem von den intermediären Netzwerken getragen. Die Zielstellungen des „Netzwerkes für Bildungsfreiheit" (NBF) lesen sich wie eine Zusammenstellung, bei der man sich um Formulierungen bemühte, die die Anliegen der einzelnen Gruppierungen erkennbar widerspiegeln, ohne damit die anderer auszuschließen. Inwieweit es diesen Akteuren gelingt, das Hauptgewicht der Bewegung in einer breiter angelegten Mitte zu versammeln, ist derzeit noch offen. Die länger bestehenden Netzwerke besitzen nach wie vor eine gefestigte interne kollektive Identität, die sich in Strukturen und Handlungsorganisation unverkennbar niederschlägt (ausführlicher dazu im folgenden Abschnitt 4.4).

Eng verknüpft mit dem Collective-Identity-Paradigma ist das des Framing (Hellmann 1998:19f). Darunter werden die Konstruktionsleistungen verstanden, mit der die soziale Bewegung einen Teilbereich der Wirklichkeit als Problem definiert und die eigene Position als angemessene Lösung begründet. Es geht um den großen Rahmen, der Existenz und Handeln der Bewegung legitimieren soll, der den Zustand der Welt aus der Perspektive der Bewegung deutet. Die kompromisslos vertretenen Positionen der Gründergeneration, sei es in Form radikalkonservativer Bibeltreue oder konsequenter Selbstbestimmung, waren in ihrer Problemdefinition (diagnostic frame, Snow/Benford 1988:200) für große Teile der Gesellschaft nicht nachvollziehbar. Inzwischen wird diese Rahmung seitens der Home Education Bewegung deutlich stärker an der gesamtgesellschaftlichen Wahrnehmung ausgerichtet. Die seit der ersten PISA-Studie anhaltende öffentliche Diskussion über die Leistungsfähigkeit des Bildungssystems oder die bei entsprechenden Anlässen breit geführten Debatten zum Thema Gewalt in Schulen bilden einen Hintergrund, vor dem die weniger polarisierenden Vertreter der Bewegung das Problem derart definieren, dass es dem öffentlichen Bildungssystem ihrer Meinung nach zu oft nicht gelingt, im Einzelfall den Rahmen für ein optimales Lernen bereitzustellen. In der Präsentation der Lösungsidee (prognostic frame) gewinnen Positionen an Einfluss, die zugunsten einer größeren Freiheit im gesamten Bildungsbereich argumentieren und nicht nur auf Homeschooling fokussieren. Dieses Bemühen, den existenzbegründenden Rahmen näher an der gesellschaftlichen Debatte zu konstruieren, steht in Wechselwirkung mit der Ausbreitung der Home Education Bewegung in neue sozialstrukturelle Räume. Diese erfordert und ermöglicht eine derartige Veränderung.

Wenn Gruppen sich bewusst bemühen, ihre Positionen anschlussfähig für andere darzustellen, dann meist mit dem Ziel, neue Ressourcen zu mobilisieren. Damit ist ein weiteres Paradigma der Bewegungsforschung angesprochen, das unter Rückgriff auf die Annahme rational handelnder Akteure primär der Frage nachgeht, unter welchen Bedingungen Organisationen Mobilisierungserfolg erreichen (Hellmann 1998:22). Mobilisierung meint primär die Gewinnung neuer Mitglieder, aber auch die Unterstützung durch als wichtig eingeschätzte Personen (z.B. Politiker oder Wissenschaftler) oder die Akquirierung finanzieller und materieller Mittel. Das Engagement für eine Legalisierung von Home Education ist das Bemühen, ein kollektives Gut herzustellen, und steht damit vor dem bekannten Dilemma, dass, falls dieses Gut einmal erreicht ist, auch all diejenigen davon profitieren, die sich nicht aktiv dafür eingesetzt haben (Olson 1968). Der Mobilisierungserfolg hängt damit davon ab, inwieweit es der Organisation gelingt, in potentiellen Unterstützern die Überzeugung herzustellen, dass ein Engagement für sie persönlich lohnenswert ist. Die Strukturen und Arbeitsweisen der jeweiligen Organisationen haben maßgeblichen Einfluss auf den Erfolg der Ressourcenmobilisierung. Am Ende der detaillierteren Darstellung ausgewählter Gruppierungen im folgenden Kapitel (4.4) wird dieser Gedanke noch einmal aufgegriffen.

Die Entwicklung einer sozialen Bewegung geschieht nie im leeren Raum, sondern stets im Rahmen eines politisch-institutionellen Kontextes. Dieser findet

in dem sogenannten Political-Opportunity-Structures-Paradigma Berücksichtigung (Hellmann 1998:23), mit dem in erster Linie Unterschiede hinsichtlich E-
xistenz und Gestalt von Bewegungen in verschiedenen Ländern (oder Epochen)
näher erklärt werden können. Für die Home Education Bewegung mit ihren explizit politischen Forderungen bezüglich der Ausgestaltung des Bildungswesens
ist dieser Bereich von großer Bedeutung. Die Entwicklung in Deutschland ist
dadurch gekennzeichnet, dass das politische System gegenwärtig sehr liberal
hinsichtlich Protest ist, aber sehr restriktiv bezüglich der Durchsetzung der
Schulbesuchspflicht. Ersteres ist die Grundlage dafür, dass überhaupt eine Bewegung entstehen kann, in deren Mittelpunkt das Handeln gegen ein geltendes
Gesetz steht. Im Gegensatz zu totalitären Regierungsformen beschränken sich
die staatlichen Sanktionen hierzulande auf rechtsstaatliche Mittel, die die Vertreter von Home Education keiner unkontrollierbar existenziellen Bedrohung aussetzen. Dieser sich dadurch aufspannende Möglichkeitsraum für Protest wird jedoch auf ein Minimum begrenzt, da die in den meisten Fällen angewandten staatlichen Sanktionen trotzdem keineswegs unerheblich sind. Im Vergleich zu Ländern, in denen Homeschooling legal ist, sind dadurch die Entwicklungschancen
der deutschen Home Education Bewegung deutlich eingeschränkt. Ihre geringe
Größe und das begrenzte Wachstum stehen in einem sichtbaren Zusammenhang
mit den gegenwärtigen politischen Gelegenheitsstrukturen.[79]

4.4 Innenansichten ausgewählter Netzwerke

Nach diesem Überblick zur Entwicklung der Bewegung werden im folgenden
Abschnitt die wichtigsten Netzwerke hinsichtlich ihrer inneren Strukturen und
Arbeitsweisen näher dargestellt. Das Ziel ist es, sichtbar zu machen, wie die jeweils zugrunde liegenden Weltbilder und Ideale das Leben der einzelnen Organisationen bis in kleine Details hinein prägen. Die bereits dargestellten Unterschiede bezüglich der Motive und Präferenzen der einzelnen Home Education Famili-
en nehmen Einfluss darauf, in welcher Form Gruppierungen entstehen und wie
die damit verbundenen Herausforderungen gelöst werden.

---

[79] Dies wird, wie in Kapitel 2.4 dargestellt, vor allem in der Entscheidungssituation der Eltern deutlich, bei der die zu berücksichtigenden Kosten des illegalen Handelns eine maßgebliche Rolle spielen.

4.4.1 Die Philadelphia-Schule

Am Morgen des Pfingstmontags 2003 füllt sich der Parkplatz vor der Bismarck-halle in Siegen mit Kombis, Vans und Kleinbussen aus ganz Deutschland. Den aussteigenden Frauen, Männern und Kindern ist unschwer anzusehen, dass sie sich bemüht haben, etwas „Besseres" anzuziehen: zahlreiche Männer mit Sakko, mindestens jedoch ein Hemd, die meisten Frauen mit Röcken oder Kleidern. Durch ein kleines Foyer mit einigen Bücherständen gelangt man direkt in den Hauptsaal der Bismarckhalle. Auf der Bühne befinden sich ein Rednerpult, ein Flügel, eine Leinwand, ein Tisch. Die Stühle im Saal stehen an langen Tafeln, die sich längs durch den Raum ziehen. 10.30 Uhr beginnt hier laut Programm die 14. Heimschulkonferenz der Philadelphia-Schule. Kurz vor Beginn ist der Raum mit ca. 200 Personen sichtbar gefüllt. Zahlreiche Frauen verschiedenen Alters tragen Tücher auf dem Kopf. Spätestens im Gespräch mit ihnen spürt man ihre „russlanddeutsche" Herkunft. Knapp ein Drittel der Familien der Philadelphia-Schule kommen aus diesem Bereich. Zum einen liegt dies sicher an ihrer Nähe zu der konservativ-evangelikalen Theologie, die vom Leiter der Philadelphia-Schule vertreten wird. Einen weiteren Grund beschreibt eine Mutter folgender-maßen:

> Also die Philadelphia-Schule, die staffiert wirklich die Familien aus mit ganz kon-kretem praktischen Material und Ratschlägen und Lehrern. Also ohne die Philadel-phia-Schule könnten die Russlanddeutschen überhaupt keine Heimschule machen – viele. Weil die gar nicht wissen, wie komme ich an welches Material und welches ist gut und – die haben zusammengestellte bewährte Sachen, mit denen man wirklich arbeiten kann. (I7, 55:10)

Wenige Minuten nach halb elf tritt Helmut Stücher, Leiter der Philadelphia-Schule, an das Rednerpult und eröffnet die Veranstaltung. Ihr Ziel ist es, so Stü-cher, „zu ermutigen, im Kampf festzustehen" und das Vertrauen auf Gott zu stärken. Stücher weiß, dass hier überwiegend Christen sitzen, die trotz mehrheit-lich evangelikaler Grundorientierung aus verschiedenen Gemeinden, Kirchen und Traditionen stammen. „Wir sind hier als Schule, nicht als Gemeinde bei-sammen", betont er und fordert zur Akzeptanz der Gläubigen „anderer Fakultä-ten" auf, da man nicht zusammengekommen sei, um einander zu missionieren. Man nimmt es ihm ab, dass ein derartiger Hinweis bei diesem Publikum nicht grundlos ist, allerdings offensichtlich auch nicht wirkungslos. Ein Vater erzählt später, dass er es bewundert, wie Stücher es schafft,

> sehr viele Christen von allen möglichen Richtungen zusammenzubringen ... Ich fand das sehr schön, da sind alle möglichen christlichen Gruppierungen da ... und ich ha-

be eigentlich sehr viel Gemeinschaft da, so ein Gefühl für Gemeinschaft da erlebt. Und ich fürchte, wenn das irgendwann mal einfacher wird, also leichter wird mit Homeschooling, sehr wahrscheinlich werden diese Gruppierungen sofort wieder auseinanderfliegen. Denke ich mal. Was schade ist natürlich. Ähm, und wir bewundern sehr Herrn Stüchers Furchtlosigkeit und, ähm, als ich so ängstlich war, dann hat er irgendwann einmal gesagt: „Man muss Freude haben an diesem Kampf, (lacht kurz) mit dem Wort Gottes voran." Und das hat mich auch ein bisschen inspiriert, nicht so „huh" ängstlich zu sein unnötig. (I6, 56:58)

Auf der Heimschulkonferenz ist Stücher nicht nur Gastgeber und Schulleiter, sondern auch der Patriarch, der um Rat gefragt wird, Mut zuspricht und zum furchtlosen Durchhalten anregt. Seine Theologie trägt nüchterne Züge, aber soziologisch gesehen ist er die charismatische Führungsfigur (Weber 1980:124), deren Leitungsanspruch sich nicht durch basisdemokratische Prozesse, sondern aus seiner Rolle als Schulgründer und Homeschoolpionier legitimiert. Die Position Stüchers wird kaum hinterfragt, auch wenn seine Ansichten nicht von allen Mitgliedern der Schule geteilt werden. Der eben zitierte Vater erzählte im Interview:

In der Anfangszeit war ich so ein bisschen, also über Herrn Stüchers Art, die Sache anzugehen, so ein bisschen „hui" – er geht sehr, sehr massiv und direkt und scharf da ran, also mit den Behörden und solchen Leuten. Auf der anderen Seite, er hat eine Geschichte, die viel weiter zurückgeht. Er hat selber massive Sachen erlebt. Also tendenziell, ähm, versuche ich so weit wie möglich, ja so moderate Töne anzu-, also mit moderaten Tönen anzukommen. Also schon die Punkte klar nennen, warum und wieso, aber soweit wie möglich Offenheit und Kooperationswilligkeit zu zeigen. Ähm, und mittlerweile, ich akzeptiere das. Also wenn Herr Stücher schreibt, Briefe manchmal – die ich ganz anders formulieren würde, viel vorsichtiger. Aber wie gesagt, er hat viel mehr Erfahrung wie ich und hat am eigenen Leib sehr viel Schlimmes erfahren und weiß, was funktioniert und was nicht funktioniert. Aber ich würde es wenigstens erst einmal versuchen, sage ich mal, freundlich und nett zu sein und die Leute nicht ... ja, unnötig zu provozieren. (I6, 55:05)

Zurück in die Bismarckhalle. Am Schlusspunkt von Stüchers kurzer Eröffnungsrede singt die Versammlung gemeinsam den Choral „Jesus Christus herrscht als König", am Flügel kraftvoll von einem der Lehrer der Schule begleitet. Im weiteren Verlauf der Veranstaltung gibt es Vorträge verschiedener Redner, unterbrochen von christlichen Hausmusikdarbietungen anwesender Familien. Hausschüler halten kurze Referate und Homeschooleltern berichten von ihren Erfahrungen. Die meisten anwesenden Kinder sitzen währenddessen neben ihren Eltern, malen auf mitgebrachten Materialien und ernten einen mahnenden Blick, falls diese Stillbeschäftigung einmal etwas weniger still verläuft. In der Mittagspause wird der Parkplatz wieder bevölkert, zahlreiche Tupperdosen geben mitgebrachte Salate, Sandwichs und dergleichen her, die von den meisten an Ort und Stelle, im geöffneten Wagen sitzend oder von Auto zu Auto wandernd, verspeist werden. Am späten Nachmittag, nach Stüchers Schlusswort und einem weiteren gemeinsamen Lied, klingt die Veranstaltung bei einem Kuchenbüfett im Foyer aus.

Die Pfingstmontagsheimschulkonferenz in der Siegener Bismarckhalle hat bereits Tradition. Jahr für Jahr folgt sie einem ähnlichen Muster. Referenten und Lieder wechseln, doch die Themen bleiben die gleichen. Es geht um Gottvertrauen und christliche Erziehung, um die „gute alte Zeit" und die Schlechtigkeiten gegenwärtiger Schule, um einen repressiven Staat, „bedrohte Familien" und um Homeschoolschüler, die bei externen Bewertungen überdurchschnittlich gut abschneiden oder auch ohne staatlich anerkannten Abschluss eine Lehrstelle bekommen. Zusätzlich ist dieser Tag für viele der weitverstreut wohnenden Homeschoolfamilien eine der wenigen Chancen, einmal unter vielen Gleichgesinnten zu sein, Freunde und Bekannte zu treffen oder neue zu finden. Dies gelingt jedoch nicht immer, da auch hier die Meinungen auseinandergehen. Eine Mutter schrieb rückblickend auf die zwei Heimschulkonferenzen, die sie besuchte:

> Obwohl wir Christen sind, fühlten wir uns nicht sehr ernst genommen bei dem Heimschultag und wissen nicht genau, woran das liegt – vielleicht weil wir nicht möchten, Schule zu Hause zu machen (inklusive Pausen, Feiertagen usw.), vielleicht weil mein Sohn ein T-Shirt anhatte, vielleicht weil wir nicht ultra-konservativ sind, vielleicht nur, weil wir noch keine schulpflichtigen Kinder haben. Unser Eindruck war, dass die meisten Leute einfach in Ruhe gelassen werden möchten und nicht auffallen möchten. Ich habe z.B. mit einer Frau gesprochen, die ganz stolz war, über ein Jahr ihre Tochter zu Hause unterrichtet zu haben, ohne dass die Nachbarn das mitgekriegt hatten. Wenn sie so sein möchten, ist das ihr Recht ... aber das hilft der Bewegung nicht viel! (Homeschooling_D, 9.2.2003:340)

Neben dem Heimschultag gibt es noch zwei weitere regelmäßige Veranstaltungen der Philadelphia-Schule. Zum einen die sogenannten Mädchen- oder Jungenbildungswochen, bei denen eine Gruppe von Homeschoolschülern für eine Woche in einem Gruppenhaus zusammenkommt und dort gemeinsam, oft projektbezogen, lernt. Zum anderen gibt es zweimal im Jahr ein mehrtätiges Elternlehrseminar. Hier treffen sich Heimschulfamilien und Betreuungslehrer der Philadelphia-Schule. Für die Kinder der ersten vier Klassenstufen gibt es Unterricht, während für die Eltern ein nach Grundschule und Sekundarstufe unterteiltes Seminarprogramm angeboten wird. Im Vordergrund stehen unterrichtsbezogene Inhalte zu verschiedenen Schulfächern. Die Referenten sind meist die Betreuungslehrer, hin und wieder auch Eltern, die sich für ein bestimmtes Gebiet spezialisiert haben. Im pädagogischen Konzept der Philadelphia-Schule heißt es, dass das Ziel der Schule die „Bildung und Erziehung von Kindern christlicher Eltern auf der Grundlage des Wortes Gottes" ist (Philadelphia-Schule 2002:5). Die Frage, welches Gewicht dabei der Bildung und welches dem Wort Gottes zukommt, wird jedoch nicht nur von den Familien, sondern auch von den Betreuungslehrern verschieden beantwortet.

Im Herbst 2003 fand das Elternlehrseminar in einem Jugendfreizeitheim in der Nähe von Siegen statt. Eines der Themen lautete: „Physik mit einfachen Mitteln". Referent ist ein Bauingenieur, der seit einem Jahr als Nachhilfelehrer arbeitet und zusätzlich gemeinsam mit seiner Frau, einer Lehrerin, Betreuungslehrer der Philadelphia-Schule ist. Sein Vortrag zum Physikunterricht ist in erster Linie eine Predigt über Gottesoffenbarung in der Schöpfung, verbunden mit der Aufforderung, Erkenntnisse mit „Gottes Wort" in Zusammenhang zu bringen. In den ausgeteilten Blättern geht es um Hebelgesetze und Licht und Schatten, eingerahmt von zahlreichen Bibelzitaten, anhand derer die Naturgesetze auf das „Glaubensleben" übertragen werden.[80] Im zweiten Teil des Vortrags geht es laut Titel um Kunstunterricht in der Sekundarstufe, die Rede ist jedoch meist wieder von Gott und einer konservativen, mahnenden Theologie. Mehrfach versucht Stücher, den Redner dezent auf die Einhaltung von Thema und Zeit hinzuweisen – mit begrenztem Erfolg. Derartige Theologisierung ist im Kontext der Philadelphia-Schule nicht überraschend, aber doch eher die Ausnahme. Denn Schulgründer Stücher liegt ein „ordentlicher" Unterricht genauso am Herzen wie die Frömmigkeit. „Wir hatten immer Lehrer", sagt er, „aber nicht alle waren gut geeignet" (TB 22.03.2004).

Die meisten Vorträge der Elternlehrseminare wirken wie eine Mischung aus Elternabend und Volkshochschule. Während eines Seminars im Frühjahr 2004 sitzen 22 Mütter und 7 Väter im Gruppenraum eines christlichen Jugendhofes, wo eine junge Frau – ausgebildete Lehrerin, die für die Philadelphiaschule arbeitet – unter dem Titel „Aufsätze schreiben" über die Didaktik des Deutschunterrichts referiert. Sie orientiert sich eng an dem Lehrplan der öffentlichen Schule und erläutert ihre Maßstäbe bei der Bewertung von Schülerarbeiten. Zum Thema „Nacherzählen einer Bildgeschichte" teilt sie als Einstieg sechs Bilder der bekannten Vater-und-Sohn-Geschichten von Fritz Ohser aus und bittet die Eltern, in einem kleinen Aufsatz die dargestellte Geschichte niederzuschreiben. Nach einer Viertelstunde wird in der Gruppe in lockerer Art und Weise ausgehandelt, wer sein Ergebnis vorzulesen hat. Abschließend erläutert die Lehrerin ihre methodisch-didaktischen Grundsätze. Demzufolge soll der Unterricht praktisch sein und Raum lassen für Freude und Spaß am Lernen. Dass Kinder auch Fehler ma-

---

[80] Die Tatsache, dass ein Schatten einen Gegenstand nur begrenzt und möglicherweise verzerrt abbildet, wird beispielsweise verglichen mit alttestamentlichen Opfergesetzen, die als Schattenwurf des „Opfers Jesu Christi" bezeichnet werden.

chen, sei selbstverständlich. In den Zusammenfassungen, die am Ende verteilt werden, sind zahlreiche konkrete Informationen für den Hausunterricht enthalten: ein Überblick über den Mathematiklehrplan der ersten vier Schuljahre, Hinweise zu Textaufgaben, das Vorgehen beim Aufsatztraining und dergleichen. Von Gott und Glauben ist nichts zu lesen.

Im März 2005 ist das Jugendfreizeitheim in der Nähe von Siegen dick verschneit, der Parkplatz überfüllt und das Haus komplett ausgebucht. An den zweieinhalb Tagen nehmen insgesamt ca. 150 Personen an dem Elternlehrseminar teil. Wie immer gibt es Büchertische, die ein beliebter Umschlagplatz für neue und gebrauchte Unterrichtsmaterialien sind. Für den Grundschulbereich stehen an diesem Morgen zwei Vorträge zum Sachkundeunterricht auf dem Programm. An den Tischen im Seminarraum sitzen ca. 20 Frauen, einige Männer, knapp die Hälfte sind Eltern russlanddeutscher Herkunft. Die Referentin ist ausgebildete Pädagogin und erzählt als Einstieg eine fiktive Geschichte. Sie handelt von einem Kind, das gerade einen Zahn verloren hat und diesbezüglich Fragen stellt an seine Mutter, die das Kind jedoch bittet, sich jetzt endlich auf das Sachkundethema Frühlingsblumen zu konzentrieren. „So hoffentlich nicht", beendet die Referentin diese Einleitung. Was dann folgt, ist ein Plädoyer für eine kindorientierte Pädagogik, wie sie im Rahmen der Philadelphia-Schule selten zu hören ist. Die Themen in den Büchern nennt sie Vorschläge und beschreibt die Vorzüge einer fächerübergreifenden Arbeitsweise und von Projekttagen. Am wichtigsten sei, dass die Kinder lernen, wie man lernt. Das konkrete Thema sei nachrangig. Sie ermutigt zu experimentellem Lernen, bei dem die Kinder selbst in den Bereichen auf Entdeckungstour gehen, die sie interessieren. „Was ist wichtiger", fragt sie die Eltern, „nach dem zu gehen, wofür sich ein Kind interessiert, oder nach dem, was ihr meint, was richtig ist?" Nachdenkliches Schweigen in der Gruppe. „Das ist oft mein Konflikt", gesteht sie. „Ja, ich weiß, man möchte nah an dem sein, was die anderen machen – ich kenne diesen Zwiespalt." Die aufkommende Diskussion nutzt sie, um die religiöse Untermauerung dieses Ansatzes anzubieten. „Was meint ihr", fragt sie in die Runde, „wie geht Gott vor, wenn wir etwas lernen sollen?" In den Antworten aus der Gruppe ist die Rede von einem geduldigen Gott, der wartet, bis der Mensch bereit sei für etwas. Daran anknüpfend sagt sie: „Wir spüren bei Gott, er führt uns so, dass es für uns passt. Das sollten wir auch mit den Kindern machen. Wenn das Kind bereit ist für etwas, wenn es sich für etwas interessiert, dann macht das. Unabhängig vom Lehrplan."

Im Nachmittagsvortrag einer anderen Lehrerin geht es um Konzentration und selbstständiges Arbeiten. Pünktlich um 15.20 Uhr kommt Schulleiter Stücher in den Raum und ruft die Gruppe zur Kaffeepause. Am Tisch sitzt Stücher zusammen mit einem der älteren Betreuungslehrer. Wenn die beiden von Schulbehörden oder öffentlicher Schule reden, dann oft mit einem leicht spöttischen

Unterton. Sie sind sich einig, dass die Kinder dort heutzutage viel weniger lernen als zu ihrer Zeit und dass die Philadelphia-Schule nicht nur die besseren Schüler hat, sondern auch die bessere Pädagogik anbietet. Stücher erzählt von einer russlanddeutschen Chemielehrerin, die im Krankenhaus „putzen ging". Nebenbei gab sie einigen Homeschoolschülern erfolgreich Chemienachhilfe und wurde daraufhin als Betreuungslehrerin von der Schule engagiert. Zwei Etagen höher hält sie gerade einen Vortrag zum Thema: „Experimente mit einfachen Haushaltsmitteln". Der Raum ist bis auf den letzten Platz gefüllt, überwiegend von Schülern der höheren Klassenstufen. Am Bunsenbrenner demonstriert Swetlana W., wie Eisen in gelöstem Kupfersulfat zu Kupfer und Eisensulfat reagiert. Am Ende holt sie die Büroklammer aus dem Reagenzglas, zeigt die rötliche Färbung als Ergebnis dieses Vorgangs und schreibt an die Flipchart die dazugehörige Formel: $Fe + CuSO_4 \rightarrow FeSO_4 + Cu$. Die anwesenden Schüler und Eltern schreiben eifrig mit.

In einem großen Raum im Nebengebäude läuft derweil das Programm für die jüngeren Kinder. Auf den Tischen liegen bunt bemalte Blätter, selbstgebastelte Stempel und kleine Lesebücher. Die Schüler im Grundschulalter, die diese Dinge gebastelt haben, sind inzwischen draußen, toben im Schnee, auf dem Trampolin und der großen Drehwippe. Die eben erwähnte Referentin des Vormittagsvortrags ist gerade dabei, die Materialien zusammenzuräumen. Ich komme mit ihr ins Gespräch über ihr Thema, das am Interesse des Kindes orientierte Lernen. Sie weiß, betont sie, dass bei weitem nicht alle so denken wie sie und nennt ihren Weg eine Entwicklung. Besonders das ein Jahr zuvor erschienene Buch „Schulfrei. Lernen ohne Grenzen", in dem für ein „natürliches Lernen" ohne Schulhaus und Stundenplan plädiert wird, hatte sie beeinflusst (Mohsennia 2004). Sie glaubt, dass es wichtig ist, diesen Gedanken zu verbreiten und dafür zu werben, den Lernprozess stärker am Kind zu orientieren. Eine Überzeugung, die in diesem Rahmen noch weit davon entfernt ist, eine Mehrheitsposition darzustellen.

In altdeutschen Druckbuchstaben steht „Philadelphia-Schule" in der Titelzeile der Internetseite des christlichen Heimschulwerkes (www.philadelphiaschule.de). Darunter das Bibelzitat: „Gewöhne einen Knaben frühe an seinen Weg, so lässt er auch nicht davon, wenn er alt wird. (Sprüche 22,6)". Das Logo zeigt einen Mann, eine Frau und zwei Kinder, die sich vor einem Kreuz an den Händen fassen, eingerahmt von einem Dreieck, in dessen Spitze in schnörkelreichen Buchstaben das Kürzel „PhS" steht und dessen Seiten mit den Begriffen, „Gemeinde", „Schule" und „Elternhaus" beschriftet sind. Nicht nur für Schulleiter Stücher ist dieser Rahmen von gläubiger Familie, Heimschule und christlicher Gemeinde das ideale Umfeld, um „den Knaben frühe an den rechten Weg zu gewöhnen". In dem vierteljährlich erscheinenden Informationsblatt der Schule finden sich immer wieder Leserbriefe ähnlich denkender Eltern. Der Name des

10-15-seitigen Informationsheftes lautet „Die geöffnete Tür" und geht wie die Bezeichnung der Schule zurück auf eine Passage im biblischen Buch der Offenbarung (Offb. 3,7-13).[81] Den Glauben, mit ihrem Homeschooling einen gottgewollten Weg zu gehen, teilen fast alle Eltern, die der Philadelphia-Schule angehören. Hinsichtlich der Ausdrucksweise ihrer Frömmigkeit und der Gestaltung des Lernens gibt es jedoch deutliche Unterschiede.

Wenn Medien über Familien aus diesem Bereich berichten, fällt hin und wieder der Begriff „Fundamentalisten".[82] Stücher fällt es schwer, diesen unklar schillernden Begriff anzunehmen. An einer Stelle erklärte er, wie man die Glaubensüberzeugung, dass die Heilige Schrift die höchste Norm über jeder menschlichen und staatlichen Autorität sei, darzustellen hat, um nicht als Fundamentalist eingestuft zu werden (2002, DgT 13:1). An anderer Stelle setzt er sich kritisch mit dem Vorwurf auseinander, bibeltreu und fundamentalistisch zu sein, und argumentiert für die Bezeichnung als „Evangeliums-Christen" (2004, DgT 19:4f). Auf der Homepage der Philadelphia-Schule wird zu der Frage, ob es sich dabei um religiöse Fundamentalisten handelt, Papst Benedikt XVI. zitiert, der kritisiert, dass jeder, der einen klaren Glauben auf der Grundlage des kirchlichen Glaubensbekenntnisses hat, oft als Fundamentalist bezeichnet wird. Man bekennt sich zu einem festen Glaubensfundament und macht gleichzeitig klar, dass Gewalt, Fanatismus und Hass gegen Andersdenkende abgelehnt werden.[83] Diese Abgrenzung entspricht der Mehrdeutigkeit des Begriffs Fundamentalismus. Wer ein Fundamentalist genannt werden kann und was dies bedeutet, ist zum großen Teil eine Frage der Definition.[84] Folge ich an dieser Stelle dem Ansatz von Riesebrodt (1990), der den historischen Fundamentalismus in den USA und dem Iran erforschte, werden einige Parallelen sichtbar. Als Grundmuster fundamentalistischer Ideologie nennt Riesebrodt einen patriarchalischen Moralismus, der ei-

---

[81] Darin sagt ein Engel zu der Gemeinde Philadelphia, dass er vor ihr eine Tür geöffnet hat, die niemand verschließen kann, denn „du hast mein Wort bewahrt und hast meinen Namen nicht verleugnet" (rev. Lutherübersetzung 1984).

[82] Zum Beispiel: Kok. „Vor dem letzten Gericht in Haft." *die tageszeitung (Ruhr)*, 22.04.2005, S. 1; Werner/Leffers. „Mit harten Bandagen gegen Verweigerer." *spiegel online*, 22.04.2005; Schaaf. „Diktat der Eltern." *Frankfurter Allgemeine Sonntagszeitung*, 12.02.2006; Rath. „Schulpflicht auch für Fundamentalisten." *Kölner Stadtanzeiger*, 21.06.2006.

[83] <http://www.philadelphia-schule.de/html/paderborn.html> (31.05.2006)

[84] Der Begriff entstand als stolze Selbstbeschreibung protestantischer Gruppierungen in den USA am Anfang des 20. Jahrhunderts, die mit ihren „Fundamentals" gegen alle Einflüsse liberaler und kritischer Theologie in erster Linie bekunden wollten, dass sie am Glauben an eine wörtliche Inspiration der Bibel festhalten. Im Laufe der Zeit wurde aus dieser Beschreibung einer theologischen Position immer stärker die Kennzeichnung sozialer Bewegungen, auch jenseits christlicher Religion. Spätestens seit den Attentaten des 11. September 2001 scheint der Begriff Fundamentalismus in der öffentlichen Debatte vielerorts zum schwammigen Synonym für „das Böse" schlechthin geworden zu sein, das es mit allen Mitteln zu verhindern gilt.

nen moralischen Verfall der Gesellschaft beklagt, und eine manichäische Einteilung der Welt und aller geglaubten Mächte in Gut und Böse. Damit verbunden ist eine religiöse Sozialethik, die für eine schichtübergreifende Vergesellschaftung auf der Grundlage religiös-moralischer Werthaltungen sorgt. Weiterhin nennt er einen gesetzethischen Monismus, der als Gegenpol eines strukturellen Pluralismus auch bereit ist, die Demokratie zu hinterfragen, wenn sie Entscheidungen gegen göttliche Gebote hervorbringt (Riesebrodt 1990:217-223). Für die religiös-konservativen Vertreter der deutschen Homeschoolbewegung (die, wenn in ein Netzwerk eingebunden, dann unter dem Dach der Philadelphia-Schule zu suchen sind) stellen diese Merkmale eine weitgehend zutreffende Charakterisierung dar. Ausgehend von der Klage über einen moralischen Verfall des öffentlichen Bildungswesens, oft mit Verweis auf eine wahrgenommene Werte- und Meinungspluralität, gerät ein patriarchalisch orientiertes Familienbild zum Kontext einer Erziehung in das Reich Gottes unter deutlicher Abgrenzung von „der Welt", sowohl hinsichtlich geistiger Einflussnahme als auch bezüglich sozialer Beziehungen. Erkenntnisquelle erster Güte ist die „Heilige Schrift", die aufgrund des Glaubens an ihre göttliche Inspiration die höchste und völlig zuverlässige „Autorität in allen Fragen des Glaubens und der Lebensführung" darstellt.[85]

Zwei Dinge sind an dieser Stelle von Bedeutung. Zum einen benennt eine derart gezogene Parallele nur eine begrenzte Überschneidung zweier Gruppen. Innerhalb der Philadelphia-Schule trifft der Fundamentalismusbegriff in dieser Form nicht auf alle Mitglieder zu und der größte Teil des christlich-fundamentalistischen Milieus existiert außerhalb der Home Education Bewegung. Zum anderen kann hinterfragt werden, welcher Erkenntnisgewinn sich mit dieser Titulierung verbindet. Vor dem Hintergrund der inflationär-unscharfen Verwendung des Begriffs Fundamentalismus scheint es mir, dass er an dieser Stelle kaum wesentliche Erhellungen bietet, die über das ohnehin Gesagte hinausgehen.

4.4.2 Die „Initiative für selbstbestimmtes Lernen" und der „Bundesverband Natürlich Lernen e.V."

Vier Wochen nach der oben beschriebenen Heimschulkonferenz in Siegen fand im Juli 2003 in einem abgelegenen Forsthaus an der Grenze von Hessen und Thüringen das Bundestreffen der „Initiative für selbstbestimmtes Lernen" statt. Die zwei älteren Gebäude grenzen an eine große Wiese, auf der einige Zelte aufgeschlagen sind, am Rand befindet sich eine überdachte Feuerstelle. Ungefähr 30

---

[85] So der zweite Punkt des Glaubensbekenntnisses, das als Basis der Philadelphia-Schule auf der letzten Seite ihres pädagogischen Konzepts abgedruckt ist (Philadelphia-Schule 2002:17).

Erwachsene (überwiegend Frauen) und fast ebenso viele Kinder sind zusammengekommen. Einige von ihnen laufen trotz des kühlen Wetters barfuß, ihre Kleidung scheint nach pragmatischen oder ökologischen Kriterien gewählt zu sein und unterstreicht die Campingatmosphäre. Auf dem Programm des Treffens steht für diesen Vormittag ein Runder Tisch mit drei geladenen Gästen: Johannes Heimrath, Ulrich Klemm (ein promovierter Pädagoge, der sich ausführlich mit Antipädagogik beschäftigt hat) und Bertrand Stern, der sich selbst als freischaffenden Philosophen bezeichnet und in seinen Vorträgen nicht nur die gegenwärtige Praxis der Schulbildung, sondern auch den Begriff der Kindheit infrage stellt.[86] Stern ist als Referent und Autor in diesem Bereich der Home Education Bewegung gern gehört, aber seine radikalen und schwer praktikablen Ideen werden auch kritisiert, manchmal mit dem Nebensatz: „Er hat halt keine Kinder" (TB 05.07.2003).

Der Runde Tisch, das sind drei Sitzkissen für die Referenten in dem schlicht ausgebauten Dachboden des alten Fachwerkhauses. Die Zuhörer sitzen auf Kissen und Matratzen im Kreis darum herum. Anke Caspar-Jürgens (Vorsitzende des BVNL) erläutert das System:

> Die drei reden, wer immer meint, etwas zu dem Thema beitragen zu können, setzt sich mit in den Kreis in der Mitte und redet mit. Wenn das Thema erschöpft ist, geht er zu seinem Platz zurück, damit sich auch andere beteiligen können. Falls man den Eindruck hat, dass sich jemand zu lange in der Mitte produziert, kann man ihn auch freundlich auf die Schulter klopfen und darauf hinweisen, dass auch andere sich beteiligen möchten.

Zum Mittagessen trifft man sich an den Tischen neben der Feuerstelle, auf der Kartoffeln gekocht wurden, zu denen es Kräuterquark gibt. Danach wird die Gesprächrunde fortgesetzt, es geht wieder um Schulkritik, Bildungsfreiheit und klare Vorstellungen von einer besseren Gesellschaft. Wenn die anwesenden Eltern anfangen, von ihren praktischen Versuchen der Umsetzung dieser Ideen zu berichten, kommen Fragen, Zweifel und auch Ängste zum Vorschein.

Am Abend treffen sich 15 Erwachsene in dem unbeleuchteten Dachraum zu einer Besprechung der „Initiative". Auf den Matratzen im Hintergrund und im Stockwerk tiefer toben einige Kinder. Es ist eine etwas unruhige Atmosphäre mit Kommen und Gehen. Nach einigen Terminabsprachen wird ausführlich der regelmäßig erscheinende Rundbrief diskutiert, wobei die Finanzierungsprobleme ein zentraler Punkt sind. Die Diskussion kommt nur schleppend voran, im Raum

---

[86] Siehe Stern 1988 und die Selbstdarstellung im Internet mit weiteren Literaturangaben unter <http://www.bertrandstern.online.fr/html/bibliographie.htm> (08.06.2006).

wird es langsam dunkler und nach einiger Zeit rückt die Gruppe enger zusammen, um einander besser verstehen zu können.

Der zweimonatlich erscheinende Rundbrief und die ungenügende Zahlungsmoral vieler „Abonnenten" ist ein immer wiederkehrendes Thema bei den Treffen der „Initiative" und im Rundbrief selbst. Im Sommer 2003 gab es einen ganzseitigen dringenden Appell an die Leser, dazu beizutragen, die Finanzkrise zu überwinden (Ludwig-Wolf 2003, Rb IfsL 12:52). Offensichtlich blieb der Erfolg hinter den Erwartungen zurück, denn eineinhalb Jahre später stand auf dem Titelblatt des Rundbriefes in großen Buchstaben: „Achtung: Das Rundbriefkonto ist leer. Dies ist die letzte noch finanzierte Ausgabe. Bitte überweist Euren Beitrag sofort!" Das ca. 40 Seiten starke Heft (3,50 Euro pro Ausgabe) widmet sich vorrangig dem Thema Bildung jenseits der Schulpflicht. Daneben geht es aber auch um viele andere Bereiche, von alternativen Finanzsystemen bis Zweisprachigkeit bei Kindern. Die anfänglich über weite Teile handschriftlich geschriebene Zeitschrift ist nicht selten mit skizzenhaften Zeichnungen von Blumen oder Bäumen dekoriert, die auf ihre Art und Weise den Anspruch der Autoren unterstreichen sollen, hier einen naturgemäßen Lebensstil zu präsentieren. Die Beiträge stammen zum größten Teil von den Mitgliedern der „Initiative" und werden ergänzt durch einige Seiten mit Informationen des BVNL.

Ein zeitintensiver Gesprächspunkt auf den Treffen der „Initiative für selbstbestimmtes Lernen" ist die Frage der Selbstorganisation. Wo, wann und wie man miteinander redet und arbeitet, wird permanent neu ausgehandelt. Das betrifft auch den Umgang mit Kindern auf den Treffen (2002, Rb IfsL 7:5-6). Dieser ist geprägt von dem Versuch, das von vielen geteilte Ideal einer gleichberechtigten, freien Selbstbestimmung aller Menschen mit dem Wunsch nach einer guten Gesprächs- und Arbeitsatmosphäre zu verbinden. Theoretisch sollen die Kinder jederzeit mitreden dürfen, praktisch aber die Kommunikation nicht nachhaltig behindern. Während des Treffens im Herbst 2003 fand ein öffentlicher Vortrag von André Stern (zur Person unten mehr) in der Schule des nahe gelegenen Ortes statt. Dazu war in einem separaten Raum eine Kinderbetreuung organisiert. Bei den anwesenden Eltern ist bereits dieser Begriff fragwürdig. Und die meisten der Kinder kamen während des Vortrags nach und nach aus der „Kinderbegleitung" zurück in die Aula zu ihren Eltern. Am Nachmittag dieses Tages sitzen die Teilnehmer des Treffens an einem anderem Ort in einer weiteren Gesprächsrunde mit André Stern. Als eine Mutter ihr kleines Kind stillt, beginnt die ca. vierjährige Schwester laut zu protestieren und fordert: „Ich will deine Brust, ich will trinken". Es folgt eine längere Schreiphase, während der die Eltern erfolglos bemüht sind, durch verständnissuchendes Zureden beruhigend einzuwirken. Das Gespräch der Gruppe kommt zum Erliegen und erst nach einiger Zeit bricht eine Mutter das zurückhaltende Abwarten und bittet die Eltern, mit dem Kind nach draußen zu gehen. Man spürt, dass dies keineswegs selbstverständlich ist (TB 08.11.2003).

Der in Frankreich ohne Schulbesuch aufgewachsene André Stern ist der jüngere Halbbruder des bereits erwähnten „freischaffenden Philosophen" Bertrand Stern und war wie dieser bereits mehrfach Gast der Treffen der „Initiative für selbstbestimmtes Lernen" gewesen.[87] Vielfach wird auch er dabei von den Zuhörern in einer ambivalenten Sicht gesehen. Die „Erfolgsgeschichte" eines Aufwachsens mit selbstbestimmtem Lernen wird bewundert und gern gehört. Doch sein Habitus (gepflegte Kleidung, modernes Handy, Parfüm ...) und seine mitunter schwer verständlichen, abstrakt-radikalen, aber sehr selbstbewusst vorgetragenen Thesen machen es vielen schwer, ihre eigene Situation mit seiner Geschichte zu verknüpfen oder ihn als ratgebendes Vorbild zu akzeptieren. In einer Gesprächsrunde fragte eine Mutter, ob er seine Kindheit als gleichberechtigtes Aufwachsen empfand. Er antwortete, dass bei ihm der Begriff Gleichberechtigung nicht vorkommt, „Gleichberechtigung ist erst dort, wo es keine mehr gibt". Derartige Uneinigkeiten über Begriffe tauchen mehrfach auf, nehmen dann meist großen Raum ein und erschweren das Gespräch. Die (nicht selten alleinerziehenden) Mütter in der „Initiative" leben in einer anderen Welt als dieser kinderlose Mann. „Er nimmt die Ängste nicht wahr, er sagt nur: ‚Na mach doch!'", so die Kritik einer Mutter in einem Nachgespräch mit anderen Zuhörern (TB 12.11.2005).

Im November 2004 fand das Bundestreffen der „Initiative für selbstbestimmtes Lernen" in den modern renovierten Räumen des Erlebnispädagogischen Centrums in der Altstadt von Havelberg statt. Für Sonntag Vormittag steht die Mitgliederversammlung des BVNL auf dem Programm. Nach und nach finden sich einzelne Personen in dem Gruppenraum ein. Auf der Heizung trocknen Baumwolltücher, die den unverwechselbaren Stillkindgeruch verströmen. Da sich der Beginn verzögert, lädt eine Teilnehmerin zu einem hinduistischen Kreistanz ein. „Om sri ram jai ram jai jai ram"[88], singt sie engagiert vor und sechs weitere Personen beteiligen sich. Eine halbe Stunde später als geplant beginnt mit ca. 20 Anwesenden die Mitgliederversammlung mit einer Diskussion über Kommunikationsregeln, die Bezug nehmen auf das Thema des Vortages, an dem ein Referent in die Welt des sogenannten KATO-Prinzips eingeführt hatte.[89] Allerdings findet sich keine Mehrheit dafür, diese (weder einfachen noch unumstrittenen) Regeln für die Mitgliederversammlung vorzuschreiben, und man einigt sich darauf, dass jeder selbst entscheidet, wie er kommuniziert. Nach Vor-

---

[87] Eine ausführliche Darstellung der Familiengeschichte findet sich bei Keller 1999.
[88] Die angebotene Übersetzung lautet: „Gott/Göttin, der/die gleichzeitig Wahrheit und Kraft ist, unpersönlich und persönlich Sieg ihm/ihr, Sieg ihm/ihr."
[89] Nähere Informationen zu diesen Kommunikationsregeln unter www.kato-prinzip.de.

standsbericht und Neuwahlen nimmt die Diskussion über Satzungsänderungen die meiste Zeit ein. Hintergrund dafür ist ein Streit mit der Finanzbehörde, die die Gemeinnützigkeit des Vereins aufgrund der schulkritischen Position infrage stellt. Das etwas träge Gespräch kommt nur mühsam voran. Einige der Frauen stricken nebenbei, andere stillen ihre Kinder. Als die Mittagszeit heranrückt und noch einige Punkte der Tagesordnung offen sind, wird in der Gruppe ausgehandelt, wie man damit umgehen soll. Da keiner nach dem Essen die Debatte fortsetzen möchte, werden die restlichen Themen zügig abgehandelt (TB 07.11.2004).

Ein wiederkehrendes Anliegen der „Initiative für selbstbestimmtes Lernen" und des Bundesverbandes ist die Vernetzung der Mitglieder. Immer wieder wird der Wunsch nach Unterstützung, Rat und Austausch sichtbar, besonders bei den Familien, die Kinder im Schulalter haben und Home Education anwenden. Es gibt eine Liste mit Kontaktadressen und Regionalgruppen, die sich außerhalb der bundesweiten Treffen zusammenfinden. Doch unter den Prämissen eines „hierarchiefreien", selbstbestimmt-unverbindlichen Miteinanders fällt es schwer, verlässliche und effektive Strukturen aufzubauen. Die „Initiative" hat manchmal den Charakter einer Selbsthilfegruppe gleichermaßen leidender Eltern. Eine Mutter resümiert ihre aktive Zeit mit den Worten:

> Und auch selbst die Initiative, da habe ich mich ja ungefähr auch zwei Jahre lang engagiert und habe gemerkt, wie es läuft, muss ich eher noch für andere Leute da sein, als dass ich im Grunde genommen jetzt die Unterstützung bekomme, die ich brauche. Weil, ja weil, es war einfach irgendwie nichts da, auch an Strukturen halt so. Und da hatte ich mit Bertrand [Stern] noch ein Gespräch darüber gehabt und der hat auch gesagt: „Dann geh einfach ins Ausland jetzt. Mach doch einfach mal eine Pause." (I3, 30:00)

Die Unverbindlichkeit in der „Initiative", die Priorität der Selbstverwirklichung und der Suche nach dem eigenen Weg können aber nicht darüber hinwegtäuschen, dass es jenseits des Themas Home Education einen großen Bereich gemeinsamer, alternativer Lebenswelt gibt, die von fast allen aktiven Mitgliedern geteilt wird. Deren „Tabus" oder zumindest allseits sehr kritisch diskutierte Themen sind zum Beispiel: Diskounter-Lebensmittel, Impfen, das Kinderprogramm im Privatfernsehen, Stillen nach Plan oder Plastikspielzeug.

Im November 2005 fand das Bundestreffen der „Initiative" in einer attac-Villa in einem kleinen Ort Sachsen-Anhalts statt. Die von außen renovierte Villa wurde im Innenbereich in Eigenleistung gestaltet – eher kreativ als professionell. Am Samstag Abend findet mit der gewohnten Agenda die Mitgliederversammlung des „Bundesverbandes Natürlich Lernen. e.V." statt, bis gegen 22 Uhr die inzwischen zäh laufende Diskussion aufgrund allgemeiner Müdigkeit auf den kommenden Morgen vertagt wird. Zum Schlafen verteilen sich die Teilnehmer nach Belieben auf die Liegen oder mitgebrachten Luftmatratzen im Haus. Einer der ersten Beratungspunkte am nächsten Morgen ist die weitere Terminplanung. Von einer Teilnehmerin wird vorgeschlagen, dabei die Mondphasen zu beachten, da man ihrer Meinung nach bei abnehmendem Mond beschlussfreudiger sei, bei zunehmendem dagegen kreativer. Bis auf wenige Ausnahmen scheinen alle Anwesenden willens, diesen Gedanken umzusetzen. Als nach langem Suchen im ganzen Haus endlich ein geeigneter Kalender gefunden ist, wird für das nächste Treffen in der Hoffnung auf große Beschlusskraft ein Termin in der abnehmenden Mondphase gewählt. In der sich anschließenden Diskussion über das Vereinskonto wird deutlich, dass die großen Banken allesamt in Verruf stehen und man das Konto am liebsten bei einer weniger profitorientierten Bank führen möchte, die allerdings nicht zu teuer sein darf. Schließlich nimmt auch diese Sitzung ein nicht ganz untypisches Ende. Der Versammlungsleiter gibt die Moderation an eine andere Person weiter, da er den Eindruck hat, dass sein zweijähriger Sohn ihn gerade etwas mehr benötigt. Bald darauf setzt ein Kommen und Gehen ein, da im Nebenraum die Gesprächsrunde mit Pat Montgomery von der Clonlara-School beginnen soll. Letztendlich werden die restlichen Gesprächspunkte vertagt.

Es gibt in diesem Kreis zahlreiche Ideen, Träume, Wünsche und Ideale, von denen aber in den mühsamen Diskussionsrunden vieles untergeht. Es ist kein Zufall, dass man auch bereit ist, sich nach dem Mond zu richten, um die Beschlussfreudigkeit zu erhöhen. Eine in der Home Education Szene engagierte Mutter resümierte ihre diesbezüglichen Erfahrungen mit den Worten:

> Die Bundestreffen sind nach dem Empfinden von einigen Personen, die mehrere Male da waren, „schön und scheußlich" (schön, weil man liebe Menschen trifft; scheußlich, weil es danach kaum konkrete Ergebnisse für Weiterarbeit gibt). (homeschooling_D 9.3.2005: 1941)

4.4.3   „Schulunterricht zu Hause e.V." (Schuzh)

Der Verein „Schulunterricht zu Hause" unterscheidet sich, wie schon oben erwähnt, deutlich von den beiden zuvor dargestellten Organisationen. Die öffentlich aktive Phase beschränkte sich bisher auf weniger als zwei Jahre und die zukünftige Rolle dieser Organisation innerhalb der deutschen Home Education Bewegung scheint gegenwärtig ungewiss. Trotzdem sollen an dieser Stelle einige Aspekte näher beleuchtet werden. Einerseits, weil „Schuzh" einen in Deutschland neuen Typus von Home Education Netzwerk darstellt, und andererseits, weil dadurch heftige Diskussionen in der gesamten Szene hervorgerufen wurden, die weiteres Licht auf diesen Bereich werfen.

In der Selbstbeschreibung auf der Rückseite des Mitgliedsantrags des Vereins heißt es:

> Schuzh hat sich vorgenommen, an die Öffentlichkeit zu gehen und die grundgesetzlich garantierten Elternrechte sowie die unverletzliche Religions- und Gewissensfreiheit zu verteidigen. Die Redewendung „gemeinsam werden wir siegen, allein unterliegen" ist unser Motto ... Schuzh bedeutet für alle Familien eine bundesweite Stimme für ein gemeinsames Anliegen: die Genehmigung von Schulunterricht zu Hause oder in privaten Schulinitiativen ... Schuzh führt den Kampf vor den Gerichten, Behörden, Medien und in der politischen Arena ... Weil wir den Rechtsbeistand und das Fachwissen hochangesehener Anwaltskanzleien haben sowie den ständigen Austausch mit den besten internationalen Juristen, verfügen wir über eine kompetente Rechtsabteilung ... Schuzh ist nicht exklusiv und beschäftigt sich nicht mit theologischen Fragen. Schuzh repräsentiert Eltern vieler Glaubens- und Überzeugungsrichtungen. In 2004 möchte Schuzh erreichen, dass Homeschooling einen Platz in der deutschen Bildungslandschaft erhält. Für dieses Ziel brauchen wir viele Mitglieder und Spenden. (Mitgliedsantrag, Ausgabe 05/02d)

Die hier geäußerten Ansprüche tauchen in den Verlautbarungen von „Schuzh" immer wieder auf. Die Organisation will eine Plattform für alle Homeschooler sein, politische Ziele durch professionelle Arbeit erreichen und kurzfristig Erfolg vorweisen.

Im März 2004 fand in der Stadthalle Wetzlar die erste „Schuzh"-Konferenz in Kombination mit einer Homeschoolmesse statt. Unter den Ausstellern sind auch staatlich anerkannte Fernschulen wie die Deutsche Fernschule (df) oder das Hamburger Institut für Lernsysteme (ils). Das sechsstündige Konferenzprogramm besteht aus zahlreichen kurzen Ansprachen von mehr als einem Dutzend Personen, in erster Linie Leitungspersonen von „Schuzh", Homeschooleltern und Vertreter der ausstellenden Organisationen. Die knapp 200 Teilnehmer aus verschiedenen Bereichen der Homeschoolbewegung erleben ein um Professionalität bemühtes Programm. Ein Bonner Rechtsanwalt der Kanzlei Redeker, der zwei Homeschoolingfälle betreut, die beim Europäischen Gerichtshof für Menschenrechte in Straßburg vorliegen, sagt in seinem Vortrag in Bezug auf die in den Schulgesetzen erwähnte Möglichkeit einer Ausnahme zum Schulbesuch in besonderen Fällen: „Homeschooling ist nicht rechtswidrig, sondern es ist nicht gewollt." Als Fazit nennt er seine Überzeugung, dass es nur eine Frage der Zeit sein wird, bis Homeschooling in Deutschland von den Schulaufsichtsbehörden genehmigt wird. Derartige Aussagen sind der Tenor vieler Redebeiträge. Es entsteht der Eindruck, bei Homeschooling handele es sich um eine große, engagierte, erfolgreiche und professionelle Bewegung, die nur kurz vor dem Durchbruch steht. Wer etwas skeptischer ist, dem gilt der Zuspruch von Ingrid Günther, Vorstandsmitglied und zentrale Organisatorin des Vereins, die den Zuhörern versichert:

> Schuzh hat es sich zur Aufgabe gemacht, Ihnen zu helfen. Wenn Sie es für notwendig halten, Ihre Kinder aus der Schule zu nehmen, dann sind wir für Sie da. Und wenn es zu einer gerichtlichen Auseinandersetzung kommt, dann sind unsere Anwälte für Sie da. (TB 06.04.2004)

All dies bleibt nicht ohne Wirkung. Eine Mutter, die eher dem BVNL und dem freien Lernen nahe steht, bezeichnete die Konferenz als ein ausschlaggebendes Erlebnis:

> Also diese 5 Stunden, die sind erst einmal wie im Flug vergangen und ich habe mich so wohl gefühlt da und habe wirklich auch so die Hoffnung dann irgendwie, dass diese Menschen da, die können das auch schaffen irgendwie, dass sich in Deutschland etwas ändert oder wir alle zusammen – es kann sich was ändern. Also ich fand die Atmosphäre auch ganz toll. Und hinterher, da war ich so richtig, also da ist auch so die Angst von mir so abgefallen. Ich hatte vorher Angst und Bedenken und immer diese Fluchtgedanken im Kopf und so, und da war für mich klar, also das passt, also egal, was passiert irgendwie, dann hast du auch noch Leute, die sind mit dir da einer Meinung und helfen dir dann auch und – also das war richtig schön. (I4, 34:43)

Bereits vorher war diese Mutter Mitglied bei „Schuzh" geworden und hatte sich bei ihrer Korrespondenz mit der Schule beraten lassen. Mehrfach macht sie im Gespräch deutlich, wie hilfreich ihr diese Unterstützung war.

Nur sieben Wochen nach der Konferenz in Wetzlar fand in Nürnberg die zweite Veranstaltung dieser Art statt. Konferenzort war ein Saal im Germanischen Nationalmuseum. In der Rundmail, die „Schuzh" zwei Wochen vorher verschickt hatte, hieß es dazu:

> Sie sind herzlich eingeladen! Bitte unterstützen Sie unsere Öffentlichkeitsarbeit und kommen Sie zahlreich. Wir erwarten Gäste von ganz Deutschland. Das wird die interessanteste Veranstaltung, die es in Deutschland zum Thema Homeschooling je gab. Bringen Sie Ihre Freunde und Verwandten mit! Wir haben einen großen Saal mit 500 Sitzplätzen und eine Ausstellungsfläche von 250 qm angemietet. Die Öffentlichkeit soll von unserem Anliegen informiert werden. Senden Sie diese Nachricht an Ihren e-mail Verteiler weiter. Jeder Gast zählt! Vielen Dank. Ihr Schuzh-Team. (E-Mail vom 09.04.2004)

Auf dem auf Hochglanzpapier gedruckten Einladungsflyer ist das Vormittagsprogramm mit Gastredner Michael P. Farris (USA) überschrieben mit: „25 Jahre Homeschooling in Amerika – 2,9 Millionen Schüler lernen zu Hause mit Top-

Ergebnissen". Auf der nebenstehenden Seite lautet der Titel für den Nachmittag: „25 Jahre Homeschooling in Deutschland – 500 und mehr Kinder lernen erfolgreich zu Hause." Diese Parallele wird immer wieder gezogen. Die USA sind das Vorbild und so, wie dort die Freiheit für Homeschooling „erkämpft" wurde, so wird dies auch für Deutschland prophezeit. Rechtsanwalt Farris, der 1983 in den USA die Home School Legal Defense Association (HSLDA) gründete, die sich zu einer einflussreichen Lobbyorganisation entwickelt hat, sieht das Wachstum der Home Education Bewegung als ein Zeichen für göttlichen Segen und erzählt Beispiele, die er als Beweis dafür sieht, dass es einen Gott gibt, der für Home Education Familien kämpft. Der einzige Weg zur Freiheit, so schließt er seinen Vortrag, ist: „Just try it." Dem größten Teil der ca. 200 Zuhörer sind derartige christliche Bezüge keineswegs fremd. Im weiteren Programmteil erzählen mehrere Home Education Familien ihre persönliche Geschichte. Sie berichten von Sorgerechtsentzug, Kontenpfändung und Zwangsgeldern. Einer der Redner nennt dies „Methoden aus der Requisitenkammer totalitärer Regime" und erntet damit spontanen Applaus. Wie in Wetzlar ist wieder eine kleine Messe aufgebaut, auf der sich Fernlehrinstitute präsentieren und Homeschoolmaterialien angeboten werden. Ingrid Günther vom „Schuzh"-Verein bemüht sich am Rande der Konferenz um die Pressevertreter. Auch wenn die von ihr vielversprechend angekündigte New York Times ausblieb – regionale Medienvertreter sind anwesend, und die gilt es, mit den „richtigen" Leuten in Kontakt zu bringen (TB 24.04.2004).

In unregelmäßigen Abständen verschickt „Schuzh" „Infomails" an alle verfügbaren Personen. Darin wird von aktuellen gerichtlichen Auseinandersetzungen berichtet, davon, dass „Schuzh" sich unterstützend für die Eltern einsetzt und wie wichtig diese Arbeit sei. Gleichzeitig bemüht man sich, das Thema auch in den USA publik zu machen. In einem amerikanischen Homeschoolmagazin wird bezugnehmend auf Richard Günther von „Schuzh" über Home Education in Deutschland berichtet. Zitiert wird er mit den Worten: „We ... know of [several families] who are in hiding ... It is becoming clear how the Jews must have felt under Hitler." (Novak 2004, Auslassungen im Original). Weiter sagt er: „Our lives ... are committed to this cause." Chris Klicka, Senior Counsel bei HSLDA und Vorstandsmitglied bei „Schuzh", ruft in den folgenden Sätzen dazu auf, die deutsche Homeschoolbewegung zu unterstützen. Die gleich explizit genannten Möglichkeiten dazu lauten: beten für die Familien und Anwälte, spenden für „Schuzh" und ermutigende Briefe schreiben an deutsche Homeschooler.

Im Februar 2005 fand in Lüdenscheid die dritte und bisher letzte „Schuzh"-Konferenz statt. Sie stand unter dem Zeichen der Diskussionen um das Homeschooling der russlanddeutschen Familien in Paderborn.[90] Bereits in der Eröff-

---

[90] Siehe Porträt Familie Stock in der Einleitung (1.2.3). Weitere Informationen dazu auch in dem Abschnitt „Die verhinderten Homeschooler" in Kapitel 5.2.

nungsrede wurde angedeutet, dass es hauptsächlich um Homeschooling mit „christlichen Gründen" gehen wird. Abweichend von den anderen Konferenzen nimmt der Vereinsvorsitzende Eckermann dies als Anlass, seinen Vortrag mit einem Gebet zu eröffnen, „da die meisten hier Christen sind." Hauptredner sind zwei Ehepaare aus den USA, eines von ihnen stammt ursprünglich aus Nordrhein-Westfalen, das andere aus Virginia. Die Frau des letztgenannten Paares erzählt von ihren 15 Kindern, die alle per Homeschooling lernten. In dem von einer Fotopräsentation begleiteten Vortag geht sie Kind für Kind durch und schildert stolz, wie überdurchschnittlich erfolgreich sie alle geworden seien. Mit Genugtuung erwähnt sie, dass es der Wunsch ihrer Schwiegertöchter ist, eine stay-at-home-mother zu sein, weil sie dies als Gottes Auftrag verspüren. Als sie erzählt, dass ein Sohn mit 17 Jahren an Leukämie starb, ergänzt sie, dass mindestens 18 Leute durch „sein Zeugnis während seiner Krankheit zum Glauben kamen". In seiner Anmoderation für den Vortrag ihres Mannes, Rick Boyer, bezeichnet Richard Günther diesen als Homeschoolpionier aus den USA und fügt auf das Paar bezogen hinzu: „Sie glauben, sie sind ganz normale Leute. Aber (zum Redner gewandt): You are Christian Heroes, you are in the footsteps of Martin Luther." Diese Kombination aus Sendungsbewusstsein und Erfolgsversprechen, verbunden mit einer Bezugnahme auf berühmte Vorbilder, trifft bei einem großen Teil der Zuhörer auf offene Ohren. Genauso wie der Zuspruch des „Homeschoolpioniers" aus den USA, der verspricht:

> Wenn Sie bitten, dann schreiben wir an Botschafter und Behörden in Ihrem Land. Wir werden Sie nicht vergessen, wir werden nicht vergessen, für Sie zu beten ... Und Sie werden standhaft sein. Gott wird Ihnen helfen ... Es liegt in Ihrer Hand, ob dieses Land geistlich geheilt wird und wieder aufersteht.

Anscheinend unerschütterliches Gottvertrauen, verknüpft mit dem Bewusstsein umfassender Selbstverantwortung, im Zweifelsfall nicht nur für die eigene Familie, sondern für ein ganzes Land, sind die Fortführung einer protestantischen Tradition, die in dem an den USA orientierten Teil des christlichen Homeschoolingflügels eine wichtige Rolle spielt als Motor des Engagements.

Auch wenn die „Schuzh"-Konferenzen geprägt waren von der christlichen Orientierung der Leitungspersonen und der Mehrheit der Mitglieder, waren sie trotzdem ein Treffpunkt für Homeschooler verschiedener Orientierungen, von überzeugten Anhängern des selbstbestimmten Lernens bis zu den strenggläubigen Vertretern der urchristlich orientierten Lebensgemeinschaft „Zwölf Stämme"[91]. Hier wuchsen Kontakte, die sich später bei der Gründung des Netzwerks für Bildungsfreiheit fortsetzten.

Im November 2005 war die Homepage des Vereins schon seit längerem nicht mehr erreichbar und auch die Rundmails blieben aus. In einem Telefonat befragte ich Ingrid Günther zum Stand der Dinge (23.11.2005). Sie spricht von Serverproblemen und davon, dass sie demnächst zurück in die USA gehen. Die Finanzprobleme des Vereins in den letzten Monaten begründet sie mit dem Begriff „Versorgermentalität" der Deutschen. Sie hat den Eindruck, dass Personen, die neu einer Organisation beitreten, zuerst fragen, was sie bekommen können, anstatt, was sie beitragen können. Ihr fehlt das revolutionäre Potential. Sie beklagt, dass sich viele, die sich beschweren, am Ende doch der Schulpflicht beugen. In der aktuellen Grundschulpädagogik sieht sie einen Trend zur „Bastelgesellschaft", in der akademische Bildung in den Hintergrund rückt. Sie vertritt eine klare Leistungsorientierung. „Mit weniger als Abitur würde ich mich nicht zufriedengeben", sagt sie bezüglich der eigenen Kinder, „egal, ob sie dann studieren oder nicht." Zwei Wochen später kommt die offizielle Rundmail des Vereins, in der mitgeteilt wird, dass Familie Günther dauerhaft in die USA zurückkehrt. Der Vorstand dankt für ihr Engagement, berichtet ohne nähere Angaben, dass neue Mitarbeiter gefunden wurden und dass „Schuzh" unverdrossen weiterkämpft.

Die Aktivitäten des Vereins waren von Anfang an auch Gegenstand der Kritik innerhalb der Home Education Bewegung. In der E-Mail-Group homeschooling_D ließ der Sohn der Familie Günther keine Gelegenheit aus, um in den höchsten Tönen für „Schuzh" zu werben. Kurz nach der ersten öffentlichen Konferenz in Wetzlar setzte in diesem Forum eine Debatte um die Rolle des Vereins ein. Die Kritik lautete, dass „Schuzh" die Rechtslage verharmlose und mit dem Anspruch auftrete, alle Home Education Familien zu vertreten, obwohl der Verein vom Konzept her eher auf schulähnliche Lernmodelle ausgelegt sei und vorrangig dem christlichen Lager nahe steht. Der Vater der eingangs porträtierten Familie Kern (1.2.1) fügte hinzu:

> Der wichtigste Punkt ist für mich aber folgender: Der Verein vertritt eine bestimmte Vorstellung, wie das Thema jetzt an die Öffentlichkeit gebracht werden sollte und wie man politisch vorgehen sollte, um die Sache weiterzubringen. Er erweckt (nach meinem Empfinden) hier den Eindruck, dies sei die einzig richtige Vorgehensweise. Dem kann ich nicht zustimmen und deswegen fühle ich mich in dieser Beziehung

---

[91] Die auf einem Gut in Bayern vorrangig von ökologischer Landwirtschaft lebende Gemeinschaft der „Zwölf Stämme" ist ein Zusammenschluss einiger Familien, deren Ziel es ist, ihren Alltag nach urchristlichen Idealen zu gestalten, und die ihre ca. 20 schulpflichtigen Kinder selbst unterrichten. Daraus entwickelte sich ein langwieriger und ereignisreicher Rechtsstreit, der in Kapitel 5.2 etwas ausführlicher dargestellt wird.

von dem Verein nicht vertreten. Ich kenne auch noch einige Betroffene, denen es ähnlich geht. (homeschooling_D 8.4.2004:960)

Die Mutter einer anderen Familie drückt im Gespräch ihre Zweifel an dem von „Schuzh" eingeschlagenen Weg aus, indem sie sagt:

> Also ich bin der Meinung, dass wir jetzt nicht politisch arbeiten wollen. Und für uns ist jetzt Schuzh z.B. ein Verein, die machen gute Arbeit und die schätze ich sehr, das Ehepaar Eckermann und auch die Günthers setzten sich sehr ein. Ich habe aber immer den Eindruck, die wollen uns hier etwas Amerikanisches hinbringen und sie arbeiten ganz auf politischer Ebene. Und das meine ich, ist auch verkehrt – für meine Begriffe. (I1, 32:18)

Von Seiten des Vereins „Schuzh" ist man immer wieder bemüht, Erfolge der eigenen Arbeit vorzuweisen. Diagnostizierte Trends werden als Resultat des eigenen Engagements dargestellt.

> Die Presse, die bisher immer von „fundamentalistische Christen" berichtet hat, beginnt zu wenden. Artikel in Stern, Spiegel, TAZ, Frankfurter Rundschau, IDEA Spektrum u.a. sind nicht mehr negativ, sondern zunehmend positiv HS [Homeschooling] gegenüber. Das ist Schuzh zu verdanken. (homeschooling_D 9.4.2004:965)[92]

Die Kritik an „Schuzh" kam in erster Linie aus zwei Richtungen. Zum einen von Vertretern freier Lernmethoden, die dem Verein „Schulunterricht zu Hause" eine Engführung des Home Education Gedankens auf schulorientierte Lernformen vorwarfen. Zum anderen von stark religiös orientierten Personen, deren Frömmigkeit sich eher in einer gottergebenen, schicksalsduldenden Distanz zu „dieser Welt" äußert als in dem Anspruch, durch innerweltlichen Erfolg die Richtigkeit der eigenen Position zu untermauern. Auf einem der Elternlehrseminare der Philadelphia-Schule hielt Schulleiter Stücher einen Vortrag zum Thema: „Was tun bei Problemen mit den Behörden." Darin ermutigte er, die eigene Position sachlich zu vertreten, aber riet davon ab, vor Gerichten zu klagen. Seiner Meinung nach ist es am wichtigsten, vertrauensvoll um Gottes Hilfe zu bitten. Er schilderte an Beispielen, wie er zu der Überzeugung kam, dass Rechtsanwälte wenig ausrichten können, und kritisierte das Vorgehen von „Schuzh". Sein Fazit lautet: „Bevor wir Rechtsanwälte kannten, hatten wir mehr Erfolg" (TB 28.09.2004).

---

[92] Anhand der im Rahmen dieser Studie gesammelten Zeitungsberichte deutscher Medien über Home Education aus den vergangenen 20 Jahren lässt sich ein derartiger Trend nicht ablesen. Nur ein gutes halbes Jahr nach der zitierten Aussage war im Streit um die Schulverweigerung russlanddeutscher Familien im Raum Paderborn, in den auch „Schuzh" engagiert mit eingriff, in den Zeitungen wieder mehrfach von „Fundamentalisten" die Rede.

4.4.4 *Vergleichende Gegenüberstellung der Home Education Gruppierungen in Deutschland*

In dem bisher Gesagten sind die Differenzen hinsichtlich Struktur und Arbeitsweise der verschiedenen Organisationen bereits deutlich sichtbar geworden. Abschließend sollen diese Gruppierungen in einer typisierenden Form nebeneinandergestellt werden, um mittels vergleichender Perspektive die jeweiligen Charakteristika und die sich daraus ergebenden Konsequenzen hervorzuheben. Die Unterscheidung erfolgt anhand zweier Merkmale, hinsichtlich deren Ausprägung sichtbare Differenzen existieren. Zum einen das Ausmaß an direkter Demokratie, das sich in Struktur und Arbeitsweise widerspiegelt. Dies wird daran sichtbar, ob die Entscheidungsfindung innerhalb der Gruppierung eher durch basisdemokratische Prozesse oder durch die Autorität von Leitungspersonen zu Stande kommt. Zum anderen wird nach dem gesellschaftlichen Ort gefragt, an dem der Reformanspruch der Gruppe hauptsächlich realisiert werden soll. Unterschieden wird dabei, ob die Organisation mit ihren Zielen und Tätigkeiten eher auf eine Veränderung oder Gestaltung der Lebenspraxis ihrer Mitglieder ausgerichtet ist oder primär einen Wandel in den politischen Strukturen beabsichtigt.[93] Durch eine grobe Unterteilung beider Merkmale in zwei Ausprägungen, entsteht ein Vier-Felder-Raum, in dem die einzelnen Gruppierungen platziert werden können (Abbildung 5).

Die Philadelphia-Schule untersteht nach wie vor der charismatischen Leitungsautorität ihres Gründers. Ihre Daseinsbegründung resultiert nicht aus dem Erfolg, sondern aus der Annahme, das Richtige, das Gottgewollte zu tun, unabhängig davon, wie populär oder erlaubt dies in der Gesellschaft ist. Ebenso unabhängig vom aktuellen Mainstream steht auch in der „Initiative für selbstbestimmtes Lernen" die Lebensgestaltung gemäß der dort geltenden „Glaubensgrundlagen" an erster Stelle. Das Miteinander soll als hierarchiefreies Netzwerk gestaltet werden. Daraus resultiert ein hoher Aufwand an Selbstorganisation, der einen beträchtlichen Teil der Zeit beansprucht. Der „Bundesverband Natürlich Lernen" steht hinsichtlich der zugrunde liegenden Werte der „Initiative" nahe, ist aber ein stärker nach außen orientierter Verein mit dem Ziel, politische Veränderungen zu erreichen. Um dies zu ermöglichen, wurde eine anerkannte Organisationsform gewählt (eingetragener Verein). Die damit verbundene Hierarchiebildung wird sehr kritisch praktiziert und lediglich als ein Mittel zum Zweck gedeutet. In den regelmäßigen Mitgliederversammlungen ist das Bemühen sichtbar, die Arbeit des Vorstands vor der Gruppe zu legitimeren und diese in die Gestaltung aller Tätigkeiten einzubeziehen.

---

[93] Eine derartige Unterteilung der Zielstellungen findet sich innerhalb der Bewegungsforschung an verschiedenen Stellen, z.B. bei Lahusen 2002:43.

Der Verein „Schulunterricht zu Hause" ist, wie der BVNL, auf eine Änderung der rechtlichen Rahmenbedingungen für Home Education ausgerichtet. Allerdings wird er (trotz gleicher Rechtsform) stärker autoritär geführt. Die Legitimation des Führungsanspruchs der Leitungspersonen beruhte auf deren Engagement und Kompetenz (Beziehungen zu HSLDA in den USA), nicht auf den Ergebnissen basisdemokratischer Wahlverfahren.

Abbildung 5:   Home Education Organisationen in Deutschland

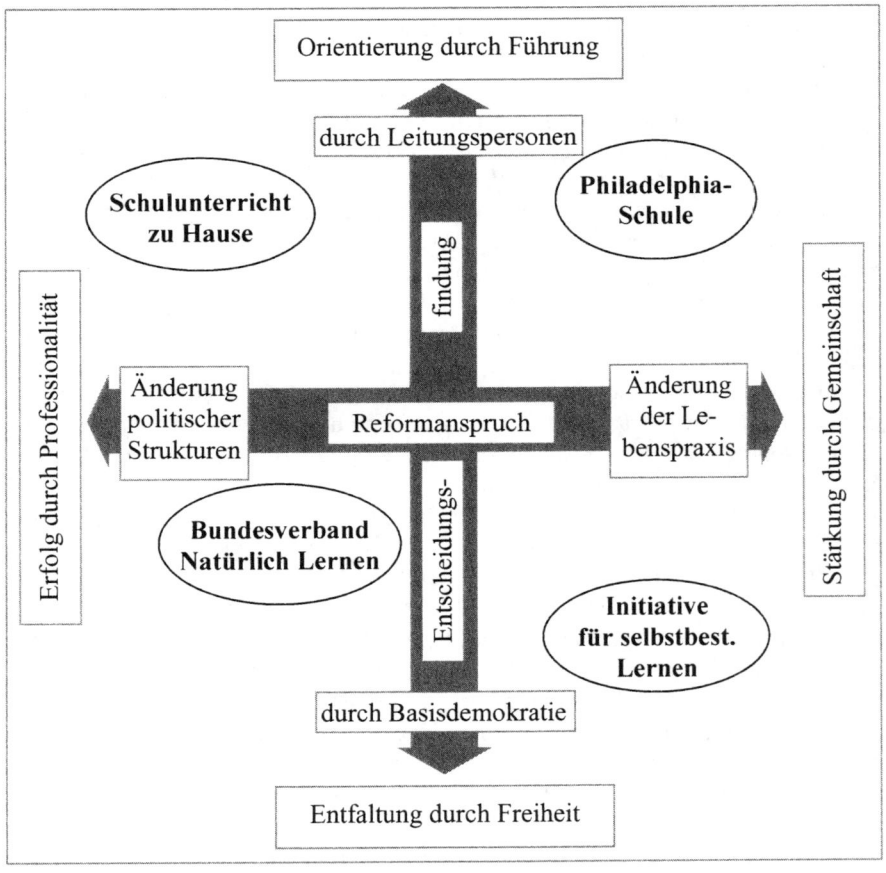

In allen vier Organisationen sind Bemühungen sichtbar, eine starke kollektive Identität aufzubauen. Dies geschieht zum einen durch das Potential ähnlicher sozialstruktureller Merkmale. Zum anderen kann man die typischen Wege der Konstruktion kollektiver Identität beobachten. Es gibt regelmäßige Treffen mit ähnlichem Verlauf, das bewusste Bemühen, Mitglieder zu „vernetzen", eine eigene Sprache und Bilderwelt zur Beschreibung der mit Home Education verbundenen Prozesse und „Heldenerzählungen" (vgl. Hellmann 1998:19f). Der Wunsch nach Vorbildern, die Homeschooling (in der jeweils präferierten Form) nicht nur theoretisch vertreten, sondern auch erfolgreich praktisch umsetzen, ist quer durch die gesamte Bewegung gleichermaßen groß. Dort, wo diese Personen auftreten, werden ihre Erzählungen unter Beifall angenommen und weitergegeben. Allerdings gibt es Unterschiede im Erfolg des Bemühens um die Herstellung eines Wir-Gefühls, einer eigenen kollektiven Identität. Im Vergleich der beiden eher demokratisch geführten Organisationen mit den autoritärer geleiteten Gruppen fällt auf, dass das deutlich höhere Maß an möglicher Mitbestimmung in der „Initiative für selbstbestimmtes Lernen" und im „Bundesverband Natürlich Lernen" nicht zu einer stärkeren Identifikation der Mitglieder mit der Organisation führt. Wie schon andere Studien aus dem Bereich der Bewegungsforschung nahelegen (Roth 1998:55), scheint dies im Zusammenhang damit zu stehen, dass ein zentraler geteilter Wert dieser Gruppierungen die Selbstverwirklichung ist. Dort, wo das Engagement in einer Bewegung der Aufrechterhaltung oder Herstellung individueller, selbstbestimmter Identität dient, entwickelt sich ein ambivalentes Verhältnis zwischen kollektiver und individueller Identität. Dass im Zweifelsfall dann oft das Bemühen um letztere den Vorrang erhält, wird an vielen Stellen im „Leben" dieser Organisationen deutlich, z.B. an der geringen Verbindlichkeit, die die Mitglieder einem gemeinsamen Programm oder Zeitplan zuschreiben.

Wie bereits angedeutet, unterscheiden sich die Organisationen hinsichtlich ihrer Möglichkeiten der Ressourcenmobilisierung. Dieser Aspekt wurde vor allem durch die Arbeiten von McCarthy und Zald zu einem etablierten Erklärungsmuster der Bewegungsforschung.[94] Dessen Kernpunkt ist die Abkehr von der Betrachtung sozialer Bewegungen als einer Ansammlung Deprivierter hin zu einer Perspektive, die in Anlehnung an eine ökonomische und organisationssoziologische Betrachtungsweise soziale Bewegungen stärker als einen Akteur betrachtet, der auf einem Markt mit konkurrierenden Anbietern bemüht ist, die erforderlichen Ressourcen zur Umsetzung der jeweiligen Ziele zu mobilisieren. Damit bietet sich ein Erklärungsansatz für die Tatsache, dass der religiös orientierte Teil der Home Education Bewegung größer ist und schneller wächst. Bereits anhand von Studien anderer Bewegungen wurde darauf hingewiesen, dass

---

[94] Eine Sammlung von Aufsätzen der Autoren bei Zald/McCarthy 1987. Eine überblicksartige Darstellung des Ansatzes findet sich auch bei Zimmermann 1998 und, verknüpft mit einer Anwendung auf die Ökologiebewegung in Deutschland, bei Opp 1998.

Religion eine wichtige Ressource für soziale Bewegungen sein kann (Willems 2004). Vergleicht man die Philadelphia-Schule mit der „Initiative für selbstbestimmtes Lernen", dann wird zuerst sichtbar, dass letztere sich aus weniger finanzstarken Personen rekrutiert, die aufgrund der durchschnittlich schwächeren Bindung an die Organisation auch weniger bereit sind, Geld oder Zeit in die Arbeit der Gruppe zu investieren. Hinzu kommt, dass es im Rahmen des konservativ-christlichen Weltbildes durchaus verbreitet (und mit „Belohnungsverheißungen" verknüpft) ist, auch bei geringen finanziellen Möglichkeiten für eine Sache Geld zu spenden, von der man glaubt, sie sei gottgewollt und richtig. In der „Initiative" dagegen steht bei vielen Mitgliedern das zinsbasierte Finanzsystem und die Akkumulation von Kapital unter dem Verdacht, die „Wurzel allen Übels" zu sein. Des weiteren ermöglichen führungsorientierte Strukturen eine einfachere Verwaltung und Investition der Ressourcen sowie eine schnellere Entscheidungsfindung. Und nicht zuletzt sorgt das unhinterfragte Gottvertrauen der „Frommen" dafür, dass deren Zusammenkünfte eher einen hoffnungsvoll entschlossenen Grundtenor haben, der den Zuhörern vermittelt, trotz sich ergebender Schwierigkeiten mit Home Education die richtige Wahl getroffen zu haben. Im Bereich der „Alternativen" ist eine derartige Zuversicht weniger spürbar. Die Ängste und konkreten Probleme kommen zur Sprache, ohne dass auf etablierte gemeinsame Rituale zu deren Bewältigung zurückgegriffen werden kann.[95] Hier zeichnet sich ein Zusammenhang zwischen dem zugrunde liegenden Weltbild, den im Einklang damit gewählten Organisationsstrukturen und den sich daraus ergebenden Erfolgschancen hinsichtlich der Ressourcenmobilisierung ab, der in gleicher Weise die Entwicklung in der US-amerikanischen Homeschoolbewegung prägte (Stevens 2001).

---

[95] Als im Rahmen eines Elternlehrseminars der Philadelphia-Schule in einem überschaubaren Rahmen von knapp 20 Personen die persönliche Problemsituation einer Mutter zur Sprache kam, wurde eine Gebetsgemeinschaft durchgeführt, in der die Schwierigkeiten als Gebet formuliert „Gott vorgelegt" wurden und die einzelnen Mitglieder durch Fürbitten für den anderen die Unterstützung untereinander signalisierten (TB 28.09.2004).

5 Home Education als Rechtsbruch

5.1 Die Schulgesetzgebung im Hinblick auf Home Education

5.1.1 Die Entwicklung der Schulpflicht in Deutschland

Die Herausbildung der Schulpflicht in ihrer gegenwärtigen Form gestaltete sich als ein langer Prozess mit zahlreichen Anfangspunkten. In dem folgenden Überblick werden lediglich die wichtigsten Punkte dargestellt. Entsprechend dem hier vorliegenden Thema gilt das Hauptaugenmerk dabei weniger pädagogischen Aspekten, sondern der Frage nach der Verbindlichkeit der Schulpflicht und den verschiedenen Möglichkeiten, diese zu erfüllen.

Erste Bemühungen um eine Volksbildung können bereits bei Karl dem Großen zu Beginn des 9. Jahrhunderts gesehen werden. Diese dienten, wie auch viele der folgenden, primär dem Ziel religiöser Unterweisung (Mors 1986:18-26). Allerdings hatten die gelegentlichen Aufrufe zum Schulbesuch keinen verpflichtenden Charakter. Es stand den Eltern frei, ob sie ihre Kinder zur Schule schickten oder nicht (Mors 1986:40). Ab dem 16. Jahrhundert sind viele lokale Schulordnungen überliefert, deren Ziel es war, die Kinder zum Schulbesuch zu verpflichten. In der Weimarer Schulordnung aus dem Jahr 1619 wird erstmals die Anwendung von staatlichem Zwang als mögliche Folge einer Vernachlässigung der Schulpflicht erwähnt. Die „Pfarrherren und Schulmeister" sollten Verzeichnisse führen,

> auf dass mit den Eltern, welche ihre Kinder nicht wollen zur Schulen halten, könne geredet werden, auch nach Bedarf durch Zwang der weltlichen Obrigkeit dieselben, in diesem Fall ihre schuldige Pflicht in acht zu nehmen, angehalten werden mögen. (Mors 1986:128)

Voraussetzung für diese Entwicklung war die Ablösung des speziellen, für einzelne Schulen geltenden Anstaltsrechts durch ein weiter reichendes und generell gültiges Territorialrecht. Daneben entwickelte sich im Laufe der Zeit der Gedanke, dass ein souveränes Staatswesen das Recht und die Pflicht habe, für das Schulwesen zu sorgen (Mors 1986:104). Allerdings ist davon auszugehen, dass die Schulgesetze bis zum 19. Jahrhundert überwiegend nur als Absichtserklärun-

gen zu verstehen sind, die sich nicht als flächendeckende Schulpflicht umsetzen
ließen (Herrlitz/Hopf/Tietze 1998:52f, Mors 1986:151f). Der preußischen Schul-
statistik von 1816 zufolge waren von den 2,2 Millionen schulpflichtigen Kindern
insgesamt nur 60 % in öffentlichen Schulen registriert. Betrachtet man die einzelnen Provinzen, schwankt diese Zahl zwischen 20 % und 80 %. Dreißig Jahre
später war die Schulbesuchsquote in Preußen auf 82 % gestiegen, lag jedoch
nach wie vor in den ländlichen Regionen deutlich unterhalb des Durchschnitts
(Herrlitz/Hopf/Titze 1998:52). Bis 1919 existierte kein Zwang zum Schulbesuch,
sondern es bestand lediglich eine Bildungspflicht, die auch durch häuslichen Privatunterricht erfüllt werden konnte (Avenarius/Heckel 2000:450).

Die erste allgemein verbindliche Schulbesuchspflicht entstand zur Zeit der
Weimarer Republik (WRV Art. 145). Das Reichsgrundschulgesetz von 1920
forderte, für die ersten vier Jahrgänge eine gemeinsame Grundschule einzurich-
ten, auf die das mittlere und höhere Schulwesen aufbaut (Froese/Krawietz
1968:196). Damit war ein klarer politischer Anspruch verbunden. Die Befürworter wollten die Kinder aller sozialen Schichten möglichst lange in einer Schule
gemeinsam unterrichten. Vertreter sozialdemokratischer und kommunistischer
Ideale sahen darin eine Gelegenheit, die Kinder der unteren Bevölkerungsschichten besser zu fördern und die Privilegierung finanziell besser situierter Familien
abzubauen. Derartige Pläne, die Eltern verpflichteten, ihre Kinder in eine bestimmte staatliche Schule zu schicken, stießen besonders bei konservativeren
Gesellschaftsschichten auf erheblichen Widerstand, so dass Inhalt und Wortlaut
des Reichsgrundschulgesetzes zum Gegenstand langer Debatten wurden.[96] Das
Resultat war ein stark diskutierter Ausnahmeparagraf, der in besonderen Fällen
Privatunterricht erlaubte (Nave 1980:89). Insbesondere wohlhabendere, bürgerli-
che Familien nutzten diese Möglichkeit, um ihre Kinder weiterhin von einem
Hauslehrer oder in privaten Familienschulen unterrichten zu lassen (Nave
1980:141).

Erst das Reichsschulpflichtgesetz von 1938 brachte eine reichseinheitliche
Schulpflichtregelung, die keine Ausnahmen vorsah und strafrechtliche Konsequenzen bei Zuwiderhandlungen beinhaltete. Damit verbunden war die politische
Überzeugung, dass die allgemeine Schulpflicht die „Erziehung und Unterweisung der deutschen Jugend im Geiste des Nationalsozialismus" sichere (Froe-
se/Krawietz 1968:224). Das Spektrum der vorgesehenen Mittel zur Durchsetzung des Schulzwangs reichte von polizeilicher Zuführung säumiger Kinder und
Jugendlicher bis hin zu Geld- oder Haftstrafen. Letztere galten auch für Personen, die Schulpflichtige vorsätzlich zu einer Missachtung der Schulpflicht auf-
forderten.

---

[96] Einen detaillierten Überblick zum Entstehungsprozess des Grundschulgesetzes und die damit verbundenen Auseinandersetzungen bietet Nave 1980.

Die gegenwärtigen Regelungen zur Schulpflicht in Deutschland lehnen sich weitgehend an dieses Gesetz an (Avenarius/Heckel 2000:450). Aufgrund der Länderhoheit bezüglich des Schulwesens gibt es allerdings kein einheitliches Schulrecht, sondern jedes Bundesland verfügt über eine eigene Schulgesetzgebung, die jedoch hinsichtlich der Schulpflicht überall ähnlich ausfällt. In allen Ländern unterliegen Kinder ab dem 6. oder 7. Lebensjahr der Schulpflicht. Bis zur Volljährigkeit der Kinder sind die Eltern verpflichtet, für deren Schulbesuch zu sorgen. Im folgenden Abschnitt werden die Regelungen im Einzelnen kurz dargestellt.

5.1.2 Recht auf Bildung und Schulzwang – gegenwärtiger Stand der Schulgesetzgebung im Hinblick auf Home Education

Jeder junge Mensch hat ohne Rücksicht auf seine wirtschaftliche Lage und Herkunft und sein Geschlecht ein Recht auf schulische Bildung, Erziehung und individuelle Förderung.

Mit diesem Satz beginnt das nordrhein-westfälische Schulgesetz (§ 1 Abs. 1). Auch in den Gesetzen anderer Bundesländer wird auf das allgemeine Recht auf Bildung Bezug genommen. Gleichzeitig haben fast alle Schulgesetze einen mit dem Begriff „Schulzwang" überschriebenen Paragrafen, der verdeutlicht, dass das Recht auf Bildung in der Praxis eine Pflicht zum Schulbesuch darstellt, deren Einhaltung bei Bedarf auch mit Zwangsmitteln eingefordert werden kann.

Im Reichsschulpflichtgesetz von 1938 war die Strafvorschrift für Missachtung der Schulpflicht als Übertretung formuliert, die als minder schweres, nichtkriminelles Unrecht einzustufen ist. Die diesbezüglichen Sanktionsandrohungen wurden nach 1945 in den Schulgesetzen der Länder beibehalten.[97] Seit im Zuge der Strafrechtsreform 1975 die Übertretungen abgeschafft wurden, sind Schulpflichtverletzungen bundesweit als Ordnungswidrigkeit eingestuft (Habermalz 2001:218). Die folgenden Abschnitte geben einen Überblick über die Aussagen der Schulgesetze der deutschen Bundesländer hinsichtlich der Schulpflicht und der Ahndung von Zuwiderhandlungen.

---

[97] In § 17 des saarländischen Schulpflichtgesetzes (Stand 08.03.2005) finden sich die Bestimmungen über Zuwiderhandlungen mit nahezu identischem Wortlaut wie im § 14 des Reichsschulpflichtgesetzes vom 06.07.1938.

Regelungen zur Durchsetzung der Schulpflicht in den deutschen Bundesländern

In der nachfolgenden Zusammenstellung sind die jeweiligen Angaben zum Beginn der Schulpflicht nicht enthalten. Je nach Geburtsdatum und Bundesland kann die Einschulung im Alter von 5 bis 7 Jahren erfolgen. Die Dauer der Schulpflicht beträgt 9 bis12 Jahre, bei Letzterem ist diese meist unterteilt in eine Vollzeitschulpflicht und eine Berufsschulpflicht.

Baden-Württemberg (bawüSchG): Schulpflicht besteht für alle Kinder und Jugendlichen, die im Land Baden-Württemberg ihren Wohnsitz oder gewöhnlichen Aufenthalt haben (§ 72 Abs. 1). Der Besuch einer Grund- oder darauf aufbauenden Schule ist verpflichtend, sofern nicht für Erziehung und Unterrichtung in anderer Weise ausreichend gesorgt ist. Anstelle des Besuchs der Grundschule darf anderer Unterricht nur ausnahmsweise in besonderen Fällen gestattet werden (§ 76 Abs. 1). Schulpflichtige, die ihre Schulpflicht nicht erfüllen, können der Schule zwangsweise zugeführt werden (§ 86). Eine Ordnungswidrigkeit liegt vor, wenn Schulpflichtige ihrer Schulpflicht nicht nachkommen oder Erziehungsberechtigte nicht für den Schulbesuch ihrer Kinder Sorge tragen (§ 92 Abs. 1).

Bayern (BayEUG): Wer die altersmäßigen Voraussetzungen erfüllt und in Bayern seinen gewöhnlichen Aufenthalt hat, unterliegt der Schulpflicht (Art. 35 Abs. 1). Schulpflichtige, die ohne berechtigten Grund an verbindlichen Schulveranstaltungen nicht teilnehmen, können der Schule zwangsweise zugeführt werden (Art. 118 Abs. 1). Gleichzeitig kann diese Ordnungswidrigkeit mit einer Geldbuße belegt werden, ebenso wie Erziehungsberechtigte, die nicht dafür sorgen, dass Minderjährige ihrer Schulpflicht nachkommen (Art. 119 Abs. 1).

Berlin (SchulG): Wer in Berlin seinen gewöhnlichen Aufenthalt hat, unterliegt der Schulpflicht, die durch den Besuch einer öffentlichen oder einer staatlich anerkannten oder genehmigten Ersatzschule zu erfüllen ist (§ 41 Abs. 1 und 3). Die Schulaufsichtsbehörde kann bei besonderen Gründen von der Schulpflicht befreien (§ 41 Abs. 3). Schulpflichtige Schüler, die ohne berechtigten Grund nicht am Unterricht teilnehmen, können durch unmittelbaren Zwang zugeführt werden (§ 45 Abs. 1). Dies ist auf Fälle zu beschränken, in denen andere, insbesondere pädagogische Mittel der Einwirkung ohne Erfolg geblieben oder nicht erfolgversprechend sind (§ 45 Abs. 2). Wer vorsätzlich oder fahrlässig Schulpflichtige dazu veranlasst, den Bestimmungen der Schulpflicht zuwiderzuhandeln, begeht eine Ordnungswidrigkeit, die mit einer Geldbuße von bis zu 2500 Euro geahndet werden kann (§ 126 Abs. 2 und 3).

Brandenburg (BbgSchulG): Wer im Land Brandenburg seine Wohnung oder seinen gewöhnlichen Aufenthalt hat, unterliegt der Schulpflicht, die durch den Besuch einer Schule in öffentlicher Trägerschaft oder einer Ersatzschule zu erfüllen ist (§ 36 Abs. 1 und 3). Das staatliche Schulamt kann von der Pflicht zum Schulbesuch befreien, wenn ein wichtiger Grund dies rechtfertigt und eine entsprechende gleichwertige Förderung anderweitig gewährleistet ist (§ 36 Abs. 4). Wenn Eltern der Verpflichtung, für den Schulbesuch ihrer Kinder Sorge zu tragen, nicht nachkommen, kann ein Zwangsgeld erhoben werden (§ 41). Missachten sie vorsätzlich oder fahrlässig ihre Pflichten, stellt dies eine Ordnungswidrigkeit dar, die mit einer Geldbuße bis zu 2500 Euro geahndet werden kann (§ 42 Abs. 1 und 2).

Bremen (BremSchulG): Die Schulpflicht gilt für alle, die in Bremen wohnen oder dort ihre Hauptwohnung haben (§ 52) und verpflichtet zum Besuch einer öffentlichen Schule oder einer privaten Ersatzschule (§ 55 Abs. 1). Eine Befreiung von der Schulpflicht ist nur in besonderen Ausnahmefällen möglich (§ 57 Abs. 2). Wer seiner Schulpflicht nicht nachkommt, kann der Schule zwangsweise zugeführt werden (§ 64). Gleichzeitig handelt es sich dabei um eine Ordnungswidrigkeit, die mit einer Geldbuße von bis zu 500 Euro geahndet werden kann. Kommen Erziehungsberechtigte den ihnen obliegenden Pflichten nicht nach, ist dies ebenso eine Ordnungswidrigkeit, die mit bis zu 1000 Euro geahndet werden kann (§ 65 Abs. 1). Wer jemanden der Schulpflicht gänzlich oder beharrlich vorübergehend entzieht, wird mit einer Freiheitsstrafe bis zu sechs Monaten oder einer Geldstrafe bis zu 180 Tagessätzen bestraft. Die Tat wird nur auf Antrag verfolgt (§ 66).

Hamburg (HmbSG): Wer in Hamburg seine Wohnung oder Hauptwohnung hat, ist schulpflichtig (§ 37 Abs. 1). Vom Schulbesuch kann befreit werden, wenn ein wichtiger Grund dies rechtfertigt und hinreichender Unterricht oder eine gleichwertige Förderung anderweitig gewährleistet ist (§ 38 Abs. 6). Wer den Bestimmungen der Schulpflicht zuwiderhandelt oder andere dazu veranlasst, begeht eine Ordnungswidrigkeit, die mit einer Geldbuße geahndet werden kann (§ 113). Wer Schulpflichtige dauernd oder wiederholt der Schulpflicht entzieht, begeht eine Straftat, die mit einer Freiheitsstrafe bis zu sechs Monaten oder einer Geldstrafe bis zu 180 Tagessätzen bestraft werden kann (§ 114).

Hessen (HSchulG): Für alle Kinder, Jugendlichen oder Heranwachsenden, die in Hessen ihren Wohnsitz oder gewöhnlichen Aufenthalt haben, besteht Schulpflicht (§ 56 Abs. 1), die durch den Besuch einer öffentlichen Schule oder einer Ersatzschule zu erfüllen ist. Anderweitiger Unterricht außerhalb der Schule darf nur aus zwingenden Gründen gestattet werden (§ 60 Abs. 1 und 2). Wer seiner Schulpflicht nicht nachkommt, kann der Schule zwangsweise zugeführt werden, wenn andere pädagogische Mittel erfolglos geblieben sind (§ 68). Schulpflichtige nach Vollendung des 14. Lebensjahres und Erziehungsberechtigte, die den Bestimmungen der Schulpflicht vorsätzlich oder fahrlässig zuwiderhandeln, begehen eine Ordnungswidrigkeit (§ 181 Abs. 1). Wer einen anderen der Schulpflicht dauernd oder hartnäckig wiederholt entzieht, kann mit einer Freiheitsstrafe bis zu sechs Monaten oder einer Geldstrafe bis zu 180 Tagessätzen bestraft werden (§ 182 Abs. 1).

Mecklenburg-Vorpommern (SchulG M-V): Wer im Land Mecklenburg-Vorpommern seinen gewöhnlichen Aufenthalt hat, ist schulpflichtig. Die Schulpflicht erfordert den Besuch einer Schule in öffentlicher Trägerschaft oder einer Ersatzschule (§ 41). Die zuständige Schulaufsichtsbehörde kann vom Besuch einer Schule befreien, wenn ein wichtiger Grund dies rechtfertigt und hinreichender Unterricht oder eine gleichwertige Förderung anderweitig gewährleistet ist (§ 48 Abs. 2). Schüler, die die Schulpflicht nicht erfüllen, können zwangsweise der Schule zugeführt werden, wenn andere Mittel erfolglos geblieben oder nicht erfolgversprechend sind (§ 50). Schulpflichtige nach Vollendung des 14. Lebensjahres und Erziehungsberechtigte, die den Bestimmungen der Schulpflicht vorsätzlich oder fahrlässig zuwiderhandeln, begehen eine Ordnungswidrigkeit, die mit einer Geldbuße bis zu 2500 Euro geahndet werden kann (§ 139). Erziehungsberechtigte, die andere der Schulpflicht dauernd oder wiederholt entziehen, können mit einer Freiheitsstrafe bis zu sechs Monaten oder einer Geldstrafe bis zu 180 Tagessätzen bestraft werden (§ 140).

Niedersachsen (NSchG): Wer in Niedersachsen seinen Wohnsitz oder gewöhnlichen Aufenthalt hat, ist zum Schulbesuch verpflichtet (§ 63 Abs. 1). Schulpflichtigen der ersten sechs Schuljahre darf Privatunterricht anstelle des Schulbesuchs nur ausnahmsweise gestattet werden (§ 63 Abs. 5). Wer vorsätzlich oder fahrlässig der Schulpflicht nicht nachkommt oder als Erziehungsberechtigter Schulpflichtige nicht dazu anhält, die ihnen obliegenden Pflichten zu erfüllen, handelt ordnungswidrig und kann mit einer Geldbuße belegt werden (§ 176). Kinder und Jugendliche, die der Schulpflicht nicht nachkommen, können der Schule zwangsweise zugeführt werden (§ 177).

Nordrhein-Westfalen (NRW-SchulG): Schulpflichtig ist, wer in Nordrhein-Westfalen seinen Wohnsitz oder gewöhnlichen Aufenthalt hat (§ 34 Abs. 1). Die Schulpflicht wird durch den Besuch einer öffentlichen Schule oder einer Ersatzschule erfüllt (§ 34 Abs. 2). Bleibt pädagogische Einwirkung erfolglos, können Schulpflichtige der Schule durch die zuständige Ordnungsbehörde zwangsweise zugeführt werden (§ 41 Abs. 4). Eltern können durch Zwangsmittel (Zwangsgeld, Erzwingungshaft) zur Erfüllung ihrer Pflichten angehalten werden (§ 41 Abs. 5). Schulpflichtige nach Vollendung des 14. Lebensjahres und Eltern, die den Bestimmungen der Schulpflicht vorsätzlich oder fahrlässig zuwiderhandeln, begehen eine Ordnungswidrigkeit (§ 126).

Rheinland-Pfalz (SchulG): Der Besuch einer Schule ist Pflicht für alle Kinder und Jugendlichen, die in Rheinland-Pfalz ihren Wohnsitz oder gewöhnlichen Aufenthalt haben. Diese Schulpflicht wird durch den Besuch einer öffentlichen

Schule, einer genehmigten Ersatzschule oder einer Ergänzungsschule erfüllt (§ 56 Abs. 1 und 2) Nichtschulische Erziehung und Unterrichtung sind in besonderen Ausnahmefällen mit Genehmigung der Schulbehörde zulässig (§ 56 Abs. 3). Wer ohne berechtigten Grund an verbindlichen Schulveranstaltungen nicht teilnimmt, kann der Schule zwangsweise zugeführt werden, sofern andere Mittel ohne Erfolg geblieben, nicht erfolgversprechend oder nicht zweckmäßig sind (§ 66). Wer vorsätzlich oder fahrlässig seiner Schulpflicht nicht nachkommt oder als Erziehungsberechtigter seine Mitwirkungspflicht nicht erfüllt, begeht eine Ordnungswidrigkeit, die mit einer Geldbuße bis zu 1500 Euro geahndet werden kann (§ 99).

Saarland (Schulpflichtgesetz): Es besteht Schulpflicht für alle Kinder, Jugendlichen und Heranwachsenden, die im Saarland ihren Wohnsitz oder gewöhnlichen Aufenthalt haben (§ 1 Abs. 1). Diese ist durch den Besuch einer öffentlichen oder genehmigten privaten Schule zu erfüllen (§ 5 Abs. 1). Schüler, die ihre Schulpflicht nicht erfüllen, können zwangsweise mithilfe der Polizei der Schule zugeführt werden, wenn andere Mittel der Einwirkung ohne Erfolg geblieben sind (§ 16). Wer vorsätzlich oder fahrlässig der Schulpflicht zuwiderhandelt oder andere Personen durch Missbrauch des Ansehens, durch Überredung oder durch andere Mittel dazu bestimmt, den Vorschriften über die Schulpflicht entgegen zu handeln, begeht eine Ordnungswidrigkeit, die mit einer Geldbuße geahndet werden kann (§ 17 Abs. 1 und 2). Wer sich oder andere der Schulpflicht dauernd oder vorsätzlich wiederholt entzieht, wird mit einer Freiheitsstrafe bis zu 6 Monaten oder einer Geldstrafe bis zu 180 Tagessätzen bestraft (§ 17 Abs. 4).

Sachsen (SchulG): Es besteht Schulpflicht, die durch den Besuch einer öffentlichen Schule oder einer genehmigten Ersatzschule zu erfüllen ist. Das Regionalschulamt kann Ausnahmen zulassen (§ 26 Abs. 1 und 3). Schulpflichtige oder Personensorgeberechtigte, die den ihnen aufgrund der Schulpflicht obliegenden Pflichten vorsätzlich oder fahrlässig nicht nachkommen, begehen eine Ordnungswidrigkeit, die mit einem Bußgeld bis zu 1250 Euro geahndet werden kann (§ 61).

Sachsen-Anhalt (SchulG LSA): Alle in Sachsen-Anhalt wohnenden Kinder und Jugendlichen sind zum Besuch einer öffentlichen Schule oder einer genehmigten Schule in freier Trägerschaft verpflichtet. Die Schulbehörde darf Ausnahmen zulassen (§ 36). Schüler, die ohne berechtigten Grund ihrer Schulpflicht nicht nachkommen, können der Schule auch gegen ihren Willen zwangsweise zugeführt werden, sofern andere pädagogische Mittel ohne Erfolg geblieben sind (§ 44a). Wer als Schüler seiner Schulpflicht nicht nachkommt oder wer Schulpflichtige dazu anhält, begeht eine Ordnungswidrigkeit, die mit einer Geldbuße geahndet werden kann (§ 84 Abs. 1 und 2).

Schleswig-Holstein (SchulG): Für Kinder und Jugendliche, die in Schleswig-Holstein wohnen, besteht Schulpflicht (§ 20 Abs. 1), die durch den Besuch einer öffentlichen Schule oder einer Ersatzschule zu erfüllen ist. Anderweitiger Unterricht darf nur ausnahmsweise gestattet werden (§ 21 Abs. 1). Die Eltern haben dafür zu sorgen, dass sich ihr Kind im Sozialverhalten dahingehend entwickelt, dass es zur Teilnahme am Schulleben fähig ist und dass es seiner Schulpflicht nachkommt (§ 26 Abs. 1). Schüler, die ohne berechtigten Grund dem Unterricht fernbleiben, können diesem, sofern andere Mittel ohne Erfolg geblieben, nicht erfolgversprechend oder nicht zweckmäßig sind, zwangsweise zugeführt werden (§ 28). Schüler, die der Pflicht zur Teilnahme am Unterricht nicht nachkommen, und Eltern, die für die Erfüllung der Schulpflicht nicht Sorge tragen, handeln ordnungswidrig und können mit einer Geldbuße belegt werden (§ 146).

Thüringen (ThürSchulG): Wer in Thüringen seinen gewöhnlichen Aufenthalt hat, unterliegt der Schulpflicht, die an einer öffentlichen Schule oder einer Ersatzschule erfüllt werden kann (§ 17 Abs. 1 und 2). Eine Befreiung von der Schulpflicht ist nicht möglich (§ 17 Abs. 5). Schulpflichtige, die ohne berechtigten Grund ihrer Schulpflicht nicht nachkommen, können der Schule zwangsweise zugeführt werden, wenn andere pädagogische Mittel ohne Erfolg geblieben sind (§ 24 Abs. 1). Schüler oder Eltern, die die ihnen obliegenden Pflichten aus dem Schulgesetz missachten, begehen eine Ordnungswidrigkeit, die mit einer Geldbuße bis zu 1500 Euro geahndet werden kann (§ 59).

Zusammenfassend lässt sich festhalten, dass Home Education oder häuslicher Unterricht in den Schulgesetzen keine Erwähnung findet. Homeschooling ist nicht ausdrücklich verboten, genügt aber nicht zur Erfüllung der Schulpflicht, die den Besuch einer öffentlichen Schule oder genehmigten Ersatzschule vorschreibt. Daher gilt es als Schulpflichtverletzung, die in allen Bundesländern als Ordnungswidrigkeit eingestuft ist. In Bremen, Hamburg, Hessen, Mecklenburg-Vorpommern und dem Saarland kann dies auch als Straftat gewertet werden, die allerdings nur auf Antrag verfolgt wird. Zusätzlich zu diesen Möglichkeiten kann die beharrliche Weigerung von Eltern, ihr schulpflichtiges Kind in die Schule zu schicken, als das Kindeswohl gefährdender Missbrauch des Sorgerechts angesehen werden, der das zuständige Gericht berechtigt, den Eltern das Personensorgerecht ganz oder teilweise zu entziehen (Avenarius/Heckel 2000:471).

Familien, die (beispielsweise berufsbedingt) im Ausland leben, können mit in Deutschland ansässigen und anerkannten Fernlehrwerken die Schulbildung der Kinder gestalten. Sobald diese Familien jedoch nach Deutschland zurückkehren, ist eine Fortführung des bis dahin rechtmäßigen Fernunterrichts ordnungswidrig, da nun, aufgrund der Koppelung der Schulpflicht an den Wohnort, der Besuch der Schule die alleinige Möglichkeit der Erfüllung der Schulpflicht darstellt.

Einige Schulgesetze enthalten die Möglichkeit, Ausnahmen zur Schulbesuchspflicht zuzulassen. Am deutlichsten ist die Formulierung im niedersächsischen Schulgesetz, demzufolge Privatunterricht in den ersten sechs Schuljahren (nur) ausnahmsweise zugelassen werden kann. Wie die Beispiele aus der Rechtsprechung zeigen, finden derartige Ausnahmeregelungen aber keine Anwendung in Verbindung mit Home Education, sondern bleiben meist beschränkt auf Binnenschiffer oder Familien mit reisender Tätigkeit wie zum Beispiel Schausteller (siehe Kapitel 5.3).

Die Rolle des Bundesrechts bezüglich der Regelung der Schulpflicht

Anschließend an die Darstellung der Rechtslage sollen noch einige Kernpunkte der Erörterung der Rechtmäßigkeit einer derartigen Gesetzgebung skizziert werden. Die Schulpflicht stellt, abgesehen vom Strafvollzug, wohl den intensivsten staatlichen Eingriff in das Selbstbestimmungsrecht der Bürger dar, der daher einer besonderen Rechtfertigung bedarf (Rux 2002:423). Inwieweit die Schulpflicht aus dem Grundgesetz abgeleitet werden kann, ist umstritten (Avenarius/Heckel 2000:448). Zum Teil wird argumentiert, dass der Begriff der staatlichen Schulaufsicht in Art. 7 des GG den Erziehungsanspruch des Staates bereits voraussetzt (Rux 2002:430). Daneben stehen Bemühungen, die Schulpflicht aus dem Grundgesetz herzuleiten (Fetzer 1993), beispielsweise unter Rückgriff auf eine Rekonstruktion des Willens der grundgesetzgebenden Gewalt (Tangermann 2006:411). Der Grundgesetzkommentar von Schmitt-Kammler lässt die Frage offen, ob die Grundschulpflicht durch das GG normiert wird (Art. 7 Rn. 12), in dem Kommentar von Maunz wird diese Frage verneint, aber hinzugefügt, dass sich die Schulpflicht in rechtlich zulässiger Weise aus den Landesgesetzen herleiten lässt (Art. 7 Rn. 21).

Ohne diese vielschichtige Debatte hier detailliert zu entfalten, soll zumindest kurz auf die relevanten Passagen des Grundgesetzes eingegangen werden, da die Frage der Verankerung der Schulpflicht in der Verfassung zusätzliche Bedeutung erhält, wenn sich Eltern in der Begründung einer vorsätzlichen Schulpflichtverletzung auf das Grundgesetz berufen. Nach Art. 6 Abs. 2 des GG sind Pflege und Erziehung der Kinder das natürliche Recht der Eltern und die zuvörderst ihnen obliegende Pflicht. Die staatliche Gemeinschaft wacht über die elterliche Betätigung. Dieses Erziehungsrecht der Eltern ist pflichtgebunden, da es dem Wohl des Kindes dienen soll.[98] Gemäß Art. 7 Abs. 1 steht das gesamte Schulwesen unter der Aufsicht des Staates. Dessen Rolle ist hierbei nicht auf ein

---

[98] Weiterführende Literatur dazu bei Avenarius/Heckel 2000:436.

Wächteramt begrenzt. Das Bundesverfassungsgericht postulierte einen eigenen Erziehungsanspruch des Staates, der dem elterlichen Recht auf Erziehung nicht nach-, sondern gleichgeordnet ist (BVerfGE 34, 165 [183]). Diese Entscheidung aus dem Jahr 1972 spielt in der Legitimation der Schulpflicht auch gegen die elterlichen Erziehungsvorstellungen bis heute eine zentrale Rolle (Überblick bei Avenarius/Heckel 2000:437). Demnach sind die sich aus der Schulpflicht ergebenden Pflichten der Erziehungsberechtigten eine verfassungsrechtlich zulässige Einschränkung des elterlichen Erziehungsrechts (Rinio 2001:227).

Religiös orientierte Familien berufen sich mitunter auf Art. 4 des Grundgesetzes, in dem Glaubens- und Gewissensfreiheit und ungestörte Religionsausübung festgeschrieben sind. In der rechtlichen Argumentation wird die Spannung zwischen elterlicher Freiheit und staatlichem Erziehungsanspruch oft mit dem Hinweis auf die Privatschulfreiheit aufgelöst, die es Eltern ermöglicht, ihre Kinder auf eine konfessionelle Ersatzschule zu schicken (Avenarius/Heckel 2000:449, Fetzer 1993:95). Des Weiteren wird auf die Wertneutralität verwiesen, der staatlicher Unterricht hinsichtlich religiöser Fragen verpflichtet ist. Ein verfassungsrechtlich unzumutbarer Gewissenskonflikt liege, so die Argumentation, nicht vor, sofern es sich um eine sachliche Auseinandersetzung mit anderen weltanschaulich-religiösen Auffassungen handelt. Da die Schule diesem Toleranzprinzip verpflichtet sei, stellt der Schulbesuch keine Verletzung der Freiheit des religiösen Bekenntnisses dar (Avenarius/Heckel: 2000:453). Die Glaubensfreiheit beinhalte weder ein Recht darauf, mit anderen Weltanschauungen nicht in Kontakt zu treten noch wissenschaftliche Erkenntnisse nicht lernen zu müssen, die zur eigenen Glaubensüberzeugung im Widerspruch stehen (Hannemann/Münder 2006:254, Hebeler/Schmidt 2005:1371). Eine generelle Befreiung von der Schulpflicht aus religiösen Gründen ist, so der Konsens der Rechtsauslegung, nicht zulässig (Avenarius/Heckel 2000:453; Achilles 2003).

Konkrete Beispiele aus der Rechtsprechung in Verfahren zum Thema Home Education werden im Abschnitt 5.3 näher dargestellt. Trotz Übereinstimmung in weiten Teilen bleiben die derzeitigen Regelungen zur Schulpflicht im Rahmen ihrer fachlichen Diskussion nicht ohne Kritik. Drei Beispiele dazu sollen an dieser Stelle noch Erwähnung finden. Winter erörterte ausführlich die Strafwürdigkeit der Verletzung der Schulbesuchspflicht anknüpfend an ein Urteil des Jugendschöffengerichts Wiesbaden, das 1978 einen Jugendlichen wegen wiederholter Verletzung der Schulbesuchspflicht zu einer sechsmonatigen Jugendstrafe verurteilte. Er kritisiert zum einen, dass aufgrund der differierenden Regelungen in den einzelnen Bundesländern allein durch die Zufälligkeit des Wohnortes die Ahndung von Schulpflichtverstößen zwischen Geldbußen und Freiheitsstrafen variieren kann (Winter 1978: 409). Des Weiteren zweifelt er – bezugnehmend auf die Begründung der Aufnahme des Vergehenstatbestands in die hessische

Schulgesetzgebung – an, dass allein die Annahme einer höheren Effektivität der strafrechtlichen Bestimmungen deren Einführung rechtfertigt (S. 410). In der Verhängung von Jugendstrafen wegen Schulpflichtverletzungen sieht er eine Verletzung des Verhältnismäßigkeitsgrundsatzes (S. 416).[99]

Auch Bärmeister bezieht sich auf den Verhältnismäßigkeitsgrundsatz, kritisiert jedoch nicht nur die Sanktionsmaßnahmen, sondern postuliert die „Unverhältnismäßigkeit staatlichen Schulehaltens". Ihm fehlen in Rechtsprechung und einschlägiger Literatur der Nachweis und die empirische Begründung, dass der berechtigte Zweck die überkommene Form des gegenwärtigen staatlichen Schulsystems erfordert (Bärmeister 1993:84). Die Unverhältnismäßigkeit liegt ihm zufolge darin begründet, „dass das öffentliche Interesse an geregelter überindividueller Kindererziehung auch auf andere, die betroffenen Grundrechtsträger weniger belastende Weise erfüllt werden kann" (S. 89).[100]

Habermalz bezeichnet die Vorschriften zur Durchsetzung der Schulpflichterfüllung insgesamt als stark überholungsbedürftig (Habermalz 2001:224). Bezüglich des Straftatbestands kritisiert er in Anlehnung an Winter einen Verstoß gegen das Übermaßprinzip. Schwierigkeiten einer Ahndung als Ordnungswidrigkeit sieht er gegeben, wenn es sich um jugendliche Schulschwänzer handelt. Gegen die zwangsweise Zuführung spricht deren hoher Aufwand und die geringe Aussicht, dadurch eine Verhaltensänderung herbeizuführen (Habermalz 2001:222f).

Die Bedeutung internationaler Regelungen

In dem Bemühen, ein Recht auf Home Education zu begründen, wird von den Befürwortern dieser Position nicht selten auf internationale Regelungen Bezug genommen. Gemäß Abs. 3 des Artikels 26 der Allgemeinen Erklärung der Menschenrechte haben Eltern ein „vorrangiges Recht, die Art der Bildung zu wählen, die ihren Kindern zuteil werden soll."[101] Allerdings handelt es sich hierbei um eine Deklaration der UN-Generalversammlung, die Empfehlungscharakter und keine Rechtsverbindlichkeit hat (Tangermann 2006:413). In dem Übereinkommen über die Rechte des Kindes (UN-Kinderkonvention vom 20.11.1989) be-

---

[99] Der dem Artikel zugrunde liegende Tatbestand hat nichts an Aktualität eingebüßt. Anfang 2007 wurde eine 16-jährige Schülerin aus Görlitz zu zwei Wochen Haft verurteilt, da sie knapp vier Wochen unentschuldigt in der Schule gefehlt hatte und die diesbezüglichen Bußgelder nicht bezahlt sowie die alternativ angeordneten gemeinnützigen Arbeitsstunden nicht geleistet worden waren. „Fürs Schwänzen zwei Wochen Knast." *Spiegel online*, 07.02.2007 <http://www.spiegel.de/schulspiegel/0,1518,464947,00.html> (09.02.2007)
[100] Eine kritische Antwort auf Bärmeisters Analyse bietet Weiler 1993.
[101] Resolution 217 A (III) vom 10.12.1948 <http://www.unhchr.ch/udhr/lang/ger.htm> (29.11.2006)

schreibt Art. 28 das Recht auf Bildung, das durch eine Pflicht zum Grundschul-
besuch gewährleistet werden soll (Abs. 1a).[102] Artikel 29 Abs. 2 schränkt die
diesbezüglichen Regelungen dahingehend ein, dass sie nicht so ausgelegt werden
dürfen, dass die Freiheit natürlicher oder juristischer Personen beeinträchtigt
wird, Bildungseinrichtungen zu gründen und zu führen, sofern die zuvor festgelegten allgemeinen Grundsätze beachtet werden und die in diesen Einrichtungen
vermittelte Bildung den von dem Staat festgelegten Mindestnormen entspricht.[103]
Einer unmittelbaren Ableitung eines Rechts auf Gründung von Familienschulen
oder Ähnlichem aus diesem Artikel steht entgegen, dass die Kinderkonvention
von der Bundesrepublik zwar ratifiziert wurde, aber mit der einschränkenden Erklärung, dass dieses Übereinkommen innerstaatlich keine unmittelbare Anwendung findet.[104]

Eine weitere für diesen Bereich relevante Passage aus völkerrechtlichen
Abkommen findet sich im 1. Zusatzprotokoll der internationalen Menschenrechte. Darin heißt es, dass der Staat im Bereich der Erziehung und des Unterrichts
das Recht der Eltern zu achten hat, „die Erziehung entsprechend ihren eigenen
religiösen und weltanschaulichen Überzeugungen sicherzustellen." Die Nichtzu-
lassung von Home Education in Deutschland könnte als ein Konflikt mit der hier
erklärten Stellung der Elternrechte hinsichtlich der Erziehung und Bildung ihrer
Kinder angesehen werden (Tangermann 2006:413f). In mehreren Fällen wurde
daher von deutschen Homeschoolern der Europäische Gerichtshof für Menschenrechte unter Berufung auf diesen Artikel angerufen.[105] Die meisten der dort vorliegenden Klagen sind gegenwärtig noch nicht entschieden. Auf eine Klageab-
weisung durch den Europäischen Gerichtshof aus dem Jahr 1992 wird im folgenden Abschnitt (5.2) näher eingegangen. Eine weitere erfolgte im Fall Konrad
vs. Germany im September 2006 unter deutlicher Bezugnahme auf die vorange-
gangenen Ausführungen deutscher Gerichte. Gemäß der Entscheidung des
EuGMR kann es nicht als Irrtum angesehen werden, wenn die Ablehnung von
Home Education in Deutschland unter Berufung auf die Annahme geschieht,
dass der häusliche Unterricht nicht in gleichem Maße wie die öffentliche Schule

---

[102] Befürworter von Home Education kritisieren die hier vorgenommene Übersetzung. Gemäß dem
Originaltext soll „primary education compulsory and available free to all" sein. <http://www.
ohchr.org/ english/law/crc.htm> In der deutschen Fassung lautet dieser Auftrag, „den Besuch der
Grundschule für alle zur Pflicht und unentgeltlich machen." In der Wiedergabe von „Education" mit
„Schule" wird eine Einengung in Richtung einer Schulbesuchspflicht gesehen, die der Bedeutungs-
breite des Begriffs „Education" nicht gerecht wird (Caspar-Jürgens 2004:23).

[103] Bundesministerium für Familie, Senioren, Frauen und Jugend 1998.

[104] Bekanntmachung über das Inkrafttreten des Übereinkommens über die Rechte des Kindes vom
10.07. 1992 (BGBl. II S. 990).

[105] Einer der involvierten Rechtsanwälte betonte, dass seiner Meinung nach dieser Artikel und der
Europäische Gerichtshof für Menschenrechte zentrale Bedeutung haben für das Bemühen, eine Entscheidung zugunsten von Homeschooling herbeizuführen (Reichert 2004).

geeignet sei, die Förderung der sozialen Integration und Kompetenzen zu gewährleisten. Eine derartige Auslegung liegt, so das Gericht, innerhalb des Spielraums, der den Vertragsstaaten bezüglich der Interpretation der Grundsätze in ihrem Bildungssystem zusteht.[106]

5.2 Die Durchsetzung der Schulpflicht bei Home Education

Trotz einiger Differenzen zwischen den einzelnen Bundesländern hinsichtlich der Sanktionen für Schulpflichtverstöße ist die Rechtslage und ihre Auslegung hinsichtlich Home Education im Allgemeinen einheitlich. Die Schulpflicht muss an einer öffentlichen Schule oder einer staatlich anerkannten Ersatzschule erfüllt werden – alles andere gilt unabhängig von den dahinterstehenden Gründen als eine Ordnungswidrigkeit, die ernsthafte Konsequenzen nach sich ziehen kann. Eine oft gestellte Frage lautet daher: Wie ist angesichts dieser Situation Home Education überhaupt möglich? Wie konnte sich unter diesen Bedingungen eine, wenn auch kleine, so doch zunehmend besser organisierte Home Education Bewegung herausbilden?

Um dies zu beantworten ist es notwendig, die Ebene der Gesetzestexte und der juristischen Erörterungen zu verlassen und zurückzukehren zur konkreten Situation der Home Education Familien. Im Folgenden steht die Frage im Vordergrund, welche Konsequenzen es tatsächlich nach sich zieht, wenn Eltern Home Education wählen.

Bereits in den Fallskizzen in der Einleitung wurde sichtbar, dass sich die Erfahrungen der einzelnen Familien deutlich unterscheiden. Auch die weiteren Beispiele werden dies belegen. Das Spektrum reicht vom Freispruch der Eltern vor Gericht bis hin zum Sorgerechtsentzug. Grob unterteilt lassen sich vier Kategorien bilden. Die erste umfasst die Familien, die Homeschooling durchführen, ohne von staatlicher Seite mit dessen Rechtswidrigkeit konfrontiert zu werden. In den drei weiteren Varianten kam es zu einer rechtlichen Auseinandersetzung, die entweder noch nicht abgeschlossen ist (2), die eine Duldung von Home Education bzw. die Einstellung des Verfahrens zur Folge hatte (3) oder die aufgrund der angedrohten oder umgesetzten Konsequenzen dazu führte, dass die Schulpflichtverletzung beendet wurde, indem die Kinder entweder wieder eine Schule besuchten oder die Familie ins Ausland auswanderte (4). Alle vier Situationen werden nachfolgend detaillierter dargestellt.

---

[106] ECHR, Application no. 35504/03, Fritz Konrad and Others against Germany. Ein Kommentar dazu bei Langer 2007.

Die ungehinderten Homeschooler

Ein Teil der deutschen Home Education Familien praktiziert das häusliche Lernen, ohne direkt damit konfrontiert zu werden, dass es sich dabei gemäß Schulgesetz um eine Ordnungswidrigkeit handelt. Manche dieser Familien bemühen
sich, ihr Homeschooling möglichst nicht öffentlich bekannt zu machen. Ein Elternpaar, das sich aufgrund von Schwierigkeiten in der Schule bei zwei der fünf
Kinder für Homeschooling entschieden hatte und dies seit mehreren Jahren praktizierte, erzählt, dass es den Hausunterricht ihrer Tochter geheim hält. Die Ver-
wandtschaft erfuhr nichts davon,

> und auch die Nachbarn wissen das nicht, weil das Kind vormittags bis halb eins Un-
> terricht nur im Haus macht. Also gar nichts draußen ... Weil das doch auch noch 'ne
> lange Distanz ist. Bei Thomas [älterer Bruder, der die letzten 2 Schuljahre zu Hause
> absolvierte], das war absehbar, das war Mitte siebentes Schuljahr, das war nicht
> mehr lange. Aber Janine, die hat ja noch bis zur neunten Klasse und die Gefahr, dass
> sie entdeckt wird, ist einfach viel zu groß. (I19, 12:59)

An der privaten Grundschule, die die Tochter die ersten vier Schuljahre besuchte, erreichte sie nicht die Realschulqualifikation. Abweichend von der Praxis,
dass die Kinder von der Grundschule direkt an die jeweilige weiterführende
Schule gemeldet werden, bekamen hier die Eltern von der Schulleiterin einen
Brief mit der Bitte, ihre Tochter selbst auf der zuständigen Hauptschule anzumelden.

> Und wir haben gesagt: „Danke", und haben den Brief eingesteckt und haben sie ein-
> fach nicht angemeldet. Mittlerweise wissen sie [die Hauptschule] es und haben ge-
> sagt, also das ist unsere Sache, sie können es gut verstehen ... Sie werden nichts un-
> ternehmen, aber sie werden uns auch nicht decken, wenn irgendetwas kommt. (I19,
> 8:20)

Um „unentdeckt" zu bleiben, achten viele Familien darauf, ihr Homeschooling
nicht stärker als nötig nach außen zu zeigen. Die Kinder bleiben vormittags im
Haus und hinsichtlich der Ferien orientiert man sich an den öffentlichen Schulen.
Eine Mutter, die mit ihren älteren Kindern schon einen Rechtsstreit hinter sich
hat, schildert ihr Bemühen, das Homeschooling der jüngeren Geschwister unentdeckt zu lassen.

> Wenn jemand vormittags an der Haustür klingelt, haben meine Kinder, die wissen
> ganz genau, dass sie sofort verschwinden und ob das der Schornsteinfeger ist oder
> sonst irgendwie jemand, wir lassen niemanden wissen, dass wir zwei Kinder in dem
> Alter im Haus haben. Wenn ich mit ihm [dem ältesten Sohn] vormittags durch die

> Stadt gehe, sagt niemand: Hoppla, Schulpflicht. Der sieht nicht aus wie ein Schüler. Wenn ich mit ihr [der jüngeren Schwester] durch die Stadt gehe vormittags, müsste ich sagen, sie ist krank, dass ich sie nicht in der Schule habe. Das würde auffallen. Das vermeide ich natürlich. Also ich lebe schon im Untergrund in einem gewissen Sinne und vermeide Situationen, in denen ich direkt darauf angesprochen würde, a- ber nicht auf Kosten dessen, dass sie sich nicht sozial auch integrieren könnten, wo es sich gerade angeboten hat. (I2, 54:42)

Aber nicht alle der ungehinderten Homeschooler leben diesbezüglich „im Untergrund". Die Mutter eines hochbegabten Kindes entschied sich nach längeren, a- ber nicht zufriedenstellenden Bemühungen, mit der Schule eine bessere Förderungsmöglichkeit zu finden, ihren Sohn im fünften Schuljahr nicht weiter zum Schulbesuch zu drängen. Es folgten Gespräche mit der Schulleitung, bis die Mutter letztendlich das Kind abmeldete mit dem Vorsatz, den Lebensmittelpunkt ins Ausland zu verlegen. Von der Schule kam daraufhin lediglich die Bitte, die neue Schule des Kindes mitzuteilen. Ein Jahr später wohnte die Familie noch im selben Dorf, ohne dass es weitere Reaktionen von der Schulleitung gegeben hätte.

> Nix, also ich war auch ganz baff, also, nee – kommt keiner, fragt keiner, nix. Und die sehen ja auch alle, wir bewegen uns ja völlig normal hier und frei. Er hat auch seine Freunde ... die er vorher hatte ... und die treffen sich auch nach wie vor noch. (I4, 21:00)

Die Ahndung von Schulpflichtverstößen setzt voraus, dass die zuständige Schulleitung diesem Fall nachgeht. Immer wieder finden sich Beispiele, in denen dies versehentlich oder auch absichtlich unterbleibt. Die Anzahl der „unentdeckten" Homeschooler in Deutschland ist schwer zu ermitteln. Aufgrund der im Rahmen dieser Studie zusammengetragenen Informationen schätze ich den Anteil gegenwärtig auf 10-20 % aller Home Education Familien in Deutschland.

Die Homeschooler im Rechtsstreit

In den meisten Fällen wird das Homeschooling einer Familie nicht stillschweigend von der Schulleitung akzeptiert. Wenn Eltern sich auch nach ausdrücklicher Aufforderung weigern, ihre Kinder in die Schule zu schicken, wird diese Ordnungswidrigkeit meist zuerst mit einem Bußgeld geahndet. Wie die folgende Rekonstruktion eines nicht untypischen Falles zeigt, führt dies jedoch noch keineswegs dazu, dass die Kinder wieder eine öffentliche Schule besuchen.

Im August 2002 meldete Frau K. ihren Sohn nach Beendigung des zweiten Schuljahres bei der Grundschule ab. Kurz darauf erstattete die Schulleiterin Anzeige. Im Januar 2003 erhielt die Mutter den ersten Bußgeldbescheid über 70 Euro, gegen den sie Widerspruch einlegte. Im März 2004 wurde die Angelegenheit vor dem zuständigen Amtsgericht verhandelt und die Mutter zu einer Geldbuße von 150 Euro verurteilt. Daraufhin stellte sie einen Antrag auf Zulassung einer Rechtsbeschwerde vor dem Oberlandesgericht, der im November 2004 negativ beschieden wurde. In der Zwischenzeit wurde sie vom staatlichen Schulamt an einen Beratungslehrer verwiesen, der ihren Sohn testete und eine Leistungsfähigkeit an der Grenze zur Hochbegabung diagnostizierte (homeschooling_D 23.11.2004:1358). Seit Dezember 2004 zahlte die Mutter den Betrag von 250 Euro (Bußgeld zuzüglich Gerichtskosten) aufgrund der begrenzten finanziellen Möglichkeiten in Raten ab. Eine Verfassungsbeschwerde, die die Mutter im Dezember 2004 einreichte, wurde vom Bundesverfassungsgericht im Februar 2005 abgelehnt. (homeschooling_D 16.02.2005:1728 und 24.02.2005:1777). Da der Sohn nach wie vor nicht an eine öffentliche Schule ging, erhielt die Mutter 2006 einen erneuten Bußgeldbescheid für den Zeitraum ab Februar 2006, gegen den sie auch Widerspruch einlegte. Im Oktober 2006 erfolgte die diesbezügliche Verhandlung vor dem Amtsgericht, bei der die Mutter zu einer Geldbuße von 200 Euro, zahlbar in Raten zu 20 Euro, verurteilt wurde (homeschooling_D 27.10.2006:3683). Insgesamt praktiziert die Mutter mit ihrem Sohn seit über 4 Jahren Unschooling und ein Ende dieser Schulpflichtverletzung ist nicht in Sicht.

Bereits anhand der Fallskizzen in der Einleitung wurde deutlich, dass sich die Auseinandersetzung mit Schulämtern und Gerichten über einen langen Zeitraum erstrecken kann. Wie die folgende Darstellung einer Vaters belegt, geht es dabei nicht immer nur um verhältnismäßig geringe Bußgelder.

Zwei Jahre hatten wir Ruhe, doch dann wurden wir anonym beim Schulamt angezeigt. Nun begannen die Auseinandersetzungen mit den Behörden. Ein persönliches Gespräch mit dem zuständigen Direktor der öffentlichen Schule ... verlief sehr positiv. Von seiner Seite her hatten wir nichts zu befürchten, doch das Schulamt war anderer Meinung. Postwendend kam ein Schreiben mit der Aufforderung, beide Kinder sofort ... in die Schule zu schicken. Des weiteren wurde sofort ein Ordnungswidrigkeitsverfahren eingeleitet. Das Zwangsgeld belief sich auf 2000 Euro. Fragen zum Bescheid über Vorwürfe, die uns gemacht wurden, sind bis heute unbeantwortet geblieben. Stattdessen folgte die Zahlungsaufforderung sofort und wenig später die Gerichtsverhandlung. Das Urteil entschied: „Antrag abgelehnt"... Einsprüche an den Bayerischen Verwaltungsgerichtshof in München sowie an das Bundesverfassungsgericht Karlsruhe wurden ebenfalls in kurzer Zeit abgelehnt. Sofort wurden wir vom Landratsamt aufgefordert, die 2000 Euro Zwangsgeld zu entrichten. Wieder ging eine Stellungnahme unsererseits an das Landratsamt. Diese schaltete nun den Gerichtsvollzieher ein, welcher lediglich eine Taschenpfändung vornahm und nach der Darstellung unserer Sachlage bemerkte, dass das Landratsamt selber sehen möge, wie es zu dem Geld komme. Zwischenzeitlich wurde uns noch zusätzlich eine Bußgeldforderung in einer Höhe von 700 Euro auferlegt ... Kurz danach teilte unsere

Bank uns telefonisch mit, dass wir ab sofort keinen Cent mehr bewegen dürften. Das Finanzamt hatte im Auftrag des Landratsamtes mein Lohnkonto mit dem Kindergeld sowie mein Sparbuch ... gepfändet ... Nach neun Tagen wurde mit Hilfe unseres Rechtsbeistandes ... die Pfändung aufgehoben. Es folgte ein Gerichtsverfahren bezüglich der Bußgeldforderung mit dem Ergebnis, dass lediglich die Forderung an meine Frau um 50 Euro verringert wurde. Als zweites kamen eine neue Anordnung von Zwangs- und Bußgeld sowie die zwangsweise Zuführung der Kinder in die Schule. Dann meldete sich der Jugendamtsleiter mit dem Schulpsychologen bei uns an ... Am Ende sollte, wegen der 2000 Euro, auf unser Grundstück eine Sicherungshypothek eingetragen werden. Nach einem Gespräch mit dem Schulamt wurde diese vorerst aufgehoben. (TB 24.04.2004)

Ein weiteres Beispiel für langwierige Verfahren ist der Fall der Familie Bauer aus Hessen, über den in den vergangenen Jahren mehrfach in der Presse berichtet wurde.[107] Seit August 2001 unterrichtete die Mutter fünf der insgesamt acht Kinder zu Hause mit der Begründung, dass eine ihrem christlichen Glauben gemäße Erziehung der Kinder durch den Schulbesuch zu stark beeinträchtigt würde. Im Sommer 2002 erhielten die Eltern einen Bußgeldbescheid, gegen den sie Widerspruch einlegten. Bezüglich der von der zuständigen Schulbehörde gestellten Strafanzeige entschied das Alsfelder Landgericht im Frühjahr 2003, dass der im hessischen Schulgesetz verankerte Straftatbestand einer beharrlichen Schulpflichtverweigerung nicht vorliegt. Laut Gericht würde eine Anwendung dieses Paragrafen „im vorliegend Fall den in Artikel 4 GG verankerten Stellenwert der Glaubens- und Gewissensfreiheit als zentrales Freiheitsgrundrecht verkennen" (AG Alsfeld, Az. 102 Js 20927/01-Ds-, 28.04.2003). Die Staatsanwaltschaft legte daraufhin Berufung ein, so dass der Fall im November 2003 vor dem Gießener Landgericht verhandelt wurde. Das Alsfelder Urteil wurde revidiert, indem die Eltern zu einer Geldbuße von 400 Euro verurteilt wurden, die sich um eine Geldstrafe von 800 Euro erhöhen sollte, falls sie in den folgenden zwei Jahren weiterhin gegen das Schulgesetz verstoßen (Kronenberg 2004). Der Antrag der Eltern auf ein Revisionsverfahren wurde im Sommer 2004 vom hessischen Oberlandesgericht in Frankfurt zurückgewiesen (OLG Frankfurt Az. 2 Ss 139/04, 29.07.2004). Die Verfassungsbeschwerde der Eltern, die nach wie vor am Homeschooling festhielten, wurde im Mai 2006 vom Bundesverfassungsgericht abgewiesen.[108]

---

[107] Der ausführlichste Bericht über die Familie erschien unter dem Titel „Die Mutter unterrichtet selbst" in der *Frankfurter Rundschau* am 23.08.2003, S. 27. Über die sich im weiteren Verlauf ergebenden Gerichtsentscheidungen wurde in zahlreichen Medien berichtet, von regionalen Zeitungen bis hin zur Meldung auf *tagesschau.de*.
[108] BVerfG, 2 BvR 1693/04, 31.05.2006. Auf die inhaltliche Argumentation der Entscheidung wird im folgenden Kapitel näher eingegangen.

Innerhalb der deutschen Home Education Bewegung ließen sich noch viele ähnliche Beispiele finden. Wenn Eltern überzeugt an ihrer Entscheidung für Homeschooling festhalten, Bußgeldbescheiden widersprechen und gegen Gerichtsentscheidungen Berufung einlegen, kann dies in einigen Fällen zu langjährigen Verfahren führen. Den Familien bietet sich dadurch die Gelegenheit, abgesehen von dem laufenden Rechtsstreit, relativ ungestört Home Education zu praktizieren.

Die geduldeten Homeschooler

In einigen Fällen endet der Rechtsstreit um die Durchführung von Home Education derart, dass es den Eltern weiterhin möglich ist, Homeschooling durchzuführen. Zwei Beispiele dazu wurden bereits in der Darstellung zur Geschichte der Home Education Bewegung erwähnt (siehe Kapitel 4.1). Die Schulpflichtverweigerung des Tilmann Holsten endete juristisch mit einem Freispruch des Amtsgerichts Wolfratshausen, gegen den nie Berufung eingelegt wurde. Der Hausunterricht der Familie Stücher wurde nach Erzwingungshaft und teilweisem Sorgerechtsentzug letztendlich durch die zuständigen Behörden geduldet.

Auch in der gegenwärtigen Home Education Bewegung gibt es Familien, deren Homeschooling geduldet wird, wie bereits das Beispiel der Familie Uhl in der Einleitung deutlich macht (1.2.4). Ein anderes Elternpaar, das nach acht Jahren auf den Philippinen nach Deutschland zurückkehrte, entschied sich für Homeschooling, da es laut eigenen Aussagen den Eindruck bekam, dass die Kinder nach einem halben Jahr Schule „kaputt" waren. Die Reaktion des Schulleiters bei Abmeldung der Kinder zitierte die Mutter mit den Worten: „Ich versteh Sie, ich werde Ihnen keine Schwierigkeiten machen." (Lamsfuss 2004). Später erhielten die Eltern doch einen Bußgeldbescheid, aber nach einem Gespräch wurde das Verfahren endgültig eingestellt (Steur 2002:94).

Bei einer Familie, die für ihr erstes Kind vom Schulamt (versehentlich) eine Genehmigung für einen Unterricht mit der Philadelphia-Schule erhalten hatte, kam es zu Bußgeldbescheiden und einem ablehnenden Gerichtsurteil, als einige Jahre später das nächste Kind seiner Schulpflicht nicht an einer öffentlichen Schule nachkam. Die Mutter, die nie versucht hatte, ihr Homeschooling geheim zu halten, suchte das Gespräch mit dem verantwortlichen Mitarbeiter der zuständigen Behörde, der ihr zusicherte, dass er trotz des Urteils nichts weiter gegen sie unternehmen werde. Als mit ausschlaggebend für diese Entscheidung bezeichnete er die damals kürzlich gesendete Fernsehdokumentation (Blachmann 2004) über eine andere deutsche Home Education Familie (I23).

Auch in einem anderen Fall kam den Eltern teilweise ein Formfehler der Behörde zugute. Nach einem Jahr Home Education erhielten die Eltern in einem Zeitraum von acht Monaten vier Bußgeldbescheide, da sie drei ihrer Kinder zu Hause unterrichteten. Sie legten Widerspruch ein, woraufhin die Angelegenheit beim zuständigen Amtsgericht verhandelt wurde. Gegen das die Bußgelder bestätigende Urteil gingen sie in Berufung, so dass der Fall mehr als ein Jahr später vom Oberlandesgericht entschieden wurde.

Die sagten, das sei ein Verfahrensfehler, man müsste jeden Bußgeldbescheid einzeln abhandeln und man kann einer Familie nicht vier gleichzeitig zustellen, ohne dass einer davon verhandelt wurde. Dann wurden wir von zweien freigesprochen, die anderen zwei haben wir bezahlt und seit dem haben wir nie mehr etwas gehört, so dass also die Schulbehörde, ich denke absichtlich auch, uns in Ruhe gelassen hat. Die haben gesehen, die Kinder sind nicht verwahrlost, was soll das. Ich denke, die Akte wurde einfach im Schulamt nicht mehr in die Hand genommen. (12, 39:28)

So die Zusammenfassung der Mutter vier Jahre später, als drei ihrer Kinder immer noch zu Hause lernten. Bei einer Homeschoolfamilie in Sachsen-Anhalt wurde das Bußgeldverfahren eingestellt, da „das Verschulden der Betroffenen außerordentlich gering sei" und es sich nur um einen „Formalverstoß" handele (2002 DgT 13:4). Im Jahr darauf wurde den Eltern eine zweijährige Befreiung von der Schulpflicht für zwei ihrer Kinder vom Kultusministerium des Landes ausgesprochen. Darin heißt es:

Unter Würdigung der gesamten dargelegten Umstände und nach Abwägung der Bedeutung der Schulpflicht, des Kindeswohl sowie der gegebenen familiären Situation ist es vertretbar, in diesem besonderen Einzelfall ausnahmsweise Ihre Kinder für zunächst zwei Jahre von der Schulpflicht zu befreien.[109]

In der Darstellung der Geschichte der deutschen Home Education wurde bereits die Lebensgemeinschaft der „Zwölf Stämme" erwähnt. Deren langandauernde Auseinandersetzung mit den bayerischen Behörden hinsichtlich der Schulpflicht der Kinder in dieser Gemeinschaft fand bundesweit großes Medieninteresse.[110] Die Familien praktizierten Homeschooling in Form einer kleinen „Privatschule", in der die Eltern die Kinder gemeinsam unterrichteten.

---

[109] Vorliegender Brief des zuständigen Staatlichen Schulamts vom März 2003.

[110] Eine detaillierte Dokumentation der Ereignisse, auf die im Folgenden teilweise Bezug genommen wird, bietet die Website: <http://www.zwoelfstaemme.de/Chronologie/chronologieHU.htm> (02.11.2006). Zu den ausführlichsten Medienberichten über die Gemeinschaft zählt die siebenseitige Reportage im Focus (Wolfsgruber 2002), die über die Frage der Schulpflichtverletzung hinaus das Leben der Gruppe darstellt.

Die „Zwölf Stämme" bezeichnen sich als messianische Gemeinschaft, sehen sich als „Jünger Jahschuas"[111] und orientieren sich an dem, was sie als urchristliches Lebensmodell verstehen, indem Familien und Ledige ihren Besitz miteinander teilen. Weltweit hat diese Bewegung ca. 2.000 Mitglieder. Die rund 40 Erwachsenen und ebenso viele Kinder umfassende deutsche Gruppe lebt seit Sommer 2001 auf einem Gutshof in Bayern und betreibt ökologischen Landbau, kleine Handwerksbetriebe und einen Naturwarenladen. Zuvor wohnte die Gemeinschaft in Niedersachsen und Baden-Württemberg, wo der Heimunterricht der strenggläubigen Eltern von den Behörden letztendlich missbilligend geduldet worden war (Drobinski/Klöcker 2002). Auf Anraten der lokalen Schulbehörden wandten sich die Familien im August 2001 an die Kultusministerin Bayerns mit der Bitte, in ihrem Fall eine Ausnahme von der Schulpflicht zu gestatten. Sie begründeten dies mit dem Konflikt, der für sie aus den Forderungen der Schulpflicht und dem Gebot Gottes resultiert, demgemäß sie ihre „Kinder in Seinen Wegen zu erziehen" und „von der Welt unbefleckt" halten sollen.

> In einem solchen Fall müssen wir auf die Stimme unseres Gewissens (der Stimme Gottes in uns) hören und – dem Beispiel der ersten Apostel folgend – Gott mehr gehorchen als den Menschen.[112]

Das Antwortschreiben des Ministeriums verwies lediglich darauf, dass es „längst höchstrichterlich geklärt" sei, dass die Pflicht zum Schulbesuch mit den Elternrechten nach Art. 6 GG vereinbar ist und der gewünschte Weg gegen die Bayerische Verfassung verstößt.[113] Zwei Monate später erhielten die Familien Bußgeldbescheide. In der Folgezeit unternahmen die Eltern mehrere erfolglose Versuche, mit dem Kultusministerium ins Gespräch zu kommen oder ihren Hausunterricht durch die Behörden überprüfen zu lassen. Im Sommer 2002 bestätigten Urteile des Verwaltungsgerichts Augsburg, des Amtsgerichts Nördlingen und des Bayerischen Verwaltungsgerichtshofes die Rechtmäßigkeit der Forderung des Schulbesuchs. Im Oktober 2002 wurden die Kinder zwangsweise der Schule zugeführt. In einem großangelegten Polizeieinsatz umstellten 30 Beamte das Gelände. Da die Eltern sich weiterhin weigerten, ihre Kinder zur Schule zu schicken, trugen die Polizisten die Kinder in einen bereitstehenden Schulbus, der sie

---

[111] So die deutsche Wiedergabe der ihrer Ansicht nach hebräischen Urform des heute vor allem in seiner griechischen Variante bekannten Namens „Jesus". <http://www.zwoelfstaemme.de/FAQ.topten.html> (01.11.2006)

[112] Brief der Eltern der Gemeinschaft in Klosterzimmern an die Kultusministerin vom 30.08.2001 <http://www.zwoelfstaemme.de/Chronologie/anlage02.htm> (11.10.2004).

[113] Brief des Bayerischen Staatsministeriums für Unterricht und Kultus an die Eltern der Gemeinschaft in Klosterzimmern vom 07.09.2001 <http://www.zwoelfstaemme.de/Chronologie/AL03a.jpg> (11.10.2004).

zur Schule brachte (Richter 2002). Nach knapp zwei Stunden gingen die Eltern mit ihren Kindern die 2-3 km wieder nach Hause.

Eine derartige Aktion fand jedoch keine Wiederholung, die Gemeinschaft setzte ihren Hausunterricht fort, die Eltern erhielten weitere Bußgeldbescheide und scheiterten in ihrem Bemühen um ein direktes Gespräch mit der Kultusministerin. Im Frühjahr 2004 lagen gemäß der Darstellung eines Mitglieds der Gemeinschaft gegen die Eltern im Zusammenhang mit der Schulverweigerung insgesamt Geldforderungen in Höhe von 80.000 Euro vor (TB 24.04.2004), bis zum Herbst erhöhte sich der Betrag auf 150.000 Euro. Da die Eltern diese Geldbußen nicht zahlten, ordnete das zuständige Amtsgericht im Sommer 2004 gegen 18 Väter und Mütter der Gruppe Erzwingungshaft an (Bsp.: AG Nördlingen, Az: Owi 104 Js 1, 02.09.2004). Eine Rechtsbeschwerde der Betroffenen wurde vom Landgericht Augsburg verworfen (Gnr. 1-4 Qs 492, 22.09.2004). Die sieben Väter, die am 15. Oktober 2004 ihre Haft antreten sollten, kamen dieser Forderung nicht freiwillig nach. Stattdessen organisierten sie mit Unterstützung und unter Beteiligung des Vereins „Schulunterricht zu Hause" eine große Pressekonferenz, zu der zahlreiche regionale und überregionale Medienvertreter kamen.[114] Drei Tage später holte die Polizei die Väter ab, die widerstandslos ihre 6-16-tägige Haft antraten.[115] Der gewünschte Erfolg dieses „Beugemittels" blieb allerdings aus.

Ende 2004 zeichnete sich eine Wende in dem Fall ab und im Januar 2005 hospitierten Vertreter des Staatlichen Schulamts im Unterricht der Gemeinschaft. Es folgten mehrere Gespräche zwischen den Familien und dem Kultusministerium. Ein Jahr später, im Februar 2006, wurde der Streit um die Schulpflicht offiziell beendet und das Homeschooling der „Zwölf Stämme" erhielt die Anerkennung als private Ergänzungsschule.[116] „Die Welt" betitelte es als den „Sieg der Sekten-Eltern" (04.02.2006).

Bei einem Teil der deutschen Home Education Familien, deren formale Schulpflichtverletzung den zuständigen Behörden durchaus bekannt ist, wird das Homeschooling versehentlich oder absichtsvoll, zum Teil stillschweigend, zum Teil direkt ausgesprochen geduldet. Die Begründung dafür liegt meist in der Überzeugung, dass verantwortungsbewusst gestaltete Home Education sich vom Tatbestand her grundlegend unterscheidet von einer Schulpflichtverletzung, die mit einer Vernachlässigung der Bildungsbemühungen einhergeht. Zur Frage, ob

---

[114] „Kinder sind wichtiger als die Gesetze über sie." *Rieserer Nachrichten*, 16.10.2004. Siehe auch: <http://www.zwoelfstaemme.de/pkonferenz.htm> (02.11.2006)
[115] „Sieben Väter in Haft" *Süddeutsche Zeitung*, Nr. 243, 19.10.2004, S. 36; „Aus Überzeugung ins Gefängnis" *die tageszeitung*, Nr. 7491, 19.10.2004, S. 7
[116] Die dpa-Meldung dazu unter: <http://www.zwoelfstaemme.de/dpa_artikel1060206.html> (01.11.2006)

durch derartige Gerichtsentscheidungen vermeintliche Präzedenzfälle geschaffen werden, vermerkte das Amtsgericht Wolfratshausen, dass die damit möglicherweise entstehenden Zweifel in der Bevölkerung an der Schulpflicht in Kauf zu nehmen sind (AG Wolfratshausen, 2 Owi 45 Js 32069/88, 04.10.1989). Das Amtsgericht Alsfeld lehnte jede präjudizielle Wirkung der eigenen Entscheidung hinsichtlich der Durchsetzung der Schulpflicht ab (AG Alsfeld, Az. 102 Js 20927/01-Ds-, 28.04.2003).

Die verhinderten Homeschooler

Neben den unentdeckten, den noch im laufenden Rechtsstreit befindlichen und den geduldeten Homeschoolern gibt es eine vierte Gruppe, die dadurch gekennzeichnet ist, dass hier die staatlichen Rechtsmittel zur Durchsetzung der Schulpflicht Wirkung zeigten. Zum Teil derart, dass die Kinder wieder eine öffentliche Schule besuchen, meistens jedoch dahingehend, dass die Eltern nicht ihr Homeschooling, sondern ihren Wohnsitz in Deutschland aufgeben. Ein Beispiel dafür aus der Frühzeit der Bewegung ist der in Kapitel 4.1 erwähnte Fall des Lehrerehepaares Bartmann oder die seinerzeit in den Medien sehr präsente Schulpflichtverweigerung der Renata Leuffen, die Anfang der Neunzigerjahre aufgrund von Homeschooling das Sorgerecht für ihren Sohn aberkannt bekam, mit einer Klage vor der Europäischen Menschenrechtskommission scheiterte und ins Ausland umsiedelte.[117] Gleiches trifft auf die in der Einleitung vorgestellte Familie Kern zu, die trotz teilweiser Duldung letztendlich vor Gericht keinen Erfolg hatte.

In Nürnberg kam es 2001 zu einem Rechtsstreit zwischen dem Schulamt und einem Elternpaar, das mit Unterstützung der Philadelphia-Schule seine Tochter im Grundschulalter zu Hause selbst unterrichtete. Im Mai 2003 entzog das zuständige Gericht den Eltern einen Teilbereich ihres Sorgerechts und bestimmte das Jugendamt zum Ergänzungspfleger. Allerdings war die Familie zu diesem Zeitpunkt bereits nach Österreich umgezogen, so dass das Oberlandesgericht im Oktober die Entscheidung des Amtsgerichts wieder aufhob (Mayer/Schirrmacher 2004). Auch die Hamburger Familie Rudolph, die im Sommer 2006 mit ihrem Homeschooling bundesweit für zahlreiche Schlagzeilen sorgte und sich weder durch Bußgelder noch einwöchige Erzwingungshaft zum Einlenken bewegen ließ, meldete sich nach Österreich ab, als beim zuständigen Famili-

---

[117] Leuffen 1993. Die Entscheidung der Europäischen Menschenrechtskommission unter: *Leuffen v Federal Republic of Germany* ECHR Application No: 19844/92, 09.07.1992. Eine Erörterung dieses und ähnlicher Fälle in Monk 2003.

engericht gegen sie ein Antrag auf Entzug des Sorgerechts gestellt worden war.[118]

An dieser Stelle ließen sich noch viele ähnliche Fälle aufzählen. Ein Einblick in die deutsche Home Education Bewegung verdeutlicht weiterhin, dass es nicht wenige Familien gibt, die noch vor einem Rechtsstreit ins Ausland ziehen, um ungehindert Homeschooling durchführen zu können. Bevorzugte Auswanderungsziele sind Österreich und Großbritannien, mitunter auch Dänemark. Bei den in Deutschland bleibenden Eltern finden sich jedoch auch immer wieder Beispiele dafür, dass der Nachdruck, mit dem die Schulpflicht durchgesetzt wird, dazu veranlasst, Homeschooling aufzugeben (I16). Ein in der Homeschoolbewegung aktiver Vater schreibt bezüglich seiner Töchter im Grundschulalter, die nach einigen Jahren Home Education gern weiter zu Hause gelernt hätten, dass der behördliche Druck sie als Eltern dazu gebracht habe, so auf die Kinder einzuwirken, dass sie wieder die Schule besuchen.[119]

Als letztes Beispiel soll an dieser Stelle noch die Gruppe selbstunterrichtender Russlanddeutscher in Ostwestfalen erwähnt werden, die 2005 für zahlreiche Schlagzeilen sorgte. Eine dieser Familien wurde bereits in der Einleitung näher vorgestellt (1.2.3). Wie diese waren auch die sechs weiteren Elternpaare der Ansicht, dass der Schulunterricht einer Erziehung der Kinder gemäß der eigenen religiösen Tradition abträglich sei. Die Bußgeldbescheide erbrachten keine Sinnesänderung der strenggläubigen Eltern. Die daraufhin anberaumten Gespräche mit dem Integrationsbeauftragten der Landesregierung liefen in einer „guten, offenen und ernsthaften Atmosphäre" (Gärtner 2005b), konnten am Ende aber keine Einigung herstellen. Auch innerhalb der Home Education Bewegung fand dieser Fall große Beachtung. Leitende Personen der Philadelphia-Schule und des Vereins „Schulunterricht zu Hause" bezogen derart Stellung, dass Vertreter der Schulbehörde gegen sie Anzeige erstatteten. Der zuständige Landrat erhielt mehr als 1.000 E-Mails von Personen aus aller Welt, die sich für Homeschooling aussprachen (Gärtner 2005c). Der WDR nahm den Fall als Anlass, um in Paderborn am 18.03.2005 ein Stadtgespräch (eine moderierte Podiumsdiskussion) zum Thema durchzuführen.[120] Auch die Androhung von Zwangsgeldern bewog die Eltern der insgesamt 15 Kinder nicht dazu, diese in eine öffentliche Schule zu

---

[118] Eine kleine Auswahl der Mediendarstellungen zum Fall: „Schulverweigerer melden sich ab – Sorgerechtsverfahren läuft weiter." *Die Welt*, 31.08.2006; „Kinder nicht zur Schule geschickt: Vater im Gefängnis." *Die Welt*, 29.08.2006; „Schulboykotteur muss ins Gefängnis." *Spiegel online*, 29.03.2006, <http://www.spiegel.de/unispiegle/schule/0,1518,408627,00.html>; „Wir wollen nur das Gebot Gottes erfüllen.", *Spiegel online*, 18.02.2006, <http://www.spiegel.de/unispiegle/schule/0,1518,401569,00.html>. Weiterhin berichteten mehrfach das *Hamburger Abendblatt* und die Sendung *sternTV* (RTL) am 13.09.2006.

[119] Private E-Mail vom 03.11.2006.

[120] <http://www.lernzeit.de/sendung.phtml?detail=455080> (08.11.2006)

schicken. Gemäß dem Landrat wurde von einer zwangsweisen Zuführung durch die Ordnungsbehörde abgesehen, um die Kinder nicht zu traumatisieren. Stattdessen wurden Zwangsgelder in Höhe von 500 Euro pro Kind und Elternteil festgesetzt.[121] Der Landrat des auch betroffenen Nachbarkreises entschied sich, „hart durchzugreifen" und setzte Erzwingungshaft gegen die Eltern ein. Er sah die Schulverweigerer als Personen, die

> ... kommen tausende Kilometer weit hier her und wollen uns ihren Willen aufzwingen. Die müssen sich in Deutschland anpassen, dazu gehört auch die Schulpflicht. Und wenn sie das nicht wollen, sollen sie in ihre Heimat zurück gehen. Fundamentalisten haben hier nichts zu suchen. (Hartmann 2005)

Einigen Familien wurde im weiteren Verlauf teilweise das Sorgerecht entzogen. Letztendlich kapitulierten die Eltern vor dem Druck der Behörden und meldeten sich im Sommer 2005 nach Österreich ab, später kehrte ein Teil nach Deutschland zurück und schickte die Kinder auf eine Privatschule in Süddeutschland.

Die im Vorangehenden dargestellten Unterschiede hinsichtlich des Nachdrucks, mit dem die Schulpflicht bei Home Education durchgesetzt wird, lassen sich kaum mit anderen Merkmalen der jeweiligen Fälle in Zusammenhang bringen. Ob das Homeschooling einer Familie unentdeckt bleibt, einen langandauernden Rechtsstreit nach sich zieht, geduldet oder mit den zur Verfügung stehen Sanktionsmitteln unterbunden wird, kann weder aufgrund des jeweiligen Bundeslandes noch anhand der elterlichen Motive vorausgesagt werden. Maßgeblichen Einfluss haben an dieser Stelle die lokalen Entscheidungsträger in Schulleitung und Schulbehörde, die zuerst mit dem jeweiligen Fall konfrontiert werden und über den Umgang mit der konkreten Schulpflichtverletzung bestimmen.

5.3 Die Begründung der Schulbesuchspflicht in der Rechtsprechung

In der Darstellung der Schulgesetze der einzelnen Bundesländer wurde deutlich, dass die Möglichkeit einer Ausnahme von der Pflicht zum Besuch einer öffentlichen Schule oder genehmigten Ersatzschule entweder gar nicht oder nur in besonderen Fällen vorgesehen ist. Letzteres liegt im Ermessen der jeweiligen Schulbehörden beziehungsweise des Schulamts. Das Bundesverfassungsgericht sieht hinsichtlich der Gewährung von Schulpflichtbefreiungen zwischen Personen mit berufsbedingt stetig wechselndem Wohnsitz und religiös motivierten

---

[121] Drucksache des Landrats des Landkreises Paderborn vom 23.05.2005, Nr. 14.176. <http://www.kreis-paderborn.de/wDeutsch/politik/drucksachen/ds_0100_bis_0199/14-0176.pdf? navid=108> (08.11.2006).

Homeschoolern Unterschiede von „solcher Art und solchem Gewicht", dass eine Ungleichbehandlung gerechtfertigt ist.[122]

Weiterhin wird, wie bereits dargestellt, die Schulpflicht durchgehend als eine verfassungsrechtlich zulässige Einschränkung des elterlichen Erziehungsrechts angesehen, die auch im Falle einer Berufung auf eventuelle Glaubens- und Gewissenskonflikte Bestand hat.[123] Die Möglichkeit einer freien Entscheidung des Kindes gegen den Schulbesuch, die es erfordern würde, dass die Eltern durch Zwangsmittel eine Einhaltung der Schulpflicht einfordern, wird in Frage gestellt.[124] Dem Staat wird ein Recht auf eigene Erziehungsziele zugesprochen, die durch den Schulbesuch Verwirklichung finden sollen.[125] Den Eltern, so die einhellige Meinung, bleibe in der unterrichtsfreien Zeit am Nachmittag und Wochenende genügend Raum für eine Erziehung gemäß ihren Vorstellungen.[126] Weiterhin wird betont, dass Eltern, die eine bekenntnismäßig oder pädagogisch andere Ausrichtung der Schule wünschen, Gelegenheit haben, ihr Kind auf eine der existierenden staatlich anerkannten privaten Ersatzschulen zu schicken oder selbst die Gründung einer solchen zu initiieren.[127]

Damit ergibt sich insgesamt ein recht einheitliches Bild bezüglich der rechtlichen Beurteilung von Homeschooling. Bis auf sehr wenige Ausnahmen bestätigt die Rechtsprechung die sich aus den Schulgesetzen ergebenden Pflichten für Schüler und Eltern.

Einige Entscheidungen der Gerichte begnügen sich in der Begründung mit einem Verweis auf die Gesetzeslage und die bisherige Auslegung derselben.[128] Nicht selten liefern die Urteile jedoch Begründungen für die Ablehnung von Home Education, die über die schlichte Berufung auf geltende Schulgesetze und deren bisherige Interpretation hinausgehen. Die wichtigsten und wiederkehren-

---

[122] BVerfG, 1BvR 436/03, 19.04.2003. In diesem Sinne auch VG Hamburg, 2 VG 4333/2002, 16.01.2003 und VGH BaWü, 9 S 2441/01, 18.06.2002.

[123] Ein derartiger Hinweis findet sich mit oft ähnlichem Wortlaut in fast allen abschlägigen Gerichtsurteilen (oder Nichtannahmebeschlüssen) zum Thema Home Education, z.B.: BVerfG, 2 BvR 1693/04, 31.05.2006; VG Hamburg, 2 VG 4333/2002, 16.01.2003; BayVerfGH, Vf.73-VI-01, 13.12.2002; BVerfG 1 BvR 794/86, 05.09.1986.

[124] BVerfG, 1BvR 794/86, 05.09.1986; OLG Brandenburg, 9 UF 68/05, 14.07.2005; VG Bremen, Az: 7 K 1774/06, 08.11.2006

[125] BVerfG, 1BvR 235/89, 21.04.1989 Bezug nehmend auf BVerfGE 34, 165 [182].

[126] BayVerfGH, Vf.73-VI-01, 13.12.2002; VGH BaWü, 9 S 2441/01, 18.06.2002

[127] OLG Brandenburg, 9 UF 68/05, 14.07.2005; VG Hamburg, 2 VG 4333/2002, 16.01.2003; BayVGH, 7CS 92.512, 16.03.1992; BVerwG, 6 B 16/91, 15.11.1991; AG Bonn 74 Owi 26 Js 1094/88-419/88, 05.07.1988

[128] Zum Beispiel: BayVGH, 7ZB 02.1701, 18.09.2002.

den Argumente dieser Begründungen werden im Folgenden näher dargestellt. Dabei beschränke ich mich auf die deutsche Rechtsprechung.[129]

Χ Die strukturellen Voraussetzungen

Am Beginn steht das Argument mit der stärksten Fokussierung auf die gegenwärtig etablierte Schulstruktur. Der Baden-Württembergische Verwaltungsgerichtshof schrieb begründend für eine Ablehnung des Homeschooling (Az: 9 S 2441/01, 18.06.2002):

> Die Schulpflicht muss durch den Besuch einer Schule erfüllt werden; Heimunterricht genügt nicht. Das ergibt sich schon aus dem Begriff der „Schul"-Pflicht. Schule in diesem Sinne ist eine organisierte, auf Dauer angelegte Einrichtung, in der eine im Laufe der Zeit wechselnde Mehrzahl von Schülern zur Erreichung allgemein festgelegter Erziehungs- und Bildungsziele planmäßig durch hierzu ausgebildete Lehrkräfte gemeinsam unterrichtet wird ... Die Unterrichtung der eigenen Kinder durch die Eltern im familiären Umkreis kann daher niemals Schule sein, und zwar auch dann nicht, wenn die Kinder zahlreich und die Eltern selbst ausgebildete Lehrer sind; es fehlt an der organisatorischen Verselbständigung und Verstetigung und an der gemeinsamen Unterrichtung eines im Laufe der Zeit wechselnden Schülerbestandes. Aus demselben Grunde genügt auch die Unterrichtung durch einen Hauslehrer nicht. Schule tritt schon begrifflich der Familie gegenüber.

Dieses später vom Hamburger Verwaltungsgericht (Az 2 VG 4333/2002, 16.01.2003) wiederholte Argument, löst die Erfüllung der Schulpflicht aus ihren funktionalen Zusammenhängen wie Wissensvermittlung und Erziehung und konzentriert sich hinsichtlich der Bewertung eines Bildungsansatzes auf die formalen Kriterien. Eine weiterführende Einordnung dieser Position erfolgt in der Analyse am Ende des Kapitels.

Χ Das Kindeswohl

Homeschooler der unterschiedlichsten Orientierungen, Vertreter des staatlichen Bildungssystems und die Gesetzgebung sind sich darin einig, dass dem Wohl des Kindes höchste Priorität im erzieherischen Handeln zukommen soll. Allerdings gehen die Vorstellungen darüber, was diesem zuträglich sei, weit auseinander. Eltern berufen sich in der Begründung von Home Education auf einen Konflikt

---

[129] Verweise auf Beispiele für Entscheidungen auf überstaatlicher Ebene finden sich am Ende von Kapitel 5.1.

zwischen ihrem Bemühen um das Kindeswohl und der Verpflichtung, für den Schulbesuch Sorge zu tragen. Zahlreiche gerichtliche Entscheidungen wiederum sehen gerade in der vermeintlichen elterlichen Fürsorge durch Home Education eine Gefährdung des Kindeswohls.[130]

> Der Vorrang der Schulpflicht vor dem Elternrecht ist vor allem durch das Wohl des Kindes gerechtfertigt. Oberste Richtschnur und Grenze des Elternrechts ist das Wohl des Kindes (vgl. BVerfGE 79, 203/210). Das Elternrecht ist als Pflichtbindung und als „Elternverantwortung" zu sehen ... Dadurch, daß Eltern ihre Kinder aus rein subjektiven Vorstellungen heraus der Ausbildung in der Schule entziehen, gefährden sie die Lebensaussichten ihrer Kinder auf das schwerste. Der Zugang zu weiterführenden Schulen und die Ausbildung zu vielen Berufen können dadurch unmöglich gemacht werden. Diese gravierenden Folgen eines Mißbrauchs des elterlichen Sorgerechts (vgl. BayObLG BayVBl 1984, 90), die dem wohlverstandenen Interesse des Kindes objektiv zuwiderlaufen, braucht der Staat auch in Ansehung des Elternrechts nach dem geltenden Verfassungs- und Freiheitsverständnis nicht hinzunehmen.

So der Bayerische Verwaltungsgerichtshof (Az: 7 CS 92.512, 16.03.1992), der diesbezüglich auch von einer erheblichen Beeinträchtigung der Lebens- und Berufschancen spricht. Die Annahme der Kindeswohlgefährdung dient auch zur Begründung der Einschränkung des elterlichen Sorgerechts. In einem Urteil des OLG Brandenburg (9 UF 68/05, 14.07.2005) heißt es dazu:

> Zwar bestehen keine grundsätzlichen Bedenken an der Erziehungsgeeignetheit der Kindeseltern. Im vorliegenden Fall wird das Kindeswohl jedoch durch vorsätzliches Versagen der Kindeseltern hinsichtlich der Einschulungspflicht gefährdet, weshalb ihnen gem. § 1666 I BGB Teile der elterlichen Sorge für die betroffenen Kinder in dem durch das AG tenorierten Umfang zu entziehen sind.

Das OLG Hamm, das in einem ähnlichen Fall auch für einen Entzug des Rechts zur Regelung schulischer Angelegenheiten entschied (6 WF297/05, 25.08.2005), begründete dies zum einen damit, dass das Ausschöpfen der teilweise langwierigen Verwaltungsmaßnahmen nur zu einer weiteren Verzögerung führen und die Gesamtsituation durch Zwangsmaßnahmen verschärfen würde. Weiter heißt es:

> Muss aber auf Grund des dauerhaften wehrhaften Widerstands eine Herausnahme der Kinder aus der elterlichen Familie erfolgen, so erscheint es aus Gründen des Kindeswohls nicht ratsam, die erforderliche Herausnahme gegebenenfalls noch mittels Zwang jeden Schultag zu wiederholen. Insoweit führt nur eine dauerhafte Herausnahme der Kinder aus der Familie zum gewünschten Erfolg.

---

[130] OLG Hamm, 6 WF297/05, 25.08.2005; VG Hamburg, 2 VG 4333/2002, 16.01.2003; BayVerfGH, Vf.73-VI-01, 13.12.2002.

Wie andere Fälle jedoch verdeutlichen, ist die Gleichsetzung von Home Education mit einer erheblichen Kindeswohlgefährdung, die eine „dauerhafte Herausnahme der Kinder" erfordert, weder zwingende noch allseits geteilte Meinung. In einer Stellungnahme des Baden-Württembergischen Ministeriums für Kultus, Jugend und Sport zum Thema Home Education vom 10.07.2002 bestätigte die damals zuständige Bildungsministerin Schavan, dass in Einzelfällen Schulen in der Beratungsphase Hausunterricht durch die Eltern oder eine Kombination aus Eigenunterweisung und Unterweisung durch Lehrbriefe (insbes. der Philadelphia-Schule Siegen) toleriert haben. Von Bedeutung sei in diesem Zusammenhang,

> dass es diesen Kindern ansonsten in aller Regel an nichts mangelt, so dass die Jugendämter auch keine Veranlassung sehen, den Entzug des Sorgerechts einzuleiten.[131]

So beispielsweise im Fall eines russlanddeutschen Elternpaares, das sich in der Begründung seines Homeschooling auf religiöse Überzeugungen berief. In seiner Stellungnahme schreibt das Jugendamt, dass keine Gefährdung des Kindeswohls im Sinne des § 1666 BGB festgestellt wurde. Abschließend heißt es:

> Inwieweit allein die Tatsache, dass die Kinder keine öffentliche, sondern die Philadelphia-Heimschule besuchen, Maßnahmen nach § 1666 BGB rechtfertigen, ist durch das dortige Gericht zu prüfen.[132]

Dass nicht nur Gerichte, sondern auch Schulämter in der Bewertung der Sachlage mitunter eine andere Position als die Jugendämter vertreten, wird an dem im vorigen Abschnitt als Beispiel für verhindertes Homeschooling erwähnten Fall einer Nürnberger Familie deutlich sichtbar. Eine Vertreterin des Schulamts schrieb über die Eltern, die ihre Tochter im Grundschulalter mit Materialien der Philadelphia-Schule zu Hause selbst unterrichteten, in einer Stellungnahme an das Familiengericht:

> Herrn S. ... kannte ich bis zum gestrigen Termin nicht persönlich und kann nur sagen, dass sich mein Eindruck aufgrund des Sachverhaltes voll und ganz bestätigte. Die Familie ist einzig und allein darauf bedacht, das Leben in einer Nische ... ohne Rücksicht auf irgendwelche Regularien der Gesellschaft, in der sie leben, zu ermöglichen ... Dass er diesen Egoismus für sich ausleben kann, bleibt ihm unbenommen. Dass er seinen Egoismus ohne Rücksicht auf Verluste auf die Kinder überträgt, kann

---

[131] Drucksache 13/1102 des Landtags von Baden-Württemberg. <www3.landtag-bw.de/wP13/Drucksachen/1000/13_1102_d.pdf> (26.11.2006).
[132] Vorliegender Brief des Jugendamts der Stadt Selm an das zuständige Amtsgericht vom 07.07.2004.

ich nicht verstehen und auch nicht hinnehmen ... In die Gesellschaft muss man hineinwachsen, muss Zug um Zug lernen, mit den auftretenden Problemen umzugehen, Lösungen zu finden. Der Schutz der Familie ist nicht immer gegeben. Wie soll sich ein 16-jähriges Mädchen in einer Berufsschule orientieren, wenn es nicht gelernt hat, sich in der Gruppe zu behaupten, mit/in der Gruppe zu leben? Auch wenn er eine ganze Fußballmannschaft Kinder in die Welt setzt, ersetzt dies nicht das Zusammenleben in der freien Gesellschaft ... Das Ganze ist dermaßen unverantwortlich und Menschen verachtend, dass einem fast die Sprache weg bleibt. (Mayer/Schirrmacher 2004:79f)

Vom Schulamt war in diesem Fall auch der Allgemeine Sozialdienst der Stadt hinzugezogen worden, der die Familie mehrfach besucht hatte und in seiner Stellungnahme für das Amtsgericht Nürnberg schrieb:

Sicher sind die Eltern verpflichtet, ihr Kind nach dem bayerischen Schulgesetz entsprechend einer Unterrichtung zukommen zu lassen. Da eine Beschulung in einer anderen Form hier adäquat durch die Mutter durchgeführt wird und das Kind auch sonst, sowohl im Alltag, als auch in anderen Belangen, nicht beeinträchtigt erscheint, erscheint eine Herausnahme des Kindes, die ja notwendig wäre für eine Beschulung des Kindes, wegen der nach wie vor bestehenden ablehnenden Haltung der Eltern tatsächlich mit dem Wohl des Kindes nicht vereinbar. Eine Inobhutnahme bzw. eine entsprechende Unterbringung mit Fremdplatzierung erscheint von hier aus unangemessen. Auch eine tägliche polizeiliche Bringung vom Haushalt der Eltern zur Schule und zurück erscheint nicht angemessen und dem Kindeswohl eher abträglich. (Mayer/Schirrmacher 2004:81)

Diese auch in anderen Fällen sichtbar werdende widersprüchliche Einschätzung der Gefährdung des Kindeswohls durch Jugendämter und Schulbehörden offenbart die Differenz in der Perspektive beider Institutionen. Für Vertreter des Schulsystems dominiert die Pflicht zum Schulbesuch, neben der alle abweichenden Ansätze als gleichermaßen ordnungswidriger und nicht tolerierbarer Verstoß gegen das Schulgesetz gelten. Aus Sicht der Jugendämter oder Sozialdienste tritt die Frage des Rechtsverstoßes jedoch etwas in den Hintergrund zugunsten der Beurteilung der Lebenssituation im konkreten Einzelfall.

In dem zitierten Beispiel entschied das Gericht, den Eltern einen Teilbereich des Sorgerechts zu entziehen. Wie oft in derartigen Fällen, hatten die Eltern diese Entwicklung als Anlass genommen, ins Ausland umzuziehen. Führen die gerichtlichen Bemühungen zur Durchsetzung der Schulpflicht (im vermeintlichen Interesse des Kindeswohls) dazu, dass die betroffene Familie auswandert, um in einem anderen Land Home Education fortzusetzen, so ist damit zwar die ordnungswidrige Verletzung der Schulpflicht des jeweiligen Bundeslandes beendet – nicht aber die angenommene Gefährdung des Kindeswohls. In einem Brief des

Nordrhein-Westfälischen Ministeriums für Schule und Weiterbildung heißt es
bezüglich der Abwanderung von Homeschoolern:

> Es ist Aufgabe des Staates, darüber zu wachen, dass die Rechte des Kindes notfalls
> zwangsweise und auch gegen den Willen der Eltern durchgesetzt werden. Dies muss
> mit allen Mitteln geschehen, die der freiheitlich-demokratische Rechtsstaat zur Ver-
> fügung stellt. Eltern, die die rechtlichen Grundlagen unseres Landes nicht anerken-
> nen wollen, handeln konsequent, wenn sie unserem Land den Rücken kehren.[133]

Wie auch schon in dem weiter oben erwähnten Beispiel der russlanddeutschen
Homeschoolfamilien in Ostwestfalen sichtbar wurde, tritt bei den zuständigen
Behörden der Anspruch, den staatlichen Erziehungsauftrag im Interesse der
Rechte und des Wohls des Kindes zumindest ansatzweise umzusetzen, nicht sel-
ten zurück zugunsten des unterschiedlich offen geäußerten Wunsches, durch eine
Auswanderung der Familien das Problem des Schulpflichtverstoßes aus dem ei-
genen Verantwortungsbereich zu entfernen.

Die bei Homeschoolern mehrfach anzutreffende Kombination aus anhalten-
dem und vorsätzlichem Schulpflichtverstoß in Verknüpfung mit einem in den
meisten anderen Bereichen intakten Familienklima eröffnet einen Spannungs-
raum hinsichtlich der Einschätzung der Kindeswohlgefährdung. Dort, wo die
rechtliche Beurteilung unter Berufung auf eine massive Beeinträchtigung des
Kindeswohls einen teilweisen Entzug des Sorgerechts anordnet, kann dieser oft
nicht umgesetzt werden, da die Eltern durch einen Umzug in ein anderes Land
diesem zuvorkommen. Damit erweist sich dieses Argument nicht nur als sehr
umstritten, sondern teilweise auch als kontraproduktiv, da sich die Eltern dem
„staatlichen Wächteramt" hinsichtlich Pflege und Erziehung vollständig entziehen.

Die Chancengleichheit

Ein weiterer Punkt in der Argumentation der Gerichte ist die Bedeutung der allgemeinen Schulpflicht für die Herstellung einer Chancengleichheit. Dazu heißt
es:

> Für das Grundgesetz ausschlaggebend ist unverändert der sozialstaatliche und egali-
> tär-demokratische Gehalt der Idee einer allgemeinen Volksschule gerade im Grund-
> schulalter der Kinder. (VGH Baden-Württemberg, 9 S 2441/01, 18.06.2006)

---

[133] Vorliegender Brief vom 01.10.2006, der eine Antwort darstellt auf die Anfragen des Vorsitzenden
des sich für Home Education engagierenden Vereins „Schulbildung in Familieninitiative e.V."

Bezugnehmend auf die Behauptung, Home Education würde Wissen und Fähigkeiten in dem erforderlichen Umfang vermitteln, wird in dem eben zitierten Urteil gemäß dem egalitär-demokratischen Gehalt der Schulpflichtidee geschlussfolgert, dass es unerheblich ist,

> ob sich mit Heimunterricht im allgemeinen oder doch mit dem von den Klägern vorgestellten (und praktizierten) Heimunterricht gleiche oder gar bessere Lernerfolge erzielen lassen wie in der öffentlichen Schule. Ebenso unerheblich ist, ob dieser Lernerfolg abhängig ist von der wirtschaftlichen Lage der jeweiligen Eltern. Wie gezeigt, beabsichtigt das Gesetz mit seiner Entscheidung für die möglichst ausnahmslose allgemeine Schulpflicht nicht lediglich einen möglichst guten individuellen Lernerfolg. Vielmehr kommt es ihm gleichermaßen darauf an, in den vier Grundschuljahrgängen möglichst alle Kinder zusammenzuführen und gemeinsam zu unterrichten, um die verschiedenen sozialen Bevölkerungsgruppen unter eine gemeinsame Bildungsidee zu bringen und gleiche Bildungschancen für alle Kinder herzustellen.

Ähnlich argumentierte das Verwaltungsgericht Hamburg (Az: 2 VG 4333/2002, 16.01.2003). Die Idee einer Verbesserung der Chancengleichheit zwischen den Kindern verschiedener Bevölkerungsgruppen war ein entscheidendes Motiv für die in der Weimarer Reichsverfassung verankerte Schulpflicht (WRV Art.145) und deren Ausgestaltung als eine gemeinsame Grundschule in den ersten vier Jahrgängen gemäß dem Reichsgrundschulgesetz von 1920. Seitdem prägte diese Zielstellung das Bildungswesen. Isensee bezeichnete die Schulpflicht als eine Grundpflicht des Bürgers, die der „Egalisierung der pluralistischen Gesellschaft zum demokratischen Ganzen des Volkes" dient.

> Sie sichert das Fundament an geistiger und ethischer Homogenität, dessen auch die freiheitlichste Gesellschaft bedarf. Sie hat überdies die sozialstaatliche Aufgabe, allen Schülern, gleich welcher sozialen Herkunft, einen Mindeststandard an Bildung zu gewährleisten und dadurch familiär-soziale Unterschiede auszugleichen. (Isensee 1982:617f)

Die gegenwärtige kritische Bestandsaufnahme zur Situation des Bildungswesens verdeutlicht zweierlei. Zum einen wird sichtbar, dass die gesteckten Ziele und die mit der gemeinsamen Grundschulpflicht verbundenen Hoffnungen nicht realisiert werden konnten. Deutschland gehört im europäischen Vergleich zu den Staaten, in denen der Zusammenhang zwischen sozialer Herkunft und Bildungserfolg am stärksten ausgeprägt ist (Baumert/Schümer 2001). Eine tatsächliche Gleichheit der Chancen existiert nicht (Kampshoff/Lumer 2002). Zum anderen wird deutlich, dass der gemeinsame Schulbesuch von Kindern aller Bevölkerungsgruppen nach wie vor als ein einflussreicher Faktor gilt für die Entkoppelung von sozialer Stellung und Erfolgschancen. Als zentrale Ursache für die fehlende Gleichheit gilt oft das dreigliedrig gestaltete, frühzeitig selektierende deutsche Schulsystem (Baumert/Schümer 2001:372). Die Verbesserungsvorschläge orientieren sich daher oft an den skandinavischen Staaten mit einer gemeinsamen Schulbildung der Kinder über die gesamte Zeit der Schulpflicht (z.b.: Loeber/Scholz 2003:275; Struck 2004:187).

Parallelgesellschaften

Auch dieses Argument betrachtet den verpflichtenden Schulbesuch als ein egalisierendes und gesellschaftsverbindendes Element. In einem später mehrfach zitierten[134] Nichtannahmebeschluss des Bundesverfassungsgerichts bezüglich der Klage eines Elternpaares auf Gewährung der Erlaubnis für Heimunterricht heißt es:

> Die mit der Pflicht zum Besuch der staatlichen Grundschule verbundenen Eingriffe
> in die genannten Grundrechte der Beschwerdeführer stehen auch in einem angemes
> senen Verhältnis zu dem Gewinn, den die Erfüllung dieser Pflicht für den staatlichen
> Erziehungsauftrag und die hinter ihm stehenden Gemeinwohlinteressen erwarten
> lassen. Die Allgemeinheit hat ein berechtigtes Interesse daran, der Entstehung von
> religiös oder weltanschaulich motivierten „Parallelgesellschaften" entgegenzuwirken
> und Minderheiten auf diesem Gebiet zu integrieren. Integration setzt dabei nicht nur
> voraus, dass die Mehrheit der Bevölkerung religiöse oder weltanschauliche Minder
> heiten nicht ausgrenzt, sie verlangt vielmehr auch, dass diese sich selbst nicht ab
> grenzen und sich einem Dialog mit Andersdenkenden und -gläubigen nicht ver
> schließen. Für eine offene pluralistische Gesellschaft bedeutet der Dialog mit sol
> chen Minderheiten eine Bereicherung. Dies im Sinne gelebter Toleranz einzuüben
> und zu praktizieren, ist wichtige Aufgabe schon der Grundschule. Das Vorhanden
> sein eines breiten Spektrums von Überzeugungen in einer Klassengemeinschaft
> kann die Fähigkeit aller Schüler zu Toleranz und Dialog als einer Grundvorausset
> zung demokratischer Willensbildungsprozesse nachhaltig fördern. (BVerfG, 1 BvR
> 436/03, 29.04.2003)

Der Verweis auf die erforderliche Toleranz, in der „auch eine Angelegenheit der Minderheit" gesehen wird (OLG Hamm, 6 WF297/05, 25.08.2005), erhält in diesem Zusammenhang seine Bedeutung dadurch, dass einige Eltern mit einem Gewissenskonflikt argumentieren und ein Recht auf eine Erziehung gemäß der eigenen religiösen Überzeugung einfordern. Ihnen soll mit diesem Argument verdeutlicht werden, dass die aufgrund unterschiedlicher Überzeugungen not-

---

[134] Zum Beispiel: OLG Hamm, 6 WF297/05, 25.08.2005; BVerfG, 2BvR 1693/04, 31.05.2006.

wendige Toleranz nicht nur ein Erfordernis aufgrund des gemeinsamen Schulbesuchs darstellt, sondern dass es sich dabei um ein explizites Bildungsziel handelt, das als eine Grundvoraussetzung demokratischer Willensbildungsprozesse angesehen wird.

Ein Urteil des Bremer Verwaltungsgerichts ergänzte dieses Parallelgesellschaftenargument dahingehend, dass die Allgemeinheit auch ein berechtigtes Interesse daran habe, der Entstehung von

> bestimmten schulpolitisch ausgerichteten Gruppen entgegen zu wirken, deren offenkundiges Bestreben es ist, die allgemeine Schulpflicht etwa durch das Einschreiben in einer (internationalen) privaten Fernschule oder über den Aufbau internationaler oder regionaler Bildungsnetzwerke auszuhebeln, das Schulwesen zu entprofessionalisieren und sich von der Gesellschaft abzuschotten. (VG Bremen Az: 7 K 1774/06, 08.11.2006)

Der Bedeutung des Konzepts „Parallelgesellschaft" und der damit gestellten Frage nach den Auswirkungen der Herausbildung einer Home Education Bewegung für ein Gemeinwesen wird im Kapitel 6.2.1 ausführlicher nachgegangen.

Soziale und staatsbürgerliche Kompetenz

Zu den meistgenannten Argumenten für die Aufrechterhaltung der Schulpflicht zählt die Annahme, dass Home Education deutlichen Begrenzungen unterliegt hinsichtlich der Möglichkeiten, die Herausbildung der (dem staatlichen Erziehungsauftrag entsprechenden) sozialen Kompetenzen zu fördern. Dem Bayerischen Verfassungsgerichtshof zufolge

> erschöpft sich der Auftrag der Schule nicht darin, den zeitnotwendigen Grundstock des Wissens und Könnens zu vermitteln. Darüber hinaus müssen die Kinder im Sinn des Art. 131 BV zu tüchtigen Mitgliedern der Gemeinschaft erzogen werden; sie sollen durch den gemeinsamen Schulbesuch in das Gemeinschaftsleben hineinwachsen. Dieses Ziel kann in der Familie auch dann nicht gleichwertig erreicht werden, wenn in ihr mehrere Kinder vorhanden sind. (Az: Vf.73-VI-01, 13.12.2002)

Ausführlicher argumentierte zu diesem Punkt das Bundesverfassungsgericht in einem Nichtannahmebeschluss (Az: 1BvR 436/03, 29.04.2003) bezüglich der Klage eines Elternpaares, das Homeschooling durchführen wollte. Hinsichtlich des staatlichen Erziehungsauftrags heißt es darin:

> Dieser Auftrag richtet sich nicht nur auf die Vermittlung von Wissen, sondern auch auf die Heranbildung verantwortlicher Staatsbürger, die gleichberechtigt und dem

Ganzen gegenüber verantwortungsbewusst an den demokratischen Prozessen in einer pluralistischen Gesellschaft sollen teilhaben können. Es mag zutreffen, dass die Beschränkung des staatlichen Erziehungsauftrags auf die regelmäßige Kontrolle von Durchführung und Erfolg eines Heimunterrichts zur Erreichung des Ziels der Wissensvermittlung ein milderes und insoweit auch gleich geeignetes Mittel darstellen kann. Doch kann es nicht als eine Fehleinschätzung angesehen werden, die bloße staatliche Kontrolle von Heimunterricht im Hinblick auf das Erziehungsziel der Vermittlung sozialer und staatsbürgerlicher Kompetenz nicht als gleich wirksam zu bewerten. Denn soziale Kompetenz im Umgang auch mit Andersdenkenden, gelebte Toleranz, Durchsetzungsvermögen und Selbstbehauptung einer von der Mehrheit abweichenden Überzeugung können effektiver eingeübt werden, wenn Kontakte mit der Gesellschaft und den in ihr vertretenen unterschiedlichsten Auffassungen nicht nur gelegentlich stattfinden, sondern Teil einer mit dem regelmäßigen Schulbesuch verbundenen Alltagserfahrung sind.

In vielen späteren Urteilen zum Thema Homeschooling wurde auf diese Argumentation des Bundesverfassungsgerichts Bezug genommen.[135] In dem Zitat klingt bereits an, dass an dieser Stelle nicht nur die soziale Kompetenz des einzelnen Kindes zur Debatte steht. Schulbesuch wird vielmehr zur Voraussetzung dafür, dass Bürger heranwachsen, die verantwortungsbewusst an den demokratischen Prozessen der pluralistischen Gesellschaft teilhaben können. In der Begründung einer allgemeinen und möglichst ausnahmslosen Schulpflicht wird diese zur Existenzvoraussetzung des demokratischen Staates erklärt.

Heute gilt die allgemeine Schulpflicht als eine unverzichtbare Bedingung für die Gewährleistung der freiheitlich-demokratischen Grundordnung und zugleich als unerlässliche Voraussetzung für die Sicherung der wirtschaftlichen und sozialen Wohlfahrt der Gesellschaft. (BayVerfGH, Az: Vf.73-VI-01, 13.12.2002)

Ausgangspunkt dieser Argumentationskette, an deren Ende die Schulpflicht eine unverzichtbare Voraussetzung für den Fortbestand der Gesellschaft darstellt, ist die Annahme eines Zusammenhangs zwischen dem Besuch einer staatlich anerkannten Schule und der Herausbildung sozialer Kompetenzen. In Kapitel 3 wurde auf die Schwierigkeiten dieser Fragestellung bereits unter Zuhilfenahme empirischer Studien näher eingegangen. Die hier ebenfalls implizierte Frage nach dem Verhältnis zwischen individuellen und gesellschaftlichen Interessen wird an späterer Stelle ausführlicher erörtert. Nachfolgend sollen die in der Debatte um Home Education wiederkehrenden Argumente unter Rückgriff auf eine Typologie R. Mertons auf die jeweils zugrunde liegenden Konzepte individueller Anpassung untersucht werden.

---

[135] Zum Beispiel: OLG Brandenburg, 9 UF 68/05, 14.07.2005; OLG Hamm, 6 WF297/05, 25.08.2005; BVerfG, 2 BvR 1693/04, 31.05.2006; VG Bremen, 7 K 1774/06, 08.11.2006.

Verortung der Argumentation in Mertons Typologie individueller Anpassung

In Deutschland stellt Home Education aufgrund der bereits ausführlich dargestellten Rechtslage aus kriminalsoziologischer Perspektive ein anomisches Verhalten dar. Der amerikanische Soziologe Robert Merton schuf in der Mitte des vergangenen Jahrhunderts ein theoretisches Konzept bezüglich des Zusammenhangs von Sozialstruktur und Anomie (Merton 1968a; deutsch: Merton 1968b). Sein Ausgangspunkt war die Annahme, dass die jeweilige Sozialstruktur das Auftreten sozial abweichenden Verhaltens beeinflusst. Damit wandte er sich gegen eine Position, die dies vorrangig mit pathologischen Persönlichkeitsstrukturen begründete. Die zwei zentralen Elemente in seinem Konzept sind die kulturellen Ziele und die institutionellen Normen. Letztere sind die Wege, die man in der jeweiligen Kultur beschreiten darf, um die angestrebten Ziele zu erreichen. Aus diesen beiden Grundelementen entwickelte Merton eine Typologie bezüglich der Anpassung einzelner Gesellschaftsmitglieder bzw. gesellschaftlicher Gruppen an die kulturellen und sozialen Vorgaben (Abbildung 6).

Abbildung 6:   Typologie individueller Anpassung nach Merton

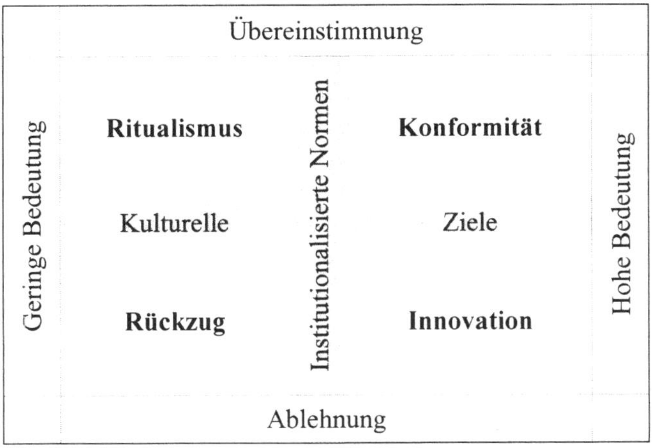

Dabei bezeichnet *Konformität* den Fall, in dem sowohl den Zielen als auch den institutionalisierten Wegen dorthin zugestimmt wird. Von *Innovation* ist die Rede, wenn zwar die Ziele bejaht werden, aber Mittel zum Einsatz kommen, die nicht der gesellschaftlichen Norm entsprechen. *Ritualismus* nennt Merton den umgekehrten Fall, in dem ein Mittel zum Selbstzweck wird, da das ursprünglich damit verbundene Ziel an Bedeutung verloren hat. Und die Konstellation, in der sowohl kulturelle Ziele als auch die entsprechenden Wege abgelehnt werden, beschreibt er mit den Begriffen *Apathie* und *Rückzug* (retreatism).[136]

In diesem Schema lassen sich die zugrunde liegenden Bilder von Schule und Homeschooling der Akteure verorten, die in dieser Debatte für die eine oder andere Position argumentieren. Aufgrund der Rechtslage beziehungsweise ihrer Auslegung ist dabei bereits vorgegeben, dass Schulbesuch den institutionalisierten Normen entspricht, Home Education dagegen nicht. Damit stehen für jeden der beiden Wege zwei Typen zur Diskussion.

Befürworter des Homeschooling präsentieren ihren Ansatz als einen anderen Weg, auf dem aber auch die kulturellen Ziele wie Wissensvermittlung und Entwicklung sozialer Kompetenz erreicht werden (Innovation). Der Schule wird dabei nicht selten die diagonal gegenüberstehende Position zugewiesen (Ritualismus). Die Übereinstimmung mit den Normen, so die Kritik, habe Priorität vor dem Bildungsauftrag.

In der Argumentation zugunsten der Schulpflicht, wie sie hier anhand der Gerichtsurteile dargestellt wurde, dominieren die beiden anderen, ebenfalls diagonal gegenüberliegenden Bereiche. Schulbesuch wird dargestellt als eine zu Recht institutionalisierte Norm, die am effektivsten gewährleistet, dass die kulturell etablierten Ziele (Vermittlung von Wissen, Fähigkeiten und Kompetenzen) erreicht werden (Konformität). Home Education dagegen sei, so die Grundaussage zahlreicher Urteile, ein das Kindeswohl gefährdender Rückzug aus der Sozialisationsinstanz Schule in eine Parallelgesellschaft, in der individuelle Glaubensüberzeugungen dominieren und die Entwicklung von Toleranz sowie sozialer und staatsbürgerlicher Kompetenz zurückbleiben.

Daran wird deutlich, dass die Differenz in der Beurteilung an der Frage entsteht, inwieweit die jeweilige Bildungsform den kulturellen Zielen gerecht wird. Das Bisherige zusammenfassend, soll im Folgenden kurz aufgezeigt werden, das die Selbstverortung der beiden Argumentationsfiguren auf der Seite der hohen Übereinstimmung mit den kulturellen Zielen eine Engführung darstellt.

In den vorangehenden Kapiteln wurde bereits sichtbar, dass die Home Education Bewegung sich in einem Professionalisierungsprozess befindet, der ihren gesellschaftlichen Sitz vom Rand Richtung Zentrum verschiebt. Der Anteil an Homeschoolern, die als Andersartige eine Nische suchen, verringert sich zugunsten derer, die sich als aktiver Teil des Gemeinwesens verstehen, aber die Freiheit für einen individuellen Bildungsweg einfordern, mit dem allerdings ähnliche

---

[136] Merton 1968b:292f. Als fünfte Variante außerhalb des Schemas nennt Merton die Rebellion, deren Besonderheit in der Absicht besteht, neue Ziele oder Verfahrensweisen zu institutionalisieren. Dies entspricht teilweise den politischen Zielstellungen der Home Education Bewegung. Im Folgenden beschränke ich mich jedoch auf die vier ersten Typen, da bereits hier die Ablehnung eines Zieles oder eines institutionalisierten Weges die Präferenz für eine Alternative beinhalten kann.

Erwartungen hinsichtlich des Erwerbs von Wissen, Fähigkeiten und Kompetenzen verbunden werden wie seitens des Staates mit der Schulpflicht. Trotz diesem allgemeinen Trend ist jedoch nicht zu übersehen, dass einige Familien Home Education als ein Mittel nutzen möchten, um sich bewusst von den mehrheitlich vertretenen kulturellen Bildungszielen zu distanzieren, um sich, religiös formuliert, von „der Welt" abzugrenzen. In deren Argumentation werden Humanismus, Emanzipation und Demokratie gleichermaßen zu gottlosen, antibiblischen Philosophien erklärt, die im Gegensatz stehen zu einer Heiligen Schrift, die jeden Pluralismus ablehne.[137] Sie suchen den Rückzugsraum, um möglichst ungestört von der pluralistischen Gesellschaft die eigene Weltsicht aufrechtzuerhalten und weiterzugeben. Die Home Education Bewegung ist hinsichtlich ihrer Motive und damit auch der Argumentationswege so divers, dass eine Zuordnung zu nur einem der in Mertons Typologie dargestellten Bereiche nicht möglich ist. Neben den Verfechtern biblizistischer Gegenentwürfe stehen dialogorientierte Gruppen, die sich hinsichtlich der Bildungs- und Erziehungsziele in Übereinstimmung mit den Zielstellungen staatlicher Bildungseinrichtungen befinden.

Auch in der Argumentation der Gerichte für die Einhaltung der Schulpflicht entsteht kein eindeutiges Bild hinsichtlich des Verhältnisses von institutionalisierter Norm und kulturellem Ziel. Teilweise erscheint die Notwendigkeit des Schulbesuchs nahezu losgelöst von den damit beabsichtigten Bildungs- und Erziehungszielen. Beispielsweise wenn das Oberverwaltungsgericht Hamburg feststellt, dass kein Anspruch besteht auf ein bestimmtes Lern- und Leistungsniveau in der schulischen Bildung. Der Bildungsanspruch beschränkt sich demzufolge auf die Teilnahme an dem vorhandenen Schulwesen (Az: 1Bf 25/04, 27.09.2004). Auch die oben dargestellte Argumentation mit strukturellen Unterschieden zwischen öffentlicher Schule und Home Education legitimiert die Schulpflicht ausschließlich nach formalen Kriterien, denen ein Homeschooling, selbst wenn es gemeinschaftliches Lernen unter Anleitung durch Lehrer ist, nicht gerecht werden kann, da es an der „organisatorischen Verselbständigung und Verstetigung und an der gemeinsamen Unterrichtung eines im Laufe der Zeit wechselnden Schülerbestandes" fehlt. Derartigen Argumentationen liegt ein Bild von Schule zugrunde, das dem von Merton als Ritualismus bezeichneten Typus nahekommt, da die ursprünglich zielorientiert definierte Aktivität einen Selbstzweck erhält.

> Bloße Konformität wird zum zentralen Wert. Dadurch ist für einige Zeit die soziale Stabilität gesichert, auf Kosten der Beweglichkeit. Da die Skale alternativer Verhal-

---

[137] So die Position der Eltern, deren Fall am 16.03.1992 vom BayVGH verhandelt wurde (Az: 7CS 92.512). Siehe auch Kap. 2.3.2.

tensweisen, die von der Kultur gestattet werden, begrenzt ist, gibt es nur wenig Spielraum für eine Anpassung an neue Bedingungen. (Merton 1968b:288)

Merton wollte mit seiner Arbeit verdeutlichen, dass eine Sozialstruktur, die nicht in ausreichender Form die Mittel bereitstellt, um die kulturell etablierten Ziele auf legalem Weg zu erreichen, abweichendes Verhalten fördert (Merton 1968b:289). Diese, vorrangig auf die Erklärung kriminellen Handelns ausgerichtete Theorie, unterstreicht in der Anwendung auf das hier behandelte Phänomen des illegitimen Homeschooling die Rolle gegenwärtiger Schulstrukturen bezüglich der Herausbildung der Home Education Bewegung. Bereits in der Darstellung der elterlichen Motive wurde deutlich, dass jede Entscheidung für Home Education vor dem Hintergrund der Möglichkeiten und Restriktionen des zur Verfügung stehen Schulwesens erfolgt. Sowohl die Argumentation der Gerichte in der Auseinandersetzung mit Home Education als auch die in der Schulforschung zu Tage tretende Reformresistenz im öffentlichen Bildungswesen bergen Hinweise auf einen Hang zu ritualisierter Schulpraxis, in der das individuelle Erreichen der kulturell etablierten Bildungsziele an Bedeutung einbüßt. Diese Diskrepanz begünstigt die Suche nach alternativen Wegen, von denen einer Home Education ist. Eine weitere Quelle dieser Bewegung sind Bevölkerungsgruppen, die in Distanz zu den mehrheitlich vertretenen Bildungszielen bewusst den Rückzug suchen, um ihren weltanschaulichen und anthropologischen Gegenentwurf konsequenter verwirklichen zu können.

Die große Bandbreite an Konsequenzen, mit denen der Schulpflichtverstoß Home Education geahndet wird, verdeutlicht die Unsicherheit hinsichtlich der Einordnung und Bewertung dieses Phänomens. Die Anwendung der in den Schulgesetzen vorgesehenen Zwangsmittel mag geeignet sein, um die Ausbreitung des Phänomens Home Education auf ein Minimum einzuschränken. Der zugrunde liegende Konflikt hinsichtlich der Frage, welche kulturell etablierten Bildungsziele verbindlich sind und wie diese erreicht werden können, wird damit jedoch nicht gelöst. Rechtliche Mittel allein greifen an dieser Stelle zu kurz (Jülicher 2002:250). Die nicht geringe Zahl stillschweigend geduldeter Homeschoolfamilien ist ein Hinweis auf fehlende Regelungsmöglichkeiten in diesem Konflikt (ausführlicher dazu in Kapitel 6).

5.4 „Krieger, Bettler, Diplomaten" – eine Typologie der Proteststrategien

Alle Home Education Familien haben gemeinsam, dass sie ordnungswidrig den geltenden Bestimmungen zuwiderhandeln. In einem Akt zivilen Ungehorsams[138]

---

[138] Ausführlicher zur Betrachtung von Home Education als ziviler Ungehorsam in 6.1.1.

weigern sie sich, der Schulpflicht Folge zu leisten. Trotz dieser Gemeinsamkeit werden aber deutliche Unterschiede sichtbar hinsichtlich der Art und Weise, in der sich diese Familien um eine Erlaubnis für Home Education oder zumindest eine Duldung derselben durch die Behörden bemühen. Es lassen sich drei Gruppen bilden, die sich hinsichtlich zweier Merkmale unterscheiden. Bei beiden Merkmalen handelt es sich um ein Maß an zugeschriebener Legitimität. Zum einen die von den Eltern der Position der staatlichen Schulbehörden beigemessene Legitimität und zum anderen die Legitimität des eigenen Anspruchs auf ein Recht auf Home Education. Unterteilt man beide Kriterien in einen Bereich mit hoher und niedriger Ausprägung, ergibt sich der in Abbildung 8 aufgezeigte Merkmalsraum, in dem sich die drei Gruppen verorten lassen. Die gewählten Bezeichnungen dieser Typen lehnen sich an die sprachliche Konstruktion der jeweiligen Position durch die Homeschooler selbst an. Im Folgenden werden diese drei Gruppen näher dargestellt.

Abbildung 7:   Typologie der Protestformen

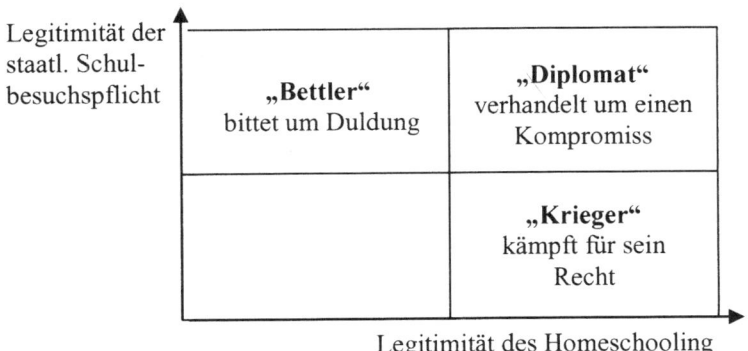

Der „Krieger"

In der Sichtweise dieses Typus trägt die geltende Schulgesetzgebung und deren Anwendung durch die Behörden diktatorische Züge. Das Bemühen um ein Recht auf Homeschooling wird zum Freiheitskampf erklärt. Die Wortwahl zur Darstellung des Konflikts ist geprägt von militärischen Bildern. Ein Artikel über die Position der Nordrhein-Westfälischen Bildungsministerin im Zusammenhang mit der Schulpflichtverweigerung der russlanddeutschen Familien im Raum Paderborn wird kommentiert als „totale Kriegserklärung" (homeschooling_D, 09.02.2005:1648) einer Ministerin, die ein „gnadenloses Kesseltreiben gegen die

Paderborner Familien antreibt" (homeschooling_D, 10.02.2005:1665). Eine aus den USA stammende, jetzt in Deutschland lebende Homeschoolmutter spricht in diesem Zusammenhang von „gierigen Beamten", die „wunderschöne Eltern" belästigen und ihnen die „Kinder stehlen" (homeschooling_D, 25.01.2005:1550 und 14.01.2005:1475). Über die Situation in einem anderen Bundesland heißt es:

> Es ist hinter den Kulissen hier wie in einer Diktatur, nach außen Demokratie, nach innen Unterdrückung, Lüge, Unfreiheit, Parteiendiktatur. Bayern ist ein absolutes Negativbeispiel. (homeschooling_D, 04.02.2004: 839)

In der Diskussion mit einem Vertreter des diplomatischen Ansatzes schreibt ein Vater:

> Ich kann Dich zwar verstehen, aber Dein partnerschaftliches Konzept kann letztlich nur da greifen, wo man es mit Behörden und Politikern zu tun hat, die ein Mindestmaß an Verständnis und Einsicht mitbringen und bereit sind, uns und unser Anliegen ernst zu nehmen. Das mag bei Euch ... der Fall sein, anderswo liegen die Dinge aber ganz anders ... Du läufst gegen eine Wand und kommst Dir hilflos vor ... So geht es uns derzeit in Bayern und fast allen, die in dieser staatshörigen Bananenrepublik der Gamsbärte und Lederhosen leben. Da nimmst du Behörden und Gerichte ganz zwangsläufig als Gegner wahr und dir bleibt auch gar nicht viel anderes übrig. Du musst dich ja wehren und kämpfen, wenn sie versuchen, dich finanziell auszubluten oder dir gar die Kinder nehmen wollen. (homeschooling_D, 31.03.2004:909)

Die Deutung der Gesetzeslage geschieht derart, dass die eigene Position als richtig erscheint. Die Vertreter dieser Perspektive zweifeln nicht an der Existenz eines Elternrechts, das es gestattet, für die eigenen Kinder Home Education zu wählen. Einem Staat, der dieses vermeintliche Grundrecht nicht gewährt, wird die moralische Legitimation abgesprochen, bezüglich der Erziehungsbestrebungen der Eltern zu intervenieren. „Das Grundgesetz", so ein Vater, „ist auf unserer Seite." Weiter sagt er:

> Wir machen halt unsere Schulpflicht zu Hause ... Und da sehen wir nicht, dass wir gegen dieses Gesetz verstoßen, sage mal. Ja, das wollen die Behörden nicht verstehen oder es passt bei ihnen nicht rein. (I12, 36:18)

Das Fazit einer derartigen Sichtweise lautet: „Wo Unrecht zum Recht wird, wird Widerstand zur Pflicht" (homeschooling_D, 03.12.2003:653). Die Vertreter dieser Position, die sich nicht scheuen, auch Vergleiche zur nationalsozialistischen Diktatur zu ziehen, bleiben aber auch innerhalb der Home Education Bewegung nicht ohne Kritik.

Der „Diplomat"

In der Diskussion in einer E-Mail-Group über die geeignete Form der Kommunikation mit den Behörden schrieb der Vater einer Homeschoolfamilie und Leiter eines regionalen Netzwerks:

> Heutzutage ist im Zusammenhang mit Homeschool fast nur vom bösen Staat, von verlorenen Prozessen und Drangsalierungen durch Behörden etc. die Rede. An dieser miesen Situation ... sind wir Homeschooler selber nicht unschuldig. In unseren eigenen Publikationen, Newsgroups und bei vielen sich bietenden Gelegenheiten werden immer gerade die Extremfälle hervorgezogen und damit Stimmung gemacht, auch international ... Viele Christen sind geradezu stolz darauf, im Prozeß dem Richter noch einige Bibelverse ins Gesicht gerufen zu haben. So entsteht überall der Eindruck, als ob der Staat, die Richter, die Behörden etc. unsere Feinde wären, die wir mit allen Mitteln zu bekämpfen hätten. Kann das wirklich unser Weg sein? Glauben wir wirklich, daß Behörden und Politiker, die wir in der Öffentlichkeit so „vorgeführt" haben, später unsere Partner sein wollen, wenn es darum geht, unsere berechtigten Anliegen zu verwirklichen? (homeschooling_D, 30.03.2004:905)

Diese Kritik steht nicht allein, sondern repräsentiert die Position eines großen Teils der deutschen Home Education Familien. Die Mutter der eingangs vorgestellten Familie Kern (1.2.1) zog aus den mehrjährigen Auseinandersetzungen um die Schulpflichtverweigerung ihrer Söhne das Fazit, dass es wichtig ist, „offen zu sein und nicht in diese ‚kriegerische' rechthaberische Haltung zu gehen" (homeschooling_D, 31.03.2004:906). Die Grundlage dafür ist ihrer Meinung nach die Bereitschaft, die Position der Behördenvertreter nachzuvollziehen und anzuerkennen, „dass auch diese Menschen im Grunde nur das Beste für die jeweiligen Kinder wollen. Sie sehen nur andere Wege" (homeschooling_D, 11.02.2005:1674). Aus Sicht dieser Eltern stehen hier zwei gleichermaßen legitime Interessen gegenüber. Es gibt keinen Widerstandskampf gegen ein Unrecht, sondern das Ringen um eine Lösung in einem Interessenkonflikt zwischen staatlichem und elterlichem Erziehungshandeln.

> Wir wollen ja nicht (in erster Linie) die Schulpflicht abschaffen, sondern (in erster Linie) dazu beitragen, daß erkannt wird, daß Bildung ... außerhalb der Schulen ... ein gangbarer, positiver und bereichernder Weg ist, der nicht mehr kriminalisiert werden sollte. (homeschooling_D, 16.02.2005:1718)

Strategisch setzen die „Diplomaten" dabei auf die Suche nach Verbündeten.

Meine Meinung ist, es offen zu gestalten und das Gespräch mit allen möglichen Personen in den verschiedensten Behörden zu suchen. Meine Erfahrung ist, dass sich immer der eine oder andere dort findet, der wenigstens ein bisschen offen ist und mit dem Gespräche möglich sind. (homeschooling_D, 11.02.2005:1674)

Die Anerkennung der Legitimität der Schulpflicht bei diesem Typus des Protestverhaltens führt zu der Bereitschaft, auch Kompromisse einzugehen. Es stehen zwei als gleichwertig betrachtete Interessen gegeneinander, deren Ausgleich ein Abrücken vom eigenen Ideal erfordern kann. Zum Beispiel durch die Akzeptanz einer moderaten Ahndung des formalen Schulpflichtverstoßes.

Wenn die jetzt gesagt hätten, wir müssen unsere Pflicht tun, wir machen ein symbolisches Bußgeld, dann haben wir wenigstens so abgegolten, weil, wir müssen ja als Staat hier irgend etwas auch machen, da hätten wir das als stillschweigendes Schulgeld akzeptiert. (I7, 22:02)

Trotz starker Betonung des Dialogs und Orientierung auf einen Kompromiss handeln die Vertreter des diplomatischen Typus gleichermaßen ordnungswidrig wie diejenigen, die ihren Protest als einen Kampf rekonstruieren. Die sich hier abzeichnende Spannung zwischen grundsätzlicher Anerkennung der Schulgesetzgebung und individuellem Zuwiderhandeln wird noch deutlicher bei dem folgenden Typus.

Der „Bettler"

Wie der „Diplomat", so argumentiert auch der „Bettler" nicht prinzipiell gegen die Schulpflicht. Der Unterschied zwischen beiden Positionen liegt in der Verortung der eigenen Ziele. Die dialogorientierte Verhandlungsposition wirbt für eine Entkriminalisierung und Zulassung des Homeschooling als mögliche Alternative zum Schulbesuch. Der „Bettler" betont noch stärker die Existenz einer individuellen Notsituation, die ihn dazu zwingt, um einen Ausnahme von der nicht hinterfragten Gesetzgebung zu bitten.

Im Interview berichtet eine Mutter, dass sie in den Gesprächen mit den Behörden von einer ursprünglich eher fordernden Haltung mehr und mehr zu einer „Bittstellung" übergegangen sei. Als einen Grund führt sie an,

dass uns schon klar ist, dass eigentlich der Staat da auch die Macht hat. Dass es nun einmal ein Gesetz gibt, und ich denke, da muss man nicht unbedingt fordern, sondern eher sagen, das und das ist uns wichtig und haben Sie doch bitte Verständnis. Also da hatten wir auch nie ein Problem. Bei allen Gesprächen, die wir geführt haben, war eigentlich immer nur, die können das alles verstehen und finden das eigentlich auch ganz toll, aber wir haben nun einmal dieses eine Gesetz und danach müssen wir handeln und das war immer nur der Punkt. (I23, 43:32)

Dort, wo der „Krieger" verbal gegen ein Unrecht kämpfen möchte, steht bei dem „Bettler" ein selbst in der sprachlichen Konstruktion des eigenen Anliegens gewaltloser Widerstand. In nahezu idealtypischer Form wurde dies an der Schulpflichtverweigerung der bereits dargestellten „Zwölf Stämme" in Bayern deutlich. Auf der einen Seite wird die Bereitschaft zur Unterordnung unter die staatliche Gesetzgebung betont. In einem Schreiben der Eltern an die Kultusministerin heißt es:

Verstehen Sie uns bitte richtig! Wir sind keine rebellischen oder anarchistischen Menschen. Ganz im Gegenteil: Wir respektieren staatliche Behörden und ordnen uns diesen unter. Wir sind dankbar für den Schutz der Polizei und den Frieden und die Freiheit, die wir in diesem Land genießen. Dies lehren wir auch unseren Kinder. Wir glauben, dass staatliche Autorität dazu da ist, den Bürgern zu dienen und um Recht und Ordnung in einem Staat aufrechtzuerhalten.[139]

Als drei Jahre nach diesem Schreiben einige der Väter von der Polizei abgeholt wurden, um ihre Erzwingungshaft anzutreten, kommentierte die Gemeinschaft auf ihrer Internetseite ein Foto, das einen der Väter neben einem lächelnden Polizeibeamten zeigt, mit dem Satz: „Sicher keine leichte Aufgabe, aber wir haben Verständnis dafür, dass die Beamten auch nur ihrem Befehl Folge leisten mussten."[140]

Auf der anderen Seite schildern diese Eltern in dem zuvor zitierten Brief ihre tiefe Überzeugung, dass es ein Auftrag Gottes sei, die Kinder in „Seinen Wegen" zu erziehen und „von der Welt unbefleckt zu halten". Aus der Bindung an diesen geglaubten Auftrag leiten sie ihren Gewissenskonflikt und das daraus folgende ordnungswidrige Handeln ab. In einer Stellungnahme an das Amtsgericht schreibt einer der Väter:

Unser – lassen Sie es mich *Flehen* nennen – an Sie: Urteilen Sie nach Ihrem Gewissen und nicht nach irgendwelchen „ähnlichen" Gerichtsurteilen höherer Instanzen.[141]

Die Begriffe „Bittstellung" und „Flehen" markieren distinktive Charakteristika des Typus „Bettler", der damit abrückt von einer Anspruchshaltung in der Form,

---

[139] Brief der Eltern der Gemeinschaft Klosterzimmern an die Kultusministerin Hohlmeier vom 30.08.2001 <http://www.zwoelfstaemme.de/Chronologie/anlage02.htm> (11.10.2004).
[140] <http://zwoelfstaemme.de/verhaftung_slideshow.htm> (20.10.2004).
[141] Hervorhebung original, Anlage 11 auf <http://www.zwoelfstaemme.de/schulframe.htm> (28.11.2006).

wie sie bei dem „Diplomaten" teilweise und bei dem „Krieger" deutlich zu Tage tritt. Die Unterscheidung dieser drei Typen der Proteststrategie wirft die Frage auf, inwieweit Zusammenhänge bestehen zu weiteren Merkmalen der jeweiligen Home Education Familien. Eine Analyse der Daten, die aufgrund des qualitativ orientierten Designs dieser Studie lediglich Ergebnisse mit heuristischem Charakter hervorbringen kann, zeigt keine Resultate, die eine Grundlage für die Annahme stärkerer Zusammenhänge darstellen. Dies gilt zum einen für die Charakteristika der jeweiligen Familien, insbesondere die Motive für die Wahl von Homeschooling. In allen drei Bereichen finden sich Familien mit und ohne religiöse Untermauerung ihrer Argumentation. Einschränken lässt sich dies lediglich insofern, als der in der lebensweltlichen Verortung der Home Education Familien dargestellte Typus des Alternativen (2.3.3) eher nicht zur Proteststrategie des „Kriegers" neigt. Des Weiteren zeigt sich auch kein Zusammenhang zwischen der gewählten Proteststrategie und dem daraus resultierenden Erfolg. Letzterer bedeutet an dieser Stelle aus Sicht der Home Education Familien eine Duldung des Homeschooling und Misserfolg demnach die weitere Anwendung von Sanktionsmitteln durch die Behörden. Es wird deutlich, dass sich bei allen Typen Beispiele für erfolgreichen und weniger erfolgreichen Protest finden lassen. Die radikale Berufung auf ein gottgegebenes Elternrecht (Fall Stücher), die dialogorientierte Suche nach Verständnis und Kompromiss (Fall Tilmann) oder auch die beharrliche Beschränkung auf eine „Bittstellung" (I24) können zu einer Duldung von Home Education führen oder aber auch erfolglos bleiben. Dies unterstreicht die bereits in Abschnitt 5.2 getroffene Feststellung, dass die Frage des Entstehens beziehungsweise des Ausgangs eines Rechtsstreits um Home Education primär durch die konkrete Konstellation des Einzelfalls in starker Abhängigkeit von den jeweiligen Entscheidungsträgern auf Seiten der Schulbehörden und Gerichte bestimmt wird. Weder die von den Eltern vorgebrachten Motive, die gewählte Lernform noch die angewandte Proteststrategie lassen eine Voraussage zu über den Erfolg in dem Bemühen um eine Ausnahmeregelung von den Bestimmungen der Schulpflicht.

5.5 Die Legitimation des Illegalen durch Techniken der Neutralisation

Bei dem oben dargestellten Typus des „Kriegers" und des „Diplomaten" wird dem Homeschooling ein hohes Maß an Legitimität zugeschrieben. Dies steht allerdings im Gegensatz zu der gegenwärtigen Rechtslage. Die Home Education Familien greifen bewusst auf bestimmte Argumentationsfiguren zurück, um ihr illegales Handeln vor sich und anderen zu legitimieren. In der kriminologischen

Forschung ist diesbezüglich von Techniken der Neutralisierung die Rede. Dieser Begriff und eine grundlegende Typologie der entsprechenden Techniken stammen aus einem Artikel über jugendliche Delinquenz von Sykes und Matza (1957, deutsch 1968). Sie unterschieden in die fünf folgenden typischen Strategien zur Legitimation abweichenden Verhaltens:

1. Ablehnung der Verantwortung. Einflüsse und Kräfte außerhalb der eigenen Person (Elternhaus, Freunde, Umfeld ...) sind für die Abweichung verantwortlich.
2. Verneinung des Unrechts. Die gesetzeswidrige Tat wird nicht als unmoralisch betrachtet und der entstandene Schaden bagatellisiert.
3. Ablehnung des Opfers. Das zugefügte Unrecht ist demzufolge nur eine gerechte Strafe für jemanden, der es nicht besser verdient hat.
4. Verdammung der Verdammenden. Den Institutionen, die die Tat sanktionieren (Polizei, Gericht, Gesetzestreue allgemein), werden negative Eigenschaften zugeschrieben wie Heuchelei, persönlicher Hass, Ungerechtigkeit o.ä.
5. Berufung auf höhere Instanzen. In einem nicht selbst verursachten Konflikt zwischen sich widersprechenden Normen fällt die Entscheidung gegen die Anforderungen des Gesetzes zugunsten einer als höher eingestuften Verpflichtung (Freundschaft, religiöse Bindung ...).

Diese Typologie wurde in einer empirischen Studie von Thurman (1984) um zwei weitere Techniken ergänzt. Der einen zufolge handele es sich bei der Tat lediglich um eine Ausnahme (einen „Ausrutscher") einer sonst stets gesetzestreuen Person. Die andere Variante verteidigt die Notwendigkeit der Tat damit, dass die betreffende Person nicht anders handeln konnte. Jäger analysierte die Bedingungen und Mechanismen der Neutralisation im Zusammenhang mit Makrokriminalität und kam dabei teilweise zu ähnlichen Ergebnissen, wies jedoch darauf hin, dass diese Techniken nicht pauschal mit Kollektivverbrechen verknüpft werden können, sondern nur „fallweise und für ganz konkrete Konstellationen identifizierbar sind" (Jäger 1989:209).

Empirische Studien zur Anwendung der Neutralisierungstechniken (Amelang/Schahn/ Kohlmann 1988, Schahn/Dinger/Bohner 1995) zeigen nicht nur deren Zusammenhang mit Delinquenzbelastung, sondern deuten darauf hin, dass diese Argumentationsfiguren mitunter auch bei Opfern sichtbar werden, wie Ferraro am Beispiel von Frauen aufzeigte, die von ihren Partnern misshandelt oder geschlagen worden waren (Ferraro 1983).

Sykes und Matza sahen in den Techniken der Neutralisierung einen Weg, auf dem abweichendes Verhalten erlernt wird, und schrieben ihnen damit einen ursächlichen Zusammenhang mit der Entstehung von Kriminalität zu. Alternativ oder aber auch ergänzend dazu können diese Strategien als Möglichkeiten der Dissonanzreduktion gesehen werden, die Täter gegenüber der Kritik durch die soziale Umwelt immunisieren, um die „psychischen Kosten" des kriminellen Handelns im Nachhinein zu reduzieren (Lüdemann/Ohlemacher 2002:63). Hierbei wird die Entstehung bestimmter Ideologien aufgrund von abweichenden Handlungen erklärt.

Den Techniken der Neutralisierung kommt im Zusammenhang mit abweichendem Verhalten nur dann eine relevante Rolle zu, wenn die konformen Normen vom jeweiligen Individuum als Richtschnur des Handelns internalisiert sind (Opp 1974:106). Bei der deutschen Home Education Bewegung handelt es sich zum größten Teil um Eltern, die hohe moralische Maßstäbe an ihr Handeln und ihre Erziehung anlegen, aber mit ihrer Schulpflichtverletzung eine bewusste, andauernde und offensichtliche Ordnungswidrigkeit begehen, die nicht nur bei den Schulbehörden, sondern auch Teilen der Gesellschaft wenig Unterstützung findet. Diese spannungsvolle Konstellation lässt vermuten, dass bei diesen Eltern den Techniken der Neutralisierung hohe Bedeutung zukommt.

> Das ist natürlich für jemanden, der sich immer ans Recht hält, ist es ganz schön schwer, jetzt zu sagen: „Ich mache jetzt was, was nicht erlaubt ist." Ich sage meinen Kindern, sie sollen nicht bei Rot über die Straße gehen, aber ich bringe meine Kinder nicht in die Schule. Mache mich eigentlich strafbar damit. Das ist ein ganz heißes Eisen. (I10, 35:54)

So beschreibt eine Homeschoolmutter die empfundene Dissonanz zwischen erzieherischem Anspruch und eigenem Handeln. Sie benennt damit einen Konflikt, der, wie erwartet, bei zahlreichen Homeschooleltern dazu geführt hat, dass sie auf verschiedene Techniken der Neutralisation zurückgreifen, um ihr ordnungswidriges Handeln zu legitimieren. Im Folgenden werden diese Strategien einzeln vorgestellt.

Falsche Auslegung des Gesetzes

Wie bereits weiter oben erwähnt wurde, ist die Frage, inwiefern sich die gegenwärtige Form der Schulpflicht aus dem Grundgesetz herleiten lässt, umstritten. Viele Homeschooler nennen diesen Punkt als ein Argument zur Legitimation ihres ordnungswidrigen Handelns.

> Das deutsche Grundgesetz, was die Schulpflicht anbetrifft, das ist ja, sage mal, auf unserer Seite ... Paragraf 6 Absatz 4 oder wie das auch immer heißt, die Schulpflicht

muss erfüllt werden, da ist aber das nicht gesagt, dass es durch eine öffentliche Schule oder irgendeine Schule muss erfüllt werden, diese Schulpflicht. Wir haben halt, unsere Schulpflicht machen wir zu Hause. (I12, 35:50)

Eine Vorlage für eine derartige Neutralisation lieferte ein Rechtsanwalt in seinem Vortrag auf einer Konferenz des Vereins „Schulunterricht zu Hause". Er betonte, dass Homeschooling in Deutschland nicht verboten sei, sondern lediglich nicht gewollt ist, da die in den Schulgesetzen vorgesehenen Ausnahmeregelungen keine Anwendung finden (Reichert 2004). Neben dieser Unterscheidung in Verfassungswillen auf der einen und Schulgesetzgebung auf der anderen Seite gibt es noch weitere Argumente, die in ähnlicher Weise darauf abzielen, die Verbindlichkeit der gesetzlichen Regelungen zur Schulpflicht abzuschwächen. Zum Beispiel der Entstehungskontext:

Diese Schulbesuchspflicht wiederum, die es in Deutschland gibt, die ist ja in einem historischen Zeitabschnitt in Deutschland eingeführt worden, der lange vorbei ist, wo man auch vieles abgelegt hat, was in der Zeit erfunden wurde. Und ich halte ihn für heute nicht angemessen mehr. Deswegen haben wir ja in Deutschland ja auch eine gewisse Alleinstellung gegenüber vielen anderen Ländern. (I20, 20:20)

An verschiedenen Stellen wird von Homeschoolern immer wieder darauf verwiesen, dass die Regelungen zum Schulzwang in ihrer derzeitigen Form auf das Reichsschulpflichtgesetz aus der Zeit des Nationalsozialismus zurückgehen, um damit Inhalt und Verbindlichkeit dieser Forderungen infrage zu stellen. Wie in dem erwähnten Zitat schon angedeutet wird, ist die relative Alleinstellung Deutschlands hinsichtlich seiner Schulpflichtregelung im internationalen Vergleich eine weitere Strategie der Home Education Familien, um die Berechtigung der Schulbesuchspflicht zu hinterfragen. Dadurch, dass Homeschooling in vielen der Industrienationen dieser Welt legal ist, sinkt aus Sicht der Eltern die moralische Verwerflichkeit eines diesbezüglichen Bruchs nationaler Bestimmungen. „Man kann sich in Deutschland nicht so verhalten", schlussfolgert eine Mutter, „als sei es demokratisch zu begründen, dass diese Schulverwaltung sich solche Rechte rausnimmt" (I2, 42:30). „Selbst in Russland", so der Vater einer anderen Homeschoolfamilie, „wo man sagt, totalitäres Russland, da ist es staatlich erlaubt" (I24, 50:07). Vermutlich handelt es sich dabei um eine der wichtigsten Techniken der Neutralisierung in diesem Bereich. Anders als bei Vergehen wie Betrug, Raub oder Mord, die in anderen Nationen unseres Kulturkreises eine ähnliche Missbilligung erfahren, ist Home Education, global betrachtet, nicht mit dem Bild einer gesetzeswidrig handelnden Person verknüpft. Für deutsche Eltern genügt ein Umzug in ein Nachbarland, um den Straftatbestand zu legalisieren. Diese Situation bildet die Grundlage für die folgende Technik der Neutralisation.

Homeschooling als Elternrecht

Ähnlich zu der zuvor erwähnten Strategie stellt auch dieses Argument die Zuläs-sigkeit der Schulpflichtgesetzgebung der einzelnen Bundesländer unter Rückgriff auf ein als höherstehend empfundenes Recht in Frage. Homeschooling wird als Bürgerrecht (Franzke 2002) oder als Elternrecht deklariert (I20). Dessen Herlei-tung geschieht zum einen bezugnehmend auf das Grundgesetz, das die Pflege und Erziehung der Kinder als natürliches Recht der Eltern und eine ihnen zuvör-derst obliegende Pflicht bezeichnet (GG Art 6. Abs. 2).

> Also ich lese unsere Verfassung und da steht etwas über das Elternrecht. Dann kam jemand und hat ein Schulgesetz gemacht und der hat das ignoriert, das Elternrecht. (I2, 37:42)

Eine andere Herleitung eines derart verstandenen Elternrechts argumentiert mit der Konstruktion naturgegebener Berechtigung. „Kinder gebiert nicht der Staat, sie gehören nicht dem Staat", so die Schlussfolgerung eines stark religiös ge-prägten Elternpaares (I18). Zugespitzt fragte die Mutter einer russlanddeutschen Familie: „Warum soll ich Kinder kriegen, wenn ich sie nicht erziehen darf?" In ihren Augen sollen die Eltern „Zeit, Geld, Nerven und schlaflose Nächte in die Kinder investieren, aber dürfen nicht über ihre Erziehung bestimmen" (I17). Der Bezug auf ein Naturrecht, das keiner weiteren Herleitung bedarf, immunisiert dieses Argument gegen die Rechtsprechung, die neben den Erziehungsauftrag der Eltern einen, durch die Verfassung gedeckten, Erziehungsanspruch des Staa-tes stellt.

Engagement für Home Education zur gesellschaftlichen Weiterentwicklung

> Homeschooling ist essentiell eigentlich nur eine Frage der Freiheit. Homeschooling ist im Kern ein Kampf für Freiheit.

So der oben bereits zitierte Rechtsanwalt auf einer Homeschoolkonferenz (Rei-chert 2004). Aufbauend auf eine In-Frage-Stellung der Legitimität der Schulge-setzgebung, avanciert das Engagement für Homeschooling zu einem Bemühen um gesellschaftliche Entwicklung. Durch den Vergleich der Situation mit einem Freiheitskampf werden Motive und Handeln der Home Education Familien ver-klärt. „It is called having a backbone to ignore a law that is unjust," schreibt eine Homeschoolmutter im E-Mail-Forum und zieht anschließend eine Parallele zu Ghandi und Martin Luther King (homeschooling_D, 31.01.2005:1593).

Die derartige, aufwertende Umdeutung des ordnungswidrigen Handelns geschieht nicht nur unter Rückgriff auf das Bild des Freiheitskampfes, sondern bedient sich auch des Motivs des Aufklärers, wie in dem folgenden Zitat eines Vaters deutlich wird:

> Ich weiß, es ist besser. Es [das Homeschooling] ist eigentlich richtig, nur das sieht man hier noch nicht. Oder man klammert sich an die alten Gesetze. Ich meine, irgendwann mal glaubte man auch, dass die Erde von ein paar Elefanten da so getragen wurde – jetzt aber nicht mehr. Und irgendwann hat jemand auch dafür gelitten. (I24, 52:03)

Die Kritik an Home Education und die Sanktionen, die die Eltern bewegen sollen, die Kinder in eine öffentliche Schule zu schicken, werden dabei als Abwehrreaktionen einer Gesellschaft gedeutet, die aufgrund ihres Erkenntnisstandes und im Interesse der Sicherung vorliegender Strukturen das abweichende Bildungskonzept Homeschooling bekämpft und die Verfechter gleich den angeblichen Häretikern vergangener Jahrhunderte auffordert, ihre „Irrlehre" zu widerrufen. Auf diesen Vergleich aufbauend versicherte ein US-amerikanischer Gastredner den Homeschoolfamilien auf einer Konferenz des Vereins „Schulunterricht zu Hause": „You are Christian Heroes, you are in the footsteps of Martin Luther" (TB 12.02.2005).

Eine dritte Variante dieser Neutralisationstechnik, die abweichendes Handeln in den Dienst gesellschaftlicher Entwicklung stellt, versucht über den Rückgriff auf eine demokratische Gesellschaftsordnung das Engagement für eine Änderung der Rechtslage zu legitimieren.

> Wir leben in einer Demokratie und da – die beruht auf den Bürgern – und da ... ist es gut, wenn die Initiative von den Bürgern ausgeht, zu sagen, wir ändern mal die Rechtslage ... Man muss halt dann nur so geschlossen auftreten und mit so vielen Leuten, dass das auch durchgesetzt wird. Aber, ähm, in der Demokratie hat man ja als Bürger die Möglichkeit, sich in der Politik einzubringen und die Gesetze zu hinterfragen. Und ich denke, dazu gehört dann auch Homeschooling. (I2, 42:40)

Den drei Varianten dieser Neutralisationstechnik, die eine „Verantwortung vor der Gesellschaft" (Heimrath 1991b:196) konstruiert, ist gemeinsam, dass im Unterschied zu den zuvor erwähnten Strategien die Unrechtmäßigkeit des eigenen Handelns nicht geleugnet wird. Die Legitimation geschieht über die Verknüpfung mit dem Ziel gesellschaftlicher Weiterentwicklung. Durch Parallelen zu historischen Situationen wird nahegelegt, dass diese Entwicklung oft auf Freiheitskämpfer oder Aufklärer angewiesen war.

Höherstehende Werte – Kindeswohl, Gott, Menschenrecht

Bereits in der obigen Aufzählung der Neutralisationstechniken von Sykes und
Matza wurde die Berufung auf höhere Instanzen erwähnt. Das Grundschema dieses Arguments ist die Konstruktion eines Konflikts zwischen zwei Normen, aus
denen widersprüchliche Handlungsanweisungen abgeleitet werden. Das Elternpaar der einführend porträtierten Familie Kern (1.2.1) schildert diese Spannung
wie folgt:

> Einerseits waren wir nach dem Landes-Schulgesetz verpflichtet, für den Schulbe-
> such unserer Söhne zu sorgen. Andererseits wussten wir auf Grund der bisherigen
> Erfahrungen, dass es ihnen dort nicht gut gehen würde. Vorangegangene Schul-
> wechsel, Gespräche mit Mitschülern, Eltern, Lehrern und auch schulpsychologische
> Beratungen hatten keine Abhilfe gebracht. Wir empfanden es als ethisch nicht ver-
> tretbar und mit unserem Gewissen nicht vereinbar, unsere Söhne in dieser Situation
> zum Schulbesuch zu zwingen. (Kern M. 2004:20)

Die Entscheidung, die aufgrund dieser Konstellation zwangsläufig einen Verstoß
gegen eine internalisierte Norm beinhaltet, fällt in diesem Fall zugunsten der individuell höher eingestuften Werte. Die beiden meistgenannten Punkte in diesem
Zusammenhang sind das Kindeswohl und die Verantwortung oder der Gehorsam
Gott gegenüber. Parallel zu der Argumentation der Gerichte, die eine Einschränkung des elterlichen Sorgerechts mitunter durch eine Berufung auf das Kindeswohl legitimieren (siehe 5.3), begründen Homeschooleltern ihre Verletzung der
Schulpflichtbestimmungen, indem sie diese als eine dem Kindeswohl dienende
Entscheidung darstellen.

> Ich weiß, daß der Schutz des Kindeswohls wichtiger ist als die Schulpflicht und alle
> dazugehörigen Paragraphen und Urteile, da „opfere" ich doch nicht meine Kinder
> (und die Harmonie unserer Familie) und stecke die Kinder wegen der Paragraphen
> und Urteile in ein System und schaue zu, wie's uns damit dann allmählich allen
> schlechter und schlechter geht. (homeschooling_D 12.07.2005:2557)

Die Eltern, die dieses Kindeswohl-Argument zur Legitimation ihres Handelns
nutzen, stellen keine homogene Gruppe dar. Sie unterscheiden sich hinsichtlich
der Weltanschauung, der Motive für Home Education und der gewählten Lernmethoden. Die folgende Begründung des Schulpflichtverstoßes einer christlich
geprägten Homeschoolmutter klingt wie der Minimalkonsens der mitunter so diversen Home Education Bewegung. Die Ordnungswidrigkeit wird in Kauf genommen,

weil die Kinder uns wichtiger sind als wie die Gesetze. Weil wir wissen, es ist für die Kinder das Beste. Es ist einfach aus Verantwortung den Kindern gegenüber. (I23, 40:25)

Der Begriff des Kindeswohls ist unscharf und wird von den verschiedenen Eltern und den Gerichten unterschiedlich gefüllt. „Kindeswohl" wird zu einer Projektionsfläche der jeweiligen anthropologischen Prämissen, weltanschaulichen Positionen und pädagogischen Präferenzen. Die vordergründige Einigkeit im Bemühen um das Kindeswohl kann nicht darüber hinwegtäuschen, dass die Frage, was eine optimale Förderung des Kindeswohls darstellt, innerhalb der Gesellschaft sehr verschieden beantwortet wird. Hinsichtlich der Schulbildung ist die sich zunehmend stärker differenzierende Privatschullandschaft und deren wachsender Zulauf ein Hinweis auf diese Vielfalt, in der Home Education nur eine von verschiedenen Varianten darstellt.

Die zweite, von Homeschoolern der Schulpflicht oft übergeordnete Norm ist verbunden mit spezifischen religiösen Vorstellungen. Eltern legitimieren den Schulpflichtverstoß unter Berufung auf eine gottgegebene Verantwortung, die Kinder so zu erziehen, dass sie „an Gott glauben lernen" (I9), dass sie den „Weg mit dem Herrn Jesu gehen" (I19). Der Schulbesuch erscheint ihnen als großes Risiko hinsichtlich dieses Zieles. Eine Mutter betrachtet es als

eine Aufgabe von Gott, als eine Chance zur Rettung. Das können viele wahrscheinlich nicht so verstehen. Aber es ist wirklich für mich wie auch eine Berufung. (I13, 33:28)

In der Darstellung der Schulverweigerung der „Zwölf Stämme" (Kapitel 5.2) findet sich ein weiteres Beispiel für die Berufung auf einen Konflikt zwischen Schulpflicht und Auftrag Gottes. In der Perspektive dieser Eltern verstößt menschliches Recht gegen ein göttliches Recht (I18). Die Entscheidung für letzteres wird oft untermauert durch Bezug auf eine Passage in der Apostelgeschichte (5,29):

Ich würde auch sagen, obwohl man mit dem Satz sehr vorsichtig sein soll, man muss Gott mehr gehorchen als den Menschen. (I18)

Eine derartige Berufung auf höhere Instanzen setzt jedoch nicht den Bezug auf ein bestimmtes Gottesbild voraus. Eine Mutter, die nicht dem evangelikal orientierten Bereich entstammt, schreibt zur Frage der Legitimation des Rechtsbruchs:

Auf keinen Fall können Homeschooler dadurch, daß sie etwas „Illegales" tun, in irgendeiner Weise diskreditiert werden, wenn ihr „illegales Tun" einer übergeordnet gültigen, positiven inneren Gewißheit, einer Haltung der Menschlichkeit entspringt. (homeschooling_D, 19.05.2005 2329)

Auf die bis hierher erwähnten Techniken der Neutralisierung wird von den untersuchten Home Education Familien am häufigsten Bezug genommen. Der Rechtsbruch wird geleugnet unter Berufung auf das Grundgesetz oder ein Elternrecht, er wird verklärt als Freiheitskampf und Aufklärung oder als unausweichliche Konsequenz eines Konfliktes mit einer höherstehenden Norm dargestellt. Die drei folgenden Legitimationsstrategien sind insgesamt seltener anzutreffen, im Einzelfall dadurch aber nicht zwangsläufig weniger wirksam.

Versagen der Schule

Grundlage dieses Arguments ist das Bild eines gegenseitigen Vertragsverhältnisses. Die Eltern haben aufgrund der Schulgesetze die Pflicht, ihre Kinder in die Schule zu schicken. Diese wiederum hat einen Bildungs- und Erziehungsauftrag zu erfüllen. Wenn die Schule diesem aus Sicht der Eltern nicht nachkommt, fühlen sich diese auch eher von der Einhaltung ihrer Vertragspflichten entbunden. Beispielhaft wird die hohe Dissonanz bei religiös gebundenen Schulverweigerern, aber auch die Neutralisation, zu der diese neigen, in der folgenden Schilderung eines Vaters deutlich:

> Also an sich ist es ja so, wir, die Bibel sagt, wir sollen uns den staatlichen Mächten und Gewalten unterordnen und das wollen wir auch. Und ich denke auch, dass jetzt die Entscheidung für die Heimschule durchaus mit den bestehenden Gesetzen vereinbar ist, wenn nicht sogar überhaupt geboten ist, weil die, also mein Standpunkt ist eigentlich, dass die öffentliche Schule in Hessen keine Schule im Sinne des hessischen Schulgesetzes ist. (I21, 1:09:00)

Letzteres wird begründet mit einer ausführlichen Kritik schulischer Sexualerziehung, die aus Sicht dieses Vaters nicht der im Schulgesetz geforderten Zurückhaltung und Toleranz gerecht wird. Eine andere Familie beruft sich darauf, dass laut dem Schulgesetz ihres Landes die Schule die Kinder in Verantwortung vor Gott erziehen soll (BaWü SchG § 1 Abs. 2). Dem halten sie entgegen:

> Das tut die Schule nicht. Gar nicht. Überhaupt nicht. Den Kindern werden Sachen beigebracht in Englischbüchern und überall, dass sie gegen die Eltern rebellieren dürfen, meistens ist der Vater in irgendwelchen Büchern der Dumme, er ist immer der Dumme, wenn man sich das mal durchliest. Dieses Bild, das Gott uns gegeben hat, das wird total kaputt gemacht. Bewusst in der Schule. Und aus diesem Grund sage ich mir, wenn der Staat versucht, alles auf den Kopf zu stellen und das kaputt

zu machen, dann nehme ich die Kinder dem Staat weg. Dann haben die kein Recht, mein Kind zu erziehen. (I19, 31:44)

Diese Kritiken zielen in erster Linie auf den Bereich schulischer Erziehung. Daneben spielt, wenn auch hier nicht explizit erwähnt, auch die Frage nach Form und Umfang des Bildungserwerbs eine Rolle in der Legitimation der Entscheidung für Home Education und der damit verbundenen Ordnungswidrigkeit. Deutlich wurde dies in der Darstellung der elterlichen Motive (Kapitel 2.2.4). Diese Neutralisierungstechnik ist eine Form der Ablehnung der Verantwortung für den Rechtsbruch, da dieser nur als Reaktion auf ein vorausgegangenes Unrecht gedeutet wird. Die spezifische Konstellation der Umweltbedingungen hat in dieser Perspektive das gesetzeswidrige Handeln provoziert.

Die Schulpflichtverletzung als Ausnahme

Diese Neutralisationstechnik wurde bereits im Zusammenhang mit der empirischen Studie von Thurman (1984) oben erwähnt. Die Konsequenzen des Rechtsbruchs hinsichtlich des Selbstbildes und die möglichen Negativzuschreibungen durch die soziale Umwelt werden kompensiert durch die Betonung eines in allen anderen Bereichen sehr gesetzestreuen Lebens. Die Schulpflichtverletzung wird nahezu ausgeklammert bei der Bestimmung des eigenen Verhältnisses zu rechtlichen Vorschriften. Eine Mutter erwähnt diesen Bereich neben anderen, bereits genannten Punkten:

> Wir wären dem Konflikt gern aus dem Weg gegangen, aber uns waren da die Kinder eben wichtiger als dieses Gesetz. Zumal auch Deutschland da ja wohl ziemlich alleine steht. Und deswegen habe ich da auch keine Probleme und denke, in allem anderen sind wir der Obrigkeit und den Gesetzen untertan, aber wenn es – die Seelen der Kinder sind uns wichtig und dass die da keinen Schaden nehmen, das ist mir dann wichtiger als das Gesetz. (I23, 42:00)

Ähnlich ein anderes Elternpaar, das diesen Punkt verknüpft mit der Berufung auf höhere Autoritäten. Sie betonen, dass sie ihre Steuern zahlen, die Verkehrsordnung beachten, „alles wird eingehalten, solange es halt nicht gegen Gottes Wort geht" (I19, 37:53). Besonders deutlich lässt sich diese Neutralisationstechnik in den Darstellungen der Eltern in der Lebensgemeinschaft der „Zwölf Stämme" finden. Ein Vater schreibt in seiner Stellungnahme an das zuständige Amtsgericht:

> Ich respektiere den deutschen Rechtsstaat und behaupte, ein aufrichtiger und verantwortungsbewusster Mensch zu sein. Ich füge mich den deutschen Gesetzen, be-

zahle meine Steuern und lehre auch meine Kinder die staatliche Autorität zu unterstützen.[142]

Weitere derartige Darstellungen finden sich in den Beiträgen anderer Eltern auf
der Pressekonferenz, die die „Zwölf Stämme" im Zusammenhang mit der angeordneten Erzwingungshaft durchführten (Kapitel 5.2).

Kritik an den Kritikern

Sykes und Matza nannten diese Neutralisationstechnik „the condemnation of the
condemners" (1957:668), an anderer Stelle ist von „rejection of the rejectors" die
Rede (McCorkle/Korn in Sykes/Matza 1957:668). Ganz gleich, ob es Kritik,
Verdammung oder Ablehnung genannt wird, im Kern geht es darum, dass Negativzuschreibungen abgewiesen werden durch Umkehrung, durch eine moralische
Deklassierung der Verurteilenden. Im Bereich der Home Education Familien tritt
dieses Muster eher selten auf, soll aber deshalb nicht unerwähnt bleiben. Im
Rahmen des Streits um die Schulpflichtverweigerung mehrerer russlanddeutscher Familien im Raum Paderborn schrieb ein in der Homeschoolbewegung aktiver Vater aus Süddeutschland an den zuständigen Landrat Adenauer:

> ... Der Rechtsbruch liegt also eindeutig bei Ihnen Herr Adenauer. Darüber hinaus
> tragen Sie mit Ihrem Ton in der Presse zu einer gehörigen Vergiftung des Klimas
> bei, indem Sie gegen religiöse Minderheiten hetzen und indirekt zum Haß dagegen
> aufstacheln.
> Ihre Äußerungen erfüllen den Tatbestand von §130 (2) StGB ... Ihre menschenver-
> achtenden, jegliche Menschlichkeit vermissenden Praktiken etwa gegen Asylsu-
> chende sind ja über Ihren Landkreis hinaus bekannt. Daß Sie diese bis hin in den
> Selbstmord getrieben haben, sollte Ihnen eigentlich Anlaß sein, sich selbst einmal in
> Frage zu stellen. Stattdessen wüten Sie aber selbstherrlich weiter gegen diese friedli-
> chen Aussiedlerfamilien. Sie sollten sich etwas schämen, Herr Adenauer. Auch Ihr
> Hochmut und Ihre Vermessenheit, mit der Sie sich an unschuldigen Familien ver-
> greifen, wird noch seinen Richter finden. Das letzte Gericht dazu wird noch tagen.
> (homeschooling_D, 21.04.2005:2252)

In öffentlichen Darstellungen sind derartige Vorwürfe eher die Ausnahme, die
Zielrichtung der Kritik trifft jedoch zweifelsohne bei vielen Homeschoolern auf
Zustimmung. An anderen Stellen wird etwas moderater formuliert:

> Ich kann überhaupt nicht sehen, warum in Deutschland die Schulbürokratie über uns
> herrscht wie ein mittelalterlicher Fürst. Die Frau Wolf, die Frau Schavan, die Frau
> Hohlmeier [zum Zeitpunkt des Interviews die Bildungsministerinnen dreier Bundes-

---

[142] Brief unter Anlage 11 auf <http://www.zwoelfstaemme.de/schulframe.htm> (28.11.2006).

länder] benehmen sich wie die Fürstinnen, das akzeptiere ich nicht, nur einfach aufgeblasen und ich denke, dass es damit ein Ende hat. (I2, 41:45)

Zusammenfassung

Viele Home Education Familien in Deutschland befinden sich in einer Spannung zwischen dem internalisierten Anspruch, gesetzeskonform zu leben, und der Tatsache, dass Homeschooling eine Ordnungswidrigkeit oder im Einzelfall auch eine Straftat darstellt, die mitunter konsequent geahndet wird. Die von Sykes und Matza (1957) vorgelegte Theorie besagt, dass die Entscheidung für ein abweichendes Verhalten in einem solchen Fall durch die Existenz von Neutralisierungstechniken begünstigt wird. Andere Autoren betonen die Rolle von Neutralisierungen für eine nachträgliche Reduktion der Dissonanz (Lüdemann/Ohlemacher 2002:63). Die Frage, welche Funktion ihnen in welchem Ausmaß zukommt, lässt sich anhand dieser Studie nicht eindeutig beantworten. Homeschooling stellt meist eine lang andauernde Zuwiderhandlung dar, während der, soviel wurde deutlich, Neutralisierungstechniken eine hohe Bedeutung für die Legitimation des illegalen Handelns der jeweiligen Personen zukommt. Die Kompensationsstrategien führen dazu, dass die betreffenden Eltern am Ende sagen können:

Die moralische Frage, ob man in jedem Punkt die Gesetze – gehorchen muss unbedingt, ist für mich zu meiner Zufriedenheit eigentlich geklärt. (I6, 53:59)

Die anhand der Home Education Bewegung sichtbar werdenden Neutralisierungstechniken entsprechen zum großen Teil den in der Literatur dargestellten Strategien (Sykes/Matza 1957, Thurman 1984). Ergänzend dazu kommt bei der Schulpflichtverweigerung zwei weiteren Argumentationsfiguren hohe Bedeutung zu: Zum einen der beschriebenen Verklärung der Tat als Freiheitskampf oder Aufklärung zum Wohl gesellschaftlicher Entwicklung. Zum anderen wurde deutlich, dass der internationale Vergleich mit Staaten eines ähnlichen Kulturkreises, in denen derartiges Handeln legitim ist, ein starkes Neutralisierungspotential besitzt. Durch die Möglichkeiten moderner Kommunikationsmedien und durch persönlichen Kontakt mit Homeschoolern anderer Länder wächst das Bewusstsein, Teil einer globalen, international zumindest akzeptierten Bewegung zu sein. Damit schwindet die moralische Verwerflichkeit des Rechtsbruchs, da dieser eher als Konsequenz abweichender Gesetzgebung als abweichenden Handelns gesehen wird.

6 Gesellschaftliche Chancen und Risiken einer Home Education Bewegung

In dem bisher Gesagten wurden die Möglichkeiten und Grenzen des Homeschooling auf der individuellen Ebene anhand verschiedener Bereiche dargestellt. Im Folgenden wird der Frage nachgegangen, welche Effekte eine wachsende Home Education Bewegung auf ein Gemeinwesen haben kann. Zuerst werden die Chancen dieses Ansatzes betrachtet und anschließend die, von verschiedenen Kritikern skizzierten, Gefahren und Risiken erörtert. Abschließend wird der Entwurf einer Alternative zu den bisherigen Regelungen vorgestellt.

6.1 Gesellschaftliche Chancen des Homeschooling

6.1.1 Home Education als ziviler Ungehorsam

In Deutschland gilt Home Education als eine Ordnungswidrigkeit, unter bestimmten Bedingungen auch als eine Straftat. Angesichts dieser Beurteilung von gesellschaftlichen Chancen zu sprechen, erfordert es, eine gewisse Distanz zu dieser Bewertung und dem damit verbundenen Labeling einzunehmen. In der Fülle an Möglichkeiten hinsichtlich politischer Partizipation existiert eine Kategorie, die per definitionem die Spannung zwischen Unrecht und Recht beinhaltet, die Zuwiderhandlung kombiniert mit gesellschaftspolitisch relevanter Signalwirkung: ziviler Ungehorsam. Im Folgenden wird zuerst die Bedeutung dieses Konzepts etwas näher skizziert, dann der Frage nachgegangen, inwieweit eine Anwendung auf Home Education legitim ist, und abschließend dargestellt, welche gesellschaftlichen Funktionen sich demzufolge aus der Existenz einer Home Education Bewegung ableiten lassen.

Der Begriff des zivilen Ungehorsams fand in Deutschland vor allem ab den Achtzigerjahren großes Interesse seitens der sozialwissenschaftlichen Forschung. Hintergrund war eine Konjunktur verschiedenster Protestformen, besonders im Zusammenhang mit dem Bau von Atomkraftwerken und der Stationierung von Mittelstreckenraketen in der Bundesrepublik Deutschland. Der Umfang der Debatte über zivilen Ungehorsam zwingt dazu, sich an dieser Stelle lediglich auf die Darstellung einiger Eckpunkte zu beschränken. Die beiden immer wieder diskutierten Fragen in diesem Zusammenhang lauten: Was ist ziviler Ungehorsam, und wie, wenn überhaupt, lässt sich ziviler Ungehorsam in der Demokratie legitimieren?

Die wohl meistzitierte Definition zivilen Ungehorsams stammt von dem politischen Philosophen John Rawls, der diesen als öffentliche, gewaltlose, gewissensbestimmte, aber politisch gesetzeswidrige Handlung beschreibt, die gewöhnlich eine Änderung der Gesetze oder der Regierungspolitik herbeiführen soll (Rawls 1979:401). Die Modifizierungen dieser Definition zielen vor allem darauf ab, den sehr subjektiven Bezug auf das Gewissen zu ersetzen. Eberl spricht stattdessen von „politisch-moralischer Motivation", die durch verallgemeinerbare Prinzipien gekennzeichnet ist (Eberl 1994:362f). Kleger wählt den Terminus „politisch-moralisch begründbar", um auszudrücken, dass es sich bei den Motiven um einen normativen Anspruch handelt, der intersubjektiv überprüfbar sein muss (Kleger 1993:212-214). Abgesehen von Differenzen in Teilfragen und Begriffen, besteht große Übereinstimmung darin, dass ziviler Ungehorsam durch die folgenden vier Merkmale gekennzeichnet ist: Bezug auf ein verallgemeinerungsfähiges Interesse (1), Öffentlichkeit (2), gewaltfreies bzw. friedliches (Kleger 1993:199) Agieren (3), das jedoch den Tatbestand einer Rechtsverletzung darstellt (4) (Vandamme 2000:127, Dreier 1983).

Die schwierigere und auch kontroverser diskutierte Frage ist die nach der Legitimation des zivilen Ungehorsams. Nach Dreier ist eine Handlung, die der obigen Definition entspricht, dann grundrechtlich gerechtfertigt, wenn dadurch gegen schwerwiegendes Unrecht protestiert wird und der Protest verhältnismäßig ist (Dreier 1983:67). Ähnliche Einschränkungen hatte auch Rawls bezüglich einer möglichen Legitimation zivilen Ungehorsams aufgestellt (1979:409). An anderer Stelle werden als Maßstab zur Beurteilung der Legitimität die Kriterien der Geeignetheit, der Verhältnismäßigkeit und der Erforderlichkeit der gewählten Aktionsform erörtert (Kleger 1993:270; Rucht 1984). In der Konsequenz derartiger Argumentationen betrachten manche Autoren die Möglichkeit eines gerechtfertigten zivilen Ungehorsams als Bestandteil und Kennzeichen einer entwickelten Demokratie (z.B. Habermas 1983; de With 1984; Seifert 1984; Kleger 1993). Allerdings entsteht an dieser Stelle ein, auch den Befürwortern bewusstes, Paradox. Durch eine Rechtfertigung (quasi Legalisierung) des zivilen Ungehorsams ginge das damit verbundene politische Gestaltungspotential verloren. Habermas zufolge muss ziviler Ungehorsam zwischen Legitimität und Legalität in der Schwebe bleiben, da eine Legalisierung einen Normalisierungseffekt hätte. Mit schwindendem Risiko des Protestes würde auch dessen Appellwirkung entwertet werden (Habermas 1983:42f). Daher fehlt in den entsprechenden Erörterungen nicht der Hinweis darauf, dass ziviler Ungehorsam, soll er wirksam sein, nur in begrenztem Umfang ausgeübt werden kann (Rawls 1979:411; Vandamme 2000:119). Andere Autoren nehmen eine kritischere Haltung hinsichtlich einer möglichen Rechtfertigung zivilen Ungehorsams ein (Waldman 1969). Isensee bezeichnet beispielsweise Verkehrs- oder Zugangsblockaden als eine „Art Geiselnahme zum Zwecke öffentlichkeitswirksamer Manifestation bestimmter politischer Forderungen" (1988:60). Er diagnostiziert mangelnde Verallgemeinerungsfähigkeit des zivilen Ungehorsams und verneint daher die Frage nach der verfassungsrechtlichen Zulässigkeit. Die Legitimation zivilen Ungehorsams sei daher kein Zeichen „demokratischer Reife, sondern Ausdruck demokratischer Dekadenz" (Isensee 1988:61).

Ausgangspunkt dieses kurzen Überblicks war die Frage, inwieweit Home Education in Deutschland als ziviler Ungehorsam angesehen werden kann. Wenn auch nicht in jedem, so scheinen doch in zahlreichen Homeschoolingfällen die vier wesentlichen Kriterien der Definition erfüllt zu sein: Eltern weigern sich, den Forderungen des Schulgesetzes Folge zu leisten. Sie berufen sich auf eine Gewissensentscheidung (Gebote Gottes, Ablehnung von Zwang zur Durchsetzung der Schulpflicht) oder argumentieren politisch-moralisch unter Verweis auf elterliches Erziehungsrecht oder Kinderrechte. Dies geschieht gewaltfrei und friedlich gegenüber den zuständigen Vertretern des staatlichen Erziehungsanspruchs.[143] Wie bereits ausführlich dargestellt wurde, handelt es sich um einen Rechtsbruch, dessen Sanktionierung von den Eltern bis zu einem gewissen Grad in Kauf genommen wird. In einem Teil der Fälle erfolgt diese Ordnungswidrigkeit öffentlich. Diese Eltern verbergen ihre Absichten weder vor staatlichen Institutionen noch vor anderen Mitgliedern der Gesellschaft und sind nicht selten einer medialen Verbreitung ihres Handelns zugeneigt. Dabei werden aber weder Bürgerpflichten generell noch die Legitimität der Rechtsordnung als Ganzes infrage gestellt. In der Öffentlichkeit wird nicht nur zugunsten des eigenen Falls argumentiert, sondern die Zuwiderhandlung in den Kontext eines Engagements für mehr Bildungsfreiheit gesetzt. Die weiter oben beschriebenen Szenen im Rahmen der zwangsweisen polizeilichen Zuführung der Kinder aus der Gemeinschaft der „Zwölf Stämme" zur Schule und später die der Väter zur Erzwingungshaft (Kap. 5.2) haben Ähnlichkeit mit anderen, für zivilen Ungehorsam typischen Blockade- und Verweigerungsaktionen.

---

[143] Die Frage, ob von Gewaltfreiheit in Bezug auf die Kinder gesprochen werden kann, wenn seitens der Eltern der Bildungsort in eigener Regie nach Hause verlagert wird, bleibt an dieser Stelle offen. Allerdings haben die Kinder, auch bei konformem Verhalten der Eltern, aufgrund der Schulpflichtregelung kaum Entscheidungsfreiheit bezüglich des Schulbesuchs. In beiden Fällen unterliegen sie einer Fremdbestimmung, so dass die notwendige Fragestellung darin besteht, ob die jeweilige Bildungsform als Verwirklichung des wohlverstandenen Interesses des Kindes angesehen werden kann. (Dazu ausführlicher im Folgenden unter 6.2.3)

Folgt man der oben skizzierten Argumentation, die eine Rechtfertigung zivilen Ungehorsams in bestimmten Fällen für möglich hält, dann wird deutlich, dass die entsprechenden Kriterien bei Home Education durchaus als gegeben betrachtet werden können. Die Frage der Schulpflicht berührt einen grundlegenden Aspekt individueller Freiheit. Die Entscheidung für Homeschooling erfolgt nicht selten nach Ausschöpfung milderer Mittel (Gespräche zur Regelung einer Problemsituation mit der Schulleitung, Anträge auf teilweise oder zeitlich begrenzte Schulbefreiung). Scheitern diese, erscheint die Wahl von Homeschooling insofern angemessen, als dadurch die Rechte anderer Personen nicht zwangsläufig eingeschränkt werden und auch keine Gefährdung des Rechtsfriedens besteht. Und nicht zuletzt lassen die Übereinstimmung von Protestform und Protestziel sowie die Entwicklungen in anderen Ländern in den vergangenen Jahrzehnten Home Education als ein geeignetes Mittel erscheinen, da die Aussicht auf Erfolg nicht grundsätzlich auszuschließen ist (vgl. Dreier 1983:69).

Damit nun zu der Frage, welche gesellschaftliche Funktion, welche Chancen dem zivilen Ungehorsam beigemessen werden können. Habermas spricht in diesem Zusammenhang von einem möglichen Schrittmacher für überfällige Korrekturen und Neuerungen, der wichtig ist zur Erhaltung der Innovationsfähigkeit einer Republik (1983:40f). Weiterhin kann ziviler Ungehorsam auf einen Notstand aufmerksam machen (Kewening 1984:161). Rawls zufolge bringt eine allgemeine Bereitschaft zu gerechtfertigtem zivilen Ungehorsam einer wohlgeordneten oder fast gerechten Gesellschaft Stabilität. Obwohl gesetzeswidrig, kann derartiges Handeln der Erhaltung eines konstitutionellen Systems dienen (Rawls 1979:421f). Es ist ein Mittel, um eine öffentliche Debatte hervorzurufen, und es gibt Beispiele dafür, dass nicht nur Publizität erreicht wurde, sondern auch die Politik den entsprechenden Anliegen entgegengekommen ist (Eberl 1994:376).

Folgt man diesen theoretischen Ansätzen und den diesbezüglichen historischen Beispielen, dann trifft das dem zivilen Ungehorsam zugerechnete positive Potential auch auf die Schulpflichtverweigerung in Form von Homeschooling zu. Home Education ist (in Deutschland) eine Form radikaler Kritik des Schulzwanges, die aber bemüht ist – und darin wird auch das zivile Element des Ungehorsams deutlich – einer Bildungspflicht beziehungsweise dem kindlichen Recht auf Bildung gerecht zu werden. Die mitunter sichtbare (aber kaum haltbare) Gleichsetzung der Bildung von Kindern und Jugendlichen mit Schulbesuch wird durch Homeschooling grundlegend hinterfragt. Über die praktische Schulpflichtverweigerung wird eine öffentliche Wahrnehmung des Problems erreicht, die bei einer Beschränkung auf die Arbeit von Lobbyorganisationen nicht in diesem Maß gegeben wäre. Dass Homeschooler bereit sind, als Konsequenz ihres Ungehorsams nicht unerhebliche Sanktionen in Kauf zu nehmen, deutet auf eine ernsthafte Konfliktsituation hin. Die gesellschaftliche Chance einer offensiv agierenden

Home Education Bewegung besteht darin, dass diese die Grenzen institutionalisierter Schulbildung aufzeigt. In gewisser Weise wird dadurch eine Entmythologisierung eines kollektiven Rituals betrieben. Wenn Kinder, sei es aufgrund von Unterforderung oder Überforderung, Mobbing, Langeweile oder anderem, es vorziehen, zu Hause unter elterlicher Anleitung zu lernen, ist dies ein Hinweis auf konkrete oder auch allgemein-strukturelle Defizite des Schulsystems. Die Tatsache, dass auch Home Education Risiken in sich birgt, mag dazu führen, diesen Weg als Alternative abzulehnen. Dies ändert jedoch nichts an den Problemen, die durch die Herausbildung dieser Bewegung angezeigt werden.[144]

6.1.2 Home Education als Chance subjektorientierten Lernens

Die Deutung von Home Education als ziviler Ungehorsam umreißt die damit verbundenen Minimalchancen. Ein Thema wird in die öffentliche Wahrnehmung gerückt und die darauf folgende Debatte kann dazu dienen, die Regelungen eines gesellschaftlichen Teilbereiches zu überdenken, zumindest jedoch wird eine aktuelle Begründung herausgefordert. Solange Home Education eine sanktionierte Ordnungswidrigkeit darstellt, bleiben die Chancen vorrangig auf diesen Bereich begrenzt.

Davon abweichend, bezieht sich das Folgende auf einen Rahmen, in dem Homeschooling legal ist. Die Frage lautet: Welche gesellschaftlichen Chancen bietet die Existenz einer Home Education Bewegung, die über den von den Befürwortern dieses Ansatzes proklamierten individuellen Nutzen hinausgehen? Der amerikanische Gesellschaftswissenschafter Rob Reich, der in den USA zu den Kritikern des Homeschooling gezählt wird, betrachtet es als ungerechtfertigt, wenn ein Staat Home Education kategorisch verbietet. Er begründet dies damit, dass die Möglichkeit besteht, durch Homeschooling sowohl den bildungsbezogenen Interessen des Staates als auch denen des Kindes gerecht zu werden.[145] Es können, so Reich, Situationen entstehen, in denen Home Education die praktikabelste Lösung darstellt. Zum Beispiel dann, wenn Kinder, insbesondere bei Vorliegen von physischen oder psychischen Beeinträchtigungen, ein sehr spezifisches Bildungskonzept und Lernumfeld benötigen, das öffentliche oder private Schulen in dieser Art nicht anbieten können. Darüber hinaus erwähnt er Famili-

---

[144] Es entspricht dem Konzept zivilen Ungehorsams, dass der gewählte Protestakt nicht zwangsläufig die Lösung des jeweiligen Problems darstellen muss.

[145] Dass dies nicht immer geschieht beziehungsweise nicht konsequent kontrolliert wird, ist einer seiner zentralen Kritikpunkte am Homeschooling. Ausführlicher dazu in einem der folgenden Abschnitte.

en, die in so dünnbesiedelten Regionen leben, dass weder der Betrieb einer Schule noch der Transport zu einer solchen angemessen erscheinen (Reich 2002:296). Auch wenn Letzteres in Deutschland in der Regel nicht gegeben ist,[146] unterliegen auch hierzulande die Möglichkeiten der Bildungsinstitutionen sichtbaren Begrenzungen. Kinder, die vom durchschnittlichen Schülerprofil abweichen, finden in den öffentlichen Einrichtungen nur bedingt ein adäquates Lernumfeld. Sowohl Hochbegabte als auch Schüler mit Lernschwierigkeiten bleiben durch die Fixierung auf den institutionellen Rahmen nicht selten hinter den individuellen Möglichkeiten zurück. Sollten die Eltern willens und auch in der Lage sein, in einer solchen Konstellation Home Education durchzuführen oder zu unterstützen, kann dies einen Weg darstellen, um eine subjektorientierte Bildung zu ermöglichen. Dies bedeutet nicht, dass sich die staatliche Gemeinschaft als Träger eines öffentlichen Bildungssystems aus ihrer Verantwortung zurückziehen sollte, Angebote zu schaffen, die möglichst allen Kindern einen optimalen Lernprozess ermöglichen. Aber gemäß dem Subsidiaritätsprinzip, das auch in anderen gesellschaftlichen Bereichen erfolgreich zum Tragen kommt, können dort, wo eine Funktion auf lokaler Ebene durch nichtstaatliche Akteure angemessen erfüllt wird, übergeordnete Institutionen zurücktreten. Auf Homeschooling bezogen heißt dies, dass in den Fällen, wo eine Familie in der Lage ist, einen Lernprozess zu ermöglichen, der den Bedürfnissen und Fähigkeiten des Kindes sowie den gesellschaftlichen Anforderungen hinsichtlich der Bildungsinhalte in gleichem oder höherem Ausmaß als die öffentliche Schule gerecht wird, die Erzwingung des Schulbesuchs eine Reduzierung individueller Bildungschancen darstellt.

Ein Beispiel aus Deutschland, das das Potential des individualisierten, häuslichen Lernens verdeutlicht, ist der Erfolg der in Baden-Württemberg angesiedelten, staatlich anerkannten Flex-Fernschule. Diese konzentriert sich auf Schulverweigerer im Alter zwischen 14 und 20 Jahren, denen sie die Chance bietet, über ein sehr offen und individuell gestaltetes Fernkursprinzip den Hauptschulabschluss zu erreichen. Diese Jugendlichen würden ohne das individualisierte Angebot vermutlich zur großen Gruppe derjenigen gehören, die ohne das Erreichen eines Schulabschlusses ihre Schulpflicht beenden.[147]

---

[146] Eine Ausnahme bildete der Fall einer Familie, deren mehrfach behinderter siebenjähriger Sohn aufgrund seines sonderpädagogischen Förderbedarfs nicht in der örtlichen Grundschule unterrichtet werden konnte. Die Eltern beantragten die Gewährung von Hausunterricht, den die Mutter unter Zuhilfenahme anerkannter Fernlehrmaterialien durchführte. Eine Kindeswohlgefährdung sah das Jugendamt in dieser Familie nicht gegeben. Das staatliche Schulamt forderte jedoch die Beschulung in einer 120 km entfernten Förderschule, zu der das Kind täglich von einem Fahrdienst transportiert werden sollte (Edel 2006).

[147] <http://www.flex-fernschule.de>. Ein ausführlicherer Artikel über diese Fernschule auch bei Otto 2007.

Weiterhin zeigt dieses Beispiel, dass der Ansatz des individualisierten, häuslichen Lernens eine große Bandbreite an Lernkonstellationen zulässt. Die Begleitung durch Eltern, Tutoren oder Fernlehrer, die Bildung kleiner lokaler Netzwerke und die teilweise Nutzung öffentlicher Bildungsangebote ergeben eine Vielfalt an Ausgestaltungsmöglichkeiten. Das Klischee einer strengreligiösen Mutter, die schüchternen Kindern am Küchentisch lieber Bibelkunde anstatt Allgemeinbildung zukommen lässt und die Schule samt ihrer Pädagogik für einen Sündenpfuhl hält, hat zwar mitunter einige Parallelen zu realen Fällen, greift aber viel zu kurz, wenn es um die Beschreibung der generellen Chancen individualisierter Lernarrangements in Form von Home Education geht.

6.2 Gesellschaftliche Risiken des Homeschooling

6.2.1 Die Bildung von Parallelgesellschaften

Der von deutschen Gerichten in diesem Zusammenhang immer wieder zitierte Satz aus einem Beschluss des Bundesverfassungsgerichts bezüglich Home Education lautet:[148]

> Die Allgemeinheit hat ein berechtigtes Interesse daran, der Entstehung von religiös oder weltanschaulich motivierten „Parallelgesellschaften" entgegenzuwirken und Minderheiten auf diesem Gebiet zu integrieren. Integration setzt dabei nicht nur voraus, dass die Mehrheit der Bevölkerung religiöse oder weltanschauliche Minderheiten nicht ausgrenzt, sie verlangt vielmehr auch, dass diese sich selbst nicht abgrenzen und sich einem Dialog mit Andersdenkenden und -gläubigen nicht verschließen ... Das Vorhandensein eines breiten Spektrums von Überzeugungen in einer Klassengemeinschaft kann die Fähigkeit aller Schüler zu Toleranz und Dialog als einer Grundvoraussetzung demokratischer Willensbildungsprozesse nachhaltig fördern. (BVerfG, 1BvR 436/03, 29.04.2003)

Diese Kritik des Homeschooling beinhaltet drei Thesen: die Annahme, dass mit Home Education eine Tendenz zur Herausbildung von Parallelgesellschaften verbunden ist (1), dass die Existenz solcher als eine Bedrohung für die Allgemeinheit, als eine Gefährdung der Grundvoraussetzungen demokratischer Willensbildungsprozesse angesehen werden muss (2) und dass die Zugehörigkeit zu einem heterogenen Klassenverband die Herausbildung der zur Partizipation in der demokratischen Gesellschaft notwendigen Fähigkeiten am besten fördern kann (3). Die beiden ersten Thesen werden im Folgenden näher erörtert, auf den

---

[148] Ausführlicher findet sich dieses Zitat in dem Abschnitt zur Darstellung der Begründung der Schulpflicht durch die Rechtsprechung (Kapitel 5.3). Dort auch weitere Quellen seiner Verwendung.

letztgenannten Aspekt wird an späterer Stelle noch einmal eingegangen (Abschnitt 6.2.2).

Der Begriff „Parallelgesellschaft" bildet in erster Linie ein gesellschaftspolitisch orientiertes Schlagwort (Halm/Sauer 2004:547). In der Migrationsforschung ist die Verwendung des Terminus mit Wilhelm Heitmeyer verbunden, der 1996 bezugnehmend auf seine Studie des islamischen Fundamentalismus unter türkischen Jugendlichen in Deutschland von der Gefahr sprach, dass „religiös-politische Gruppen eine schwer durchschaubare ‚Parallelgesellschaft‘ am Rande der Mehrheitsgesellschaft aufbauen könnten" (Heitmeyer 1996). In der Folgezeit erlebte der Begriff eine Konjunktur,[149] im Laufe derer er aber noch nicht zu einem anerkannten und klar definierten Konzept zur Beschreibung des Integrationsstatus von Minderheiten entwickelt worden ist (Halm/Sauer 2004:547).

Am bekanntesten dürfte der Operationalisierungsvorschlag von Thomas Meyer sein. Er möchte die Verwendung des Begriffs einschränken auf soziale Kollektive, die durch folgende Merkmale gekennzeichnet sind (Meyer 2002:344):

- ethno-kulturelle bzw. kulturell-religiöse Homogenität,
- nahezu vollständige lebensweltliche und zivilgesellschaftliche Segregation sowie weitgehende Möglichkeiten der ökonomischen Segregation,
- nahezu komplette Verdoppelung der mehrheitsgesellschaftlichen Institutionen,
- formal freiwillige Form der Segregation,
- siedlungsräumliche oder nur sozial-interaktive Segregation, sofern die anderen Merkmale alle erfüllt sind.

Damit grenzt Meyer den Begriff „Parallelgesellschaft" ab von dem der „soziokulturellen Subkultur" oder der „zivilgesellschaftlichen Alternativkultur" (2002:345). Fehlt eine solch klare Definition, wird „Parallelgesellschaft" zur Überschrift verschiedenster gesellschaftlicher Differenzierungen. So benutzt Nowak den Begriff zur Kennzeichnung der gesellschaftlichen Segregation der „Eliten und Reichen", sozialer Minderheiten und „alternativer Parallelgesellschaften" (Nowak 2006). Vorwiegend steht die Frage nach der empirischen Existenz von Parallelgesellschaften jedoch im Zusammenhang mit der Analyse der Lebenssituation nichtdeutscher Bevölkerungsgruppen. Die Beurteilung deren Integrationsstatus fällt jedoch nicht einheitlich aus. Den einen gilt Berlin-Kreuzberg als

---

[149] Im Jahr 2004 belegte „Parallelgesellschaften" Rang zwei bei der Wahl des Wortes des Jahres durch die Gesellschaft für Deutsche Sprache e.V., <http://www.gfds.de/index.php?id=11> (31.12.2006).

Lebensraum einer türkischen Parallelgesellschaft (Schneider 2002). Meyer formuliert vorsichtiger und verwendet mit Blick auf diesen und ähnliche Stadtteile in anderen deutschen Großstädten den Begriff „unvollständige Parallelgesellschaften", beobachtet allerdings Tendenzen hin zur Ausbildung von Parallelgesellschaften (2002:367). Andere zeichnen ein differenzierteres Bild. In einer empirischen Studie des Zentrums für Türkeistudien wurde der Frage des interkulturellen Zusammenlebens der türkeistämmigen Bevölkerung in Nordrhein-Westfalen nachgegangen. Für die Beurteilung der Ausbildung parallelgesellschaftlicher Strukturen wurden die oben erwähnten Indikatoren von Meyer operationalisiert. Die Ergebnisse der Längsschnittuntersuchung zusammenfassend, lehnen die Autoren die These einer zunehmenden Entwicklung einer türkischen Parallelgesellschaft ab. Mit Ausnahme einer wachsenden Identifikation mit dem Islam deuten die Trends der anderen Indikatoren eher auf zunehmende gesellschaftliche Durchmischung. Zur Beurteilung der Frage, inwieweit Teile der türkeistämmigen Bevölkerung eine Parallelgesellschaft bilden, wurde für alle Indikatoren ein Grenzwert gebildet, der es erlaubte, für Einzelpersonen das Maß an individueller Segregation anzugeben. Demzufolge leben knapp ein Viertel der Befragten in parallelgesellschaftlichen Strukturen, insbesondere Personen, die älter als 60 Jahre sind und nur geringe Deutschkenntnisse besitzen (Halm/Sauer 2006).

Unabhängig davon, wie die gegenwärtige Lage der nichtdeutschstämmigen Bevölkerungsteile eingeschätzt wird, besteht weitgehend Einigkeit darüber, dass ein gewisses Maß an Integration aller in Deutschland lebenden Personengruppen erforderlich ist, um Existenz und Funktion des demokratischen Gemeinwesens zu gewährleisten. Meyer spricht in diesem Zusammenhang von der Notwendigkeit gemeinsamer Normen politischer Kultur. Gemeint sind damit die Grundwerte für das Zusammenleben verschiedenartiger Menschen in derselben Gesellschaft und demselben politischen Gemeinwesen, wie zum Beispiel Toleranz, Partizipationsbereitschaft, Akzeptanz von Mehrheitsregeln und Grundrechten aller, im glücklichen Fall auch Vertrauen und Kooperationsbereitschaft über die Grenzen der eigenen Orientierung hinweg (Meyer 2002:356). Dies deckt sich mit der einleitend zitierten Feststellung des Bundesverfassungsgerichts, dass die Allgemeinheit ein berechtigtes Interesse hat, der Entstehung von Parallelgesellschaften entgegenzuwirken und Minderheiten zu integrieren.

Damit zurück zu der Frage, inwieweit die Home Education Bewegung eine Parallelgesellschaft darstellt oder zumindest derartige Tendenzen aufweist. Nutzt man zur Beantwortung die oben erwähnten Indikatoren, dann wird deutlich, wie wenig das Label Parallelgesellschaft an dieser Stelle zutrifft. Die deutsche Home Education Bewegung (und gleiches gilt für die Situation in anderen Ländern) besitzt, wie in den vorangehenden Kapiteln bereits ausführlich dargestellt wurde, weder ethno-kulturelle noch kulturell-religiöse Homogenität. Selbst innerhalb des christlich orientierten Flügels existieren derart deutliche Differenzen hinsichtlich ethnischer Herkunft, konfessioneller Zugehörigkeit, kultureller Verortung und Frömmigkeitspraxis, dass die Kooperation innerhalb dieser Gruppe sich abhebt von der Interaktion, die gesamtgesellschaftlich zwischen diesen Bevölkerungssegmenten besteht. Beispiele einer lebensweltlichen Segregation lassen sich in der Bewegung finden, aber weder eine zivilgesellschaftliche noch eine ökonomische Segregation liegen vor. Die Verdoppelung der mehrheitsgesellschaftlichen Institutionen ist ebenfalls nicht gegeben, lediglich die Schule wird, als konstituierendes Merkmal der Bewegung, durch eine deinstitutionalisierte Bildungsform ersetzt. In Einzelfällen gibt es Anzeichen für eine sozialinteraktive Segregation, wenn seitens einer Familie nur in Kontakte innerhalb der Home Education Bewegung investiert wird. Eine siedlungsräumliche Segregation dagegen ist in keiner Form gegeben.

So berechtigt der Hinweis auf die gesellschaftlichen Risiken ist, die mit der Existenz von Parallelgesellschaften verknüpft sein können, so sehr verkennt die Anwendung dieses Begriffs auf die Home Education Bewegung deren Situation und Struktur.[150] Auch die Analyse deutlich größerer und älterer Homeschoolbewegungen (z.B. Großbritannien, USA) zeigt, dass diese Bildungsform nicht zur Herausbildung paralleler Gesellschaftsstrukturen führt. Man mag es als Subkultur oder als speziellen Lebensstil (Pflüger 2004) betrachten, doch damit steht das Phänomen Homeschooling neben unzähligen anderen Orientierungen innerhalb der Gesellschaft, die ebenfalls in einem begrenzten Maß zu einer freiwilligen Segregation führen.

6.2.2   Die Beeinträchtigung öffentlicher Güter durch Individualisierung und Privatisierung

Eine weitere Kritik des Homeschooling betrachtet dieses als Ausdruck einer zunehmenden Privatisierung und Individualisierung. In Anlehnung an den Kommunitarismus wird damit eine Krise der modernen Gesellschaft verbunden, die durch Entsolidarisierung und Legitimitätsprobleme gekennzeichnet ist.[151] Eine Gesellschaft, so die Grundannahme, die sich konsequent auf ihrem Eigeninteres-

---

[150] Besonders fragwürdig ist die Verwendung des Begriffs in einem Urteil des Bremer Verwaltungsgerichts, das allein aufgrund der Tatsache des Homeschooling von einem Leben der Kinder nach festen Regeln in einer kleinen, eng eingegrenzten Parallelgesellschaft spricht, obwohl die Eltern weder eine religiös-weltanschaulich motivierte Ablehnung der Gesellschaft zeigen noch den Schulbesuch ihrer Kinder prinzipiell unterbinden wollen (VG Bremen, Az: 7 K 1774/06, 08.11.2006).

[151] Einen Überblick zur Debatte um Kommunitarisums, der als Gegenentwurf zur Rawls'schen Gesellschaftsphilosophie gesehen werden kann, bietet Honneth 1993 oder das Forschungsjournal Neue Soziale Bewegungen 1995/3.

se folgende Individuen stützt, untergräbt dadurch ihre eigenen Grundlagen (Reese-Schäfer 1994:7).

Vor diesem Hintergrund skizziert der US-amerikanische Erziehungswissenschaftler Michael Apple einige Gefahren, die seines Erachtens mit einer wachsenden Home Education Bewegung verbunden sind (Apple 2005). Den Trend zum Homeschooling in den USA sieht er verknüpft mit breiteren gesellschaftlichen Strömungen. Dazu zählt er eine neo-liberale Höherbewertung des Privaten gegenüber dem Öffentlichen, eine neokonservative Orientierung auf „alte Werte", die im evangelikal geprägten Sektor sichtbare religiöse Aufladung von Erziehung und Familie zu einem gottgegebenen Auftrag zur Rettung der Nation und eine Suburbanisierung des Lebens, die bis zur Ausbildung von „gated communities" führt. Homeschooling, so Apple, ist ein Trend zum „cocooning", zur Absonderung von den vermeintlichen Gefahren und der Idee der öffentlichen Stadt zugunsten eines überschaubaren, sicheren und vorhersagbaren Lebens in einem homogenen Umfeld. Damit wird die Home Education Bewegung zum Spiegel einer allgemein ansteigenden Segmentierung der amerikanischen Gesellschaft (Apple 2005:80). Vor diesem Hintergrund betrachtet Apple die öffentliche Schule als einen notwendigen gemeinsamen kulturellen Bezugspunkt für den Zusammenhalt der multikulturellen Gesellschaft. Er fordert die kritische Analyse der Effekte einer wachsenden Home Education Bewegung, da bekannt sei, dass der durch Privatisierung entstandene Bildungsmarkt zu einer Verstärkung sozialer Ungleichheiten führt. Bei aller notwendigen Kritik am gegenwärtigen Schulsystem möchte er die Vision einer Schule als einer wirklich öffentlichen Institution aufrechterhalten (Apple 2005:91).

Dort, wo diese Kritik endet, setzt die von Lubienski an. Er fragt nach den aggregierten Effekten individueller Entscheidungen und möchte darstellen, welche Auswirkungen eine wachsende Homeschoolbewegung auf die Fähigkeit des öffentlichen Bildungswesens hat, ein Kollektivgut bereitzustellen (Lubienski 2000:210). Wie Apple gilt auch ihm öffentliche Bildung als eine der letzten Chancen, den gesellschaftlichen Zusammenhang aufrechtzuerhalten (S. 214). Bildung wird nicht nur als ein privates, sondern auch als ein öffentliches Gut betrachtet. Das Bewusstsein für die positiven Auswirkungen allgemeiner Bildung auf die gesamte Gesellschaft geht, so die Kritiker, verloren durch die Politik der Verfechter von Privatschulen und Homeschooling. Diese hat dazu geführt, dass sich Eltern selbst dann legitimiert fühlen, eine privatisierte Bildung für ihre Kinder zu wählen, wenn dies die Chancen anderer beeinträchtigt (Lubienski 2000:212). Lubienski nennt zwei konkrete Wege, auf denen Home Education das allgemeine Gut gemeinsamer Bildung in einer öffentlichen Schule untergräbt. Zum einen betrachtet er Homeschooleltern als eine Gruppe mit hohem Interesse, Engagement und ausreichenden Mitteln bezüglich der Erziehung und Bildung ihrer Kinder. Werden letztere aus dem öffentlichen System zurückgezogen, geht damit soziales Kapital verloren, das der Bereicherung der Schulklasse fehlt.[152] Zum anderen sieht er das Verlassen des öffentlichen Schulsystems als eine Form der Kritik, die nicht zu dessen Verbesserung führen kann (Lubienski 200:208). Dazu stützt er sich auf Hirschmanns Theorie zu Abwanderung und Widerspruch (Hirschmann 1974), der zufolge Institutionen primär nur für eine dieser beiden Reaktionen auf einen Leistungsabfall sensibel sind. Als Produzent eines öffentlichen Gutes sei Schule, so Lubienski, strukturell derart angelegt, dass sie am ehesten über Wege demokratischer Mitbestimmung (school board) und elterlichen Engagements verändert werden kann (S. 225). Abwanderung wird nicht als wirksamer Gesundungsmechanismus für öffentliche Schule gesehen (Hirschmann 1974:43). Daher fordert Lubienski, anstelle das Bildungswesen zu vermarkten, den (durchaus berechtigten) Protest zu demokratisieren, um ihn zur Umgestaltung der Institution und zum Erhalt des Allgemeingutcharakters öffentlicher Bildung nutzbar zu machen.

Auch seitens eines deutschen Gerichts wurde dieses Argument zur Begründung der Ablehnung von Home Education herangezogen. Demzufolge hat die Allgemeinheit ein berechtigtes Interesse, der Entstehung von

> bestimmten schulpolitisch ausgerichteten Gruppen entgegen zu wirken, deren offenkundiges Bestreben es ist, die allgemeine Schulpflicht etwa durch das Einschreiben in einer (internationalen) privaten Fernschule oder über den Aufbau internationaler oder regionaler Bildungsnetzwerke auszuhebeln, das Schulwesen zu entprofessionalisieren und sich von der Gesellschaft abzuschotten. (VG Bremen Az: 7 K 1774/06, 08.11.2006)

Die Schwierigkeit dieser Argumentation liegt darin, dass sie zum großen Teil auf theoretischen Voraussetzungen basiert, über die zwar weder in der Wissenschaft noch in der Gesellschaft Einigkeit herrscht, die jedoch derart prägend wirken, dass sie eher die empirische Wahrnehmung steuern, als sich durch diese korrigieren zu lassen. Die Frage ist unauflöslich verknüpft mit der Debatte um Individualisierung versus Kommunitarismus, Liberalismus versus Etatismus, um die Bestimmung des Verhältnisses von Individuum und Gesellschaft. Zur Disposition stehen dabei nicht mehr nur die bildungssoziologischen Effekte des Homeschooling, sondern die grundlegende Gestaltung der politischen Kultur und gesellschaftlichen Strukturen. Für jede der Positionen ließe sich eine lange Reihe engagierter Verfechter aus Vergangenheit und Gegenwart zusammenstellen, ohne dass dadurch eine einmütige Beurteilung wahrscheinlicher werden würde. Es

---

[152] Ein klassisches Gegenargument der Homeschooler dazu lautet, dass die Beeinflussung andersherum gerichtet sei aufgrund einer Tendenz, sich eher auf dem niedrigeren als dem höheren Level zu treffen (So z.B. in Blachmann 2004).

bleibt eine Debatte, in der die strikte Festlegung auf einen der Pole eher als Irrweg denn als gelungene Lösung anzusehen ist (Offe 2002:74). Und selbst die Gegenüberstellung von Individuum und Gesellschaft greift, folgt man Norbert Elias, zu kurz, da das Bild einer von der Gemeinschaft loslösbaren Identität eine Fiktion darstellt (Elias 1987). Die Entwicklung eines Menschen ist von Beginn an nicht nur vom Einfluss des gesellschaftlichen Umfelds geprägt, sondern auf diesen existenziell angewiesen.

> Ein Kind ... bedarf der Prägung durch andere, es bedarf der Gesellschaft, damit aus ihm ein psychisch Erwachsener wird. (Elias 1987:46)

Stimmt man dieser Prämisse zu, was bei den Vertretern mancher reformpädagogischer Ansätze fraglich erscheint, ist damit noch nicht gesagt, in welcher Form der gesellschaftliche Bezug der Heranwachsenden zu gestalten ist. Durkheim galt die Schule als eine ideale und unverzichtbare Institution, um Kinder in die Gesellschaft einzuführen, ihnen das kollektive Leben schmackhaft zu machen beziehungsweise sie dafür zu trainieren (Durkheim 1973:266-271). Der amerikanische Soziologe Etzioni, einer der wichtigsten Vertreter des Kommunitarismus, beschreibt in seinem kommunitaristischen Programm die Notwendigkeit einer auf moralischen Werten basierenden Gemeinschaft. Er erwähnt zwar die Bedeutung der Familie für eine derart ausgerichtete Erziehung, diagnostiziert aber ein Versagen vieler Eltern in dieser Frage, weshalb den Schulen eine wichtige Rolle bezüglich der Charakterbildung zukomme (Etzioni 1995:288). Anderen gilt das Ziel der moralischen Gemeinschaft als etwas, das nicht „den Eltern und Familien überlassen bleiben kann". Vielmehr erfordere es eine formale Erziehung, die nicht zu stark von den spezifischen Traditionen einzelner Gemeinschaften bestimmt werden soll (Haydon 2001:11).

Die Frage abwägend, ob die Erziehung zu demokratiefähigen und am Gemeinwohl orientierten Persönlichkeiten auch durch Home Education möglich sei, urteilte das Bundesverfassungsgericht, dass es nicht als Fehleinschätzung angesehen werden kann,

> die bloße staatliche Kontrolle von Heimunterricht im Hinblick auf das Erziehungsziel der Vermittlung sozialer und staatsbürgerlicher Kompetenz nicht als gleich wirksam zu bewerten. (1BvR 436/03, 29.04.2003)

Begründend heißt es, dass soziale Kompetenz im Umgang mit Andersdenkenden, Toleranz, Durchsetzungsvermögen und Selbstbehauptung einer von der Mehrheit abweichenden Überzeugung effektiver eingeübt werden können, wenn die Kontakte mit der gesellschaftlichen Pluralität nicht nur gelegentlich stattfinden, sondern durch regelmäßigen Schulbesuch Teil der Alltagserfahrung werden.

Noch eindeutiger sah der Bayerische Verfassungsgerichtshof diesen Zusammenhang und bezeichnete die allgemeine Schulpflicht als „unverzichtbare Bedingung für die Gewährleistung der freiheitlich-demokratischen Grundordnung" und „als unerlässliche Voraussetzung für die Sicherung der wirtschaftlichen und sozialen Wohlfahrt der Gesellschaft" (Az: Vf.73-VI-01, 13.12.2002).

Die Beurteilung dieses Zusammenhangs zwischen verpflichtendem Schulbesuch und gesellschaftlicher Wohlfahrt ist ein zentraler Punkt für die Einschätzung der Risiken des Homeschooling. Allerdings gibt es ausreichend Anlass, die Möglichkeit in Betracht zu ziehen, dass das so einhellige Urteil der eben zitierten Gerichte doch eine Fehleinschätzung oder zumindest eine unausgewogene Beurteilung darstellt. Einige Hinweise in diese Richtung aufgrund empirischer Analysen wurden bereits im dritten Kapitel dargestellt, Einwände aus juristischer Perspektive im fünften. Einige weitere Punkte folgen an dieser Stelle. Dabei sollen in keiner Weise die positiven Auswirkungen einer allgemeinen Bildung aller Kinder infrage gestellt werden. Zur Diskussion steht lediglich die Notwendigkeit eines ausnahmslosen staatlichen Schulzwangs zur Sicherung gesellschaftlicher Wohlfahrt und politischer Kultur.

Paul T. Hill zieht in seiner Analyse der Effekte einer wachsenden Home Education Bewegung auf die Zukunft des Bildungswesens den Vergleich zur Kritik an den ersten katholischen Schulen, die vor ca. 50 Jahren in den USA entstanden. Skeptiker befürchteten das Heranwachsen einer isolierten Subpopulation im Kontext einer autoritären Kultur, die nicht genügend auf das Leben in der Gesellschaft vorbereitet. Eine Prophezeiung, die, wie sich zeigte, nicht in Erfüllung ging (Hill 2000:28).

Smith und Sikkink zeigen anhand der Daten des National Houshold Education Survey (NHES) in den USA, dass sich Eltern, die privatisierte Bildungungsformen nutzen (Privatschulen und Homeschooling), stärker in das gesellschaftliche Leben einbringen als die Vergleichsgruppe an der öffentlichen Schule. Dieser Effekt hat den Autoren zufolge selbst dann Bestand, wenn der Zusammenhang hinsichtlich von Variablen wie Bildungsabschluss, Einkommen, Alter, ethnische Herkunft, Familienstruktur und Region kontrolliert wird. Ihr Urteil lautet: „Private and home schooling are not privatizing." (Smith/Sikkink 1999).

Die kleinen „unpolitischen" Vereinigungen spielen eine wichtige Rolle für die Herausbildung des sozialen Kapitals, das die gesellschaftliche Integration und die Orientierung auf Gemeinwohlinteressen unterstützt (Coleman 1990:333; Putnam 2001; Offe, 2002:81; Reinert 2002:404). Reinert hält mit Blick auf die politische Bildung das situative Lernen für effizienter als institutionalisierte Lernarrangements. Seinem Urteil nach funktioniert die ideale Schule, die Interesse und Fähigkeiten zur politischen Mitwirkung vermittelt, in der Praxis nur mit Einschränkungen (Reinert 2002:405ff). Kortmann fordert daher, die Schule in Richtung Zivilgesellschaft stärker zu öffnen, da bürgerschaftliches Engagement sich nicht in einem isolierten Schulsystem erlernen lässt (Kortmann 2002:431). Das Ideal der Weimarer Reichsverfassung, einen Bildungsort zu schaffen, an dem sich Kinder aller gesellschaftlichen Schichten begegnen, wird heute selbst von öffentlichen Schulen nicht mehr erfüllt (Hill 2000:28). In Deutschland ist dies für die Grundschule auf die räumliche Segregation der verschiedenen Bevölkerungsschichten zurückzuführen, im weiterführenden Schulbereich wird dieser Effekt durch die Dreigliedrigkeit des Bildungssystems aufrechterhalten.

Abschließend kann aus historischer Perspektive noch hinzugefügt werden, dass der allgemeine Schulbesuch in der gegenwärtigen Organisationsform kaum älter als ein gutes Jahrhundert ist und damit in der Geschichte der menschlichen Entwicklung einen außerordentlich kleinen Abschnitt darstellt (Coleman 1990:325).

Die oben zitierten Kritiker des Homeschooling sehen das Wachstum dieser Bewegung zu Recht im Kontext größerer gesellschaftlicher Privatisierungs- und Individualisierungstendenzen.[153] Und sicher wäre es fatal, nicht zu fragen, welche Effekte eine Ausgestaltung des Bildungswesens nach marktähnlichen Kriterien mit sich bringt (siehe Steiner-Khamsi 2000, Tomlinson 2000), wenngleich vielen eine Deregulierung und Wettbewerb als Quelle von Innovation und Effizienz erscheinen (Dettling/Prechtl 2004:7). Die kritische Bestandsaufnahme von Apple und Lubienski ist jedoch zu weiten Teilen eine Kulturkritik. Home Education ist nur eine Facette derartiger Entwicklungen und nicht die allein treibende Kraft. Die These einer zunehmenden Individualisierung ist nicht automatisch gleichzusetzen mit einer Ausbreitung egoistischer Handlungsweisen (Beck/Beck-Gernsheim 1994). Teile der Home Education Bewegung verstehen ihren Ansatz letztendlich auch als eine Form kommunitaristischer Rückbesinnung. Diese folgt der Maxime,

dass keine soziale Aufgabe einer Institution zugewiesen werden soll, die größer ist als notwendig, um die anstehende Aufgabe zu erfüllen: „Was in der Familie getan werden kann, sollte nicht einer intermediären Gruppe übertragen werden. Was auf lokaler Ebene getan werden kann, sollte nicht an den Staat oder die Bundesebene delegiert werden." Nach dem Verständnis der Kommunitaristen schwächt es die Gemeinschaften an der Basis, wenn Aufgaben an höhere Ebenen abgeschoben werden. Und die Regierung, die einzelstaatliche wie auch die auf Bundesebene, sollte nur in dem Maße eingreifen, wie die nachgeordneten Systeme versagen (Vorländer 2001:20).

---

[153] Einen internationalen Überblick zu Privatisierungstendenzen im Bildungswesen bietet Weiß 2000.

6.2.3 Die Möglichkeit der Dominanz elterlicher Interessen über die des Staates und die des Kindes

Diese Kritik ist am ausführlichsten von dem amerikanischen Gesellschaftswissenschaftler Rob Reich dargelegt worden. Seine Argumentation geht davon aus, dass es drei Akteure gibt, die ein legitimes Interesse an der Gestaltung der Bildung und Erziehung eines Kindes haben: die Eltern, der Staat und das Kind selbst (Reich 2002:282).

Eltern haben in der Regel eine enge persönliche Beziehung zu ihren Kindern. Von Beginn an ist ihr Handeln auf die Fürsorge und Entwicklung des Kindes ausgerichtet. Gleichzeitig stellt das dadurch entstehende Familienleben eine Ressource dar, aus der die Eltern ihrem eigenen Leben Bedeutung zuschreiben (Reich 2002:283). Die zentrale Rolle ihrer Verantwortung für die kindliche Entwicklung ist auch im deutschen Grundgesetz verankert, demgemäß die Pflege und Erziehung der Kinder das „natürliche Recht der Eltern und die zuvörderst ihnen obliegende Pflicht" darstellen (GG Art. 6 Abs.2). Auch wenn fast alle Eltern bestrebt sind, diesem Recht und der damit verbundenen Pflicht nachzukommen, gibt es auch Fälle, in denen dies zweifelsfrei nicht zutrifft. Daher heißt es an der eben zitierten Stelle des Grundgesetzes weiter, dass die staatliche Gemeinschaft über die Betätigung der Eltern wacht. Das entscheidende Kriterium der Beurteilung ist das Kindeswohl. Sollte dies gefährdet sein, ist der Staat berechtigt, das Kind aus dem Einflussbereich der Eltern zu lösen. In Kapitel 5.3 wurde bereits deutlich, dass das „Kindeswohl" schwer zu operationalisieren ist und selbst von verschiedenen staatlichen Interessenvertretern unterschiedlich bewertet wird. Trotzdem stellt es ein notwendiges Instrument dar, damit Kinder den Interessen oder auch dem Desinteresse ihrer Eltern nicht bedingungslos ausgeliefert sind.

Der Staat hat jedoch nicht nur diese Wächterfunktion, sondern auch berechtigte eigene Interessen hinsichtlich der Erziehung und Bildung der Kinder. Reich nennt diesbezüglich zum einen die staatsbürgerliche Bildung und Erziehung, die die Kinder zur Teilhabe an den politischen Prozessen der Gesellschaft befähigen soll (Reich 2002:286). Ähnlich formuliert das Bundesverfassungsgericht, wenn es von einem staatlichen Erziehungsanspruch spricht, der der Heranbildung von Staatsbürgern dienen soll, die „gleichberechtigt und dem Ganzen gegenüber verantwortungsbewusst an den demokratischen Prozessen in einer pluralistischen Gesellschaft sollen teilhaben können" (1BvR 436/03, 29.04.2003). Zum anderen liegt es, so Reich, im Interesse der Gemeinschaft, bei den Heranwachsenden ein Mindestmaß an Bildung sicherzustellen, das es ihnen ermöglicht, später selbstständig ihr Leben zu gestalten (2002:286).

Neben dem Staat und den Eltern sind auch dem Kind berechtigte Interessen an seiner Bildung und Erziehung zuzusprechen. Die Tatsache, dass es dabei oft zu Übereinstimmungen kommt, ändert nichts daran, dass es sich hierbei trotzdem auch um eigene Interessen des Kindes handelt. Diese bestehen zum einen in dem bereits erwähnten Ziel, zur selbstständigen Lebensführung befähigt zu werden. Daneben erwähnt Reich die Entwicklung von Autonomie (2002:291). In dem Bewusstsein, dass es sich dabei um ein kontrovers diskutiertes Konzept handelt, beschränkt sich Reich auf die Forderung nach einem Mindestmaß. Die Heranwachsenden sollen befähigt werden, ihrem Alter entsprechend eigene Interessen zu artikulieren und zu vertreten. Sie sollen nicht gezwungen sein, in einem Status unterwürfigen Gehorsams zu leben, da sie Menschenwürde besitzen und niemandes Besitz sind (Reich 2002:291f). Ihnen muss die Chance gegeben werden, auch Glaubens- und Wertvorstellungen zu entwickeln sowie Berufsziele zu verfolgen, die sich von den Vorstellungen der Eltern unterscheiden (S. 301). Dazu erscheint es notwendig, dass sie die Möglichkeit haben, sich im Laufe ihrer Bildung und Erziehung mit anderen Überzeugungen und Lebensstilen auseinanderzusetzen (S. 299). Ähnlich argumentiert der deutsche Erziehungswissenschaftler Ladenthin in seinem Plädoyer für öffentliche Bildung, die keine Rekrutierung von Nachwuchs für eine Interessengruppe darstellen darf, sondern die Heranwachsenden befähigen soll, sich ein eigenes Bild von der Welt zu machen (Ladenthin 2006:289).

In der deutschen Rechtsprechung zum Thema Home Education wird deutlich, dass sich der Staat als Wächter eben dieser Interessen des Kindes versteht und bereit ist, diese notfalls auch zwangsweise gegen den Willen der Eltern durchzusetzen. Dass es auch zu einem Konflikt zwischen den Interessen des Kindes und denen des Staates kommen könnte, bleibt meist unberücksichtigt. Die Möglichkeit einer „freien" Entscheidung eines Minderjährigen gegen Schulbesuch zugunsten von Home Education wird nicht nur im konkreten Einzelfall infrage gestellt (was durchaus angemessen und notwendig erscheint), sondern nahezu generell ausgeschlossen (OLG Brandenburg, 9 UF 68/05, 14.07.2005). Konkret heißt es, dass, wenn die Kinder den Schulbesuch verweigern, ein zumutbarer energischer Appell der Eltern und ein Hinweis auf die ihnen (den Eltern) drohenden Sanktionen (Bußgelder, Zwangsgeld, Erzwingungshaft, Entziehung des Personensorgerechts) den Kindern Anlass genug sein sollten, die Schule zu besuchen (VG Bremen, Az: 7 K 1774/06, 08.11.2006). Ob derartige Drohungen mit staatlichen Zwangsmitteln tatsächlich in jedem Fall ein dem „wohlverstandenen Interesse des Kindes" angemessenes Erziehungsinstrument darstellen, bleibt zu hinterfragen.

In der Trilogie der Interessen von Eltern, Staat und Kind hat keine Partei das Recht, sich vollständig über die Interessen der anderen hinwegzusetzen. Sind diese jedoch gewahrt, spricht nichts gegen eine Vielfalt an Bildungswegen. Wie oben bereits erwähnt wurde, bezweifelt Reich nicht, das auch dann, wenn der Lernprozess nahezu vollständig unter elterlicher Leitung organisiert wird, dieser in seiner Gestalt sowohl den Interessen des Staates als auch denen des Kindes gerecht werden kann, mitunter vielleicht sogar besser, als dies in einer öffentlichen oder privaten Schule der Fall ist (2002:296). Diese Möglichkeit spricht gegen ein generelles Verbot von Home Education. Aber, und das ist der Kernpunkt der Kritik von Reich, die sehr liberale Regelung des Homeschooling in den USA[154] ermöglicht es Eltern, die Bildung, Erziehung und soziale Interaktion ihrer Kinder vollständig zu kontrollieren, stärker als es die sektiererischste Privatschule könnte (Reich 2005:114). Hier eröffnet sich die Möglichkeit, dass Eltern ihre eigenen Interessen unter Missachtung derer des Staates und vor allem derer des Kindes ungehindert durchsetzen. Obwohl sich die Rechtslage bezüglich Home Education in Deutschland grundlegend von der in den USA unterscheidet, besteht auch hier dieses Risiko, wenn Eltern aufgrund der in jedem Fall drohenden Sanktionen bestrebt sind, ihr Homeschooling unentdeckt zu halten.

6.3   Ein Ausweg – Home Education legalisieren, aber regulieren

Die Erörterung der Frage nach den gesellschaftlichen Chancen und Risiken des Homeschooling ist für Deutschland zur Zeit vorwiegend theoretischer Natur. Aufgrund der trotz Wachstum vergleichsweise geringen Größe der Bewegung, sind ernsthafte Konsequenzen hinsichtlich gesellschaftlicher Strukturen oder Entwicklungslinien nicht zu erwarten. Dabei ist es gleichgültig, ob die Zahl der per Homeschooling lernenden Schüler vorsichtig im höheren dreistelligen Bereich geschätzt wird oder, wie an anderen Stellen, von mehreren Tausend Kindern die Rede ist (Meier 2005). Weder in dem einen noch in dem anderen Fall enthalten diese Zahlen ein Potential, das die Entstehung bedrohlicher Parallelgesellschaften, die Erosion des demokratischen Gemeinwesens oder die Beeinträchtigung des öffentlichen Bildungswesens befürchten ließe.

Die stichhaltigste Kritik des Homeschooling basiert auf der im vorangehenden Abschnitt in Anlehnung an Reich dargestellten Differenzierung in die Interessen der Eltern, des Staates und des Kindes. Theoretisch entspricht dieser Ansatz nahezu vollständig dem in Deutschland zugrunde liegenden Verständnis des Verhältnisses dieser drei Parteien. Der einzige Unterschied ist die Tatsache, dass

---

[154] In einem Teil der Bundesstaaten bedarf es keinerlei Registrierung als Homeschooler, so dass es den Schulbehörden nicht möglich ist anzugeben, welche Familien Homeschooling praktizieren, geschweige denn sich einen Einblick zu verschaffen, auf welche Art und mit welchem Erfolg dies geschieht.

hierzulande die Möglichkeit, dass Home Education sowohl den berechtigten Interessen des Staates als auch denen des Kindes gerecht wird, von vornherein kategorisch ausgeschlossen bleibt. Dabei hat sich eine diametral entgegengesetzte Argumentationsstruktur verfestigt, die eine sachgerechte Erörterung dieser Frage behindert. Die Kritiker von Home Education in Schulbehörden und Gerichten vergleichen ihr Idealbild einer demokratischen Schule mit den möglichen Risiken des Homeschooling. Dessen Verfechter wiederum kontrastieren das Ideal des Schülers, der nach mehrjährigem Homeschooling erfolgreich in das anerkannte Bildungssystem wechselt und gute Abschlüsse erreicht, mit den allbekannten Missständen öffentlicher Bildungseinrichtungen. Eine ähnliche Gegensätzlichkeit der Beurteilung begegnete bereits in der Analyse der mit den einzelnen Argumenten verknüpften Typen individueller Anpassung im vorigen Kapitel. Die Differenz lag an dieser Stelle begründet in der unterschiedlichen Bewertung der Frage, welcher Bildungsansatz den kulturell etablierten Zielen gerecht wird. Dieser Punkt kann nun weiter konkretisiert werden zu der Frage, ob Home Education die Fähigkeit zugeschrieben werden darf, nicht nur den Interessen der Eltern, sondern auch denen des Staates und des Kindes gerecht werden zu können.

Die Fruchtlosigkeit einer Argumentation, die die Chancen der einen Lernform mit den Risiken der anderen vergleicht, beschrieb Bertrand Russell bereits vor 75 Jahren, als an die heutige Home Education Bewegung noch nicht zu denken war.

> If ideal homes are contrasted with actual schools, the balance tips one way; if ideal schools are contrasted with actual homes, the balance tips the other way. I have no doubt in my mind that the ideal school is better than the ideal home, at any rate the ideal urban home, because it allows more light and air, more freedom of movement, and more companionship of contemporaries. But it by no means follows that the actual school will be better than the actual home (Russel 1977:45).

Dieser Linie folgend fordert Hill, die Ergebnisse des Homeschooling mit der tatsächlichen Leistungsfähigkeit der Schulen zu vergleichen und nicht mit den idealisierten Erwartungen an diese (Hill 2000:29). Reich betont, dass die Beurteilung des Homeschooling nicht auf der Basis von Anekdoten über den glänzenden Erfolg oder das tragische Scheitern mancher Familien basieren darf. Eine Befürwortung des Homeschooling aufgrund der Tatsache, dass einige Homeschooler nationale Wettbewerbe oder begehrte Plätze an amerikanischen Eliteuniversitäten gewinnen, sei demnach eine genauso schwache Argumentation wie die Ablehnung des Ansatzes aufgrund von Fällen, in denen Homeschoolkinder von den Eltern vernachlässigt, missbraucht oder gar getötet wurden (Reich 2005:110).

Berücksichtigt man diese Einschränkungen und die an früheren Stellen erwähnten Ergebnisse zu öffentlicher Bildung, Privatschulen und Home Education (bei allen methodischen Grenzen, denen letztere unterliegen), scheint meines Erachtens der von Reich vorgeschlagene Weg dem Problem am besten gerecht zu werden. Trotz seiner fundierten Kritik am Homeschoolingansatz stellt er nicht die grundlegende Möglichkeit infrage, auch auf diesem Weg den Interessen aller involvierten Parteien ausreichend Rechnung zu tragen. Ähnlich äußerte sich der UN-Sonderberichterstatter Muñoz in seinem Bericht über das deutsche Bildungssystem (vgl. Kapitel 4.2). Darin heißt es:

> It should be noted that education may not be reduced to mere school attendance and that educational processes should be strengthened to ensure that they always and primarily serve the best interests of the child. Distance learning methods and home schooling represent valid options which could be developed in certain circumstances, bearing in mind that parents have the right to choose the appropriate type of education for their children ... (United Nations 2007:16)[155]

Die einzige Lösung, die einer solchen Einschätzung gerecht wird, ist eine Legalisierung des Homeschooling unter klaren Auflagen und Kontrollen. Nur dieser Weg bietet die Gelegenheit, die Chancen von Home Education zu erhalten und gleichzeitig dessen Risiken zu minimieren.

Die theoretischen Argumente für eine Regulierung des Homeschooling sind zum einen begründet durch die Triade der Interessenhalter Eltern, Staat und Kind und wurden oben bereits dargestellt. Daneben erwähnt Reich noch zwei praktische Argumente, die aus seiner Sicht eine stärkere (bezogen auf die Situation in den USA) staatliche Kontrolle erfordern (Reich 2005:115ff). Einerseits müssen die genaue Größenordnung und einige Charakteristika der Homeschoolbewegung bekannt sein, um repräsentative Vergleichsstudien durchführen zu können. Erst dann bietet sich eine verlässliche Grundlage, um die Leistungsfähigkeit dieses Ansatzes zu beurteilen und die Frage zu entscheiden, ob die bisherigen Studien zu Wissenserwerb und sozialer Kompetenz Bestand haben oder zu Mythen aus der Frühphase der Home Education Forschung erklärt werden müssen. Andererseits muss dem Staat, solange eine Bildungspflicht besteht, die Möglichkeit gegeben werden, zwischen Home Education und Schulschwänzen zu unterscheiden.

---

[155] In der teilweise von der Gewerkschaft Erziehung und Wissenschaft vorgenommenen Arbeitsübersetzung dieser Passage ist die Wendung „unter gewissen Umständen" (certain circumstances) ergänzt durch „die außergewöhnlich sein müssen". Die in Kapitel 4.2 erwähnte Kritik des Bildungsministeriums und der Kultusministerkonferenz an diesem Bericht begegnete der geäußerten Position zum Homeschooling mit dem Argument der Gefahr einer Herausbildung von Parallelgesellschaften.

Aus deutscher Sicht gibt es noch einen weiteren Hinweis auf die Notwendigkeit einer Regulierung. Die in Kapitel 5.2 beschriebene Uneinheitlichkeit in der Anwendung der rechtlichen Regelungen und Sanktionsmaßnahmen und die nicht unerhebliche Zahl von stillschweigend geduldeten Homeschoolern deuten darauf hin, dass die gegenwärtigen Bestimmungen zum Schulzwang für die Schulbehörden und rechtsprechenden Instanzen kein ausreichendes Instrumentarium für eine fallgerechte Regelung darstellen.

Die Minimalforderungen hinsichtlich der Regulierung von Home Education sind eine Pflicht der Eltern, sich als Homeschooler bei den Schulbehörden anzumelden, überzeugend darzulegen, dass ein Lernprozess stattfindet, der klar zu definierenden Mindestanforderungen gerecht wird, und die Bereitschaft, den Erfolg dieses Lernens überprüfen zu lassen (vgl. Reich 2005:118).[156]

Für die Wahrung der Interessen des Staates und derer des Kindes wäre eine legalisierte Regulierung des Homeschooling im Vergleich zur gegenwärtigen Situation letztendlich ein Fortschritt. Die geringe Chance auf eine einvernehmliche Lösung mit den Schulbehörden verleitet Eltern immer wieder dazu, ihr Homeschooling geheim zu halten. Andere Fälle werden zwecks fehlender Regelungsmöglichkeiten stillschweigend und damit meist ohne weitere Kenntnisnahme toleriert. Und dort, wo die Bestimmungen des Schulzwangs konsequent angewendet werden, führt dies nicht selten dazu, dass sich die Familien durch einen Umzug ins Ausland dem Einfluss (und Wächteramt) des Staates entziehen, um einem Sorgerechtsentzug zu entgehen.

Die Herausforderung der Home Education Bewegung für die bildungspolitische Debatte besteht darin, Lernen nicht länger über Institutionen oder tradierte Formen zu definieren, sondern über inhaltliche Prozesse. Die Bewegung kritisiert eine Praxis, in der das jedem Kind zugesprochene Recht auf Bildung reduziert wird auf eine Schulbesuchspflicht, die in Form eines Schulzwangs umgesetzt wird.

Unabhängig von der Beurteilung konkreter Homeschoolingfälle und der weiteren Entwicklung der Bewegung kann das ernsthafte Überdenken dieser kritischen Hinterfragungen Anstöße liefern, die einer Verbesserung des Bildungswesens dienlich sind.

---

[156] Es entbehrt nicht einer gewissen Kuriosität, dass man mit einer solchen Position in den USA zu den Kritikern des Homeschooling gezählt wird, in Deutschland dagegen mit der gleichen Argumentation gute Chancen hat, als ein Anwalt derselben zu gelten. Man scheint nicht umhinzukommen, derartige Zuschreibungen in Kauf zu nehmen bei dem Bemühen, die idealisierenden Verzerrungen (sei es zugunsten der Familie oder der Schule) hinsichtlich der Freiheiten von Eltern, Staat und Kindern zu hinterfragen.

Quellenverzeichnis

Achilles, Harald (2003): Unterricht zu Hause aus religiösen Gründen. In: SchulVerwaltung HRS 7 (5) 154-157

Adorno, Theodor W. (1977): Erziehung nach Auschwitz. In: Gesammelte Schriften. Band 10.2 Frankfurt am Main: Suhrkamp, 674-690

Ahlemeyer, Heinrich W. (1989): Was ist eine soziale Bewegung? In: Zeitschrift für Soziologie 18 (3) 175-191

Ahlemeyer, Heinrich W. (1995): Soziale Bewegungen als Kommunikationssystem: Einheit, Umweltverhältnis und Funktion eines sozialen Phänomens. Opladen: Leske und Budrich

Amelang, Manfred; Schahn, Joachim; Kohlmann, Dorothea (1988): Techniken der Neutralisierung: Eine modelltestende Untersuchung auf der Basis offizieller und selbstberichteter Delinquenz. In: Monatsschrift für Kriminologie und Strafrechtsreform 71 (3) 178-190

Apple, Michael W. (2005): Away with all Teachers. In: Bruce S. Cooper (Hrsg.). Home Schooling in Full View. Greenwich: Information Age Publishing, 75-95

Arai, A. Bruce (2000): Reasons for Home Schooling in Canada. In: Canadian Journal of Education 25 (3) 204-217

Arnhardt, Gerhard; Hofmann, Franz; Reinert, Gerd-Bodo (Hrsg.) (2000): Der Lehrer. Bilder und Vorbilder. Donauwörth: Auer

Arora, Tiny (2003): School-Aged Children who are Educated at Home by their Parents: is there a role for educational psychologists? In: Educational Psychology in Practice 19 (2) 103-112

Avenarius, Hermann; Heckel, Hans (2000): Schulrechtskunde: Ein Handbuch für Praxis, Rechtsprechung und Wissenschaft. Neuwied, Kriftel: Luchterhand

Baader, Meike Sophia (2005): Erziehung als Erlösung. Transformationen des Religiösen in der Reformpädagogik. Weinheim, München: Juventa

Bajor, Anke (2003): Bildung und Lernen ohne Schule am Beispiel der Hupfauer-Initiative. Diplomarbeit, vorgelegt an der Philosophisch-Sozialwissenschaftlichen Fakultät der Universität Augsburg

Bärmeister, Erich (1993): Das Verfassungsprinzip der Verhältnismäßigkeit und die Unverhältnismäßigkeit staatlichen Schulehaltens. In: Recht der Jugend und des Bildungswesens 41 (1) 80-91

Barratt-Peacock, John (2003): Australien Home Education: A Model. In: Evaluation and Research in Education 17 (2&3) 101-111

Bartmann, Bernhard (1991): Stationen einer Schulverweigerung. In: Johannes Heimrath, (Hrsg.) 1991. Die Entfesselung der Kreativität: das Menschenrecht auf Schulvermeidung. Wolfratshausen: Drachen Verlag, 114-175

Bast, Roland (1993): Reformpädagogik 1900-1933. Fernuniversität – Gesamthochschule in Hagen

Baumann, Paul (1958-1962): Berthold Otto. 6 Bände. Berlin: Verlag Die Wende

Bauman, Kurt J. (2002): Home schooling in the United States: Trends and Characteristics. Education Policy Analysis Archives 10 (26) <http://epaa.asu.edu/epaa/v10n26.html> (09.02.2006)

Baumert, Jürgen; Schümer, Gundel (2001): Familiäre Lebensverhältnisse, Bildungsbeteiligung und Kompetenzerwerb. In: Deutsches PISA-Konsortium (Hrsg.). PISA 2000 – Basiskompetenzen von Schülerinnen und Schülern im internationalen Vergleich. Opladen: Leske und Budrich, 323-407

Beck, Christian W. (2006a): Home Education – Globalization Otherwise? In: Managing Global Transition. 4 (3) 249-259

Beck, Christian W. (2006b): Hjemmeundervisningens motiver, utbredelse og integrasjon i samfunnet – et utdanningspolitisk speil? In: Norsk pedagogisk tidsskrift. no 3. 193-204. Englische Version unter: <http://folk.uio.no/cbeck/Home%20education%20-%20motives,%20numbers...%20new%20article%20Christian%20Beck.htm> (29.01.2007)

Beck, Ulrich; Beck-Gernsheim, Elisabeth (1994): Individualisierung in modernen Gesellschaften – Perspektiven und Kontroversen einer subjektorientierten Soziologie. In: Ulrich Beck, Elisabeth Beck-Gernsheim (Hrsg.). Riskante Freiheiten. Frankfurt am Main: Suhrkamp, 10-39

Beck-Gernsheim, Elisabeth (1988): Die Kinderfrage. Frauen zwischen Kinderwunsch und Unabhängigkeit. München: Beck

Befield, Clive R. (2004): Home-Schooling in the US. Occasional Paper No. 88. National Center for the Study of Privatization in Education, Teachers College, Columbia University. <http://www.ncspe.org/publications_files/OP88.pdf> (26.01.2007)

Belfield, Clive R. (2005): Home-Schoolers. How Well Do They Perform on the SAT for College Admissions? In: Bruce S. Cooper (Hrsg.). Home Schooling in Full View. Greenwich: Information Age Publishing, 167-177

Bielick, S.; Chandler, K.; Broughman, S.P. (2001): Homeschooling in the United States: 1999. (NCES 2001-033). US Department of Education. Washington, DC: National Center for Education Statistics. <http://nces.ed.gov/pubs2001/2001033.pdf> (08.03.2006)

Bilz, Ludwig; Hähne, Cornelia; Melzer, Wolfgang (2003): Die Lebenswelt Schule und ihre Auswirkungen auf die Gesundheit von Jugendlichen. In: Klaus Hurrelmann u.a. (Hrsg.). Jugendgesundheitssurvey. Weinheim, München: Juventa, 243-299

Blachmann, Martin (2004): Schule zuhause. Dokumentation im WDR-Fernsehen. 01.02.2004

Block, Henk (2004): Performance in Home Schooling: An Argument Against Compulsory Schooling in the Netherlands. In: International Review of Education 50 (1) 39-52

Brabant, Christine; Bourdon, S.; Jutras, F. (2003): Home Education in Quebec: Family First. In: Evaluation and Research in Education 17 (2&3) 112-131

Brake, Anna; Büchner, Peter (2003): Bildungsort Familie: Die Transmission von kulturellem und sozialem Kapital im Mehrgenerationenzusammenhang. In: Zeitschrift für Erziehungswissenschaft 6 (4) 618-638

Braun, Michael; Borg, Ingwer (1998)): Die Rolle der Frau 1991-1996. In: Heiner Meulemann (Hrsg.). Werte und nationale Identität im vereinten Deutschland. Opladen: Leske und Budrich, 213-226

Breuer, Khalil (2005): Wenn Islam Schule macht. Islamische Zeitung, 19.01.2005. <http://www.islamische-zeitung.de/archiv/artikel.cgi?nr=5411> (20.01.2005)

Brünner, Christian; Steinbach, Ernst (Hrsg.) (1992): Bildung ohne Schule? Wien: Passagen Verlag

Brüsemeister, Thomas (2000): Qualitative Forschung. Wiesbaden: Westdeutscher Verlag

Buber, Martin (1953): Reden über Erziehung. Heidelberg: Verlag Lambert Schneider

Büchner, Peter; Krah, Karin (2006): Der Lernort Familie und die Bildungsbedeutsamkeit der Familie im Kindes- und Jugendalter. In: Thomas Rauschenbach; Wiebken Düx; Erich Sass (Hrsg.). Informelles Lernen im Jugendalter. Weinheim, München: Juventa, 123-154

Bücker-Gärtner, Christine (2000): Hausfrau und Mutter – eine ‚traditionelle' weibliche Arbeit aus psychologischer Sicht. In: Zeitschrift für politische Psychologie 8 (2+3) 161-172

Buckman, Peter (Hrsg.) (1974): Bildung ohne Schulen. München: Kösel

Bundesministerium für Familie, Senioren, Frauen und Jugend (1998): Übereinkommen über die Rechte des Kindes. UN-Kinderkonvention im Wortlaut mit Materialien.

Buyny, R.-H. (1998): Alles zum Wohle der Kinder. Die aufregende Geschichte der ersten christlichen Hausschule in Deutschland. Siegen: Verlag Philadelphia-Schule

Caspar-Jürgens, Anke (1992): Die Temenos-Lerngruppe – Herausforderung für Eltern. In: Bundesverband der Freien Alternativschulen (Hrsg.). Die Freien Alternativschulen: Kinder machen Schule. Innen- und Außenansichten. Wolfratshausen: Drachen Verlag, 69-79

Caspar-Jürgens, Anke (2004): Ohne Schule lernen. In: Kurskontakte 131, 22-24

Chapman, Anne; O'Donoghue, Thomas A. (2000): Home Schooling: An emerging research agenda. In: Education Research and Perspective 27 (1) 19-36

Claessens, Dieter (1970): Rolle und Macht. München: Juventa

Cohn, Deborah A. (1990): Child-Mother Attachment of Six-Year-Olds and Social Competence at School. In: Child Development 61 (1) 152-162

Coleman, James S. (1990): Equality and Achievement in Education. Boulder, San Franciso, London: Westview Press

Collom, Ed (2005): The Ins and Outs of Homeschooling. The Determinants of Parental Motivations and Student Achievement. In: Education and Urban Society 37 (3) 307-335

Collom, Ed; Mitchell, Douglas E. (2005): Home Schooling as a Social Movement: Identifying the Determinants of Homeschooolers' Perceptions'. In: Sociological Spectrum 25 (3) 273-305 <http://www.usm.maine.edu/soc/collom/collom&mitchell.pdf> (02.02.2007)

Cooper, Bruce S. (Hrsg.) (2005): Home Schooling in Full View. Greenwich: Information Age Publishing

Dahm, Karl-Wilhelm (1983): Siegerland-Mentalität und Max-Weber-These. In: Bodo B. Gemper (Hrsg.). Religion und Verantwortung als Elemente gesellschaftlicher Ordnung. Siegen: Vorländer, 485-510

Dahrendorf, Ralf (1958): Home sociologicus. Ein Versuch zur Geschichte, Bedeutung und Kritik der Kategorie der sozialen Rolle. In: Kölner Zeitschrift für Soziologie und Sozialpsychologie 10, 178-208 und 345-378

Davies, Scott; Aurini, Janice (2003): Homeschooling and Canadian Educational Politics: Rights, Pluralism and Pedagogical Individualism. Evaluation and Research in Education 17 (2&3) 63-73

Dettling, Daniel; Prechtl, Christof (Hrsg.) (2004): Weißbuch Bildung. Wiesbaden: VS Verlag für Sozialwissenschaften

de Waal, Esther; Theron, Tinie (2003): Homeschooling as an alternative Form of Educational Provision in South Africa and the USA. Evaluation and Research in Education 17 (2&3) 144-156

de With, Hans (1984): Zum Stellenwert des zivilen Ungehorsams in der Bundesrepublik. In: Thomas Meyer; Susanne Miller; Johano Strasser (Hrsg.). Widerstandsrecht in der Demokratie, Pro und Contra. Köln: Verlagsgesellschaft mbH, 86-93

Diekmann, Andreas (1996): Homo ÖKOnomicus. Anwendungen und Probleme der Theorie rationalen Handelns im Umweltbereich. In: Andreas Diekmann, Carlo C. Jaeger (Hrsg.). Umweltsoziologie. In: Kölner Zeitschrift für Soziologie und Sozialpsychologie. Sonderheft 36, 89-118

Dohmen, Günther (2001): Das informelle Lernen. Bundesministerium für Bildung und Forschung

Dreier, Ralf (1983): Widerstandsrecht und ziviler Ungehorsam im Rechtsstaat. In: Peter Glotz. Ziviler Ungehorsam im Rechtstaat. Frankfurt am Main: Suhrkamp, 54-75

Drobinski, Matthias; Klöcker, Katharina (2002): Lächelnd auf den Erlöser warten. In: Süddeutsche Zeitung, Nr. 33, 08.02.2002, S. 9

Durkheim, Emile (1973): Erziehung, Moral und Gesellschaft. Herausgegeben von Heinz Maus, Friedrich Fürstenberg, Frank Benseler. Neuwied, Darmstadt: Luchterhand

Düx, Wiebken (2006): ‚Aber so richtig für das Leben lernt man eher bei der freiwilligen Arbeit' Zum Kompetenzgewinn Jugendlicher im freiwilligen Engagement. In: Thomas Rauschenbach; Wiebken Düx; Erich Sass (Hrsg.). Informelles Lernen im Jugendalter. Weinheim, München: Juventa, 205-240

Eberl, Matthias (1994): Ziviler Ungehorsam und Friedlicher Widerstand im demokratischen Verfassungsstaat: Wo liegen die Grenzen politischer Opposition in der rechtsstaatlichen Demokratie? In: Zeitschrift für Politik 41 (4) 359-388

Edel, Jan (2005): Nur Schule? Mut zu neuen Bildungswegen. Nürnberg: VTR

Edel, Jan (2007): Schulfreie Bildung. Die Vernachlässigung schulfreier Bildungskonzepte in Deutschland. Münster: Verlagshaus Monsenstein und Vannerdat

Edel, Stephanie (2006): Unterdrückung und Verfolgung individueller und freier Unterrichtsformen. Bericht an den UN-Sonderberichterstatter Vernor Muñoz Villalobos. <http://www.sfev.de/UN-Rapport-de.pdf> (01.02.2007)

Ehmann, Christoph; Rademacker, Hermann (2003): Schulversäumnisse und sozialer Ausschluss. Bielefeld: Bertelsmann Verlag

Eibl, Thomas (1998): Die Zukunft der Bildung: Hauslehrer plus Internet? In: Grundschule 30 (11) 48-49

Elias, Norbert (1987): Die Gesellschaft der Individuen. Herausgegeben von Michael Schröter. Frankfurt am Main: Suhrkamp

Enzensberger, Hans Magnus (1985): Politische Brosamen. Frankfurt am Main: Suhrkamp

Erler, Gisela; Jaeckel, Monika; Sass, Jürgen (1983): Mütter zwischen Beruf und Familie. München: Juventa

Etzioni, Amitai (1995): Die Entdeckung des Gemeinwesens. Stuttgart: Schäffer-Poeschel Verlag

Eyselein, Christian (2006): Rußlanddeutsche Aussiedler verstehen. Praktisch-theologische Zugänge. Leipzig: Evangelische Verlagsanstalt

Faltermeier, Toni; Mayring, Philip; Saup, Winfried; Strehmel, Petra (1992): Entwicklungspsychologie des Erwachsenenalters. Stuttgart: Kohlhammer

Fend, Helmut (1980): Theorie der Schule. München, Wien, Baltimore: Urban und Schwarzenberg

Fend, Helmut (1997): Der Umgang mit Schule in der Adoleszenz. Aufbau und Verlust von Lernmotivation, Selbstachtung und Empathie. Bern: Huber

Fend, Helmut; Stöckli, Georg (1997): Der Einfluss des Bildungssystems auf die Humanentwicklung: Entwicklungspsychologie der Schulzeit. In: Franz E. Weinert. Psychologie des Unterrichts und der Schule. Göttingen: HogrefeVerlag, 1-35

Ferraro, Kathleen J.; Johnson, John M. (1983): How Women Experience Battering: The Process of Victimization. In: Social Problems 30 (3) 323-339

Festinger, Leon (1978): Theorie der kognitiven Dissonanz. Bern: Huber

Fetzer, Helmut (1993): Die Zulässigkeit der Schulpflicht nach Art. 7 Abs. I Grundgesetz. In: Recht der Jugend und des Bildungswesens 41 (1) 91-99

Fischer, Ralph; Ladenthin, Volker (2006): Homeschooling – Tradition und Perspektive. Würzburg: Ergon

Flanagan, Constance A. u.a. (1998): Ties that Bind: Correlates of Adolescents' Civic Commitments in Seven Countries. In: Journal of Social Issues 54 (3) 457-475

Flick, Uwe (2000): Qualitative Forschung. Reinbek: Rowohlt Taschenbuch Verlag

Flick, Uwe (2005): Design und Prozess qualitativer Forschung. In: Uwe Flick, Ernst von Kardorff, Ines Steinke (Hrsg.). Qualitative Forschung. Ein Handbuch. Reinbek: Rowohlt, 252-265

Francis, David J.; Keith, Timothy Z (2004): Social Skills of Home Schooled and Conventionally Schooled Children: A Comparison Study. In: Home School Researcher 16 (1) S. 15-24

Franzke, Reinhard (1997): Stilleübungen und Fantasiereisen. Hannover: Selbstverlag

Franzke, Reinhard (2002): Homeschooling – ein Bürgerrecht. Hannover: Selbstverlag

Franzke, Reinhard (2003): New-Age-Pädagogik. Wege und Irrwege der modernen Pädagogik. Hannover: alpha press

Froese, Leonhard; Krawietz, Werner (1968): Deutsche Schulgesetzgebung Bd. 1. Weinheim: Beltz Verlag

Froschauer, Ulrike; Lueger, Manfred (2003): Das qualitative Interview. Wien: WUV Facultas

Führ, Christoph (1997): Deutsches Bildungswesen seit 1945: Grundzüge und Probleme. Neuwied, Kriftel, Berlin: Luchterhand

Gabb, Sean (2005): Home Schooling. A British Perspective. In: Bruce S. Cooper (Hrsg.). Home Schooling in Full View. Greenwich: Information Age Publishing, 199-227

Gärtner, Hubertus (2005a): Wiedertäufer machen blau. In: taz Ruhr, Nr. 7562, 12.01.2005, S. 4

Gärtner, Hubertus (2005b): Paderborn: Schulboykotte in ganz NRW. In: Neue Westfälische, 25.01.2005, Politik S. 1, <http://www.nw-news.de/nw/news/owl_/_nrw/?cnt= 354237> (27.01.2005)

Gärtner, Hubertus (2005c): Paderborn: Schulaufsicht gerät unter Druck. Neue Westfälische, 28.01.2005, Politik S. 1, <http://www.nw-news.de/nw/news/owl_/_nrw/?cnt= 359329> (08.02.2005)

Gärtner, Michael R. (2004): Immer schulfrei. Fernsehdokumentation. ARTE 05.09.2004

Gemper, Bodo B. (1993): Religion und Wirtschaftssystem. Anmerkungen zur 'Siegerland-Mentalität'. Die neue Ordnung 47 (3) 193-199

Gießer, Birgit (1994): Home Schooling in Nordamerika – Darstellung und Kritik familialer Erziehungs- und Bildungspraxis. Hausarbeit zur Ersten Staatsprüfung für Lehramt, vorgelegt an der Pädagogischen Hochschule Freiburg

Glenn, Charles L. (2005): Homeschooling and Compulsory State Schooling. In: Bruce S. Cooper (Hrsg.). Home Schooling in Full View. Greenwich: Information Age Publishing, 45-68

Goodwin, Jeff; Jasper, James M. (Hrsg.) (2003): The Social Movements Reader. Malden, Oxford, Carlton: Blackwell Publishing

Gräff, Friederike (2002): keine schule. nie wieder. In: Frankfurter Rundschau Magazin, 02.03.2002, S. 3

Grunert, Cathleen (2005): Kompetenzerwerb von Kindern und Jugendlichen in außerunterrichtlichen Sozialisationsfeldern. In: Sachverständigenkommission Zwölfter Kinder- und Jugendbericht (Hrsg.). Kompetenzerwerb von Kindern und Jugendlichen im Schulalter. Verlag Deutsches Jugendinstitut: München, 9-94

Habermalz, Wilhelm (2001): Geldbuße und Schulzwang – die andere Seite der Schulpflicht. In: Recht der Jugend und des Bildungswesens 49 (2) 218-224

Habermas, Jürgen (1983): Ziviler Ungehorsam – Testfall für den demokratischen Rechtsstaat. Wider den autoritären Legalismus in der Bundesrepublik. In: Peter Glotz. Ziviler Ungehorsam im Rechtsstaat. Frankfurt am Main: Suhrkamp, 29-53

Halm, Dirk; Sauer, Martina (2004): Das Zusammenleben von Deutschen und Türken – Entwicklung einer Parallelgesellschaft? WSI Mitteilungen 57 (10) 547-553

Halm, Dirk; Sauer, Martina (2006): Parallelgesellschaft und ethnische Schichtung. In: Aus Politik und Zeitgeschichte. Beilage zur Wochenzeitung Das Parlament. 1-2/2006, 18-24

Hannemann, Anika; Münder, Johannes (2006): Schulpflichtverletzung der Erziehungsberechtigten und Einschränkung der elterlichen Sorge. In: Recht der Jugend und des Bildungswesens 54 (2) 244-255

Hartmann, Hubertus (2005): Schulverweigerer sollen das Land verlassen, Adenauer will 'knallhart durchgreifen'. Westfalen Blatt, 14.04.2005

Haydon, Graham (2001): Kommunitarismus, Liberalismus und moralische Erziehung. In: Zeitschrift für Pädagogik 47 (1) 1-12

Hebeler, Timo; Schmidt, Julia (2005): Schulpflicht und elterliches Erziehungsrecht – Neue Aspekte eines alten Themas? In: Neue Zeitschrift für Verwaltungsrecht 24 (12) 1368-1371

Heimrath, Johannes (Hrsg.) (1991a): Die Entfesselung der Kreativität. Wolfratshausen: Drachen Verlag

Heimrath, Johannes (1991b): Tilmann geht nicht zur Schule: eine erfolgreiche Schulverweigerung; vollständige Dokumentation. Wolfratshausen: Drachen Verlag

Heitmeyer, Wilhelm (2006): Für türkische Jugendliche in Deutschland spielt der Islam eine wichtige Rolle. In: Die Zeit, Nr. 35, 23.08.1996

Hellmann, Kai-Uwe (1998): Paradigmen der Bewegungsforschung. In: Kai-Uwe Hellmann, Ruud Koopmans (Hrsg.). Paradigmen der Bewegungsforschung. Opladen, Wiesbaden: Westdeutscher Verlag

Henecka, Hans Peter (1999): Schule als Institution und Lebenswelt. In: Gerd Hepp, Herbert Schneider (Hrsg.). Schule in der Bürgergesellschaft. Schwalbach: Wochenschau Verlag

Herrlitz, Hans-Georg; Hopf, Wulf; Titze, Hartmut (1998): Deutsche Schulgeschichte von 1800 bis zur Gegenwart: Eine Einführung. Weinheim, München: Juventa

Hetzel, June (1998): Factors that influence families to home school. UMI Dissertation Services: Ann Arbor, Michigan

Hill, Paul T. (2000): Home Schooling and the Future of Public Education. In: Peabody Journal of Education 75 (1&2) 20-31

Hirschmann, Albert O. (1974): Abwanderung und Widerspruch. Reaktionen auf Leistungsabfall bei Unternehmungen, Organisationen und Staaten. Tübingen: Mohr

homeschooling_D. Yahoo!Group zum Thema Homeschooling in Deutschland. <http://de.groups.yahoo.com/group/homeschooling_D/> (12.01.2005)

Höhn, Elisabeth (2003): Wandel der Werte und Erziehungsziele in Deutschland. Frankfurt am Main: Verlag der deutschen Hochschulschriften

Hollstein, Walter (1998): Die Alternativbewegung. In: Forschungsjournal Neue Soziale Bewegungen 11 (1) 154-163

Holtappels, Heinz Günther (1987): Schulprobleme und abweichendes Verhalten aus der Schülerperspektive: Empirische Studie zu Sozialisationseffekten im situationellen und interaktionellen Handlungskontext der Schule. Bochum: Ulrich Schallwig Verlag

Honneth, Axel (Hrsg.) (1993): Kommunitarismus. Frankfurt am Main: Campus

Hurrelmann, Klaus (2002): Einführung in die Sozialisationstheorie. Weinheim, Basel: Beltz Verlag

Illich, Ivan (1973): Entschulung der Gesellschaft. Reinbek: Rowohlt

Illich, Ivan (1984): Schulen helfen nicht. Reinbek: Rowohlt Taschenbuch Verlag GmbH

Isensee, Josef (1982): Die verdrängten Grundpflichten des Bürgers. In: Die öffentliche Verwaltung 35 (15) 609-618

Isensee, Josef (1988): Ziviler Ungehorsam. Zur Problematik des Widerstandsrechts in der Demokratie. In: Trierer Beiträge. Aus Forschung und Lehre an der Universität Trier. XIX, 57-63

Jackson, Glenda (2006): Summary of Australian Research on Home Education. <http://www.home-ed.vic.edu.au/wp-content/uploads/2006/10/aust%20research%20lit%20review.pdf> (29.01.2006)

Jäger, Herbert (1989): Makrokriminalität. Studien zur Kriminologie kollektiver Gewalt. Frankfurt am Main: Suhrkamp

Jülicher, Christian (2002): Elternwille und Schulpflicht – Aktuelle Fragen zum Umgang mit Eltern religiöser Sondergemeinschaften. In: Schulverwaltung. Ausgabe Nordrhein-Westfalen 13 (9) 250-253

Jung-Strauß, Elfriede Maria (2000): Widersprüchlichkeiten im Lehrerberuf. Eine Untersuchung unter Verwendung der Rollentheorie. Europäische Hochschulschriften XI/807, Frankfurt am Main: Peter Lang

Kampshoff, Marita; Lumer, Beatrix (Hrsg.) (2002): Chancengleichheit im Bildungswesen. Opladen: Leske und Budrich

Kelle, Udo; Kluge, Susann; Prein, Gerald (1993): Strategien der Geltungssicherung in der qualitativen Sozialforschung. Zur Validitätsproblematik im interpretativen Paradigma. Arbeitspapier 24, herausgegeben vom Vorstand des SfB 186 der Universität Bremen. <http://www.sfb186.uni-bremen.de/download/paper24.pdf> (30.01.2007)

Kelle, Udo; Kluge, Susann (1999): Vom Einzelfall zum Typus. Opladen: Leske und Budrich

Keller, Olivier (1999): Denn mein Leben ist Lernen. Freiamt: Mit Kindern wachsen Verlag

Kern, Karen (2004): Ein bisschen Freiheit kann es nicht wirklich geben. In: Foyer – Schulen im Austausch (Herausgegeben von der Freien Waldorfschule am Bodensee) 13, 20-22

Kern, Matthias (2004): Strafe für Verzicht auf Gewalt? In: Kurskontakte 136, 20-21

Kewenig, Wilhelm. A. (1984): Zu Begriff und Funktion des zivilen Ungehorsams. In: Thomas Meyer, Susanne Miller, Johano Strasser (Hrsg.). Widerstandsrecht in der Demokratie, Pro und Contra. Köln: Verlagsgesellschaft mbH, 160-163

Klages, Helmut (1987): Sozialpsychologie der Wohlfahrtsgesellschaft. Frankfurt am Main: Campus

Kleger, Heinz (1993): Der neue Ungehorsam. Frankfurt am Main: Campus

Klemm, Ullrich (Hrsg.) (1992): Quellen und Dokumente der Antipädagogik. Frankfurt am Main: dipa

Klemm, Ullrich (2001): Lernen ohne Schule. Neu-Ulm: AG SPAK

Kluge, Susann (2000): Empirisch begründete Typenbildung in der qualitativen Sozialforschung. In: Forum Qualitative Sozialforschung [Online Journal], 1(1), Art. 14g. <http://www.qualitative-research.net/fqs-texte/1-00/1-00kluge-d.htm> (23.01.2007)

Knowles, J. Gary (1991): Parents' Rationales for Operating Home Schools. In: Journal of Contemporary Ethnography 20 (2) 203-230

Knowles, J. Gary; Marlow, Stacey E.; Muchmore, James A. (1992): From Pedagogy to Ideology: Origins and Phases of Home Education in the United States, 1970-1990. In: American Journal of Education 100 (2) 195-235

Konietzka, Dirk; Kreyenfeld, Michaela (2005): Nichteheliche Mutterschaft und soziale Ungleichheit im familialistischen Wohlfahrtsstaat. In: Kölner Zeitschrift für Soziologie und Sozialpsychologie 57 (1) 32-61

Kontos, Silvia; Walser, Karin (1979): „....weil nur zählt, was Geld einbringt" Probleme der Hausfrauenarbeit. Gelnhausen, Berlin, Stein/Mfr.: Burckhardthaus-Laetare Verlag

Koopmans, Ruud (1998): Konkurrierende Paradigmen oder friedlich ko-existierende Komplemente? Eine Bilanz der Theorien sozialer Bewegungen. In: Kai-Uwe Hellmann, Ruud Koopmans (Hrsg.). Paradigmen der Bewegungsforschung. Opladen, Wiesbaden: Westdeutscher Verlag, 215-231

Kortmann, Karin (2002): Soziales Handeln und politisches Lernen. In: Thomas Meyer, Reinhard Weil. Die Bürgergesellschaft. Bonn: Friedrich-Ebert-Stiftung, 421-434

Kowall, Sabine; O'Connell, Daniel C. (2005): Zur Transkription von Gesprächen. In: Uwe Flick, Ernst von Kardorff, Ines Steinke (Hrsg.) Qualitative Forschung. Ein Handbuch. Reinbek: Rowohlt, 437-447

Krick, Daniela (2002): Learning at home. Modelle von Homeschooling im internationalen Vergleich unter besonderer Berücksichtigung der USA. Hausarbeit zur Ersten Staatsprüfung für Lehramt, vorgelegt an der Universität Osnabrück

Kronenberg, Georg (2004): Verstoß gegen Schulgesetz: Eltern müssen Buße zahlen. In: Frankfurter Rundschau, 6. November 2003, S. 34

Kuckartz, Udo (2005): Einführung in die computergestützte Analyse qualitativer Daten. Wiesbaden: VS Verlag für Sozialwissenschaften

Künzler, Jan u.a. (2001): Gender division of labour in unified Germany. Tilburg: Tilburg University Press. <http://www.soziologie.uni-wuerzburg.de/na_rep.pdf> (16.09.2006)

Kuhn, Bärbel (1993): „Vom Schalten und Walten der Hausfrau." Hausarbeit in Rat, Tat und Forschung im 19. und 20. Jahrhundert. In: Birgit Bolognese-Leuchtenmüller, Michael Mitterauer (Hrsg.). Frauen-Arbeitswelten. Zur historischen Genese gegenwärtiger Probleme. Wien: Verlag für Gesellschaftskritik, 43-66; <http://vgs.univie.ac.at/VGS_alt/HSK3lp.html> (16.09.2006)

Kuhnle, Elisabeth (2004): Wir lernen aus dem Leben heraus. <http://www.leben-ohne-schule.de/elisabeth.kuhnle/ausdemleben.html> (17.07.2006)

Kunter, Mareike; Stanat, Petra (2003): Soziale Lernziele im Ländervergleich. In: Deutsches Pisa-Konsortium (Hrsg.) Pisa 2000 – Ein differenzierter Blick auf die Länder der Bundesrepublik Deutschland. Opladen: Leske und Budrich, 165-193

Kunz, Volker (2004): Rational Choice. Frankfurt am Main: Campus

Kurz, Karin (1998): Hausfrau oder Berufsfrau? Einstellung zur Rolle der Frau in Ost- und Westdeutschland. In: Michael Braun, Peter Ph. Mohler (Hrsg.). Blickpunkt Gesellschaft 4. Soziale Ungleichheit in Deutschland. ZUMA-Publikationen. Wiesbaden: Westdeutscher Verlag, 173-220

Ladenthin, Volker (2006): Warum eine Gesellschaft öffentliche Bildung braucht. In: Ralph Fischer, Volker Ladenthin (Hrsg.) Homeschooling – Tradition und Perspektive. Würzburg: Ergon

Lahusen, Christian (2002): Transnationale Kampagnen sozialer Bewegungen. Grundzüge einer Typologie. In: Forschungsjournal Neue Soziale Bewegungen 15 (1) 40-46

Lamsfuss, Karin (2004): Unterricht im Wohnzimmer. Deutsche Welle. <http://www.dw-world.de/dw/article/0,1564,1434797,00.html> (23.12.2004)

Langer, Thomas (2007): Die ‚Homeschooling'-Entscheidung des EGMR. Zur Erosion der Integrationsfunkton der staatlichen Pflichtschule. In: Recht und Bildung 4 (1)

Lauterbach, Wolfgang (1991): Erwerbsmuster von Frauen. In: Karl Ulrich Mayer, Jutta Allmendinger, Johannes Huinink (Hrsg.) Vom Regen in die Traufe: Frauen zwischen Beruf und Familie. Frankfurt am Main: Campus, 23-57

Leuffen, Renata (1993): Natürlich ohne Schule leben. Bonn: kid-Verlag

Lichter, Klemens (2004): Interview mit einem Homeschool-Vater. In: PURmagazin 1/2004. <http://www.homeschool.de> 13.02.2004

Lines, Patricia M. (1999): Homeschoolers: Estimating Numbers and Growth. <http://www.ed.gov/offices/OERI/SAI/homeschool/homeschoolers.pdf> (02.10.2003)

Lindsay, Katherine (2003): The Law of Home Schooling in Australia. Brigham Young University Education & Law Journal 13 (1) 83-94

Loeber, Heinz-Dieter; Scholz, Wolf-Dieter (2003): Von der Bildungskatastrophe zum PISA-Schock – Zur Kontinuität sozialer Benachteiligung durch das deutsche Bildungssystem. In: Barbara Moschner; Hanna Kiper; Ulrich Kattmann (Hrsg.) PISA 2000 als Herausforderung. Baltmannsweiler: Schneider Verlag, 241-285

Lois, Jennifer (2005): Superior Mothering: Homeschoolers' Vocabulary of Motives. Vortrag auf der Konferenz der American Sociological Association. Philadelphia, PA, August 2005.

Lois, Jennifer (2006): Role Strain, Emotion Management, and Burnout: Homeschooling Mothers' Adjustment to the Teacher Role. In: Symbolic Interaction 29 (4) 507-530

Löneke, Regina (2000): Die „Hiesigen" und die „Unsrigen". Werteverständnis mennonitischer Aussiedlerfamilien aus Dörfern der Region Orenburg/Ural. Marburg: Elwert

Lubienski, Chris (2000): Whither the Common Good? A Critique of Home Schooling. In: Peabody Journal of Education 75 (1&2) 207-232

Lubienski, Chris (2003): A Critical View of Home Education. In: Evaluation and Research in Education 17 (2&3) 167-178

Lück, Immanuel (1979): Alarm um die Schule. Neuhausen: Hänssler

Luckmann, Thomas (1991): Die unsichtbare Religion. Frankfurt am Main: Suhrkamp

Lüdemann, Christian; Ohlemacher, Thomas (2002): Soziologie der Kriminalität: theoretische und empirische Perspektiven. Weinheim: Juventa

Luffman, Jacqueline (1997): A Profile of Home Schooling in Canada. In: Education Quarterly Review 4 (4) 30-47

Luhmann, Niklas (1996): Protest. Systemtheorie und soziale Bewegungen. Herausgegeben und eingeleitet von Kai-Uwe Hellmann. Frankfurt am Main: Suhrkamp

Maunz. In Maunz-Dürig, Kommentar zum Grundgesetz. 6. Auflage

Mayberry, Maralee (1989): Home-based Education in the United States: demographics, motivations and educational implications. In: Educational Review 41 (2) 171-180

Mayberry, Maralee; Knowles, J. Gary (1989): Familiy Unity Objectives of Parents Who Teach Their Children: Ideological and Pedagogical Orientations to Home Schooling. In: The Urban Review 21 (4) 209-225

Mayer, Susanne (2006): Im Land der Muttis. In: Die Zeit, Nr. 29, 13.07.2006, S. 49

Mayer, Thomas; Schirrmacher, Thomas (Hrsg.) (2004): Wenn Kinder zu Hause zur Schule gehen. Nürnberg: VTR-Verlag

McDowell, Susann A. (2000): The Home Schooling Mother-Teacher; Toward a Theory of Social Intergration. In: Peabody Journal of Education 75 (1&2) 187-206

Mead, George Herbert (1978): Geist, Identität und Gesellschaft aus der Sicht des Sozial-behaviorismus. Herausgegeben von Charles W. Morris. Frankfurt am Main: Suhrkamp (1. Auflage 1934)

Medlin, Richard G. (2000): Home Schooling and the Question of Socialization. In: Peabody Journal of Education 75 (1&2) 107-123

Meier, Tatjana (2005): Mathe büffeln in der Küche. In: Focus Schule 03/2005, S. 98-101

Melzer, Wolfgang (1987): Familie und Schule als Lebenswelt. München: DJI Verlag

Merton, Robert K. (1968a): Social Theory and Social Structure. New York: The Free Press

Merton, Robert K. (1968b): Sozialstruktur und Anomie. In: Fritz Sack, René König (Hrsg.) Kriminalsoziologie. Frankfurt am Main: Akademische Verlagsgesellschaft, 283-313

Merkens, Hans (2005): Auswahlverfahren, Sampling, Fallkonstruktion. In: Uwe Flick, Ernst von Kardorff, Ines Steinke (Hrsg.) Qualitative Forschung. Ein Handbuch. Reinbek: Rowohlt, 286-299

Meseth, Wolfgang (2000): Theodor W. Adornos ,Erziehung nach Auschwitz'. In: Bernd Fechter, Gottfried Kößler; Till Liebertz-Groß (Hrsg.) „Erziehung nach Auschwitz" in der multikulturellen Gesellschaft. Pädagogische und soziologische Annäherungen. Weinheim, München: Juventa, 19-30

Meyer, Thomas (2002): Parallelgesellschaft und Demokratie. In: Thomas Meyer, Reinhard Weil. Die Bürgergesellschaft. Bonn: Friedrich-Ebert-Stiftung, 343-372

Miller, Bryan G. (2000): Socialization and Home Educated Children. Home School Researcher 14 (2) 7-14

Mohsennia, Stefanie (2004): Schulfrei. Lernen ohne Grenzen. Königslutter: Anahita

Monk, Daniel (2003): Home Education: A Human Right? In: Evaluation and Research in Education 17 (2&3) 157-166

Mors, Albrecht (1986): Die Entwicklung der Schulpflicht in Deutschland. Inaugural-Dissertation an der Juristischen Fakultät der Eberhard-Karls-Universität Tübingen

Müller, Walter (1992): Skeptische Sexualpädagogik. Möglichkeiten und Grenzen schulischer Sexualerziehung. Weinheim: Deutscher Studien Verlag

Nave, Karl-Heinz (1980): Die allgemeine deutsche Grundschule. Ideengeschichtliche Grundlegung und Verwirklichung in der Weimarer Republik. Frankfurt am Main: Arbeitskreis Grundschule e.V.

Nemer, Kariane Mari (2002): Understudied Education: Towards Building a Homeschooling Research Agenda. Occasional Paper No. 48. National Center for the Study of Privatization in Education. <http://www.ncspe.org/publications_files/114_OP48.pdf> (12.10.2004)

Neumann, Ari; Aviram, Aharon (2003): Homeschooling as a Fundamental Change in Lifestyle. In: Evaluation and Research in Education 17 (2&3) 132-143

Novak, Claire (2004): Committed to Their Cause. In: The Old Schoolhaus, <http://www.thehomeschoolmagazine.com/How_To_Homeschool/articles/articles.php?aid=111> (19.02.2007)

Nowak, Jürgen (2006): Leitkultur und Parallelgesellschaft. Frankfurt am Main: Brandes und Apsel

Offe, Claus (2002): Staat, Markt und Gemeinschaft. Gestaltungsoptionen im Spannungs-feld dreier politischer Ordnungsprinzipien. In: Thomas Meyer, Reinhard Weil. Die Bürgergesellschaft. Bonn: Friedrich-Ebert-Stiftung, 65-84

Olson, Mancur (1968): Die Logik des kollektiven Handelns. Tübingen: Mohr

Opp, Karl-Dieter (1974): Abweichendes Verhalten und Gesellschaftsstruktur. Darmstadt: Luchterhand

Opp, Karl-Dieter (1998): Die Perspektive der Ressourcenmobilisierung und die Theorie kollektiven Handelns. In: Kai-Uwe Hellmann, Ruud Koopmans (Hrsg.) Paradigmen der Bewegungsforschung. Opladen, Wiesbaden: Westdeutscher Verlag, 90-109

Oser, Fritz; Althof, Wolfgang (1992): Moralische Selbstbestimmung. Modelle der Ent-wicklung und Erziehung im Wertebereich. Stuttgart: Klett-Cotta

Oswald, Hans; Krappmann, Lothar (1991): Der Beitrag der Gleichaltrigen zur sozialen Entwicklung von Kindern in der Grundschule. In: Reinhard Pekrun, Helmut Fend. Schule und Persönlichkeitsentwicklung. Stuttgart: Enke, 201-216

Otto, Berthold (1903): Mütterfibel. Eine Anleitung für Mütter ihre Kinder selbst lesen zu lehren. Leipzig: Scheffer

Otto, Berthold (1906): Vom königlichen Amt der Eltern. Leipzig: Voigtländers Verlag

Otto, Berthold (1965): Ratschläge für den häuslichen Unterricht. Besorgt und eingeleitet von Hermann Holstein. Heidelberg: Quelle und Meyer

Otto, Julia (2007): Die Rettung kommt per Post. In: Die Zeit, Nr. 6, 01.02.2007, S. 77

Overwien, Bernd (2006): Informelles Lernen – zum Stand der internationalen Diskussion. In: Thomas Rauschenbach, Wiebken Düx, Erich Sass (Hrsg.) Informelles Lernen im Jugendalter. Weinheim, München: Juventa, 35-62

Patton, Michael Quinn (1990): Qualitative Evaluation and Research Methods. Newbury Park, London, New Delhi: Sage

Peter, Joachim (2006): Eine halbe Million Mobbing-Opfer an deutschen Schulen. In: Die Welt, 13.02.2006

Petillon, Hans (1991): Soziale Erfahrungen in der Schulanfangszeit. In: Reinhard Pekrun, Helmut Fend. 1991. Schule und Persönlichkeitsentwicklung. Stuttgart: Enke, 183-200

Pfau-Effinger, Birgit (1998): Der soziologische Mythos von der Hausfrauenehe – sozio-historische Entwicklungspfade der Familie. In: Soziale Welt 49 (2) 167-182

Pflüger, Georg (2004): Lernen als Lebensstil. Wetzlar: Verlag deutsche Fernschule e.V.

Philadelphia-Schule (2002): Pädagogisches Konzept der Philadelphia-Schule. Siegen (oh-ne Verlag)

Pousset, Raimund (2000): Schafft die Schulpflicht ab! Frankfurt am Main: Eichborn

Preußker, Anke (2000): Die „Homeschooling"-Bewegung in den Vereinigten Staaten von Amerika vor dem Hintergrund der Privatisierung im Bildungswesen. Magisterarbeit, vorgelegt an der Erziehungswissenschaftlichen Fakultät der Universität Leipzig

Princiotta, D.; Bielick, S. (2006): Homeschooling in the United States: 2003. (NCES 2006-042) U.S. Department of Education. National Center for Education Statistics, Washington, DC: 2005 <http://nces.ed.gov/pubs2006/2006042.pdf> (07.03.2006)

Putnam, Robert D. (Hrsg.) (2001): Gesellschaft und Gemeinsinn. Gütersloh: Verlag Ber-telsmann Stiftung

Raschke, Joachim (1991): Zum Begriff der sozialen Bewegung. In: Roland Roth, Dieter Hucht (Hrsg.) Neue soziale Bewegungen in der Bundesrepublik Deutschland. Bundeszentrale für politische Bildung Bd. 252, 31-39

Rauschenbach, Thomas; Düx, Wiebken; Sass, Erich (Hrsg.) (2006): Informelles Lernen im Jugendalter. Weinheim, München: Juventa

Rawls, John (1979): Eine Theorie der Gerechtigkeit. Frankfurt am Main: Suhrkamp

Ray, Brian (2000): Home Schooling: The Ameliorator of Negative Influences on Learning? In: Peabody Journal of Education 75 (1&2) 71-106

Ray, Brian (2003): Homeschooling grows up. <http://www.hslda.org/research/ray2003/HomeschoolingGrowsUp.pdf> (06.12.2003)

Ray, Brian (2005): A Homeschool Research Story. In: Bruce S. Cooper (Hrsg.) Home Schooling in Full View. Greenwich: Information Age Publishing, 1-19

Reese-Schäfer, Walter (1994): Was ist Kommunitarismus? Frankfurt am Main: Campus

Reich, Rob (2002): Testing the Boundaries of Parental Authority over Education: The Case of Homeschooling. In: Stephen Madeco, Yael Tamir (Hrsg.) Moral and Political Education. New York: University Press, 275-313

Reich, Rob (2005): Why Home Schooling Should Be Regulated. In: Bruce S. Cooper (Hrsg.) Home Schooling in Full View. Greenwich: Information Age Publishing, 109-120

Reichert, Ronald (2004): Vortrag zur Legalität und Realität des Homeschooling in Deutschland auf dem Schuzh-Kongress in Wetzlar am 06.03.2004. <http://www.schuzh.de/typo3/ index.php?id=46> (12.06.2006)

Reichertz, Jo (2005): Abduktion, Deduktion und Induktion in der qualitativen Forschung. In: Uwe Flick, Ernst von Kardorff, Ines Steinke (Hrsg.). Qualitative Forschung. Ein Handbuch. Reinbek: Rowohlt, 276-286

Reinert, Adrian (2002): Politische Bildung für die Zivilgesellschaft. In: Thomas Meyer, Reinhard Weil. Die Bürgergesellschaft. Bonn: Friedrich-Ebert-Stiftung, 397-420

Richter, Peter (2002): Polizei holt Kinder der ‚Zwölf Stämme'. In: Süddeutsche Zeitung, Nr. 232, 08.10.2002, S. 45

Riesebrodt, Martin (1990): Fundamentalismus als patriarchalische Protestbewegung: amerikanische Protestanten (1910-28) und iranische Schiiten (1961-79) im Vergleich. Tübingen: Mohr

Rinio, Carsten (2001): Die Verletzung der Schulpflicht durch die Erziehungsberechtigten als Straftat und als Ordnungswidrigkeit. In: Zeitschrift für Jugendrecht. 88 (6) 221-237

Rink, Dieter (2002): Nachhaltige Lebensstile zwischen Ökorevisionismus und neuem Fundamentalismus, ‚grünem Luxus' und ‚einfacher leben'. In: Dieter Rink (Hrsg.) Lebensstile und Nachhaltigkeit. Konzepte, Befunde und Potentiale. Opladen: Leske und Budrich, 7-22

Roedl, Alfred (1959): Berthold Otto. Leben und Werk. Heft 75 in Harms Pädagogische Reihe. Frankfurt: Atlantik Verlag Paul List

Röhrs, Hermann (1998): Die Reformpädagogik. Ursprung und Verlauf unter internationalem Aspekt. Weinheim. Deutscher Studien Verlag

Roth, Roland (1998): „Patch-Work" Kollektive Identitäten neuer sozialer Bewegungen. In: Kai-Uwe Hellmann, Ruud Koopmans (Hrsg.) Paradigmen der Bewegungsforschung. Opladen, Wiesbaden: Westdeutscher Verlag, 51-68

Rothermel, Paula (2002): Home Education: Aims, Practices and Outcomes. Paper presented at the BERA Annual Conference, Exeter 2002. <http://www.leeds.ac.uk/ educol/documents/ 00002197.htm> (28.04.2005)

Rothermel, Paula (2003): Can We Classify Motives for Home Education? In: Evaluation and Research in Education 17 (2&3) 74-89

Rothermel, Paula (2004): Home-education. Comparison of Home- and School-educated Children on PIPS Baseline Assessments. In: Journal of Early Childhood Research 2 (3) 273-299

Rucht, Dieter (1984): Recht auf Widerstand? In: Bernd Guggenberger, Claus Offe (Hrsg.) An den Grenzen der Mehrheitsdemokratie. Opladen: Westdeutscher Verlag, 254-281

Rudner, Lawrence M. (1999): Scholastic Achievement and Demographic Characteristics of Home School Students in 1998. Education Policy Analysis Archives 7 (8), <http://epaa.asu.edu/epaa/v7n8/> (24.02.2003)

Russell, Bertrand (1977): Education and the social order. London: Allen & Unwin

Rux, Johannes (2002): Die Schulpflicht und der Bildungs- und Erziehungsanspruch des Staates. In: Recht der Jugend und des Bildungswesens 50 (1) 423-434

Sander, Wolfgang (1999): Erziehung zur Demokratie als Aufgabe fächerübergreifenden Unterrichts. In: Gerd Hepp, Herbert Schneider (Hrsg.) Schule in der Bürgergesellschaft. Schwalbach: Wochenschau Verlag, 216-255

Schahn, Joachim; Dinger, Johanna; Bohner, Gerd (1995): Rationalisierungen und Neutralisationen als Rechtfertigungsstrategien: Ein Vergleich zwischen Umwelt und Delinquenzbereich. In: Zeitschrift für Differentielle und Diagnostische Psychologie 16 (3) 177-194

Scheibe, Wolfgang (1969): Berthold Otto: Gesamtunterricht. Weinheim, Berlin, Basel: Beltz Verlag

Schirrmacher, Thomas (2005): Bildungspflicht statt Schulzwang. Idea-Dokumentation 4/2005. Nürnberg: VTR; Bonn: Verlag für Kultur und Wissenschaft

Schneider, Kerstin (2002): Leben in der „Parallelgesellschaft". In: Die neue Gesellschaft. Frankfurter Hefte 49 (7/8) 483-486

Schmitt-Kammler, Arnulf. In: Sachs. Grundgesetz. Kommentar. 3. Auflage 2002

X Schnücker, Elmar (1990): Die Zukunftsschule im Zukunftsstaat. Eine Analyse des Zusammenhangs von Pädagogik, Psychologie und Politik im Werk Berthold Ottos. Bochum: Ullrich Schallwig Verlag

Schülein, Johann August (1989): Rollentheorie revisited. In: Soziale Welt. 40 (4) 481-496

Schuster, Beate u.a. (2000): Bedingungen mitbürgerlichen Engagements: Interaktionserfahrungen in der Familie und Verantwortungsübernahme durch Heranwachsende. In: Hans-Peter Kuhn, Harald Uhlendorff, Lothar Krappmann (Hrsg.) Sozialisation zur Mitbürgerlichkeit. Opladen: Leske und Budrich, 19-35

Schütz, Alfred; Luckman Thomas (1979/1984): Strukturen der Lebenswelt. Band 1 und 2. Frankfurt am Main: Suhrkamp

Seifert, Jürgen (1984): Ziviler Ungehorsam als Instrument der Politik. In: Thomas Meyer, Susanne Miller, Johano Strasser (Hrsg.) Widerstandsrecht in der Demokratie, Pro und Contra. Köln: Verlagsgesellschaft mbH, 43-47

Shyers, Larry E. (1992): A Comparison of Social Adjustment between Home and Traditionally Schooled Students. In: Home School Researcher. 8 (3) 1-8

Siebert, Horst (2001): Selbstgesteuertes Lernen und Lernberatung. Neue Lernkulturen in Zeiten der Postmoderne. Neuwied, Kriftel: Luchterhand

Smedly, Thomas C. (1992): Socialization of Home School Children. In: Home School Researcher 8 (3) 9-16

Smith, Christian; Sikkink, David (1999): Is Private Schooling Privatizing? In: First Things 92 (4) 16-20, <http://www.firstthings.com/ftissues/ft9904/smith.html> (23.02.2005)

Snow, David A.; Benford, Robert D. (1988): Ideology, Frame Resonance, and Participant Mobilization. In: Bert Klandermans (Hrsg.) International Social Movement Research. Vol. 1, 197-217

Spiewack, Martin (2006): Mathematik im Selbstversuch. In: Die Zeit, Nr. 19, 04.05.2006, S. 43

Spinath, Birgit (2002): Soziale Kompetenzen: Entschlüsselung einer Schlüsselkompetenz aus psychologischer Sicht. In: Günther Pätzold, Sebastian Walzik (Hrsg.) Methoden- und Sozialkompetenzen – ein Schlüssel zur Wissensgesellschaft. Bielefeld: Bertelsmann Verlag, 17-28

Stanat, Petra u.a. (2003): PISA und PISA-E: Zusammenfassung der bereits vorliegenden Befunde. In: Jürgen Baumert u.a. (Hrsg.) PISA 2000 – Ein differenzierter Blick auf die Länder der Bundesrepublik Deutschland. Opladen: Leske und Budrich, 51-75

Statistisches Bundesamt (2002): Datenreport 2002. Daten und Fakten über die Bundesrepublik Deutschland. Bundeszentrale für politische Bildung, Band 376

Statistisches Bundesamt (2005a): Leben und Arbeiten in Deutschland. Ergebnisse des Mikrozensus 2004. Wiesbaden

Statistisches Bundesamt (2005b): Leben und Arbeiten in Deutschland. Ergebnisse des Mikrozensus 2004. Tabellenanhang zur Pressebroschüre. Wiesbaden

Statistisches Bundesamt (Hrsg.) (2005c): Statistisches Jahrbuch 2005. Für die Bundesrepublik Deutschland. Wiesbaden

Steiner-Khamsi, Gita (2000): De-Regulierung und Schulwahl in den U.S.A.: Gewinner und Verlierer. In: Frank-Olaf Radtke, Manfred Weiß (Hrsg.) Schulautonomie, Wohlfahrtsstaat und Chancengleichheit. Opladen: Leske und Budrich, 117-135

Steinke, Ines (2005): Gütekriterien qualitativer Forschung. In: Uwe Flick, Ernst von Kardorff, Ines Steinke (Hrsg.) Qualitative Forschung. Ein Handbuch. Reinbek: Rowohlt, 319-331

Stern, Bertrand (1991): Stell dir vor, es ist Schule – und niemand geht hin! In: Johannes Heimrath (Hrsg.) Die Entfesselung der Kreativität. Wolfratshausen: Drachen Verlag, 178-239

Steur, Andrea (2002): Homeschooling – eine Alternative zum konventionellen Bildungssystem? Wissenschaftliche Hausarbeit zur ersten Staatsprüfung für Lehramt an der Pädagogischen Hochschule Weingarten

Stevens, Mitchell L. (2001): Kingdom of Children: Culture and Controversy in the Homeschooling Movement. Princeton: Princeton University Press

Stevens, Mitchell L. (2003): The Normalisation of Homeschoooling in the USA. In: Evaluation and Research in Education 17 (2&3) 90-100

Strassmann, Burkhard (2001): Unbegrenzt Ferien. In: Die Zeit, Nr. 34, 16.08.2001. <http://www.zeit.de/2001/34/Hochschule/200134_Schulschwänzer.html> (02.06.2003)

Strauss, Anselm (1998): Grundlagen qualitativer Sozialforschung. München: Wilhelm Fink Verlag

Struck, Peter; Würtl, Ingo (1999): Vom Pauker zum Coach. München, Wien: Carl Hanser Verlag

Struck, Peter (2004): Die 15 Gebote des Lernens. Darmstadt: Primusverlag

Stücher, Helmut (2004): Schulchronik. Im Schatten Seiner Flügel. 20 Jahre Philadelphia-Schule (1980-2000). <http://www.philadelphia-schule.de/html/geschichte.html> (17.05.2006)

Sykes, Gresham M.; Matza, David (1957): Techniques of Neutralization: A Theory of Delinquency. In: American Sociological Review 22 (6) 664-670

Sykes, Gresham M.; Matza, David (1968): Techniken der Neutralisierung: Eine Theorie der Delinquenz. In: Fritz Sack, René König (Hrsg.) Kriminalsoziologie. Frankfurt am Main: Akademische Verlagsgesellschaft, S. 360-371

Tangermann, Christoph (2006): „Homeschooling" aus Glaubens- und Gewissensgründen. In: Zeitschrift für evangelisches Kirchenrecht 51 (3) 393-417

Thomas, Alan (2002): Informal learning, home education and homeschooling. The encyclopaedia of informal education. <http://www.infed.org/biblio/home_education. htm> (03.05.2004)

Thurman, Quint C. (1984): Deviance and the Neutralization of Moral Commitment: An Empirical Analysis. Deviant Behavior (5) 291-304

Tomlinson, Sally (2000): Wie wirken sich Bildungsmärkte auf ethnische Minderheiten aus? In: Frank-Olaf Radtke, Manfred Weiß (Hrsg.) Schulautonomie, Wohlfahrtsstaat und Chancengleichheit. Opladen: Leske und Budrich, 201-218

Treu, Hans-Eckbert (1989): Zwangsanstalt Schule. Dressur zum Einheitsmenschen. Olten: Walter-Verlag

Treu, Hans-Eckbert (1991): Nicht das Kind – das System ist lernbehindert. In: Johannes Heimrath (Hrsg) Die Entfesselung der Kreativität: das Menschenrecht auf Schulvermeidung. Wolfratshausen: Drachen Verlag, 42-60

Tully, Claus J. (Hrsg.) (2004): Verändertes Lernen in modernen technisierten Welten. Organisierter und informeller Kompetenzerwerb Jugendlicher. Weinheim, München: Juventa

Tully, Claus J. (Hrsg.) (2006): Lernen in flexibilisierten Welten. Wie sich das Lernen der Jugend verändert. Weinheim, München: Juventa

Uhl, Bianca (2004): Die Institutionalisierung der Erziehung – welche Auswirkungen hat sie auf unsere Kinder? Vortrag auf einem Homeschool-Informationsnachmittag am 20.11.2004 in Plochingen. <http://www.homeschool.de> (07.02.2006)

Ulich, Klaus (1998): Schulische Sozialisation. In: Klaus Hurrelmann, Dieter Ulich (Hrsg.) Handbuch der Sozialisationsforschung. Weinheim, Basel: Beltz Verlag, 377-396

Ullrich, Heiner (1999): Das Kind als schöpferischer Ursprung. Studien zur Genese des romantischen Kindbildes und zu seiner Wirkung auf das pädagogische Denken. Bad Heilbronn: Klinkhardt

United Nations (2007): Mission to Germany. Report of the Special Rapporteur on the right to education, Vernor Muñoz. A/HRC/4/29/Add.3. 09.03.2007 <http://www. ohchr.org/ english/bodies/hrcouncil/docs/4session/A.HRC.4.29.Add.3.pdf> (02.04.2007)

Vandamme, Ralf (2000): Basisdemokratie und zivile Intervention. Opladen: Leske und Budrich

Van Galen, Jane (1988): Ideology, Curriculum, and Pedagogy in Home Education. In: Education and Urban Society 21 (1) 52-86

Villalba, Cynthia M (2003): Creating Policy from Discursive Exchanges on Compulsory Education and Schooling in Sweden. In: Evaluation and Research in Education 17 (2&3) 191-205

von Braunmühl, Ekkehard (1975): Antipädagogik. Studien zur Abschaffung der Erziehung. Weinheim, Basel: Beltz Verlag

Vorländer, Hans (2001): Dritter Weg und Kommunitarismus. In: Aus Politik und Zeitgeschichte. Beilage zur Wochenzeitung Das Parlament. B 16-17/2001, S. 16-23

Wahler, Peter; Tully, Claus J.; Preiß, Christine (2004): Jugendliche in neuen Lernwelten. Selbstorganisierte Bildung jenseits institutioneller Qualifizierung. Wiesbaden: Verlag für Sozialwissenschaften

Waldmann, Louis (1969): Civil Rights – Yes: Civil Disobedience – No. In: Hugo Adam Bedau. Civil Disobedience. Theory and Practice. Indianapolis, New York: Pegasus, 106-115

Weber, Max (1980): Wirtschaft und Gesellschaft. Grundriß der verstehenden Soziologie. Herausgegeben von Johannes Winckelmann. Tübingen: J. C. B. Mohr (1. Auflage 1921-1922).

Weber, Max (1985): Gesammelte Aufsätze zur Wissenschaftslehre. Herausgegeben von Johannes Winckelmann. Tübingen: J. C. B. Mohr (1. Auflage 1922)

Weiler, Hagen (1993): Erziehungs- und/oder Bildungsauftrag der staatlichen Schule? In: Recht der Jugend und des Bildungswesens. 41 (4) 452-457

Weiß, Manfred (2000): Privatisierung des Bildungsbereichs – Internationale Tendenzen. In: Frank-Olaf Radtke, Manfred Weiß (Hrsg.) Schulautonomie, Wohlfahrtsstaat und Chancengleichheit. Opladen: Leske und Budrich, 35-51

Weisser, Jan (1995): Das heilige Kind. Über einige Beziehungen zwischen Religionskritik, materialistischer Wissenschaft und Reformpädagogik im 19. und zu Beginn des 20. Jahrhunderts. Würzburg: Ergon

Welner, Kariane Mari (1999): Contextualizing Homeschooling Data: A Response to Rudner. Education Policy Analysis Archives 7 (13), <http://epaa.asu.edu/epaa/v7n13. html> (24.02.2003)

Werle, Sonja (2001): John Holts Einfluß auf die Homeschooling-Bewegung. Magisterarbeit an der Fernuniversität Hagen

Willard, Dennis J.; Oplinger, Doug (2004): Claims of Academic Success Rely on Anecdotes, Flawed Data Analysis. In: Akron Beacon Journal, 15.11.2004. <http://epsl.asu.edu/epru/ articles/EPRU-0503-102-OWI.pdf> (02.02.2007)

Willems, Ullrich (2004): Religion und soziale Bewegungen – Dimensionen eines Forschungsfeldes. In: Forschungsjournal Neue Soziale Bewegungen 17 (4) 28-41

Winter, Eggert (1978): Schulpflicht und Strafzwang. In: Recht der Jugend und des Bildungswesens. 26 (4) 408-423

Wrieden, Philipp (1996): Fernlehrwerk für die Sekundarstufe I. Unterricht an jedem Ort der Welt. Eine Alternative? Zentrales Institut für Fernstudienforschung, FernUniversität Gesamthochschule in Hagen

Wolf, Gudrun; Kern, Malchus (2004): Morgens mache ich das, was mich interessiert und mir gefällt. In: Foyer – Schulen im Austausch (Herausgegeben von der Freien Waldorfschule am Bodensee) 14, 20-32

Wolff, Stephan (2005): Wege ins Feld und ihre Varianten. In: Uwe Flick, Ernst von Kardorff, Ines Steinke (Hrsg.) Qualitative Forschung. Ein Handbuch. Reinbek: Rowohlt, 334-349

Wolfsgruber, Axel (2002): Der Krieg um Gottes Kinder. In: Focus, 47, 18.11.2002, S. 156-162

Zald, Mayer N.; McCarthy, John D. (Hrsg.) (1987): Social movements in an organizational Society. New Brunswick; Oxford: Transaction Books

Zimmermann, Ekkart (1998): Ressourcenmobilisierung und Gewalt. In: Forschungsjournal Neue soziale Bewegungen 11 (4) 55-67

Zinnecker, Jürgen (2004): Konkurrierende Modelle von Kindheit in der Moderne – Mögliche Konseqeuenzen für das Selbstverständnis von Kindheits- und Sozialisationsforschung. In: Dieter Geulen, Hermann Veith. Sozialisationstheorie interdisziplinär. Stuttgart: Lucius, 293-316

Theorie

Dirk Baecker (Hrsg.)
**Schlüsselwerke
der Systemtheorie**
2005. 352 S. Geb. EUR 24,90
ISBN 978-3-531-14084-1

Ralf Dahrendorf
Homo Sociologicus
Ein Versuch zur Geschichte,
Bedeutung und Kritik der Kategorie
der sozialen Rolle
16. Aufl. 2006. 126 S. Br. EUR 14,90
ISBN 978-3-531-31122-7

Shmuel N. Eisenstadt
**Die großen Revolutionen und
die Kulturen der Moderne**
2006. 250 S. Br. EUR 34,90
ISBN 978-3-531-14993-6

Shmuel N. Eisenstadt
Theorie und Moderne
Soziologische Essays
2006. 607 S. Geb. EUR 49,90
ISBN 978-3-531-14565-5

Rainer Greshoff / Uwe Schimank (Hrsg.)
**Integrative Sozialtheorie?
Esser – Luhmann – Weber**
2006. 582 S. Geb. EUR 39,90
ISBN 978-3-531-14354-5

Axel Honneth /
Institut für Sozialforschung (Hrsg.)
**Schlüsseltexte der
Kritischen Theorie**
2006. 414 S. Geb. EUR 29,90
ISBN 978-3-531-14108-4

Niklas Luhmann
Beobachtungen der Moderne
2. Aufl. 2006. 220 S. Br. EUR 24,90
ISBN 978-3-531-32263-6

Uwe Schimank
**Differenzierung und Integration
der modernen Gesellschaft**
Beiträge zur akteurzentrierten
Differenzierungstheorie 1
2005. 297 S. Br. EUR 27,90
ISBN 978-3-531-14683-6

Uwe Schimank
**Teilsystemische Autonomie
und politische Gesellschafts-
steuerung**
Beiträge zur akteurzentrierten
Differenzierungstheorie 2
2006. 307 S. Br. EUR 29,90
ISBN 978-3-531-14684-3

Erhältlich im Buchhandel oder beim Verlag.
Änderungen vorbehalten. Stand: Juli 2007.

www.vs-verlag.de

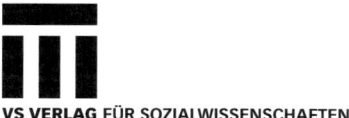

VS VERLAG FÜR SOZIALWISSENSCHAFTEN

Abraham-Lincoln-Straße 46
65189 Wiesbaden
Tel. 0611.7878-722
Fax 0611.7878-400

Neu im Programm Soziologie